序

閻崇年

　　《國子監志》的"國子"，見於《周禮·地官·師氏》，又見於《禮記·燕義》，再見於《左傳·僖公二十三》。國子之學，即國子學，漢興以來，源遠流長，史志記載，傳承有序。早見於《晉書·武帝紀》：咸寧二年（276 年）五月，"立國子學。"《晉書·職官志》亦載："咸寧四年，武帝初立國子學。"這兩則記載，雖略有差異，却成為雙証。後北齊改名為國子寺，隋初又改稱為國子學。隋煬帝改學為監，始稱國子監。《隋書·百官志下》記載：煬帝即位，多所改革。大業三年（607 年）定令，國子學為國子監。到清光緒三十一年（1905 年），廢除科舉制，國子監的功能隨之消亡。

　　北京作為元、明、清三個大一統皇朝的帝都，元始建孔廟和國子監，但沒有編纂《國子監志》。明朝的成化《國子監通誌》、弘治《國子監續志》和嘉靖《皇明太學志》，《明史·藝文志》均無著録，《四庫全書》亦未采録，版本罕見，難以經目。清朝《國子監志》主要有兩部：

　　其一，乾隆《欽定國子監志》。先是，國子監祭酒陸宗楷等輯《太學志》進呈，"而所述沿革故實，濫載及唐宋以前，殊失斷限，乃詔重為改定，斷自元明"（《四庫全書總目·欽定國子監志提要》）。至是，戶部尚書梁國治等奉敕修纂，乾隆四十三年（1778 年）告竣，賜名《欽定國子監志》。全志共六十二卷，包括聖諭二卷、御製詩文四卷、詣學二卷、廟制二卷、祀位二卷、禮七卷、樂六卷、監製二卷、官師七卷、生徒七卷、經費四卷、金石五卷、經籍二卷、藝文八卷、志餘二卷。乾隆四十九年（1784 年）採入"四庫全書"。史評其為："識大識小，罔弗詳賅。"是為清代第一部《國子監志》，因有"四庫全書"影印本而廣為流佈，便於查考。

　　其二，道光《欽定國子監志》。由禮部右侍郎、管理國子監事務文慶、戶部右侍郎、管理國子監事務、前任吏部右侍郎李宗昉和國子監祭酒、江西學政翁心存等三十一人列銜纂修，於道光十二年（1832 年）奏請開館，而後纂成。全志八十四卷，包括聖諭二卷、廟志八卷、學志十卷、辟雍志六卷、禮志十卷、樂志六卷、官師志八卷、禄廩志四卷、金石志十二卷、經籍志二卷、藝文志十四卷、志餘二卷。此書北京古籍出版社出版校點本，梓傳史籍，方便讀者。

　　然而，從道光十三年（1833 年）到宣統三年（1911 年），《國子監志》的續修，本應在民國期間完成。由於政權更迭，戰火肆燃，日軍侵華，兩京淪陷，而未能完成這個時代賦予的使命。由是，續修《國子監志》的重任，到了 21 世紀初才提上議事日程。在北京市文物局前局長孔繁峙先生和現局長舒小峰先生的關切下，北京孔廟和國子監博物館吳志友館長暨全體編修人員，心身投入，兢業修纂，一部《續修國子監志》完稿，擺在我的書案上。

　　《續修國子監志》一書，補前人之不足，糾舊志之缺失。書中對前志做出考核、訂正、拓展、完善，填補了道光之後國子監官師志的歷史空白。書中官師表，對從道光十三年（1833 年）至光緒三十一年（1905 年）之間，國子監職官、人名、籍貫、情狀等，對於管學大臣、國子監祭酒、司業、監丞、博士、助教、學正、學錄、典簿等，既有文字表述，又有數字統計，既有列表分析，又有簡明記述。書中補充完善了禄廩志、金石志、經籍志、藝文志、人物志等方面內容，於國子監師生的恩賚、歲支、俸秩、廩給的檔案，於清代的石刻、彝器、匾額、經籍的保存，於奏議、詩賦、記事、綴文的狀況，進行了詳盡記述。

　　《續修國子監志》接續傳統，傳承文明，意義重要，價值重大。本志的續修，資料完備，體例規範，事以類聚，依時敘事，內容豐富，結構嚴整，是一項可喜的史志纂著與學術成果。

　　在纂修過程中，孔廟和國子監博物館同仁，特別是該館研究部同仁，歷時五年，心為力為，以翔實的文獻、檔案、文集、筆記、方志、報刊、金石、圖片，進行收集、披閱、爬梳、整理、考辨、闡述，並吸納學術論著成果，對一百多年來國子監和孔廟的歷史，進行梳理、探討、辨析和論述，於教育學、古建築學、金石學、文物學、文獻學、檔案學、文化學、博物館學等做出記述。百年動盪，社會陵替，廟舍變遷，幾經轉換，歷史原貌，早已湮沒，但著述者上下求索，左右涉獵，爬羅剔抉，辨僞存真，在研究的廣度和深度上，多有突破，亦有創獲。

明朝的《國子監通志》（成化三年刻本）、《國子監續志》（弘治十六年刻本）和《皇明太學志》（嘉靖三十六年刻本）三志，均屬孤本或善本，吁請相關單位協調，期盼有關部門支持，或影印出版，或校點問世，於傳承歷史文化，於總結教育經驗，於防止意外散佚，於保護珍貴遺産，益在當代，功在千秋。

愚因忝列孔廟和國子監博物館名譽館長，承受囑托，以上文字，甚粗淺，聊為序。

前　言

　　"國子學"自晋代建立以來,可謂源遠流長。傳承中華文明,為古代傳統文化教育核心內容之一。編纂《國子監志》,自明代開始,形成了優良的纂修傳統。然自道光十四年(1834年)以來,這一傳統已隔斷了180餘年之久。王國維先生在《觀堂集林》中對有清一代學術概括為:"國初之學大,乾嘉之學精,而道(光)咸(豐)以降之學新。"1840年後,中國進入近代時期,古代教育(儒學)開始不斷發生新的變動,故這段歷史研究起來是比較困難的。但是,孔廟和國子監博物館《續修國子監志》課題組歷時五年,以翔實的文獻,對一百多年來國子監和孔廟歷史進行整理、探討和評述,夯實了學術研究的基礎。

　　《續修國子監志》2010年成功申請北京市社科基金,2013年12月底順利結題,該書是此課題研究成果的重要體現。《續修國子監志》一書主要續寫道光十四年(1834年)至宣統三年(1911年)孔廟國子監這段歷史。該書內容按照《欽定國子監志》體例續寫,主要包括聖諭、廟制、學志、辟雍志、禮志、樂志、官師志、祿廩志、金石志、匾額志、經籍志、藝文志、人物志、志餘這幾方面。

　　自道光至宣統的清代後半期,清代帝王對國子監多有褒崇、訓示,包含太學事務、人才政策、臨雍御論和學制改革等方面。在廟制建修方面,光緒宣統年間對孔廟又進行了多次修繕。在學志中,該書對於建修、員額、考校、甄用、鄉試、算學、勸懲、外藩入學等諸多方面進行了補充。辟雍志主要記載了咸豐親臨辟雍的詳細經過。禮志主要從親詣釋奠、遣官釋奠、釋奠、釋菜、釋褐、告祭、獻功、祭品圖說、祭器圖說等方面對《欽定國子監志》進行了補充。樂志主要從樂制、樂章、律呂表、舞節表、樂器圖說、舞器圖說等方面進行了補充完善。官師志則主要從設官、典守、銓除、官師表幾方面進行了擴充完善。特別是對於官師表,該書對道光十三年（1833 年）之後至光緒三十一年（1905 年）之間國子監職官、人名、籍貫、備註（進士或舉人、貢生、監生、生員等）幾方面，對管學大臣、國子監祭酒、司業、監丞、博士、助教、學正、學錄、典簿、典籍、八旗助教、算學助教、筆帖士等進行了詳細統計，填補了道光之後國子監官師方面的歷史空白。

此外，該書还補充完善了禄廩志、金石志、匾額志、經籍志、藝文志、人物志、志餘等幾方面內容，對於國子監及師生的恩賞、歲支、俸秩、廩給以及清代石刻、彝器、匾額、經籍保存情況，以及奏議、詩賦、記事、綴文進行了詳盡論述。

　　　　　　　　　　　　　　　　　孔廟和國子監博物館
　　　　　　　　　　　　　　　　《續修國子監志》編委會

編輯說明（凡例）

1. 北京國子監正式修志，始見於明代，有《皇明太學志》《國子監通志》等。清代乾隆敕修國子監志，名曰《欽定國子監志》，被收入《四庫全書》。其後道光年間續修，時間下限為道光十三年（1833 年）。清末光緒年間據道光版補刻重印，沒有續寫新的內容。因此，本志續修上限為道光十四年（1834 年），下限為宣統三年（1911 年）。

2. 本志為接續修志，原則上不重複前《志》內容，僅就個別情況，根據新發現的史料，經考證後對前《志》內容進行適當補充和說明。

3. 本志以古籍史料、檔案資料為主要依據，並參閱相關文獻、著述等，科學查證，謹慎採錄，嚴加核實，力求真實可靠。

4. 本志紀年，清代採用中國歷史紀年與公元紀年對照方式，年號及農曆月、日用漢字書寫；說明文字採用公元紀年方式，公曆月、日用阿拉伯數字書寫。

5. 為符合史料和檔案資料的時代特徵，本志用字採用繁體字。標點符號按照中華人民共和國國家質量監督檢驗檢疫總局和中國國家標準化管理委員會公佈的《標點符號用法》標點。

目　录

卷 一

聖　諭①

自道光至宣統的清代後半期，清代帝王對國子監多有褒崇、訓示，包含太學事務、科舉政策、臨雍御論和學制改革等方面。本卷即收錄這些和國子監密切相關的諭旨。

清宣宗成皇帝
道光十五年

道光十五年諭：御史俞焜奏嚴核優劣以端士習一折。從來民風之醇樸，由於士習之端謹。凡有教士之責者，不徒課以文藝，務在敦崇實行，嚴為甄別，以樹風聲。若如該御史所奏，近來各地方官於貢監生員並不隨時稽察，教官舉報優行人數日增，不無冒濫，其有素行不端者，類皆徇隱不報。刁劣之徒肆無顧忌，往往出入公庭，勾串胥吏，或以他人漕糧出名包攬，或以不干己事聯名訟訐，逞筆舌以玩法，恃衣頂為護符，甚至欺壓鄉間，挾制官長，犯法滋事，日積愈多，於風俗人心大有關係，不可不嚴行甄核。著各督撫、府尹、學政嚴飭該地方官暨各教職，務須隨時訓誡，認真稽查，舉優者勿徇虛名，報劣者毋許姑息。倘仍瞻徇隱匿，致釀事

---

① 　清代所修《欽定國子監志》將《聖諭》單獨闢出作為首卷，意在尊崇帝王。然而隨著歷史的發展和方志學的進步，這種忠君觀念早已不再作為修志實踐中的指導思想，也不適用於現代方志的修撰。本志作為清代道光十三年版《欽定國子監志》的續修，為體現對前志的接續和貫通，故而盡力保持體例上的不變，依然將《聖諭》置於卷首。特此說明。

端，即將各該地方官及教職從嚴參辦。①

清文宗顯皇帝

咸豐元年

諭：御史王茂廕奏請振興人才，酌擬五條呈覽。其請造就宗室八旗人才，歷陳近來積習，自系實在情形。我朝人才蔚起，宗室八旗文武謀略超越前代，良由習尚醇樸，不事浮華，以請語騎射為本務，登進之途，原不必盡由科甲。蓋學為有用之學，斯才皆有用之才。近來文風日盛，留心經濟者固不乏人，第恐沾染時習，以文章風雅自詡，不思講求本務，殊非崇實黜華之道。疊經申諭諄諄，我宗室及八旗大小臣工諒必咸喻朕意。嗣後益當奮勉砥礪，求為有用之學，以備國家腹心干城之造。該王大臣等尤當因才造就，俾文事武備各盡其長，毋負朕培養教誨之意。②

咸豐三年

親臨辟雍講學，宣御諭曰："聖人之學，基於戒懼慎獨之一心，推而致之，遂及於廣大而不可限量。所為推而致之者，非有所為而為也。聖人之心，與天地萬物為一體。所謂中者，即天地自然之理也；所謂和者，即萬物自然之氣也。天地之理，本無偏倚，萬物之氣，本無乖戾，特吾戒懼慎獨之功或有未至，則天地萬物，亦不能無缺憾之處。蓋吾之心未極其正，則至靜之中，未能偏倚胥無，而中之體或不立；吾之心未極其精，則應物之處未能差謬悉泯，而和之用或不行。惟聖人知其然也。自其存養省察之功，推而至於德盛化神之妙。故中則極其中，和則極其和。中之至，則天命之性，皆渾涵於吾心，而天地自安其所矣；和之至，則率性之道皆闡發於吾心，而萬物自遂其生矣。《易》曰：'財成天地之道，輔相天地之宜'，又曰：'範圍天地而不過，曲成萬物而不遺'。非致中和之聖人，孰能功效如此其盛乎！"國子監祭酒訥爾濟、龍元僖進講《書經》"惟天無親，克敬惟親，民罔常懷，懷於有仁。"講畢，上宣御諭曰："《書》曰

---

① 《清朝續文獻通考》卷九十七《學校》四，商務印書館"萬有文庫"本，第8568頁。

② 《清朝續文獻通考》卷九十五《學校》二，商務印書館"萬有文庫"本，第8549—8550頁。

天難諶，惟克敬克仁者，天之所與，即民之所歸也，然豈易言哉。創業之君，憂勤惕勵，所以承天眷孚民情者，固非易易。然較之守成之君之動循法則，罔敢怠荒，彼不易，此難也，試論之。夫萬事草創，定鴻規，基大業，受命而興，仁敷胞與，救民於水火之中，以治繼亂。其時其勢不易也，非難也。若夫以祖宗之心為心，以祖宗之政為政，夙興夜寐，惠鮮鰥寡，雖中主亦知，然甚難矣。蓋蒙業而安者，其心易肆，其志易驕，苟非乾惕為意，視民如傷，知創業之不易，時加警覺，則有違天心，民心自渙，民心日離，天將奪之。由是觀之，難也，非不易也。至若極敬之功，推仁之量，載之編籍，論之詳矣，茲無復贅。因申伊尹告太甲之旨，又發明創業守成之難不易，仰止高皇作說之深意，告我後人，且自警焉。"①

咸豐三年癸丑四月乙未，策試天下貢士吳鳳藻等二百二十二人於保和殿，制曰：朕履位以來，三載於茲矣。仰荷昊蒼眷佑，列聖垂庥，敕命時幾，兢兢業業，恆思重道崇儒之治，詰戎禁疏之模，地輿險易之形，泉府流通之法。冀與中外臣工，致上理於大同，登斯民於仁壽。茲當臨軒策訪之時，虛衷博采，爾多士其敬聽之。周制立學，天子辟雍，或取字義，或象物形，諸家之說，可臚陳歟。有文王之辟雍，有武王之辟雍，或為宮，或為西雝，何以稱焉。辟池之名，見於何書。或以辟雍為樂名。其說何本。清廟、太廟、明堂、太學辟雍，殊事異名，果一地歟。神道清靜祭於斯，朝於斯，射於斯，饗於斯，學於斯，毋乃雜歟。四代之學，方隅奚若，壅水四周，廣袤奚若。水若為旋，橋若為制，皆有據歟。夫虞廷有教冑之訓，周官重成均之職。化民成俗，實基於此。朕躬臨辟雍，講學典禮，非徒侈三雍之上儀，修漢唐之故事也，亦惟期與多士研求格致誠正之功，以臻修齊治平之效耳。我國家以騎射威天下，八旗綠營，星羅碁佈。有事則埽除，無事則鎮撫，兵力不可謂不厚矣。而蟻屯蜂聚，弄兵潢池者，尚稽蕩滅，則不練之過也。兵法之最古者，當以孫子、吳子、司馬法為本。生聚教訓之術，權謀運用之宜，能言其大略歟。其著有明效者，當以有明戚繼光練兵實紀一書，為切於實用。所稱一練伍法，二練膽氣，三練耳目，四練手足，五練營陣，六練將者，能闡其義歟。夫足兵必先足食，國家歲有常供，征發頻仍，則度支不給。開礦行鈔，亦補救之急務。必如之何而利可興，弊可弭，征兵千里，士飽馬騰也。今江南之金陵、姑

---

① （清）賈楨：《清文宗顯皇帝實錄》卷八十四。

蘇、維揚、皖水，皆《禹貢》揚州之域，稽之天文在鬥、牛、女分野，星紀之次。自兩漢、三國、晉、宋、齊、梁、陳、隋、唐、五代、宋、元、明之建置沿革，可揚搉而陳之歟。左太沖吳都賦，所稱包括於越跨躡蠻荊乎數州之間，灌註乎天下之半者，能推闡言之歟。

其間人民殷阜，良莠不齊，物產豐盈，轉輸攸賴，而防江防河防淮防海，洪波沿洜，何以扼其要，港汉紛歧何以杜其奸，平時何以綏靖，臨時何以折衝。古今異時，山川異勢，水陸異宜，攻守異形，防勦異用，非講求於平日，其何以投鞭斷流，使江左江右億萬蒼生得以出水火而登衽席也。秦并天下，幣為二等，而珠玉龜貝銀錫之屬不為幣。孝武始造白金三品，尋廢不行。是上下通行之貨，壹皆以錢，未嘗用銀。唐時有禁斷採銀之詔，度支歲計有粟布絹棉及錢，而無銀。惟諸州土貢，自百兩至二十兩不等，不為幣也。以銀為幣，始於何時，行於何地。鑄銀之式，輕重不同，所值亦異。厥後銀日貴，錢日賤。民間但以銀論價市易，能詳其源流遷變歟。論錢法者，若賈誼，若孔覲，若陸贄，能述其梗概歟。我朝府事交修，戶工二部設寶源寶泉兩局，近復因臣工奏請鑄大錢，以劑食貨之用，果何如而權衡輕重，各得其宜。俾國用饒而民用贍乎。夫興人才以講學，奮武衛以詰奸，審地利以設防，阜民財以裕國，皆經邦之要道，立政之宏模也。多士學古入官，通知時事，以敷奏為明試，毋泛毋隱。朕將親覽焉。[1]

咸豐八年十二月

諭內閣，禮部議覆江蘇巡撫趙德轍等，題請以宋儒陸秀夫從祀文廟一摺。宋丞相陸秀夫精研理學，品誼端純，立朝後事君盡禮，雖當軍旅之時，猶日書大學章句進講，及其成仁取義，大節懍然，亮節孤忠，光昭史冊，宜膺茂典，俾列宮牆。陸秀夫著照該部所議，從祀文廟，位在文天祥之次，以獎忠義而激懦頑。[2]

清穆宗毅皇帝

同治元年

諭：太學為自古培植人材之地，我朝振興庠序，加意教習，世宗憲皇

---

① （清）賈楨：《清文宗顯皇帝實錄》卷九十二。
② （清）賈楨：《清文宗顯皇帝實錄》卷二七一。

帝賞給庫銀，增置齋舍，首善之區，四方觀瞻所系，必得如唐之韓愈、宋之胡瑗，躬行實踐，講明正學，以為表率，人材自能蒸蒸日上。乃近來國子監專以文藝課士，該祭酒等既以為是為取，而士子亦復以是為工拙，於造就人材之道何裨焉？嗣後於應課詩文外，兼課論策，以經史性理諸書命題，用覘實學。並著該祭酒等督飭各堂助教、學正、學錄，分日講說，獎勵精勤，懲戒遊惰，黜華崇實，以端趨向。其有留心時務通知古今者，該祭酒等亦當隨時獎勵，以勸多士。該堂官為諸生師長，尤當自飭廉隅，俾知矜式，用副教育人材至意。①

同治二年

諭：御史劉毓楠奏請整頓各學教習等語。據稱：滿漢各學設立教習，統於國子監見充教習者傳補，後並無生徒肄業，期滿，僅尋教人赴監，謂之交功課，其實無功課可交，即可得官各等語。著國子監堂官查明，認真整頓，稽核功課之勤惰，分別勸懲，毋得有名無實，敷衍了事，以昭核實。②

諭內閣：國子監司業馬壽金奏請慎簡學官以崇教化一摺，自來化民成俗，必資學校之振興。上年十二月間曾明降諭旨，令各省學政督率各學教官讀書立品，訓導諸生，並隨時宣講聖諭，以期經正民興，共臻上理。茲據馬壽金奏稱，近來地方大吏於州縣之賢不孝尚能據實薦劾，而於教職一官則概未齒及，老邁戀棧而過示優容，年少輕浮而不加甄劾，以致為是官者頹廢是甘，不知振作。請飭各省督撫詳加考察，至宣講聖諭尤為化導之本，並請飭令各學臣實力奉行等語。所奏不為無見。方今大江南北漸就肅清一切，撫綏安輯疊經降旨，責成地方官吏妥為辦理而教養兼施，使百姓革面洗心，不致再為教匪邪說所煽惑，學校之設尤關緊要。著各省督撫學政於通省學官詳加考察，罷其老邁，黜其輕浮，其品學兼優循循善誘者，務當隨時獎勵，以諷其餘。並著各省學臣督飭教官實力宣講聖諭，考其勤惰，分別勸懲，庶幾經明行修，邪慝不作。至書院義學，亦培植人材之一助。乃近來風氣，延請者多徇私情，為師者止圖修脯，陋習相沿牢不可

① 《欽定大清會典事例》國子監，卷一〇九九《國子監·六堂課士規制》，光緒己亥夏御製本。

② 《清朝續文獻通考》卷九十六《學校》三，商務印書館"萬有文庫"本，第8562頁。

破。並著各省地方官力除積弊，毋徒遷就，官紳務各延請耆碩，以副敦崇
實學至意。①

清德宗景皇帝

光緒十年

諭國子監奏敬陳錄科防弊章程一摺。三年大比，原期遴選真才，若錄
科一場，先多弊竇，則始進不端，安所得文行交修之士，翁同龢等所擬慎
重出結社絕重考明示斥罰磨對筆記各條，於防弊均尚切要，即著各該衙門
嚴行申儆，認真整頓，毋得視為，具文各該士子，尤當爭自濯磨，束身自
愛，用副朝廷整飭士風至意。②

光緒二十六年

上諭，本日政務處學務大臣會奏、議覆寶熙等條陳一摺。前經降旨
停止科舉，亟應振興學務，廣育人才。現在各省學堂，已次第興辦。必
須總彙之區，以資董率而專責成，著即設立學部。榮慶著調補學部尚
書，學部左侍郎著熙瑛補授。翰林院編修嚴修，著以三品京堂候補，署
理學部右侍郎。國子監即古之成均，本係大學。所有該監事務，著即歸
併學部，其餘未盡事宜，著該尚書等即行妥議具奏。該部創設伊始，興
學育才，責任甚重，務當悉心考核，加意培養。期於敦崇正學，造就通
才，用副朝廷建學明倫，化民成俗之至意，餘著照所議辦理，欽此。十
一月初十日。③

光緒三十一年

上諭（准設立學部）（1905 年 12 月 6 日）：

本日政務處學務大臣會奏，議覆寶熙等條陳一摺。前經降旨停止科
舉，亟應振興學務，廣育人才。現在各省學堂已次第興辦，必須有總彙之
區，以資董率而專責成。著即設立學部，榮慶著調補學部尚書，學部左侍
郎著熙瑛補授，翰林院編修嚴修，著以三品京堂候補，署理學部右侍郎。
國子監即古之成均，本係大學，所有該監事務，著即歸併學部。其餘未盡

事宜，著該尚書等即行妥議具奏。該部創設伊始，興學育才，責任綦重，務當悉心考核，加意培養，期於敦崇正學，造就通才，用副朝廷建學明倫，化民成俗之至意。餘著照所議辦理，欽此。①

（修撰人：白雪松）

_____

① 《大清教育新法令》第1冊《諭旨》，《中國近代教育史資料彙編·教育行政機構及教育團體》，第3頁。

廟　　志

　　北京孔廟是元、明、清三代皇家祭祀孔子的專門場所，承載著國家意識形態上尊崇儒學和教育方略中禮制教化的功能。最早的孔廟始建於公元前478年，即孔子死後的第二年，魯哀公將曲阜闕里孔子生前居住的三間房屋立為孔子家廟，按歲時祭祀。之後，隨著兩千年來帝制時期儒家思想作為統治思想和孔子學說的不斷發揚光大，越來越多的孔廟遍及全國，世代綿延，及至影響海外。公元前195年，漢高祖劉邦到曲阜以太牢祭祀孔子，開始了後世帝王祭祀孔子的先河。東漢明帝時祭孔開始有配饗，南朝劉宋時祭祀樂舞用六佾，隋代將每年兩次釋奠增加到四次。唐代開始單立孔子廟堂於國學，並將所有州縣學皆作孔廟定為規制。兩宋時對曲阜孔廟七次增修，南宋高宗還把京城臨安的祭孔由中祀升為大祀。

　　元代是北京孔廟的草創時期。元代大德六年（1302年）開始營建北京孔廟，大德十年（1306年）建成，作為皇家祭祀孔子的場所，承擔朝廷教化天下的功用。元武宗海山為孔子加封諡號"大成至聖文宣王"，使孔子的封號達到了前所未有的高度。

　　明代北京孔廟建築佈局和功能不斷臻於完備，基本具備當今孔廟格局。明太祖曾遣使至曲阜祭祀孔子，也在南京新建孔廟。明成祖遷都北京後，在元代孔廟的基礎上進行重建。新建的北京孔廟再次成為國家最高級別的孔廟。嘉靖九年（1530年），在大成殿後增建了崇聖祠，以祭祀孔子五代先祖，形成了今天孔廟的三進院落。萬曆二十八年（1600年），將孔廟建築的灰瓦全部換成綠瓦，提升了孔廟的建築等級。

　　清代北京孔廟的建築規格和地位達於歷史的最高峰。順治、康熙、雍

正三朝修葺不斷，乾隆二年（1737 年）將大成殿、大成門換成黃瓦，崇
聖祠換成綠瓦。之後御碑亭也改成黃瓦。光緒三十二年（1906 年）將祭
祀孔子的禮節由中祀升為大祀。隨後宣統年間將大成殿擴展為九間五進，
形成了今天的規模。

　　本部廟志主要記載道光十三年至光緒三十二年（1833—1906 年）北
京孔廟的建築維修和祀位情況，分為建修和祀位圖說兩部分。

廟志一　建修

　　清代皇帝登基後一般都要親詣孔廟釋奠，而在這之前都會對孔廟進行
一番修繕。清代對北京孔廟最早的一次修繕是在順治八年（1651 年），是
為順治九年（1652 年）皇帝視學釋奠預作准備。順治、康熙、雍正、乾
隆幾朝平均每隔一二十年便會進行一次大修，尤其是新帝即位后的首次釋
奠之前，往往會明發諭旨責令修繕。其間小修小補亦常有之。乾隆二年
（1737 年），乾隆皇帝命大成門、大成殿著用黃瓦，崇聖祠著用綠瓦，以
示崇敬至意。乾隆三十二年（1767 年），命維修孔廟並立碑銘記，又命孔
廟碑亭並用黃瓦。嘉慶、道光兩朝修繕記載較少，道光二年（1822 年）
修葺先師廟殿廊，道光九年（1829 年）立御制平定回疆剿擒逆裔告成太
學碑，並修建碑亭。咸豐、同治兩朝更未見大修記載，恐怕是内憂外患導
致朝廷缺錢無力於此。光緒三十二年（1906 年），升祭孔之禮為大祀，之
後清廷欲將大成殿擴展為面闊九間、三層石基、五出陛的形制，但終因地
勢和資金的限制未能辦到。直到宣統二年（1910 年），才確定將大成殿正
殿外的檐廊和東西兩側的夾室納入大成殿，將原來七間三進的大成殿改成
九間五進，從名義上達到了皇家的“九五之尊”的規制。這次改建的同
時，還全面修繕了孔廟，一直延續到民國五年（1916 年）最後竣工，終
於形成了今天孔廟建築的佈局和規制。

　　有關清代道光十三年（1833 年）後廟志建修方面的材料較少，具體
修繕建築、開工竣工時間、耗費銀兩等事項難以查考。現將所見建修事宜
彙總如下：

　　光緒四年四月，國子監奏，謹勘文廟御碑亭并兩廊情形較重，請飭興

修，從之。①

光緒三十一年六月，派禮部左侍郎薩廉、都察院左副都御史張仁黼估修國子監崇聖祠等工。②

光緒三十三年四月，派禮部左侍郎張亨嘉、理藩部尚書壽耆勘修文廟工程。③

光緒三十四年二月，理藩部尚書壽耆奏請改派大員估修文廟要工，得旨，著派榮慶會同估修。④

光緒三十四年九月，估修工程大臣協辦大學士榮慶等奏文廟工程辦法擬采九楹三階五陛之制，以期備禮。從之。⑤

宣統二年，諭御史松廷奏文廟典禮至重請旨交議一摺。著禮部會同估修大臣妥議具奏。⑥

宣統二年十一月，禮部會奏略稱，查松廷原奏先師孔子升為大祀，一切典禮務極崇隆。至殿宇階墀為神所憑依，當敬謹典守，似不宜輕易更張。蓋改作固足以示隆重，而沿舊亦所以妥神靈。京師文廟為天下所矜式，自應先定規制。經禮部議奏，復經前大學士張之洞咨商估修大臣，會同禮部學部擬奏，工程浩大，所費甚鉅，一時未能舉辦。查京師文廟係一成三陛，正殿七楹，外加行廊，夾室兩楹，已隱具九楹之象。況有多年行樹，倘因展拓而或損折，於心亦有未安，應請旨飭會議政務大臣調查禮部，並估修大臣等各奏案，詳細參考，或一仍其舊，或略有變通，或分年辦理，妥議具奏。又禮部原奏稱，直省府廳州縣文廟供奉禮器樂舞，並同太學，似宜有所區別，應請一併交議，以重祀典等語。臣等當即會同前往文廟敬謹查看。伏念先師神牌移奉彝倫堂，為時已久，亟應恭奉還御，以妥神靈。惟工程浩大，又復限於地勢，該御史所籌，或一仍舊制，或略有變通，或分年辦理，於慎重典禮之中，仍寓因時制宜之意，斟酌實為妥善。臣等謹分別緩急，詳擬辦法。恭查大成殿七楹，左右夾室各一楹，惟

---

① （清）世續《清德宗景皇帝實錄》卷七十一。
② （清）世續《清德宗景皇帝實錄》卷五四六。
③ （清）世續《清德宗景皇帝實錄》卷五七二。
④ （清）世續《清德宗景皇帝實錄》卷五八七。
⑤ （清）世續《清德宗景皇帝實錄》卷五九六。
⑥ 《清朝續文獻通考》卷九十八《學校》五，第8581頁。

夾室舊有板壁間隔，中間祇有七楹。謹擬將板壁撤去，使夾室兩楹，與正殿七楹，通合為一，共成九楹。雖敬考會典通禮諸書，並無大祀必須正殿九楹明文，即就該御史原奏所稱九楹而論，其數亦適相符。殿前階陛，原係一成三陛，若改建三成五陛，必須拓展地基，有礙行樹。原奏慮及或有損折，於心未安，亦係實情，若仍一成舊制，但改五陛，則祭時鋪設楅薦外，地勢較狹，樂懸佾舞，亦恐不敷分布，似可毋庸更改。

以上各條，臣等均擬請一仍舊制者也。又大成殿原係七楹三門，今既改為九楹，擬於東西兩次楹各闢一門，增為五門，以符正殿五門規則。四配十二哲龕座，原係綠色琉璃，擬改用黃色琉璃。東西兩廡各十九間，每間設連四龕一座，東西各七十六位先儒。增祀神牌既多，現時東廡已少一龕位，西廡僅餘一龕位，既不便以東廡之位移奉西廡，且將來再有增祀，龕位亦有不敷。查與兩廡相連者，係收藏祭器庫房，礙難再行展拓，擬將連四龕改為連六龕，舊係一龕兩案，改為一龕三案，既可多增位次，而陳列祭器，仍復釐然清疏。以上各條，臣等均擬請略為變通者也。崇聖祠正殿五楹，今既增牲牢籩豆，行禮地勢較隘，擬請拓為七楹，其東西兩廡，則各就廡後隙地量為移展，以免新增正殿兩楹為兩廡所掩。並擬於崇聖祠正門外西旁，添建甋瓦房三間，以備承祭官更衣之用。大成門內外舊有碑亭十三座，皆列聖因事建立，以示尊崇。今先聖既升大祀，擬於工竣後，恭請御製碑文，立石建亭，以垂久遠。至殿宇應用瓦色，大成殿、東西廡、大成門、先師廟門、列聖御碑亭十三座、大成殿前之燎屋、先師廟門外之屏垣，請一律通覆黃瓦，其屏垣垂柱等飾，亦改用黃色琉璃。崇聖祠正殿正門擬改覆黃瓦，兩廡則仿照大成殿兩廡舊式，改用甋瓦，綠緣甋燎鑪一座，亦改用綠色琉璃。此外大成殿東西掖、東西列舍，大成門外持敬門，暨崇聖祠西向外門等處，並明英宗建立之碑亭一座，其用綠瓦、黑瓦、綠緣甋瓦、板瓦者，各仍向時規制，一律修飾見新。省牲亭亦暫依舊式，一併見新。惟現時大成殿未成，先師神牌尚未還御，崇聖神牌別無處所可以供奉，兩處工程勢難同時並舉，擬請自大成殿東西廡、大成門、先師廟門外之屏垣等處，先行興修，迨恭奉先師神牌還御後，再由學部體察情形，奏請移奉崇聖祠神牌於彝倫堂，將崇聖祠工程，以次修理。以上各條臣等均擬請分年辦理者也。至原奏又稱，直省府廳州縣文廟供奉禮器樂舞，似宜有所區別等語。恭查欽定大清通禮，直省府廳州縣文廟，祭祀陳設器數與京師無異，其祝詞樂章均與太學不同，是已有所區別，應請毋庸另議。①

　　宣統二年十一月，禮部會奏文廟工程浩大，所費甚鉅，一時未能舉辦。謹擬將大成殿左右夾室板壁撤去，使夾室兩楹，與正殿七楹，通合為一，共成九楹。擬於東西兩次楹各闢一門，增為五門。四配十二哲龕座，原系綠色琉璃，擬改用黃色琉璃。崇聖祠正門外西旁添建瓦房三間，以備承祭官更衣之用。大成殿、東西廡、大成門、先師廟門、列聖御碑亭十三座、大成殿前之燎屋、先師廟門外之屏垣，請一律通覆黃瓦。其屏垣垂柱等飾，亦改用黃色琉璃。②

　　宣統三年六月，禮部尚書榮慶奏，估修文廟工程擬定辦法，估計十成足銀三十七萬四百餘兩，擬分三期請領，又奏監修飯食紙張等項，擬每月請領經費銀一百兩，均從之。③

　　宣統三年閏六月，協辦大學士榮慶等奏，恭報文廟工程興修日期，報聞。④

　　宣統三年閏六月，協辦大學士弼德院院長榮慶奏請簡派大員會同承修文廟要工，得旨，著毋庸添派。⑤

廟志二　祀位圖說

　　祀位圖說是對孔廟大成殿正殿及兩廡神位、崇聖祠正殿及兩廡神位的圖解和標示，以便於讓人們對孔廟的祭祀人物及規制有一個相對清晰的瞭解和認識。

一　正殿神位圖

　　正殿神位圖是對孔廟大成殿正殿神位的圖說和標示。其中，正位是至聖先師孔子神位；其次是四配神位，即復聖顏子、宗聖曾子、述聖子思子和亞聖孟子神位；再次是十二哲神位，即孔門十哲（孔子的十個高徒）

---

① 《清朝文獻通考》卷九十八《學校》五，第 8581 頁。
② 歐家廉：《清宣統政紀》卷四十五。
③ 《清朝文獻通考》卷九十八《學校》五，第 8582 頁。
④ 歐家廉：《清宣統政紀》卷五十七，鈔本。
⑤ 歐家廉：《清宣統政紀》卷五十七，鈔本。

神位，另外加上康熙五十一年（1712 年）和乾隆三年（1738 年）分別升哲位的朱熹和孔子高徒有若的神位。

至
聖
先
師
孔
子

　　　　　　宗聖曾子　　　　　　復聖顏子
　　　　　　亞聖孟子　　　　　　述聖子思子

　　　先賢冉子　　　　　　　　　　先賢閔子

　　　先賢宰子　　　　　　　　　　先賢冉子

　　　先賢冉子　　　　　　　　　　先賢端木子

　　　先賢言子　　　　　　　　　　先賢仲子

　　　先賢顓孫子　　　　　　　　　先賢卜子

　　　先賢朱子　　　　　　　　　　先賢有子

　　正殿神位有至聖先師孔子、四配、十二哲神位，道光十三年（1833年）後至清末，在位置、牌位尺寸等方面並無變化。詳細情況參見《欽定國子監志·廟志三·祀位圖說》。

二　東西廡先賢先儒位次圖

　　東西廡先賢先儒位次圖是指對孔廟東西兩廡從祀的歷代先賢、先儒的圖解和標示。從祀的先賢、先儒或者為傳經之儒，或者為傳道之儒，或者為踐行儒家倫理道德規範之大儒、鴻儒。為了表彰他們對孔子儒學的傳承、發展和弘揚所做的卓越歷史貢獻，歷朝歷代的統治者不斷將其中的優秀者從祀孔廟，位列兩廡，受到當朝統治者、國子監師生及地方行政官員和府、州、縣學師生的共同祭祀。

東西廡先賢位次圖

（西廡）	（東廡）
先賢蘧瑗	先賢公孫僑
先賢澹台滅明	先賢林放
先賢宓不齊	先賢原憲
先賢公冶長	先賢南宮适
先賢公皙哀	先賢商瞿
先賢高柴	先賢漆雕開
先賢樊須	先賢司馬耕
先賢商澤	先賢梁鱣
先賢巫馬施	先賢冉孺
先賢顏辛	先賢伯虔
先賢曹卹	先賢冉季
先賢公孫龍	先賢漆雕徒父
先賢秦商	先賢漆雕哆
先賢顏高	先賢公西赤
先賢壤駟赤	先賢任不齊
先賢石作蜀	先賢公良孺
先賢公夏首	先賢公肩定
先賢后處	先賢鄡單
先賢奚容蒧	先賢罕父黑
先賢顏祖	先賢榮旂
先賢句井疆	先賢左人郢
先賢秦祖	先賢鄭國
先賢縣成	先賢原亢
先賢公祖句茲	先賢廉潔
先賢燕伋	先賢叔仲會
先賢樂欬	先賢公西輿如
先賢狄黑	先賢邦巽
先賢孔忠	先賢陳亢
先賢公西蒧	先賢琴張

先賢顏之僕	先賢步叔乘
先賢施之常	先賢秦非
先賢申棖	先賢顏噲
先賢左丘明	先賢顏何
先賢秦冉	先賢縣亶
先賢公明儀	先賢牧皮
先賢公都子	先賢樂正克
先賢公孫丑	先賢萬章
先賢張載	先賢周敦頤
先賢程頤	先賢程顥
	先賢邵雍

東西廡先儒位次圖

（西廡）	（東廡）
先儒穀梁赤	先儒公羊高
先儒高堂生	先儒伏勝
先儒董仲舒	先儒毛亨
先儒劉德	先儒孔安國
先儒后蒼	先儒毛萇
先儒許慎	先儒杜子春
先儒趙歧	先儒鄭玄
先儒范寧	先儒諸葛亮
先儒陸贄	先儒王通
先儒范仲淹	先儒韓愈
先儒歐陽修	先儒胡瑗
先儒司馬光	先儒韓琦
先儒遊酢	先儒楊時
先儒呂大臨	先儒謝良佐
先儒羅從彥	先儒尹焞
先儒李綱	先儒胡安國
先儒張栻	先儒李侗
先儒陸九淵	先儒呂祖謙

先儒陳淳	先儒袁燮
先儒真德秀	先儒黃幹
先儒蔡沈	先儒輔廣
先儒魏了翁	先儒何基
先儒趙復	先儒文天祥
先儒金履祥	先儒王柏
先儒陸秀夫	先儒劉因
先儒許衡	先儒陳澔
先儒吳澄	先儒方孝孺
先儒許謙	先儒薛瑄
先儒曹端	先儒胡居仁
先儒陳獻章	先儒羅欽順
先儒蔡清	先儒呂柟
先儒王守仁	先儒劉宗周
先儒呂坤	先儒孫奇逢
先儒黃道周	先儒王夫之
先儒黃宗羲	先儒顧炎武
先儒陸世儀	先儒張履祥
先儒湯斌	先儒陸隴其
	先儒張伯行

根據以上位次圖所示，截至清末，西廡先賢 39 位，先儒 37 位，計 76 位；東廡先賢 40 位，先儒 38 位，計 78 位；東西廡先賢先儒共計 154 位。

三　崇聖祠神位圖

崇聖祠神位圖是對崇聖祠正殿孔子的五代祖先、四配及兩廡陪祀六位先賢先儒父兄輩的圖解和標示。

啟	詒	肇	裕	昌
聖	聖	聖	聖	聖
王	王	王	王	王

<table>
<tr><td>叔</td><td>防</td><td>木</td><td>祈</td><td>伯</td></tr>
<tr><td>梁</td><td>叔</td><td>金</td><td>父</td><td>夏</td></tr>
<tr><td>公</td><td>公</td><td>公</td><td>公</td><td>公</td></tr>
</table>

先賢孔氏

先賢曾氏　　　　　　　　先賢顏氏

先賢孟孫氏　　　　　　　先賢孔氏

先儒張氏　　　　　　　　　　　　先儒周氏

先儒朱氏　　　　　　　　　　　　先儒程氏

　　　　　　　　　　　　　　　　先儒蔡氏

　　明嘉靖九年（1530 年），張璁建議於學校內另建啟聖祠奉祀孔子父親，而以四配等人之父配祀，這個建議被朝廷採納，於是全國各級學校一律單建啟聖祠，主祀孔子父親叔梁紇，以顏回之父顏無繇、曾參之父曾蒧、子思之父孔鯉和孟子之父孟孫激配饗，以程顥和程頤之父程珦、朱熹之父朱松、蔡沈之父蔡元定從祀。明萬歷二十三年（1595 年），增加周敦頤之父周輔成從祀。清雍正元年（1723 年），世宗追封孔子的五代先人為王，於是將啟聖祠改稱崇聖祠，主祀孔子五代先人，仍以四配之父等配享從祀，雍正二年（1724 年）又增加張載之父張迪從祀。咸豐七年（1857 年）增加孔子之兄孟皮為配饗，位居四配之上，成為五配。

　　崇聖祠正面奉祀孔子的五代先人，五代祖肇聖王木金父居中，高祖裕聖王祈父和祖父昌聖王伯夏位於東側，曾祖詒聖王防叔和父親啟聖王叔梁紇在西側，五聖王前面東側奉祀孔孟皮、顏回之父顏無繇和子思之父孔鯉，西側奉祀曾子之父曾蒧和孟子之父孟孫激。從祀的先儒周輔成、程珦和蔡元定在東廡，先儒張迪和朱松在西廡。①

　　以上分別為東西廡先賢位次圖、東西廡先儒位次圖以及崇聖祠神位圖。

四　新增從祀的奏議及批復（道光十三年后）

（道光）二十九年　予宋儒謝良佐從祀聖廟，位列東廡宋儒楊時

　　①　參見孔祥林、孔喆《世界孔子廟研究》（上），中央編譯出版社 2011 年版，第 203—305 頁。

之次。① 二十九年　诏以文天祥从祀。②

咸豐元年　諭禮部議覆福建巡撫徐繼畬等奏請以李綱從祀文廟一摺。宋丞相，諡忠定。李綱立朝，守正風，節凜然。跡其生平，讜論忠言具詳奏牘，實能扶危定傾，明體達用，以天下安危為己任，而不為身圖，亮節純忠，炳著史冊，允宜特予表章，敦崇風教。李綱著照部議從祀文廟西廡，列於先儒胡安國之次，以獎忠義而激懦頑。

二年　諭禮部議覆調任河南巡撫李僡等奏請以韓琦從祀文廟一摺。宋臣韓琦，歷仕三朝，勳業彪炳，其生平學問經濟原本忠孝，我世宗憲皇帝、高宗純皇帝諭旨論贊，疊賜襃嘉，洵為千古定論。宜應懋典，俾列宮牆。韓琦著照部議從祀文廟東廡，列於先儒陸贄之次，以勵忠誠而崇實學。

三年　又予先賢公明儀從祀聖廟，位列東廡先賢縣亶之次。

六年　河南學政俞樾奏定文廟祀典記（臣）樾言：昔孔子周流列國，同時賢大夫其克協聖心者，於衛則有伯玉，於鄭則有子產。而觀論語所載，則於子產尤稱道弗衰。蓋孔子在鄭，嘗以兄事之。及其卒也，為之流涕。今文廟從祀有蘧瑗，而無公孫僑，非所以遵循聖心修明祀事也。（臣）比因校士，再至鄭州，登東里之墟，渡溱洧之水，緬懷遺愛，想見其人。夫附驥益顯，未必及其門。衛鄭兩賢，事同一體。瑗既從祀，僑胡獨遺？（臣）愚以為，先賢鄭大夫公孫僑宜從祀文廟大成殿兩廡。又按孔子有兄曰孟皮。故論語稱孔子以兄子妻南容，而史記弟子列傳有孔子兄子孔忠，蓋皆孟皮之子也。孟皮言行無所表見，然既為孔子之兄，則亦祀典所不可闕者。孔子曰：所求乎弟以事兄，未能也。今以孔子為帝王萬世之師，京師郡縣莫不崇祀。上及其祖，下逮其孫，而獨缺其兄，揆之至聖之心，或者猶有憾乎？（臣）愚以為，孟皮宜配享文廟崇聖祠。奏上，詔下其議於禮部。僉曰：宜如（臣）樾言。爰定公孫僑從祀大成殿西廡，位林放上。孟皮配享崇聖祠，位西向第一。

七年　議定：聖兄孟皮增入崇聖祠從祀。

---

① 《清朝續文獻通考》卷九十八《學校》五。

② （清）何紹基撰：《光緒重修安徽通志》卷八十七"歷代祀禮崇封考"，清光緒四年刻本。

八年　以宋儒陸秀夫從祀文廟，位列西廡文天祥之次。

十年　以明儒曹端從祀文廟，位列東廡胡居仁之上。

又議定：從祀章程，例無明條，應以闡明聖學，傳授道統為斷。嗣後，除著書立說、羽翼經傳，真能實踐躬行者，准臚列事實，奏請從祀外，其餘忠義激烈者，入昭忠祠，言行端方者，入鄉賢祠。以道事君澤及民庶者，入名宦祠。概不得濫請從祀聖廟。其名臣賢輔，已經配饗歷代帝王廟者，亦勿庸再請從祀，以示區別。①

同治二年　奏准祔饗，朝廷祀典至巨，應飭各省督撫學政恪遵咸豐十年定章。如為必應從祀之先賢先儒，方准督撫同學政詳加考核，奏明請旨，並將其人生平著述事跡送部查核。其欽定書籍中引用若干條，論贊若干條，先儒書籍中引用若干條，論贊若干條，詳細造冊，飭大學士九卿國子監會同禮部議奏。

又予魯人毛亨從祀聖廟，位列東廡伏勝之次，明臣呂柟從祀聖廟，位列西廡蔡清之次。

又予明儒方孝孺從祀聖廟，位列西廡陳澔之次。

又予劉毓楠奏請祔祀兩廡新章再行覆議：奉諭先儒升祔學宮，久經列聖論定，至為精當。咸豐十年酌定章程，以示限制。原以宮牆巍峻，祀典至崇，必其學術精純，足為師表者，方可俎豆馨香，用昭勿替。該御史以新章過嚴，如宋儒黃震等均經禮部議駁，謂士人皆以聖賢為難，幾必至人心風俗日流於奇邪異端，而不及覺。推該御史之意，必將古人之聚徒講學，著有性理等書者，悉登兩廡之列，方足以資興起。而德行之儒，平日躬行實踐，師法聖賢為身後從祀之計。議論殊屬迂謬，所奏著毋庸議。

又禮部議定先賢先儒祀典次序，繪圖頒發各省。

又奏准今先賢中，增祀公孫僑、公明儀二人。公孫僑年先於蘧瑗，應在蘧上，擬公孫僑移東廡第一位，蘧瑗移西廡第一位。林放與蘧瑗並稱，擬移東廡第二位，而移澹台滅明於西廡第二位，牧皮為孔子弟子，公明儀為曾子弟子，擬移牧皮於東廡三十五位，公明儀於西廡三十五位。其餘悉仍其舊，以省東西移易。先儒增祀者十五人，其位次隨時擬定。限於東西多寡之數，於時代不無參差，今合原定從祀與續經增祀之儒，各就時代，按其生平，一東一西，以次排列，庶無淩躐之虞。

① 以上咸豐年間從祀引自《清朝續文獻通考》卷九十八《學校》五。

又奏准先儒東廡位次，公羊高，伏勝，毛亨，孔安國，后蒼，鄭康成，范甯，陸贄，范仲淹，歐陽修，司馬光，謝良佐，羅從彥，李綱，張栻，陸九淵，陳淳，真德秀，何基，文天祥，趙復，金履祥，陳澔，方孝孺，薛瑄，胡居仁，羅欽順，呂柟，劉宗周，孫奇逢，陸隴其；西廡位次穀梁赤，高堂生，董仲舒，毛萇，杜子春，諸葛亮，王通，韓愈，胡瑗，韓琦，楊時，尹焞，胡安國，李侗，呂祖謙，黃幹，蔡沈，魏了翁，王柏，陸秀夫，許衡，吳澄，許謙，曹端，陳獻章，蔡清，王守仁，呂坤，黃道周，湯斌。

七年　又予宋臣袁燮從祀聖廟，位列西廡宋儒呂祖謙之次。

十年　予先儒張履祥從祀聖廟，位列東廡明儒孫奇逢之次。①

光緒元年　又予先儒陸世儀從祀聖廟，位列西廡明儒黃道周之次。

二年　國子監司業汪鳴鑾奏為漢儒有功聖經請祀文廟以光巨典而崇實學摺：竊維聖人之道垂諸六經，而經之義理，非訓詁不明。訓詁非文字不著。周公作爾雅。雅者，正也，所以正文字也。古者曰文，今世曰字。孔子論政必先正名，且極之禮樂刑罰。然則文字所系，顧不重乎？漢太尉、南閣祭酒許慎，生東京中葉，去古稍遠，俗儒或詭更正文以耀於世。慎於是著說文解字十四篇，五百四十部，九千三百五十三文，敘篆文，合以古籀。古聖人輬造書契之意得不盡泯者，賴有此書之存。後漢書儒林傳稱，慎性篤學博。又曰：五經無雙。許叔重其為當時推敬，亦可概見。伏讀高宗純皇帝欽定四庫全書總目，於說文一書，稱其推究六書之義，分部類從，至為精密，然則士生今日欲因文見道，舍是奚由夫？說文之學，至我朝而始大顯，如惠棟、朱筠、錢大昕、王念孫、段玉裁、戴震、孫星衍、嚴可均、阮元、桂馥等，諸家撰述，各有發明，稱極盛矣。而春秋有事文廟未有議及配享者。（臣）愚以為兩漢經傳之功，莫大於鄭康成，而鄭康成註禮嘗徵引許書。鄭之於許，年代未遠，而其書已為刺取，其服膺可知。四庫總目謂兩漢經學極盛，若許若鄭，尤皆一代通儒，非後來一知半解者所可望其津涯。聖諭煌煌，允為千秋定論。許鄭並稱，無所軒輊。雍正二年，已復鄭康成從祀，士林僉稱盛舉。而許慎大儒，事同一例，則慎之應從祀者一也。訓詁之學，首推毛氏，善承毛學者惟許慎。古說之文義，往往與毛傳相合。四庫總目定詩傳為毛亨所撰。同治二年，允御史劉

---

① 以上同治年間從祀引自《清朝續文獻通考》卷九十八《學校》五。

慶之請，列祀毛亨於東廡，而慎獨未與。則慎之應祀者二也。漢人說經，喜用讖緯，雖大儒猶或不免。惟說文一書，不雜讖緯家言。其稱易孟氏、書孔氏以及論語孝經，皆古文也。凡古文舊說，散失無傳者，猶存什一，於千百七十子之微言大義，賴以不墜。魏晉以來，註書者奉為科律，往往單辭片義，引用者多至十餘家，他傳註所未有。其有功於經訓，誠非淺鮮，則慎之應從祀者三也。朱子崛出南宋，躬行實踐，上承孔孟之傳，而四書集註引用說文者不可枚舉。朱子語類云：讀書不理會字畫音韻，卻枉費無限詞說。牽補而卒，不得其大義，甚害事也。是宋儒之講求義理，非本訓詁文字，而亦無由以明。說文解性情二字獨主性善之說，與孟子董仲舒之言相表裏。則慎之應從祀者四也。綜其網羅古訓，博采通人、天、地、山川、王制、禮儀，靡不畢貫，實足為聖經之羽翼，示後學之津梁。下禮部議。奏：議准漢儒許慎從祀文廟，位列東廡后蒼之次。

又吳大澂奏明儒王建常請祀文廟，下禮部議奏。

三年 江蘇巡撫吳元炳奏：據婁縣紳士，前戶部主事姚光發等呈稱，伏讀家語七十二弟子解：叔仲會，魯人，少孔子五十歲，與孔璿年相比。每孺子之執筆記事於夫子，二人迭侍左右。孟武伯見孔子而問曰：此二孺子幼也，於學豈能識於壯哉？孔子曰：少成若天性也，習慣若自然也。然則兩賢執筆記事，親承聲咳，有功於贊修刪定，實無淺深輕重之差。而有祀，有不祀，推原其故，叔仲會之從祀，昉於唐開元二十七年。其時但憑史記為斷，而史記未列孔璿之名。後司馬貞所註史記索隱，仍引家語原文，以補其闕。國朝檢討朱彝尊孔子弟子考，於孔璿事實內亦據家語之言，謂惟因二子合傳，故不復標璿名，則公論自不可掩。夫孔子微言大義，炳若日星，天下萬世，得以循誦習傳，係兩賢之力居多。叔仲會久經從祀，惟孔璿未與斯列，此歷朝之闕典，有待盛世之表章。呈請具奏。（臣）案家語叔仲會、孔璿同侍聖門，執筆記事，信而有徵。又查家語敘列杏壇弟子秦祖以下，祇存姓名。他如申績，即申棖，薛邦，即鄭國，均已備列兩廡。如先賢孔璿者，日侍面丈，確有事實。且叔仲會早已從祀而孔璿祀典獨遺，似應一體配祀宮牆，以光俎豆。下禮部議奏。

又予河間獻王劉德從祀聖廟，位列西廡董仲舒之次。

四年 予先儒張伯行從祀聖廟，位列東廡陸隴其之次。

五年 予宋儒輔廣從祀聖廟，位列西廡黃幹之次。

十一年 諭前因陳寶琛奏請，將黃宗羲、顧炎武從祀文廟，當令禮部議奏。據該部會同大學士九卿具奏：請勿庸從祀。又據潘祖廕等另奏，請旨准行。著大學士六部九卿翰詹科道再行詳議具奏。

十二年　諭前因禮部會奏議，駁陳寶琛奏請以黃宗羲、顧炎武從祀文廟，與尚書潘祖廕等另摺請准從祀，意見兩歧。當令大學士等議奏。茲據額勒和布等仰稽列聖垂謨，參考廷臣議論，請照禮臣原奏議駁等語，黃宗羲、顧炎武即著勿庸從祀文廟，仍准其入鄉賢，以重明禋而昭矜式。

十八年　諭禮部議覆福建學政沈源深奏請以宋儒游酢從祀文廟一摺：宋儒游酢，清德望重。在當時已與程朱諸賢為人心所共推重。所著《論語雜解》《中庸義》《孟子雜解》《易說》《詩二南義》等書，足以闡明聖學，羽翼經傳。其生平出處，史傳昭垂，允為躬行實踐，宜膺茂典，俾列宮牆。游酢著從祀文廟，位在西廡楊時之次，以崇實學而闡幽光。

二十一年　諭禮部議覆陝西學政黎榮翰奏請將宋儒呂大臨從祀文廟一摺：宋儒呂大臨，純修正學，與游酢楊時諸賢同列程子之門。所著《易經章句》《大易圖像》《易傳指歸》《禮記傳註》《論語中庸解》《孟子章義》等書，皆足發明聖學，羽翼經傳。其生平尤邃於孔，為朱子所引重，洵屬制義誠篤，無愧純儒。呂大臨著從祀文廟，位在東廡謝良佐之次，以崇實學而光茂典。①

光緒三十四年

禮部令奏遵議先儒從祀請旨裁定摺

上年正月二十八日，准軍機處片交御史趙啟霖奏請將國初大儒王夫之、黃宗羲、顧炎武從祀文廟一摺，奉旨禮部議奏，欽此。欽遵到部（臣）等謹按：古無所謂從祀也，惟《禮記·文王世子》云"凡學，春秋釋奠於其先師"，鄭註："若漢《禮》高堂生，《樂》有制氏，《詩》有毛公，《書》有伏生，億可以為之。"由漢時尚無從祀之事，故舉立在學宮，置有博士者，億度為之。至唐貞觀間，始定配享，而伏勝、高堂生、毛萇，悉預其列。且有代用其書，垂於國胄之詔。蓋取祭義祀先賢於西學。註：先賢有道德王所使教國子者之義，就周制祀於學者以當祔享廟庭，似亦相近。而當時經典即以德行道藝為言，後世凡議從祀所當恪守。是以我朝定制亦遵斯道。伏讀道光九年聖訓，先儒升祔學宮，祀典至巨，必其人學術精純、經綸卓越，方可俎豆馨香，用昭崇報。咸豐十年，（臣）部議

---

① 以上光緒年間從祀引自《清朝續文獻通考》卷九十八《學校》五。

奏先儒從祀，亦以闡明聖學、傳授道統為斷。諭旨允准，著於功令。今考
王夫之、黃宗羲、顧炎武等生當明季，鑒宋以後講學家空談性命、不根故
訓之弊，毅然以窮經為天下倡。而後德性問學，尊道並行。（臣）等嘗謂
我朝經學昌明，比蹤兩漢，實由東南之間炎武、宗羲最為大師，宗派流
行，馴至於遍天下。夫之著書行世較晚，而咸豐、同治以來，中興名臣，
大半奮跡衡湘，則亦未始非其鄉先生教澤之所留貽。若援明臣宋濂《孔
子廟堂議》，學者各祭其先師，非其師弗學，非其學弗祭之義，則兩廡之
間早當位置。乃道光時，朝士大夫議建炎武祠於京師，春秋致祭。而宗
羲、炎武僅祀於其鄉者，非弟子之忘先師也，抑夫之、宗羲之於炎武，其
學不無軒輊於其間。（臣）等因是求之祖訓而《欽定國史儒林傳》以炎武
為首，宗羲、夫之次之。當稱宗羲之學，出於蕺山誠意慎獨之說，縝密平
實。又稱夫之神契張載《正蒙》之說，演為《思問錄》內外二篇，而於
炎武稱斂花就實，扶弊就衰。國朝學者有根柢者，以炎武為最。似該故儒
等學派久在，列聖洞鑒之中，又求之士論。而道光間兩廣總督阮元所刊
《皇清經解》，首列炎武《左傳杜解補正》《〈易〉〈詩〉本音》《日知錄》
諸書。至今年江蘇學政王先謙奏刻《經解續編》，以夫之《周易》《詩
經》《春秋》《四書稗疏》次炎武《九經誤字》之後。而管學大臣張百熙
等《奏定京師大學堂章程》亦以宗羲所輯《宋元名儒學案》列入倫理科
中，似該故儒等著述錄於通人達士者亦已流傳不廢。蓋該故儒等皆有闡明
聖學、傳授道統之功，而炎武尤醇乎其醇者。獨其從祀文廟，二百年來尚
與夫之、宗羲同無定論，以至於今，亦議禮諸臣責無可辭者也。往者署禮
部左侍郎郭嵩燾、湖北學政孔祥霖先後奏請夫之從祀。江西學政陳寶琛又
奏請宗羲、炎武從祀，均經（臣）部議駁在案。（臣）等向聞斯議，知前
部（臣）之慎重明禋也。乃取該故儒等全書以考其言，而炎武所著《宅
京記》《肇域志》《郡國利病書》所言，皆天下大計，卓然名論。惟夫之
所著《黃書》，其《原極》諸篇，既託旨於《春秋》，宗羲所著《明夷待
訪錄》，其《原君》《原臣》諸篇，復取義於《孟子》，狃於所見，似近
偏激意。夫瞽宗俎豆矜式方來，恐學子昧於論世知人，將以夫之、宗羲為
口實，至於流傳刊本，間留墨匡疑涉指斥，或為該故儒病，則祖宗之世早
垂明訓。恭譯雍正十一年四月上諭。①

---

① 《大清光緒新法令》第十二類《禮部令奏遵議先儒從祀請旨裁定摺》。

　　三十四年，又禮部奏上年御史趙啟霖奏請將國初大儒王夫之、黃宗羲、顧炎武從祀文廟一摺，交（臣）等議奏。考王夫之、黃宗羲、顧炎武等，生當明季，鑒宋以後講學家空談性命，不根故訓之弊，毅然以窮經為天下倡，而後德性問學尊道並行。此次奉旨交議，誠宜博訪周諮，以求至當。於是奏請仿照會議政務章程，移會各衙門，將該故儒等應准應駁之處，開具說帖，送交（臣）部議奏。奉諭旨，允准，旋經各署堂司開送說帖都二十六條。其主王夫之、黃宗羲、顧炎武並准從祀者十居其九。（臣）等以為是非聽諸天下，固見公論於人心。予奪出於朝廷，尤待折衷於宸斷，擬將顧炎武從祀，請旨准行。其王夫之、黃宗羲應否與顧炎武一律從祀之處，恭候聖裁奉旨。禮部會奏。遵議。先儒從祀分別請旨一摺，顧炎武、王夫之、黃宗羲均從祀文廟。東廡，夫之位列孫奇逢之次，炎武位列王夫之之次，西廡，宗羲位列黃道周之次。①

　　宣統元年　庚申。諭軍機大臣等、給事中陳慶桂奏：明儒湛若水講明正學。請從祀孔廟一摺。著禮部議奏。尋奏：湛若水學問著述，未足當精純之目。立朝大節亦尚不無遺議。各衙門說帖主駁者多。從祀之處，擬毋庸議。從之。②

　　又都察院代奏候選訓導王元稑呈請以漢儒趙岐從祀文廟。③

　　二年　直隸總督陳夔龍奏：元儒劉因學術精純，志行卓越。前明請從祀者其次，均格於時議。自勝國以迄，昭代儒臣，迭有論辨。前修未泯，公論益彰。應請俯准將其從祀文廟以闡幽潛而資坊表。④

　　三年　以漢儒趙岐，元儒劉因從祀文廟。岐位列杜子春之次，因位列趙復之次。

　　又御史蕭丙炎奏請將宋儒周必大從祀孔廟，著禮部議奏。

　　由都察院奏，學部諮議官劉師培呈稱：東漢大儒賈逵，學行卓絕，請從祀文廟。下禮部議奏。⑤

---

　　①　《清朝續文獻通考》卷九十八《學校》五。

　　②　《大清宣統政紀》卷十三。

　　③　《清朝續文獻通考》卷九十八《學校》五。

　　④　同上。

　　⑤　《大清宣統政紀》卷五十一：（宣統三年）甲子。諭軍機大臣等、御史蕭丙炎奏、請將宋儒固必大從祀孔廟一摺。著禮部議奏。

　　（宣統三年）諭軍機大臣等、御史張瑞廳奏：請將明儒鹿善繼從祀孔廟。著禮部議奏。[①]

　　綜上所述，我們可以知曉，道光十三年以後，截至光緒年間，新增從祀人數為24人（另民國年間又新增2人，即顏元和李塨於1919年作為先儒從祀孔廟）；崇聖祠咸豐六年（1856年）新增配饗1人（孔子之兄孟皮）。具體從祀先賢先儒情況，詳見附表一、附表二。

附表一：道光十三年後新增從祀先賢先儒一覽表

姓名	從祀時間
文天祥	道光二十三年（1843年）
謝良佐	道光二十九年（1849年）
李綱	咸豐元年（1851年）
韓琦	咸豐二年（1852年）
公明儀	咸豐三年（1853年）
公孫僑	咸豐七年（1857年）
陸秀夫	咸豐九年（1859年）
曹端	咸豐十年（1860年）
毛亨	同治二年（1863年）
方孝孺	同治二年（1863年）
呂柟	同治二年（1863年）
袁燮	同治七年（1868年）
張履祥	同治十年（1871年）
陸世儀	光緒元年（1875年）
輔廣	光緒三年（1877年）
劉德	光緒三年（1877年）
張伯行	光緒四年（1878年）
游酢	光緒十八年（1892年）
呂大臨	光緒二十一年（1895年）
王夫之	光緒三十四年（1908年）

---

① 《大清宣統政紀》卷五十。

续表

姓名	從祀時間
顧炎武	光緒三十四年（1908 年）
黃宗羲	光緒三十四年（1908 年）
趙歧	宣統二年（1910 年）
劉因	宣統二年（1910 年）

附表二：清代文廟從祀先賢先儒情況一覽表

從祀先賢表

姓名	時代	說　明　（東廡）	姓名	時代	說　明　（西廡）
公孫僑	東周	清 1857 年祀，孔子同時鄭國人	蘧瑗	東周	739 年祀，1530 年罷，1724 年復
林放	東周	739 年祀，1530 年罷，1724 年復	澹台滅明	東周	唐 739 年從祀。孔子弟子
原憲	東周	唐 739 年從祀。孔子弟子	宓不齊	東周	同上
南宮适	東周	同上。孔子侄女婿	公冶長	東周	同上。孔子的女婿
商瞿	東周	唐 739 年從祀。孔子弟子	公晳哀	東周	唐 739 年從祀，孔子弟子
漆雕開	東周	同上	高柴	東周	同上
司馬耕	東周	同上	樊須	東周	同上
梁鱣	東周	同上	商澤	東周	同上
冉孺	東周	同上	巫馬施	東周	同上
伯虔	東周	同上	顏辛	東周	同上
冉季	東周	同上	曹卹	東周	同上
漆雕徒父	東周	同上	公孫龍	東周	同上
漆雕哆	東周	同上	秦商	東周	同上
公西赤	東周	同上	顏高	東周	同上
任不齊	東周	同上	壤駟赤	東周	同上
公良孺	東周	同上	石作蜀	東周	同上
公肩定	東周	同上	公夏首	東周	同上
鄡單	東周	同上	後處	東周	同上
罕父黑	東周	同上	奚容蒧	東周	同上

续表

姓名	時代	說　明　（東廡）	姓名	時代	說　明　（西廡）
榮旂	東周	同上	顏祖	東周	同上
左人郢	東周	同上	句井疆	東周	同上
鄭國	東周	同上	秦祖	東周	同上
原亢	東周	同上	縣成	東周	同上
廉潔	東周	同上	公祖句茲	東周	同上
叔仲會	東周	同上	燕伋	東周	同上
公西輿如	東周	同上	樂欬	東周	同上
邦巽	東周	同上	狄黑	東周	同上
陳亢	東周	同上	孔忠	東周	同上。孔子之侄
琴張	東周	同上	公西葳	東周	唐 739 年從祀。孔子弟子
步叔乘	東周	同上	顏之僕	東周	同上
秦非	東周	同上	施之常	東周	同上
顏噲	東周	同上	申根	東周	同上
顏何	東周	739 年祀，1530 年罷， 1724 年復	左丘明	東周	唐 647 年先儒， 明 1624 年升先賢
縣亶	東周	1724 年從祀，孔子弟子	秦冉	東周	739 年祀，1530 年罷， 1724 年復
牧皮	東周	1724 年從祀，孔子弟子	公明儀	東周	清 1853 年從祀， 顓孫師門人
樂正克	東周	1724 年從祀，孟子弟子	公都子	東周	清 1724 年從祀，孟子弟子
萬章	東周	同上	公孫丑	東周	清 1724 年從祀，孟子弟子
周敦頤 程顥	宋 宋	宋 1241 年、元 1313 年 先儒，明 1642 年升先賢	張載 程頤	宋 宋	宋 1241 年、元 1313 年 先儒，明 1642 年升先賢
邵雍	宋	宋 1267 年先儒， 明 1642 年升先賢			

從祀先儒表①

姓名	朝代	說　明（東　廡）	姓名	朝代	說　明（西　廡）
公羊高	東周	唐 647 年從祀	穀梁赤	東周	唐 647 年從祀
伏勝	漢	同上	高堂生	漢	同上
毛亨	漢	清 1863 年從祀	董仲舒	漢	元 1330 年從祀
孔安國	漢	唐 647 年從祀，孔子十一代孫	劉德	漢	清 1877 年從祀
毛萇	漢	唐 647 年從祀	后蒼	漢	明 1530 年從祀
杜子春	漢	同上	許慎	漢	清 1875 年從祀
鄭玄	漢	647 年祀，1530 年罷，1724 年復	趙歧	漢	清 1910 年從祀
諸葛亮	蜀漢	清 1724 年從祀	范寧	晉	唐 647 年祀，1530 年罷，1724 年復
王通	隋	明 1530 年從祀	陸贄	唐	清 1826 年從祀
韓愈	唐	宋 1084 年從祀	范仲淹	宋	清 1715 年從祀
胡瑗	宋	明 1530 年從祀	歐陽修	宋	明 1530 年從祀
韓琦	宋	清 1852 年從祀	司馬光	宋	宋 1267 年、元 1313 年從祀
楊時	宋	明 1495 年從祀	游酢	宋	清 1892 年從祀
謝良佐	宋	清 1849 年從祀	呂大臨	宋	清 1895 年從祀
尹焞	宋	清 1724 年從祀	羅從彥	宋	明 1619 年從祀
胡安國	宋	明 1437 年從祀	李綱	宋	清 1851 年從祀
李侗	宋	明 1619 年從祀	張栻	宋	宋 1261 年、元 1313 年從祀
呂祖謙	宋	南宋 1261 年、元 1313 年從祀	陸九淵	宋	明 1530 年從祀
袁燮	宋	清 1868 年從祀	陳淳	宋	清 1724 年從祀
黃榦	宋	清 1724 年從祀	真德秀	宋	明 1437 年從祀
輔廣	宋	清 1877 年從祀	蔡沈	宋	同上
何基	宋	清 1724 年從祀	魏了翁	宋	清 1724 年從祀
文天祥	宋	清 1843 年從祀	趙復	元	同上
王柏	宋	清 1724 年從祀	金履祥	元	同上
劉因	元	清 1910 年從祀	陸秀夫	宋	清 1859 年從祀

---

① 引自孔廟和國子監博物館《北京孔廟歷史沿革展》。

续表

姓名	朝代	說　明（東　廡）	姓名	朝代	說　明（西　廡）
陳澔	元	清 1724 年從祀	許衡	元	元 1313 年從祀
方孝孺	明	清 1863 年從祀	吳澄	元	1435 祀，1530 罷，1737 復
薛瑄	明	明 1571 年從祀	許謙	元	清 1724 年從祀
胡居仁	明	明 1584 年從祀	曹端	明	清 1860 年從祀
羅欽順	明	清 1724 年從祀	陳獻章	明	明 1584 年從祀
呂柟	明	清 1863 年從祀	蔡清	明	清 1724 年從祀
劉宗周	明	清 1822 年從祀	王守仁	明	明 1584 年從祀
孫奇逢	明	清 1827 年從祀	呂坤	明	清 1826 年從祀
黃宗羲	清	清 1908 年從祀	黃道周	明	清 1825 年從祀
張履祥	清	清 1871 年從祀	王夫之	清	清 1908 年從祀
陸隴其	清	清 1724 年從祀	陸世儀	清	清 1875 年從祀
張伯行	清	清 1878 年從祀	顧炎武	清	清 1908 年從祀
湯斌	清	清 1823 年從祀	李塨	清	民國 1919 年從祀①
顏元	清	民國 1919 年從祀②			

（修撰人：常會營　白雪松）

---

①　民國年間從祀，為保持完整性，一併增入，特此註明。

②　民國年間從祀，為保持完整性，一併增入，特此註明。

學　志

　　國子監是元、明、清三代國家設立的最高學府，有完整的辦公區和教學區，有完備的規章制度和教學體系，是為國家培養人才的重要場所。國子監作為最高學府，可追溯到漢武帝時期設立的太學，當時承襲了傳授儒家經典最高學府的功能。西晉時在太學之外另立國子學，只有貴族子弟方可入學，北齊改稱國子寺。隋代改國子寺為國子監，統領國子學、太學、四門學、書學、算學等各個官學。唐承隋制，國子監下轄國子學、太學、四門學、律學、書學和算學，所設國子學學生皆為貴族子弟。宋沿唐制，且增轄武學，國子監雖屢易其名，有時稱國子監，有時稱國子學，但其作為教育管理機構和最高學府的兩項職能未變。

　　元代監學並置。至元二十四年（1287年）創建了現在的北京國子監，大德十年（1306年）增建監署，迄至大元年（1308年）建成。同時期於大德六年至大德十年（1302—1306年）建成北京孔廟。自此奠定了左廟右學的規制。此外還設有蒙古國子監和回回國子監。元代的學規雖早在元世祖忽必烈時期即開始訂立，但總體上顯得比較粗糙和籠統。

　　明代國子監有南北兩監之分。明太祖時期建國子監於南京，永樂十八年（1420年）遷都北京后改北京國子監為京師國子監。國子監教學區設率性、修道、誠心、正義、崇志、廣業六堂，嘉靖時期還增建了崇聖祠和敬一亭。明代國子監學制趨於成熟，學規先後更定五次，愈發嚴格，有了一套比較完整的校規，對監內的職官及監生分別作了詳細的規定。甚至洪武時期由皇帝親自定下了一些具體的學習制度，可見對於國子監的重視。

　　清代國子監基本上承襲明代舊制。順治元年即在京師置國子監，其教

學官員和教學之所一仍明舊。順治元年（1644 年）定國子監條規，乾隆
年間仿宋名儒胡瑗教法，分經義、治事二齋教學，力主經世致用。清末國
子監作為最高學府，已日趨沒落，學業廢弛。學生多花錢入監，但徒具虛
名，僅為科舉仕進之階梯。光緒三十二年（1906 年），隨著科舉制度的廢
除，國子監作為舊式教育體系的代表已失去其作用，最終歸併學部，結束
了其教育功能。

　　本部學志主要記載道光十三年至光緒三十二年（1833—1906 年）國
子監的建築維修和損壞、學校教學及學規、監生入學及出路等情況，依照
道光版《欽定國子監志》分為建修、員額、考校、甄用、鄉試、五經博
士、算學、助廩、外藩入學幾部分。

學志一　建修

　　元、明、清三代的國子監衙署設立於元代至元二十四年（1287 年），
大德十年（1306 年）正月，營建國子監監署的工程正式開工，至大元
年（1308 年）竣工，形成南北兩進院落，基本奠定了國子監的院落格局。
延祐四年（1317 年）重修殿門堂廡，建東西兩齋，建崇文閣，泰定三年
（1326 年）增建環廊。明永樂二十年（1422 年）將國子監修繕后繼續使
用，此後又拆除崇文閣，改建彝倫堂。正統八年（1443 年）大規模改建，
弘治十四年（1501 年）維修，嘉靖七年（1528 年）十月，新建敬一亭竣
工，形成三進院落。此後嘉靖十一年（1532 年）和崇禎十四年（1641
年）都有較大維修重建工程。

　　清代從順治元年（1644 年）開始，即對國子監整修擴建，順治末建
八旗官學。康熙二十二年（1683 年），維修國子監內殿堂和房屋，康熙四
十一年（1702 年）進行大修。雍正元年（1723 年）修葺講堂和監生號
房，雍正五年（1727 年）開始擴建八旗官學；雍正九年（1731 年）將國
子監對面官房修葺，設立"南學"，作為助教和監生內班生宿舍及讀書場
所。乾隆二十四年（1759 年）重新修葺御書樓（民國坍塌損毀）。乾隆
四十八年（1783 年）始建辟雍和琉璃牌坊，四十九年建成，同時落成國
子監東西碑亭、鐘鼓亭。至此，國子監建築規模宏大，達於完備。此後，
國子監屢有修繕。嘉慶七年（1802 年），修葺南學；道光二年（1822
年），修葺辟雍殿、彝倫堂及兩側講堂；道光十三年（1833 年），又修

南學。

目前所見道光十三年后國子監建修材料極少，仍有待於進一步查考。簡言之，道光年間對南學有過兩次修繕，光緒年間對國子監有過兩次修繕，光緒九年（1883 年）對八旗官學修繕一次。

道光十三年，李宗昉奏請修葺南學。

道光三十年，特登額奏稱南學學舍亟應修葺，請旨飭部勘估辦理。

光緒十五年六月，派工部左侍郎汪鳴鑾督修國子監太學門並東廂序工程，兵部右侍郎崇禮承修右翼宗學大門穿堂大堂等處工程。①

光緒三十一年六月，派禮部左侍郎薩廉、都察院左副都御史張仁黼估修國子監、崇聖祠等工。②

光緒三十二年（1906 年），國子監歸併學部，南學改作師範學堂，不再隸屬國子監。

學志二　員額

六堂肄業各生

國子監內的肄業生有貢生和監生兩種。貢生共分六種：一是歲貢，是論資排輩每年或每二三年從各省的府、州、縣學中選送的資歷深的廩生；二是恩貢，是遇皇帝登基或其他慶典頒佈“恩詔之年”，除歲貢外，加選一次錄取到國子監讀書的生員；三是拔貢，是由朝廷在規定時間內，一般是每十二年由各省學政和督撫從生員中考選，擇優保送，選拔到國子監讀書的生員；四是優貢，是由各省的府、州、縣學教官推薦，各省學政和督撫核定，並由禮部會同國子監考試，考上錄用到國子監學習的廩生或增生；五是副貢，是各省鄉試列於錄取名額之後的備取副榜的優秀生員，可以直接進入國子監學習；六是例貢，是指不由考選而由援例捐納取得貢生資格的各地方學校的正式生員。監生共分四種：一是恩監，是由八旗官學中的漢文官學生及算學館的滿、漢肄業生考取；二是廕監，是廕生咨送入監讀書的；三是優監，與優貢類似，是由各省的府、州、縣學教官推薦，

① （清）世續：《清德宗景皇帝實錄》卷二七一。
② （清）世續：《清德宗景皇帝實錄》卷五四六。

各省學政和督撫核定，並由禮部會同國子監考試，考上錄用到國子監學習的附生或武生；四是例監，與例貢類似，是指沒有生員資格，通過捐資入國子監為監生者。

凡報考貢、監生考取者，到監後還要經過一次大課考試，然後才能補入各班留在國子監學習。內班定額 130 名，在國子監南學學舍居住。外班定額 120 名，在監外寓居，每月按時赴監應課。內外班共計 250 名，分六堂肄業。內班分到率性、修道、誠心、正義四堂各 22 名，崇志、廣業二堂各 21 名。外班分到每堂 20 名。自補班后，連閏月算上在內，三年期滿。遇有告假、復班、恩免等事項，本堂官呈國子監堂上官審批，發繩愆廳辦理。

整個清代，監生們居住和上課的地方有過變化，六堂的編制也有過許多變化。雍正九年（1731 年）設立南學，供助教等教官和內班肄業生居住。乾隆三年（1738 年），裁去外班 120 名，只留內班 180 名。乾隆六年（1741 年）又恢復外班 120 名。乾隆五十九年（1794 年）刻成十三經，立與國子監東西六堂，此後肄業生上課、居住都在南學，只考試仍在國子監進行。

道光時期，尤其是道光二十年（1840 年）鸦片战争後，整个大清王朝全面衰落，國子監也开始走下坡路，主要教學和住宿區南學的局面日益下滑，只能勉强維持。到了咸丰年間，南学肄業各生的質量和數量更是极大地下跌。咸丰時期，清政府應對太平天國起義和第二次鸦片战争，財政上內外交困，以放寬捐納國子監官員及貢監生的限制來籌措軍餉，造成南學教師學生質量嚴重下滑。同治、光緒兩朝，清政府對國子監做出了一系列整頓措施，用以恢復太學的元氣。同治九年（1870 年），确定 40 个名額居住南學。光緒二年（1876 年），又增加南學常住學生名額 20 名，共計 60 名。光緒十一年（1885 年）又允許各省举人入監，叫作“举監”，其後举人、贡監生均得入監。清政府於光緒三十一年（1905 年）廢除了科舉，並於年底設立了學部，同時裁撤最高學府國子監。光緒三十二年（1906 年），學部即奏請將南學改为師范學堂，对於旧日南學的學生，學部也設法給予一部分出路和安置。

道光十五年十月，吏部右侍郎管國子監事文慶等奏，各省副榜貢生，請一律呈驗貢單，收考下部議，尋議副榜貢生与恩拔歲優各貢不同，例不給與貢單。惟山東浙江均由學政給與，未免兩歧，請照例一律毋給與貢單，從之。①

又內閣奉上諭，文慶等奏副榜貢生應驗貢單，收考畫一辦理一摺，著禮部議奏，欽此。②

道光十七年議准，嗣後由俊秀捐納之貢監，有出繼歸宗，及名同遠祖者，由該地方官取具甘結印結報部，准其繳照另捐，其由無力再捐者，毋庸追照，准其頂戴榮身，由國子監、戶部註冊立案，飭令該生不得將原捐之照報捐應試，以杜弊混。

十九年議准，報捐貢監，誤填履歷，或三代，或本名，音同字異，偏旁錯誤等項，實係託親代捐者，近省限六月，遠省限一年，更正換照。

二十三年議准，俊秀即准報捐武監生，應武鄉試，仍於執照內註明應武鄉試，不准再應文圍鄉試字樣，以杜文武跨考之弊。

又覆准，報捐應武鄉試各生，應先期造具年貌冊結，呈送學政衙門收考，俟取錄後，該學政造具名冊咨送順天府，准其一體鄉試，並造冊送部查覈。

又覆准，八旗滿蒙漢報捐各生，有願應武鄉試者，由各本旗參佐領等，造具年貌冊結呈送錄科，以昭畫一。

又覆准，各省報捐武監生，不准與考順天鄉試，與文場貢監准應南北鄉試者不同，未便照文場不能回籍起文，取同鄉京官印結辦理。

二十五年覆准，舊例直省報捐監生，於給發實收之日起，扣限五年內，赴部換照，定綫既寬，奉行轉懈，嗣後均照戶部新定換照期限，近省在一年之內，遠省在十五月之內，如在未換照期限內，適逢鄉試，仍照乾隆九年議准之案，准持實收考錄科舉，如逾限期，驗明執照，方准收考，不准僅執實收錄科，報捐貢生、武監生，均照此辦理。

二十六年覆准，附生考取天文生，開除學冊，仍應准其捐考。③

咸豐三年二月，臨辟雍，行講學禮，與道光三年同，各氏後裔陪祀者三十六人，均送監讀書，觀禮者九十三人，議敘及准作貢監生如例。④

咸豐四年奏准，如有書吏私刻國子監辦照處驗訖字樣戳記，為需索考

---

① （清）文慶：《清宣宗成皇帝實錄》卷二七三。

② 《道光朝上諭檔》第40冊，道光十五年十月二十七日。

③ 《欽定大清會典事例》卷三八五，禮部/學校/例貢例監事宜。

④ 《欽定大清會典事例》卷三〇九，禮部/視學/臨雍。

試士子使費地步者，立即送部究辦。

又奏准，軍營需餉孔殷，前經戶部議准，飭發各直省空白貢監執照，業經陸續封發，惟各該省報捐貢監各生，並未將年貌三代籍貫履歷，造冊送監，轉瞬即屆鄉試，本監並無底冊可稽，難期覈實，應飭各直省暨各路軍營糧臺，趕緊詳細造冊咨送，以備考覈。

又奏准，銅局捐納貢監，先給部照，由監覈對籍貫履歷，填寫監照，隨時給發，立冊存案，以便稽查。[1]

咸豐六年准各地廩增附考取教習，復在火器營報捐（戰時報捐軍火）歲貢，又准報捐中書，國子監學正、學錄，及正印官。

咸豐六年奏准，廩增附考取教習，復在火器營報捐，作為歲貢生，即照正途出身，准其報捐內閣中書，國子監學正學錄，並准其捐正印等官，毋庸捐免保舉。[2]

咸豐七年奏准，監生一項歸於倉場衙門捐米局報捐，豫頒空白部監各照，隨時給發。

又奏准，米局近在京城，與銅局無異，仍照舊章覈對部照，填寫監照，立冊存案，隨到隨發，於考試實有裨益。[3]

同治元年奏准，軍營籌餉，多憑勸捐，捐項之中，惟貢監居多，頒發各處空白監照，應用紙張工價銀兩，向由戶部支領，自咸豐五年，因無款可籌，迄今並未發給，所有一切應用之款，均賴各省所解照費銀兩，以資備辦，近來請照者愈多，而報解照費者甚少，以致辦公竭蹶，應飭各省將歷年積欠，並現在應行解交照費，趕緊批解，庶頒發執照，不致稽遲，於捐輸可期踴躍。

又奏准，各省空白監照，向依部照數目，按號辦齊，咨部配妥，封發驛遞，自咸豐五年改為由監徑行封發，以致頒遞日期，互有先後，嗣後遇有各路軍營請領執照者，仍照舊章，於辦妥後咨交戶部一併封發，以免參差。[4]

同治二年奏准，嗣後捐納貢監，仍遵乾隆年間定制，責成州縣官約束

① 《欽定大清會典事例》卷一一〇二，國子監/官學規制。
② 《欽定大清會典事例》卷三八五，禮部/學校/歲貢事宜。
③ 《欽定大清會典事例》卷一一〇二，國子監/官學規制。
④ 《欽定大清會典事例》卷一一〇二，國子監/官學規制。

稽察，遇有與生員同案滋事者，會同教官辦理，如犯細事，應戒飭者，仍會同教官面行扑責，其餘事件，教官不得干預，貢監如有作奸犯科之事，不行舉發者，惟州縣官是問，以專責成。①

同治五年奏准，歲貢一途，非考取前列，積數年之資，不能挨出，今捐輸准作歲貢，則挾資二百餘兩，即與皓首窮經之士，同列成均，於勸學作人之道，均屬未宜，且於考取教習後，准其補捐歲貢，作為正途，尤易取巧，現當增修捐例之時，應將火器營章程內由廩增附報捐歲貢生銀數字樣，毋致參差。②

同治六年議准，貢生旗扁銀兩，惟恩歲兩貢，照例分給，拔貢副貢優貢三項，例內雖無明文，惟均係正途，自應援歲貢之例，聽其自行登立旗扁，至捐貢一項，雖列成均，與臨場取中有間，應示區別，除從前已經自置旗扁免其拆毀外，嗣後捐貢，不准與恩拔副歲優五項自置旗扁。③

同治八年奏准，定例加給監照一張，收照費銀二錢。自咸豐初年捐例開後，減為一錢五分，嗣因辦公不敷，奏復舊制。自光緒五年停止捐輸，常捐貢監無多，至本年鄉試屆期，報捐者始為踴躍，惟聞銀號商人每加照一張，收銀二兩二錢，自應明定章程，以杜中飽。查戶部常捐正項銀百兩，隨交飯食銀三兩，現在捐監銀數在百兩以外，嗣後仿照部章，酌減一半，定為每加照一張，收飯銀一兩五錢，照費銀二錢，通共不得過一兩七錢，以示限制而資補苴。④

同治九年奏准，雍正八年，設立南學一所，諸生肄業其中，人才稱盛，道光二十九年復加整頓，住學者百餘人，嗣後經費屢裁，章程數改，今奉旨全復賞銀舊額，經費既充，擬就肄業生中考選文行稍優者，定四十名額缺，令其居住南學，嚴立課程，優加廩餼，每月添給膏火銀四兩，如不守學規，隨時汰除，並派助教一員住學稽查，每月給薪水銀十兩，如曠誤及約束不嚴，查出從嚴參處，仍責成當月官幫同查察，此外修理房屋，製備器具，添設夫役，每年約需銀數百兩，又津貼琉球官學銀五百兩，俟

---

① 《欽定大清會典事例》卷三八五，禮部/學校/例貢例監事宜。
② 《欽定大清會典事例》卷三八五，禮部/學校/歲貢事宜。
③ 《欽定大清會典事例》卷三八五，禮部/學校/例貢例監事宜。
④ 《欽定大清會典事例》卷一一〇二，國子監/官學規制。

琉球官生歸國，仍提歸南學，酌添學額。①

同治十三年覆准，分發各省人員，除舉人大挑知縣，拔貢分發知縣，未經委署地方，因告假回籍者，仍准鄉會試外，優貢呈請分發者，不在此例。

光緒二年覆准，陝甘二省優生，向照中省例考取四名，現在分省考試，應將原額劃分，各該學政各照小省例考取，陝西甘肅均不得過一二名，不得其人，任缺毋濫。

七年奏准，嗣後優生朝考，統限於會考次年五月內，赴京驗到，其呈報患病等項事故，及後期續到各生，隨時由部會同國子監堂官，奏請在部補考，如實因丁憂，方准與下屆新生，同應朝考。

又奏准，拔貢補考，向由禮部國子監會同考試，文理明通者，准作貢生，入監肄業荒謬者斥革，疵累者發回原學，嗣後在部補考選拔生，與優生補考者，均遵照此例，以規畫一。②

光緒十一年奏准，太學肄業生因時變通，增設舉監名目，以各省舉人入監肄業，即於貢監生額缺內通融錄補，嗣後無論舉人貢監生，非正印官職，未經投供，情殷嚮學者，准其入監肄業，至舉貢考取教習，傳到需時者，並准入監肄業，以廣栽成。③

八旗官學生

八旗官學生是由八旗選擇俊秀子弟咨送入學，監臣當堂挑取十八歲以下者，記名挨補。八旗官學的學生名額為每旗一百名。其中滿洲六十名，蒙古二十名，漢軍二十名。下五旗，每學添包衣學生滿洲六名，蒙古二名，漢軍二名。八旗官學每學各立五館，漢文四館，滿文一館，每館沒有定額。蒙古單設一館，有學習漢文的歸入漢館。

八旗官學，順治元年，定八旗每佐領下各取官學生一人，八旗各擇官房一所建為學，以教八旗子弟，每旗設學長四人，以國子監二廳六堂分教習，二年合兩旗為一學，共官學四處，每處教習十人。雍正五年八旗就學者眾時官學屋隘不能容。允准國子監祭酒兼順天學政孫嘉淦奏，八旗每旗別給官房一所，各寬二十餘楹，可容百人，頌習者以為學舍仍飭本旗修葺

---

① 《欽定大清會典事例》卷一〇九八，國子監/六堂課士規制。

② 《欽定大清會典事例》卷三八五，禮部/學校/優貢優監事宜。

③ 《欽定大清會典事例》卷一〇九八，國子監/六堂課士規制。

完固。① 嘉慶、道光以後，八旗官學逐漸廢弛，咸豐、同治年間也沒有什麼新政。光緒八年，清廷曾對八旗官學進行整頓，增設管理八旗官學大臣、八旗官學管學官，同時增加經費修葺校舍等，意在提振官學、固本穩政，然則收效甚微。清末改為八旗學堂。

八旗官學歸國子監管理，鑲黃旗官學在安定門大街圓恩寺衚衕，正黃旗官學在西直門內西四牌樓北祖家街，正白旗官學在朝陽門內南小街新鮮衚衕，舊在巡捕廳衚衕光緒九年移建，鑲白旗官學在東單牌樓觀音寺衚衕象鼻坑，鑲紅旗官學在宣武門內頭髮衚衕，正藍旗官學在東四牌樓南新開路，鑲藍旗官學在西單牌樓干石橋西斜街，舊在東斜街光緒九年移建。

道光三十年五月諭，御史麟光奏整頓學務一摺，國家建立官學，原以教養宗支及八旗子弟，自應循名責實，毋令曠功，據稱近日各學勤學者少，僅止按時呈交月課，多不入學，殊非認真教督之道，嗣後著管學王大臣嚴飭該學正副管助教教習等，督率諸生，勤加講課，以整學規，毋任虛廩餼廩也。②

光緒八年四月，翁同龢等奏：三月二十四日，內閣奉上諭，御史俊乂奏請整頓官學生一摺。國家設立八旗官學，原以培養人才，該教習宜如何安心督課以期名實相符。若如所奏，近來各官學生並不入學肄業，教習、助教亦不認真教誨督責，尚復成何事體。著國子監堂官嚴飭各該學教習、助教盡心訓誨，毋任積久懈生，該堂官務當隨時稽查，認真整頓，用副朝廷教育人材至意，欽此。跪讀之下，欽悚莫名，伏查各項官學，建自國初，教養兼施，法良意美，八旗官學專隸臣監辦理，當時立法亦極周詳，近年以來，漸形懈弛，推原其故，約有數端。一則曰膏火短絀，一則曰旁屋傾頹。夫膏火者，士子讀書之資也。自兵餉減成而膏火亦遂折扣，該生每月應得銀一兩五錢，按現在章程實不過九錢，以九錢之銀，饘粥且不能給，安能市書籍紙筆以從事於學乎？同治十二年，臣監奏准擇學生中材堪造就者，酌加獎勵，然籌款無多，究不足以資津貼，此膏火短絀之實在情形也。官學之設原係撥給官房或二十餘間，或三十餘間，大率以足容百人為度，講堂學舍粗具規模，無如年久失修，牆屋遂多頹廢。同治十年，臣監因雨水過多，官學坍塌迭次，咨報各旗及時修葺，旋因工程浩大，一概

① 《欽定大清會典事例》卷八二九。

② 《欽定大清會典事例》卷一一一〇，國子監/官學規制/八旗官學一。

緩修。現在廊廡蕭條，上雨旁風，益復不堪棲止，此房屋傾頹之實在情形
也。夫學生既無讀書之所，則教習難以責成，教習既無住學之時，則助教
何從督率。臣等職司教士，未嘗不日夕圖維，然僅能於學生挑缺時秉公去
取，教習教課時認真查驗。至於肄業無資，橫經無地，斷非空言所能獎
勸，抑豈微力所能振興？臣等悉心商酌，以為事貴因時以制宜，法必變通
以盡利，擬請仿照各旗義學之制，先立數齋，俾生徒得以居處，並請飭部
將應修處所確實勘估，則要繕完。不必統加修整，至官學生中分別到學、
不到學兩項，世家子弟有力從師者，於挑補後不必責令到學，准其在家讀
書，祇予出身，不給膏火，即以所裁膏火勻給到學生徒作為津貼。仍請飭
部另籌獎賞之款，以期鼓舞興奮如此，量為變通，尚不至過於繁費。至教
習等如何責成學生，如何核實，臣等再行詳議章程奏明辦理。

　　上諭：國子監奏陳明八旗官學情形酌擬變通辦理一摺，著該部
議奏。①

　　又錫珍奏：圖治首在用人，而作人必由學校。我朝滿漢並用，內外文
武，需人孔多，合十八省。漢人所服之官，八旗與之同其員而共其事。我
祖宗深知其難，於是廣設官學，加意訓迪。二百餘年，人材輩出，指不勝
屈，良由上之教澤深，下之學業廣也。降至今日，統觀中外幹濟之才，未
必盡無，而以視從前則百不逮一。夫八旗生齒之繁與朝廷振拔之亟，皆非
有減於昔也，何以今不逮昔，遂相倍蓰靜言，思之其故有二。一曰學校不
修，查八旗官學建自國初，選學生、設教習、給膏火、予升階、訓課精
嚴，法良意美。今則奉行故事，百弊叢生，各旗學舍傾圯殆盡，多年不
修，教習僅備員額，不開實授，生徒學生挑選強半假冒，官學之虛名僅
存，轉不若私設義學之得收實效。國家造士之美意幾等於告朔之餼羊，此
今不逮昔者一也。一曰仕途太廣，查八旗仕進，除科目廕生世職外，其由
清漢文武入仕之途寬於漢員數倍。寬則易，易則坐歷階資，孰肯攻苦？即
如捐納筆帖式入資無多，易於措辦，往往年未及冠即出當差，從此束書不
讀而異日之保送御史，薦列京察，內則京堂，外則道府，率由此出，此今
不逮昔者二也。夫前言往行非書何以傳，不學則立身何所式，文物典章非
學無以識，不學則掌故何由知，即簿書稿案為服官所必需，不學則何以解

　　①《東華續錄》，光緒八年壬午四月乙亥，《續修四庫全書》，史部·編年類，四
九六。

於心而應於手。一旦治繁理劇，京官則恃有書吏，外官則恃有幕友，方自謂其得計，而不知官聲之壞，弊端之多，盡由於此。總之人材之乏，至今已極，若不亟為培養，竊恐學日廢、教日壞，異時更有求如今日不可得者。恭讀上年十月二十日，諭旨有今日之道府即異日之藩臬，亦即將來之督撫，道府半屬平庸，則封疆兩司將有乏材之患。又本年三月二十四日奉上諭，御史俊乂奏請整頓官學一摺等因，欽此。是人材之宜講，學校之應修，皆在聖明洞鑒之中，然非盡除積弊，力破虛文，不能獲真材而收實效。今欲實事求是，莫先於修復學舍，慎選教習，甄別學生，然後取舊時之規模，斟酌損益，實力奉行，使教者真教，學者真學，為清源正本之始基。再於旗員入仕之初，明定章程，嚴加考核，除本由考試得官者不計外，其餘但就文職皆令考於官學，或滿或漢，務須文理通順，方許服官，如此庶得弊漸除、才漸出，吏治可期蒸蒸日上。查八旗官學向歸國子監管理，從前之廢弛，未必不因耳目難周，不能兼顧，今議重修，事同創始，舉凡興工作、籌款項、用人員、議章程諸大端，責重事煩，斷非監臣所能獨任。請飭下吏部將在京之進士出身滿漢大員開具銜名全單，請旨簡派，按八旗每旗一人作為管學專員，一切學務悉歸經理。即於派定之後，先令該大臣等將一切規模會同吏部、國子監堂官悉心妥議，奏明舉辦。上諭侍郎錫珍奏請簡派大員整頓八旗學校一摺，著吏部會同國子監妥議具奏。①

光緒八年六月，又諭吏部國子監奏會議整頓八旗官學，請簡派大員詳議規模一摺。八旗官學廢弛已久，此次籌議整頓，事同創始，所有一切事宜應如何設法變通，妥籌辦理之處，著派寶鋆、李鴻藻、徐桐、麟書會同國子監堂官體察情形，細心酌覈，妥議具奏。②

又寶鋆等奏，四月二十日奉上諭，侍郎錫珍奏請派大員整頓八旗學校一摺，著吏部會同國子監妥議具奏，欽此。臣等查八旗官學隸於國子監衙門，選八旗子弟在學考課讀書，有助教、教習督課之，有祭酒、司業稽查之，立法既周，成材亦眾。如果奉行勿替，本毋庸改弦更張，乃日久弊生，有名無實，學舍傾圮，教習備員生徒假冒，誠有如該侍郎所云者。當茲時局需材，官學近隸膠庠，八旗半屬勳裔，允宜加意培植，以宏聖教而

---

① 《東華續錄》，光緒八年壬午四月乙亥，《續修四庫全書》，史部·編年類，四九六。

② （清）世續：《清德宗景皇帝實錄》卷一四七。

育英才。惟臣等深究官學廢弛之由，學舍傾圮由於庫欸支絀，修理無資，而教習應得銀幣，學生應得膏火，已俱減成折發，以至因貧廢業，日即荒嬉。歷任監臣，非不欲設法整頓，而軍務甫平，司農仰星率視為不急之務而置之。今工程愈煩，經營不易，欲事事取給於庫帑，財力仍屬難支，是原奏所云，興工作、籌款項、用人員、議章程四條尤以籌款為第一要義。款項不集則學舍不能議修，俸餼不能議益；學舍不修、俸餼不益，則教習不能應官，學生不能應課；教習不應官、學生不應課，即遽行加派大員專管學務，亦難行不養之教，而為無米之炊。是非因時制宜，仍屬空言無補也。夫作事在謀其始，而立法貴得其通。該侍郎原奏謂官學虛名僅存，轉不如私設義學之得收實效，然則欲除官學之積弊，亦惟有俯採義學之成規，務令事事從實而已。誠使厚集款項，酌增餼廩，修學舍則平估其價，管學務則慎舉其人，以急公無私之心，收舍舊謀新之效，積弊雖久，整理非難。臣等公同詳酌該侍郎所云，一切學務專員經理者，乃規模既定以後之事所云，一切規模悉心集議者，乃學務未定以前之事，將籌良法以謀其成，宜簡重臣以經其始。擬請先行特派滿蒙大臣數員，經管整頓八旗官學事宜，將集款、用人、修工、定章四條飭令會同監臣詳細定議，請旨施行。必令費足濟工人，足應務，有合於原奏，盡除積弊，力破浮文之意。將來規模大備，所有官學事宜或派員專理，或派員會同監臣協理，應即由此次欽派之大臣秉公保薦。疏請簡派其文職旗員概歸考試一節，亦應由該大臣等斟酌情形，歸入章程具奏，再候命下，臣等覆核定議。上諭吏部國子監奏會議整頓八旗官學，請簡派大員詳議規模一摺。八旗官學廢弛已久，此次籌議整頓，事同倡始，所有一切事宜，應如何設法變通妥籌辦理之處，著派寶鋆、李鴻藻、徐桐、麟書會同國子監堂官體察情形，悉心酌核，妥議具奏。[①]

光緒九年又奏准，嗣後挑選官學生，不拘官階品級，但擇子弟秀良，尤須先盡家計貧寒子弟挑選，如肄業學生住非本旗界址，距別旗學舍較近者，仍照例准其就近附學，以示體恤。其各學學生，並令每日在學早飯一餐，俾晨入暮歸，免致荒嬉，於學課較為有益。至所選學生中，如有家資較裕，力能延師者，准其赴學報明，不必在學肄業，仍分定教習，每月由

① 《東華續錄》，光緒八年壬午六月丁巳，《續修四庫全書》，史部·編年類，五〇四。

教習面試二次，其月課季課，亦與在學諸生一同考校，但滿蒙漢統計不得逾二十名，俾不致多占寒素額缺。

又奏准，嗣後八旗官學，學生到學後，先盡學習漢文，務令漢文通曉，然後學習清文。

又奏准，近來保送學生，各旗參佐領，並補認真選擇，以致有冒名頂替之弊，嗣後各旗幼丁送監挑選後，除由國子監備具名冊送學外，仍責成該佐領出具並無頂冒甘結，飭領催同該幼丁父兄帶領來學，如本學查有情弊，將該佐領奏參，領催咨革。

光緒十一年奏准，嗣後如八旗幼丁有情願入學讀書，該旗抑勒不送者，准其自行報明本旗官學，由該幼丁父兄或族長帶領到學，管學官考驗可否造就，如果資質聰俊，暫予存記，由管學大臣咨明本旗及國子監，俟有額缺，再行文本旗，取具圖片，傳該幼丁赴監，與本旗保送之幼丁，一體挑選送學讀書。

又奏准，嗣後凡官學生，無論何項考試，於選考之初，由該旗咨明本學，先由管學大臣面試所學，可以應考，方准保送，否則不許送考。至應考取中之學生未經傳補者，停給膏火，仍准留學肄業，其考中恩監生例應赴監，如仍願就近在學肄業，亦准具呈留學，以資造就。惟既已挑取官學生者，不准兼考同文館學生，並咨查同文館記名學生內，如有係官學生私自兼考者，一律開除，俾不至遷就兩途，紛其心志。①

光緒八年諭，侍郎錫珍奏請派大員整頓八旗學校一摺，著吏部會同國子監妥議具奏，欽此。遵旨覆奏，官學積弊雖久，整頓非難，請特派滿漢大臣數員，將原奏集款、用人、修工、定章四條，會同監臣詳細定議，請旨施行。將來規模大備，所有官學事宜，或派員專理，或會同監臣協理，即由此次欽派大臣保薦，疏請簡派。

又諭，吏部國子監會議整頓官學請簡派大員詳議一摺，八旗官學，廢弛已久，此次籌議整頓，事同創始，所有一切事宜，應如何設法變通妥籌辦理之處，著寶鋆、李鴻藻、徐桐、麟書会同國子監堂官體察情形，悉心酌覈，妥議具奏，欽此。遵旨議定，八旗官學房舍，酌量改移重修，一切經費，由戶部撥銀十五萬兩，經理官學。由吏部將滿漢進士出身之一二品大員，開單請旨簡派二員，作為管理八旗官學大臣。以後如有更換，由國

---

① 《欽定大清會典事例》卷三九四，禮部／學校／八旗官學。

子監咨明辦理，並於滿漢科甲人員中，每學派一員為管學官，由此次派出之管學大臣公同酌保，恭候欽定。以後如有更換，仍由該大臣酌保。至八學應辦事宜，管學大臣會同管學各官，詳議章程辦理，奏撥經費。除工程用銀七萬八千八百兩外，餘銀七萬一千二百兩，留為學中製備器具之用，由管學大臣覈實動支。常年經費，以三萬二千兩為率，由戶部籌撥。

　　光緒九年，奏定整頓官學章程。一，管學官無論滿漢已仕未仕，但取品端學優者充選，定以二年期滿更換，實在得力者，准奏請留學，升任至副都御史以上，即行開除；一，學舍每年黏修糊飾等事，由管學官經理，毋庸再由國子監咨行各旗；一，舊例各旗官學生，文職五品武職三品以上者停其挑選，嗣後變通辦理，一律挑選，如所選學生有力能延師者，不必在學肄業，仍定分定教習，每月面試二次，月課季課，與在學諸生一同考校，但滿蒙漢統計不得過二十名，庶不致多占寒素額缺；一，功課量加釐定，八旗子弟滿文日就生疏，蒙文更成孤學，由於不習漢文，不讀經書，應多撥數十名學習漢文，漢文通曉，再習清文；一，各旗保送學生，每有冒名頂替之弊，嗣後各旗幼丁送監挑選，應責成佐領，出具並無頂冒甘結，由領催同幼丁父兄帶領來學，如查有情弊，將佐領奏參，領催咨革；一，每學添設翰林官一員，由翰林院掌院學士於編檢內檢派，分學訓課，學生月課季課，每月由管學官會同翰林官及國子監助教，定期考校，翰林官考校經義詩文，助教考校經書，及清文蒙古文，均由管學官覈定優劣存記，四季由管學大臣率同管學官翰林官助教定期會考，優等者獎，劣等者罰，年終將管學官所記功課簿統計優劣，分別賞罰；一，各學多撥學生學習漢文，漢教習四員不敷講授，應添設額外漢教習二員，其報滿日期，以補實之日起算，如補額後未滿三年已有成效，准由初次到學之日起算，以示激勵；一，教習長年住學，每月給津貼銀六兩，月費二兩，額外教習，及滿蒙教習本有錢糧者，均減半支領，其舊例應領銀米衣裝，一概停止；一，前次奏准，戶部籌撥常年經費銀三萬二千兩，應分作四季支領，交管學各官，覈實動用。

　　光緒十一年，續定章程：一，八旗幼丁有情願入學，該旗抑勒不送者，准其父兄或族長，帶赴本期官學考驗存記，由管學大臣咨明本旗及國子監，俟有額缺，再咨取赴監，與本旗保送之幼丁，一體挑選送學；一，官學生應考中書等項，該旗咨明本學，由管學大臣面試，可以應考，方准保送，應考取中之學生，停給膏火，取中恩監生，亦准留學，惟已挑取官學生，不准兼考同文館，一年長學生回旗，年屆十五以上，資性魯鈍者，讀完四書，咨回本旗，准其坐補養育兵，至所出官學生缺，即於各旗十三歲以下之養育兵內，選擇聰明俊秀者，與應行挑補之幼丁，一併送監挑補；一，額外教習補實，額外教習傳到之日，即准作為實缺，報滿日期，津貼月費，均照實缺教習辦理；一，嗣後教習報滿，由國子監咨查該教習功課勤惰，管學大臣按其平日課程，酌定等第咨覆，監臣覆覈出考，帶領引見；一，教習報滿時，館中上等學生及半或過半者，出具上等八字考語，下等學生及半而無上等者出具下等四字考語，餘俱出中等七字考語，教習曠職，管學官隨時報明管學大臣，咨回另補；一，舊例教習三年期滿，分別出身，以知縣教職請旨錄用，現准知縣隨時呈請分發試用，教職准分別出身，遇各項雙月積至十缺之後，插選一人，如係得力人員，准再留學三年，俟二次期滿，其初次以知縣用者，准分省歸候補班補用，不願分發者，歸本班盡先選用，其以教職用者，選缺後以知縣歸教習本班先在任候選，廩增附出身以教諭用者，選缺以教授歸雙月五缺後，以訓導用者，選缺後以教諭歸雙月十缺後，各插選一人；一，各學額設滿教習一員，勞績不減漢館，惟其出身及所兼之職，各有不用，應由吏部分別升階，酌加優敘，如有文理疏淺者，咨回本旗，由管學大臣另延通曉滿文者入學教習，毋庸給予獎敘，俟滿教習得人，再令接任。

光緒十二年奏准，在學諸生中式舉人，及年滿學生情願留學者，准其附學讀書，惟須開去底缺膏火，知照國子監及本旗，另行挑補，其非官學生出身，入庠後情願入學者，亦准附學讀書，此項附學各生，每學不得過十名，每名不得過十年，以示限制。[1]

光緒二十八年，翰林院侍讀寶熙奏請變通宗室、覺羅、八旗學校，得旨，歸入大學堂辦理。[2]

光緒三十三年奏准，京師設立滿蒙文高等學堂，旗籍子弟中學畢業者升入此科，其舉、貢、生、監素嫻滿文蒙文者，亦准附入肄習，即漢民子弟中學畢業有志於滿蒙文者並准一體甄錄入學。

又學部奏大學堂增設滿蒙文學一門略稱，查奏定大學堂章程，文科大學分九門，凡中外史學、地理學、中國文學及英、法、俄、德、日本文學

---

① 《欽定大清會典事例》卷一一二〇，國子監/官學規制/八旗官學二。

② 《清朝續文獻通考》卷一二〇《學校九·學堂·總務》，第8608頁。

無不分門研習，獨於滿蒙文字僅註於地理學門中國方言之下，殊覺缺而不備。擬請文學科大學增設滿蒙文學一門，列於中國文學之前，務使滿蒙文字源流以及山川疆域風俗土宜講習愈精，摻討靡遺，庶考古者得實事求是之資，臨政者收經世致用之效。其詳細課目應由臣部妥定再行奏請頒行。①

光緒三十四年，學部奏遵設八旗學務處並遴員派充總理協理略稱，會議政務處奏准議覆侍講阿聯裁缺司業廳桓條陳學務，擬請旨准其設立八旗學務處，由學部遴選熟習八旗學務人員，奏請派充總理協理。又請飭度支部每年加撥八旗教育經費六萬兩，仍歸學部按季支領，並將內務府三旗等處各學堂酌量補助等語，自應由臣部遵照辦理。學務處設立之後，凡關於八旗各中小學堂一應事宜，回歸督學局者應移交該處經管，惟學生畢業應由八旗學務處會同督學局考試。至教授管理各事，督學局仍可派員隨時抽查。如有違背定章情事，應由督學局知照八旗學務處酌加改正，所有經費即由八旗學務處呈請，臣部核奪開支以昭核實。②

學志三　考校

肄業各生

課肄業生之法。每月望日，祭酒司業課一次，試以四書文一，詩一。每月朔日，博士廳課一次，試以經文經解及策論。初三日六堂助教課一次，十八日六堂學正學錄課一次，各試以四書文一，詩一，或賦一。每月朔望，博士廳集諸生講經解義一次，每月初旬，助教講書一次，每月望後，學正學錄講書一次。每三日讀制義一篇，每日寫楷書數百字，至十日呈助教等批判一次，每日將讀書有得及疑義逐條劄記，至三日呈助教等批晰一次，朔望由助教等呈堂查驗一次。每日讀書寫字，令諸生自立一冊登記，朔望由博士廳呈堂查驗一次。每月上、中、下三旬，博士廳稽察南學三次。

又定，滿漢肄業生，於朔望日隨行釋奠禮外，有講書覆講上書覆背諸課程，每月三次，周而復始，祭酒司業及六堂學官講四書性理通鑒，博士

①　《清朝續文獻通考》卷一五〇《學校十二·學堂·八旗》，第8644頁。
②　《清朝續文獻通考》卷一五〇《學校十二·學堂·八旗》，第8645—8646頁。

講五經。①

　　順治元年（1644 年），定國子監教學條規，又定監生歷事法。坐監期滿的學生撥到各部實習政務，稱為撥歷或歷事。順治三年（1646 年）曾創行積分法。順治九年（1652 年）頒行新監規。順治十五年（1658 年）調整積分法，從監生考到補班者，選擇其中優秀者實行積分法，積滿八分為及格。順治十七年（1660 年）停止積分法，以後亦未恢復。康熙元年（1662 年），停止歷事法，坐監期滿即參加廷試授職。乾隆二年（1737 年），經兼管國子監大臣孫嘉淦奏請仿宋儒胡瑗經義、治事兩齋之法，實行分齋教學法，嚴課諸生。同年孫嘉淦奏定國子監規條：慎收錄，稽去來，定課程，核勤惰，嚴考課，定勸懲。乾隆四年（1739 年）兼管監事大臣趙國麟奏定南學規條。

　　道光二十一年，國子監考試恩監生，閱卷大臣面奉諭旨，進呈試卷面，黏貼黃籤，擬定名次，仍應於卷尾用墨筆填寫名次，以防卷有更換。②

　　咸豐六年諭，此次國子監考試恩監生，既據聲稱算學無人應試，著即專將官學生照例錄送考試。③

　　同治元年，到各生隨時由部會同國子監堂官奏請補考，實因丁憂，方准與下屆新生同應朝考。

　　又拔貢補考，向由禮部、國子監會同考試，文理明通者，准作貢生入監，肄業荒謬者，斥革疵累者，發回原學。嗣後在部補考選拔生與優生補考者，均遵此例。④

　　同治二年諭，御史劉毓楠奏滿漢各學教習傳補後，並無生徒肄業，期滿僅尋數人赴監，謂之交功課，其實並無功課可交，即可得官等語，著國子監堂官查明，認真整頓，稽覈功課之勤惰，分別勸懲，毋得有名無實，敷衍了事，以昭覈實。⑤

　　同治二年奏准，大課點名時，六堂助教、學正、學錄上堂識認，肄業

①　《欽定大清會典事例》卷一○九九，國子監/六堂課士規制。
②　《欽定大清會典事例》卷三八五，禮部/學校/恩監事宜。
③　《欽定大清會典事例》卷一一二○，國子監/官學規制/算學。
④　《清朝續文獻通考》卷九十六《學校》三。
⑤　《欽定大清會典事例》卷一一二○，國子監/官學規制。

生有頂冒者，指名扣除，其考取新班，亦由各堂助教等查驗各生年貌籍貫，以求覈實。如補班之後再有頂冒，別經發覺，惟本堂助教、學正、學錄等是問。其應課諸生，各帶執照，以備抽查。①

同治十年議准，由國子監算學生，考取恩監生，在監當差，不克回籍者，取具同鄉京官印結，呈請禮部，劄知原籍查照。②

光緒六年議准，嗣後考試恩監生，仿照考試教習暨繙譯童試之例，先一日奏派閱卷、彈壓、監試搜檢點進，即於是日請領題目，送入貢院，敬謹刊刻，第三日黎明發給，各士子交卷，以日入為度，不准繼燭，俾戳印卷面覈對坐號等事，得以從容辦理。③

光緒九年奏准，南北學肄業生結照查驗確實，而口音、年貌不能盡符，分咨各衙門嚴飭出結官認真辦理，儻查有冒名頂替、含混出結等弊，該生斥革，頂替之人究辦，並將出結官指名參處。④

光緒十年閏五月，諭國子監司業潘衍桐奏請特開藝學一科以儲人才一摺。著大學士六部九卿會同總理各國事務衙門妥議具奏。⑤

光緒十年六月，諭內閣前因國子監司業潘衍桐奏請特開藝學一科，當令大學士六部九卿會同總理各國事務衙門妥議具奏。嗣據御史方汝紹奏請，特開實學科，並據翰林院侍讀王邦璽奏，歷陳藝學開科流弊。御史唐椿森奏，曲藝不宜設科，先後諭令大學士等一併妥議。茲據會議具奏，國家造就人材，不拘一格，設科取士，原為遴選實學起見，即講求藝學亦未嘗不可兼收並取，正不必別立科目，致涉紛歧。嗣後如有精於西法之人，在京著各大臣保送同文館考試，在外各該督撫收入機器局當差，其無機器局省分，分別咨送南北洋大臣覈其學術技藝，切實保薦，庶於因事制宜之中仍不失實事求是之意。潘衍桐、方汝紹所請特開藝學、實學科之處均著毋庸置議。⑥

光緒十一年奏准，嗣後作文學生，一以經書為重，不得託名作文，轉

① 《欽定大清會典事例》卷一〇九八，國子監/六堂課士規制。
② 《欽定大清會典事例》卷三八五，禮部/學校/恩監事宜。
③ 《欽定大清會典事例》卷三八五，禮部/學校/恩監事宜。
④ 《欽定大清會典事例》卷一〇九八，國子監/六堂課士規制。
⑤ （清）世續：《清德宗景皇帝實錄》卷一八六。
⑥ （清）世續：《清德宗景皇帝實錄》卷一八七。

荒正業。其有業經入學或考中恩監者，必須在館受業，實逾一年，該教習
報滿時，方准作為成效。滿館學生，有考中中書筆帖式者，亦照此例辦
理。至讀書學生，責成管學官量其資質，限定每日授生書若干行，非因要
事及實病不准曠誤。其考課之法，十三歲以下，以背誦識字默書三項為
要，能三兩項者為上，能一項者次之，一項不能者為下；十四歲以上，以
背誦識字默書講書四項為要，能三四項者為上，能兩項者次之，能一項者
為下。如有能講書通徹者，無論年歲，雖兩項亦為上等。教習報滿時，館
中學生除事假病假外，功課並無曠誤。上等學生及半而無下等，或下等居
十之一二，而上等過半者，出具上等考語；下等學生及半而無上等者，出
具下等考語；餘俱出中等考語。上等考語用八字，中等七字，下等四字，
著為定式。其由教習訓課甚勤，誘掖有法，而學生資質太鈍，不能受益
者，准該教習隨時報明管學官，詳查功課，酌量去留。如在該教習將屆期
滿一年之內，不准請革學生，管學官亦不得率行撥館，以杜徇私取巧之
弊。至平日課程，即由管學官督率各教習，以背職默講四項認真訓課。儻
教習中有屢曠館職，不以學生功課為重者，由管學官隨時報明管學大臣，
將該教習咨回另補。其管學官有不得力者，由管學大臣隨時奏請更換。①

　　光緒二十八年六月，直隸總督袁世凱奏大學堂肄業各生本年鄉試有赴
國子監錄遺者，有應赴順天、山東、江南歲考、科考及錄遺者，輾轉數
月，深恐有誤功課，懇准免該生等歲考、科考錄遺，俟鄉試屆期即咨送應
試以廣登進，下所司知之。②

　　光緒二十八年十一月定《欽定大學堂章程》，師範館照原奏招考舉貢
生監入學肄業，其功課如普通學，而加入教育一門，今表列門目如下：
　　倫理第一，
　　經學第二，
　　教育學第三，
　　習字第四，
　　作文第五，
　　算學第六，
　　中外史學第七，

① 《欽定大清會典事例》卷三九四，禮部/學校/八旗官學。
② （清）世續《清德宗景皇帝實錄》卷五〇〇。

中外輿地第八,

博物第九,

物理第十,

化學第十一,

外國文第十二,

圖畫第十三,

體操第十四。

以上各科均用譯出課本書由中教習及日本教習講授,惟外國文用各國教習講授。①

八旗官學生

國子監的八旗官學,選取八旗子弟入學,由八旗官學助教根據官學生的情況具體分撥到各館。官學生每天到學館后先於考勤簿畫到。每日的課程有授書、背書、講書、覆講、習字、默書、習射等。學習滿文的考試緒譯,學習漢文的考試文藝。批閱后由該館教習當面訓示。教習會讓官學生將所有課程按天記錄在冊,匯總后交八旗助教,每季度呈國子監堂上官查驗。八旗助教每月初一主持考試,漢文館考試文藝,蒙童考試背書,滿文、蒙文館考試緒譯。所有官學生還要演練步射和騎射各一次。對官學生的學業隨時考核甄別。每年春秋還有季考,官學生不准請假不到。官學生每天辰時到學,申時放學,入學學習十年還不能合格者咨送回本旗。

順治元年(1644 年),經祭酒李若琳奏言,祭酒要不時到八旗官學稽查勤惰。順治十二年(1655 年),准監生考取八旗教習。康熙元年(1661 年),定八旗官學生每月初一到國子監講書,考試緒譯,每五日騎射一次。乾隆三年(1738 年)兼管監事大臣孫嘉淦奏言,八旗官學生應講求經史,擴充學識。乾隆三十二年(1767 年)議准,入學以十年為限,不能造就成材的官學生,咨送回本旗。嘉慶、道光時期雖然也屢次強調八旗官學生要明經治事,但隨著八旗官學的逐漸廢弛,對官學生的考課也流於形式、敷衍塞責。

光緒九年奏准,本年輪應考試恩監之期,八旗官學生及算學生,人數不敷考試,暫停一次,三年後再行舉辦。②

---

① 《續修四庫全書》史部·政書類《京師大學堂章程》。

② 《欽定大清會典事例》卷一千一百二,國子監/官學規制。

　　光緒九年又奏准，八旗官學，每學添設翰林官一員，由翰林院堂官，於編修檢討內揀派，令其分學訓課。至學生課程，教習勤惰，除由管學官隨時考覈外，定為月課季課，每月由管學官會同翰林官及國子監助教，定期分司考校。翰林官考校經義詩文，助教考校經書及清文蒙古文，均由管學官覈定優劣，存記簿冊。四季由管學大臣率同管學官翰林官助教定期會考，列優等者獎勵，劣等者示罰，並於年終將管學官所記功課簿冊，統計優劣，分別賞罰，以昭勸懲。其春秋二季學生赴監會考，仍由國子監照例辦理。①

學志四　甄用

各途貢監生

　　在監貢、監生肄業三年期滿，有通達經義、品行優良的，可以經國子監保薦，繼續留監深造三年，期滿后奏請考試，合格者引見並以知縣直接提拔使用。其餘滿、蒙的恩、拔、副貢生，咨送吏部以七品筆帖式任用，按慣例免除考試。漢恩、拔、副貢生，咨送吏部以復設教諭任用。漢歲貢生，咨送吏部以復設訓導任用，並得於雙月優先任用。如有肄業生由本班參加即選②的，仍歸即選之班銓用。優貢、廩貢均入歲貢班銓用。捐納貢、監生不咨送吏部，其餘都和漢貢、監生同。

　　滿、蒙各途貢、監生，准許考選八旗七品、八品筆帖式、內閣貼寫中書、蒙古新設外郎、太常寺讀祝官、贊禮郎、鴻臚寺鳴贊、各館繙譯、清字謄錄。五年期滿議敘。恩、拔、副貢生已就職或考職者，以本職即用；未經考職、就職者，以州同、州判、縣丞選用。肄業咨送吏部正途出身的貢生，仍以教職任用。歲貢、優貢、捐納貢監生，以主簿、吏目任用。有

---

　　①　《欽定大清會典事例》卷三九四，禮部/學校/八旗官學。
　　②　官制名。即凡須經月選之官員內，除奉旨即用人員及特用班人員可不論單、雙月遇缺即選外，另有一些具有某些資格或條件的候選官員，也可盡先選用，稱為即選。如滿洲郎中、員外郎、主事、六品官等小京官單月選，應先儘病痊坐補原衙門之員；郎中雙月選，應先儘因親老奉旨改補京職之員。陵寢司官期滿調京之員、三庫郎中以下期滿之員、侍衛處主事期滿升員外郎者、上諭處委署主事期滿升主事者等，也均為遇缺即升之員。此外丁憂服滿之員、進士就教職之員、親老告近之員等，均可盡先即選。

報捐職銜者，即以報捐職銜任用。於肄業期滿前考中舉人者，以知縣任用。

滿、蒙正途貢生，准許考選順天府學滿洲訓導。由禮部考取，分別正、陪，引見後補授。漢正途貢生，准許考選翰林院孔目，由吏部奏請考試，考試策論一篇。考題由皇帝欽命，并欽派大臣閱卷、進呈，擬取正、陪，引見後補用。八旗官學漢教習，由禮部於正科殿試後奏請考試。考試四書文一篇，五言八韻詩一首。考題由皇帝欽命，並欽派大臣閱卷、進呈，按名次補用。

武英殿校錄，由武英殿向國子監咨取錄送，校書完成議敍，均照所得職銜優先任用。

順治初，定監生歷事法。坐監期滿的學生撥到各部實習政務，稱為撥歷或歷事。歷事期為一年，每三個月考勤一次，期滿參加吏部舉行的廷試，合格者授予官職。康熙初年，停止歷事法，坐監期滿即參加廷試授職。雍正和乾隆兩朝都增祿了國子監貢、監生的考職範圍。乾隆五十六年（1791年）停止貢、監生考職，嘉慶四年（1799年）又恢復過一次，之後就再沒有繼續下去。但就考職政策來說，卻是一直延續到清朝滅亡為止。

咸丰年間战事紧张，朝廷缺钱，捐贡捐官放宽，同治时战事已过，对此收紧。同治、光緒時期出台了有關廕生錄用辦法的修訂。光緒三十二年，國子監南學改師範學堂，對歲數偏大、學滿三年的貢監生考選授職，給予出路。

道光二十三年定，優貢就教人員，附於本年歲貢之末，以經制復設訓導選用。係同年者，簽掣名次選用。

道光二十三年定，廩生捐貢肄業期滿，照歲貢之例，一體咨部，以復設訓導較日期先後選用，如遇考職年份，亦照歲貢之例，一體咨考。

又定，恩拔副歲優貢生就教，及充補教習教職，並肄業期滿候選教職各員中式舉人後，又經挑取二等，情願註銷二等，歸原班銓選者，均准歸於原班銓選，其未經就教之副榜中式舉人，及恩拔歲優貢生中式舉人副榜。如願歸原班就教者，亦准歸原班選用，均照例兼銜管事。①

咸豐四年諭，國子監奏肄業生程祖慶呈進《太白陰經》十卷，當交南書

---

① 《欽定大清會典事例》卷七十四，吏部/除授/貢生肄業期滿。

房翰林閱看進呈，字畫尚屬工楷，校對亦頗詳細，程祖慶著賞給謄錄官。[1]

咸豐四年覆准，生員緣事斥革，案擬笞杖以下，情節較輕，准其捐監，另捐官職，若罪已擬從，情節較重，不准其加倍報捐。

咸豐五年諭，禮部奏查議湖北巡撫胡林翼奏請監生准充牙行[2]一摺。生監例不准開設牙埠，胡林翼所奏，自因接濟軍需起見。惟生監既充牙行，若准其應試，漫無限制，與例不符。著照部議，所有捐充牙行之生監，均不准復行考試。如有情願報考者，先將牙帖呈明地方官註銷，咨部查覈，俟軍務告竣，生監仍不准續行捐充，以符定例。[3]

咸豐六年准各地廩增附考取教習，復在火器營報捐（戰時報捐軍火）歲貢，又准報捐中書，國子監學正、學錄，及正印官。

咸豐六年奏准，廩增附考取教習，復在火器營報捐，作為歲貢生，即照正途出身，准其報捐內閣中書，國子監學正學錄，並准其捐正印等官，毋庸捐免保舉。

同治五年奏准，歲貢一途，非考取前列，積數年之資，不能挨出，今捐輸准作歲貢，則挾資二百餘兩，即與皓首窮經之士，同列成均，於勸學作人之道，均屬未宜，且於考取教習後，准其補捐歲貢，作為正途，尤易取巧，現當增修捐例之時，應將火器營章程內由廩增附報捐歲貢生銀數字樣，毋致參差。[4]

同治十年定，河道總督廕生內以主事用，外以通判用。[5]

同治十二年議准，由廩增附報捐之貢監生，考取八旗官學教習，報滿帶領引見，以教諭訓導二項，請旨錄用註冊，附於本省本年就教舉人貢生之末挨選。[6]

光緒元年定漢軍漢人文武官員，應得廕生，如在恭逢恩詔之前得有官職，無論較承廕之官，品級大小，或品級相同，仍照廕生擬旨帶領引見，

---

① 《欽定大清會典事例》卷一〇九八，國子監/六堂課士規制。
② 牙行：中國古代和近代市場中為買賣雙方介紹交易、評定商品質量、價格的居間行商。清代牙行的職能又發展到自營買賣，代客墊款、收賬，代辦運輸、起卸、報關，對農民和手工業者進行預買、貸款。
③ 《欽定大清會典事例》卷三八五，禮部/學校/例貢例監事宜。
④ 《欽定大清會典事例》卷三八五，禮部/學校/歲貢事宜。
⑤ 《欽定大清會典事例》卷七十四，吏部/除授/廕生錄用。
⑥ 《欽定大清會典事例》卷一千一百二，官學規制/八旗官學二。

將該員原有官職，於排單及綠頭簽註明請旨。如照廕生錄用者，即照廕生辦理。如照原有之官用者，仍歸原班，准作為廕生出身。如在恩詔承廕以後，因中式科目榜下錄用及特旨賞給官職者，均照廕生辦理。其因勞績議敘，捐納得有官職，如所得之官，小於承廕品級，仍照廕生，帶領引見請旨錄用；如品級相同，或品級較大，即作為廕生出身，毋庸帶領引見。①

光緒元年定，漢正一品官廕生，專以員外郎用。②

光緒八年定，漢正二品官廕生，掣用京府通判，漢從三品官廕生，掣用京府經歷，均准其分發行走，按品級給予正俸。

光緒十二年定，漕運總督廕生，內用者專以各部主事簽掣行走補用。③

光緒三十二年學部奏略稱，國子監南學見改師範學堂，其舊日肄業各生已有滿三年因年齒加長，不宜再入學堂者尚多，留滯京師，無力歸里。查該生等就學成均窮年，研習不無可取，若聽其終身棄置，未免向隅。伏查本年政務處奏定酌予生員出路章程，凡年長不能入堂者，於考優貢之年令地方官保送，由督撫考取，咨送吏部分別授以巡檢、典史等官，所以體恤寒畯，用意甚厚。今南學肄業年長各生與年長生員，事同一律，似可同邀曠典。又查吏部考職舊例，貢監皆准與考。南學各生多係貢監，亦與考職定章相符，惟該生等去籍遠近不同，未便咨同本籍應考，擬請援生員由督撫考職新章略加變通，凡南學舊班肄業生已經三年期滿者，其貢監擬由臣部督同國子丞嚴加考試，核其文理暢達即咨送吏部分別貢監，授以州吏目、典史等官。舉人則不拘科分年限，由臣部咨送吏部，概予截取，少示優異。至五貢、廩貢當仍照舊例咨送吏部以復設教諭、訓導選用。舉人、五貢、廩貢本系正途，均請免其考試，其肄業未滿三年者仍不准與考，咨部庶於體恤之中少寓裁制之意。④

光緒三十二年，學部會同吏部、陸軍部議覆御史王步瀛請定廕生入學期限略稱，原奏稱漢文武廕生，於年二十以前，應令在貴胄學堂或練兵處學習三年，然後帶領引見等語。該御史所陳，洵為當務之急。擬請

① 《欽定大清會典事例》卷七十四，吏部/除授/難廕生錄用。
② 《欽定大清會典事例》卷七十四，吏部/除授/廕生錄用。
③ 《欽定大清會典事例》卷七十四，吏部/除授/廕生錄用。
④ 《清朝續文獻通考》卷九十六《學校》三。

於五年之內，應廕者仍照例承廕，及歲者仍照例引見，分別錄用後，令入學堂，俟學習期滿畢業，照例銓選分發。其年在四十以上者，照吏部奏准免考試章程，免其入學。願入學者，聽至五年之後，自辛亥年為始，應廕者照例承廕，及歲者照例帶引，惟必由兩等小學入中學，曾受完全普通教育，方准銓選分發。升入中學時，應免考試，以仰體朝廷報功任子之意。如中學畢業後，願再習專門者，由部檢其身體，察其學業，於文武兩途，酌定相當學堂送入肄業，果能有成，即由部奏明請獎。其未經入學之廕生，只准虛職榮身，不能出仕。滿蒙廕生事同一律。其難廕生一項，原奏雖未論及，惟國子監既已歸併，不能入監讀書，亦應仿照辦理。

三十三年，學部右侍郎寶熙奏，設法政貴冑學堂，請飭軍機大臣會同學部妥議課程，詳定規則。自王以下奉恩將軍以上，暨滿漢中之公侯伯子男等爵，及宗室人等，如有入學資格，均令一體到堂肄業，以儲憲政人才。

三十四年，署理歸化城副都統三多奏准，選蒙古王公勳舊子弟，送入貴冑學堂肄業。

又陸軍部奏陸軍貴冑各生畢業出身暫行章程略稱，查該堂開辦以來，學生均專心向學，現在時局艱難，該生等能早日畢業，則收用自可較速。臣等擬以第二期學課，分加於第二、第三兩年之內，將前定年限改為三年畢業，於學程尚無妨礙。惟現在畢業學期既經改訂，等級及出身辦法亦量為變通，俾資遵守該堂。事當創始，肄業各生職官較多，所有畢業出身，自不得不略示優異，以廣登進。謹將擬訂章程繕單呈覽。

宣統元年，諭理藩部代奏，喀喇沁郡王貢桑諾爾布呈請，入陸軍貴冑學堂聽講，並請留京當差一摺。著准其入陸軍貴冑學堂，隨班聽講。

又憲政編查館奏遵設貴冑法政學堂擬訂章程略稱，我朝宗學官學之制，至為周備，歷久弊深，近改設宗室、覺羅、八旗高等以下各學堂，並另設陸軍貴冑學堂，已謀普徧教育之方，尚少專治國聞之地，擬仿日本學習院之意，變通其制，設立貴冑法政學堂一所。凡宗室、蒙古王公、滿漢世爵及其子弟，曾習漢文者，皆令入學。閒散宗室、覺羅及滿漢二品以上大員子弟，亦准考取肄業。分為正、簡兩科，正科四年畢業，簡易科二年畢業。其業經從仕貴冑及滿漢四品以上官員，另設聽講科一班，專授法政大義。查從前兩翼宗學，考課本有分等教戒、撤退章程，臣等謹援成例，明列條文共九章三十九條，並豫算經費數目。擬請特派王公一員，二三品大臣一員，分任該學堂總理監督之職，以資督率。奉諭，現正豫備立憲，需才孔亟，凡宗室、外藩王公、滿漢世爵，若不豫為培植，何以儲政才而裨治本。應即設立貴胄學堂，以廣造就。著派貝勒毓朗充貴胄法政學堂總理，農工商部左侍郎熙彥、翰林院學士錫鈞充監督。務宜認眞辦理，毋負委任。至宗室王公暨其子弟，實為滿漢及外藩世臣之表率，如有及歲尚未入學，與入學後半途退學或不守學規等事，該總理等尤宜破除情面，勸懲一切，照章辦理。至陸軍貴胄學堂，最關緊要，仍須認眞勸勉，廣儲干城。又總理貴胄法政學堂貝勒毓朗等奏，續擬貴胄法政學堂章程。①

八旗官學生

八旗官學生的考選方法，滿洲、蒙古和漢軍八旗各有區別。有些滿洲官學生能考而蒙古、漢軍官學生不能考的職位，如各部、寺的庫使。考試由吏部奏請并欽派大臣於貢院內考試。吏部將錄取者登錄在冊，遇缺按旗劃分依名次補用。有些蒙古學生能考而滿洲、漢軍不能考的職位有唐古特學生、經咒館校錄、託忒學生。唐古特學生由理藩院選補，以唐古特中書、筆帖式補用；經咒館校錄由八旗遴選，三年期滿給予筆帖式品級；託忒學生由理藩院考取，以貼寫中書、理藩院筆帖式補用。有些漢軍官學生能考而滿洲、蒙古官學生不能考的職位有八旗外郎。舊例滿洲、蒙古、漢軍各一職位，由吏部行文國子監，於漢軍年久官學生內揀選一名，咨送吏部，考試繙譯補用。蒙古新設員外郎，每旗一位，由吏部行文本旗漢軍旗，分別將監生、官學生報到吏部，考試繙譯補用，期滿後仍送吏部考授州同、州判、縣丞職衙，於貢、監生考職選用七人之後，選用一人。有些滿洲、蒙古官學生能考而漢軍官學生不能考的職位，有內閣貼寫中書。由貢、監官學生考取，按旗分名次補用。考試方法與庫使相同。滿洲、蒙古、漢軍官學生都能考選的職位，有各官繙譯、謄錄、九品筆帖式、太常寺讀祝官、贊禮郎、鴻臚寺鳴贊、繙譯生員、恩監生等。

光緒九年奏准，嗣後八旗官學生，除怠惰偷安，無故曠課，及實犯學規，不遵約束者，仍照例分別革退，並咨旗管束外，其有年屆十五以上，實係資性魯鈍，不能讀及所限字數者，令將四書讀訖，咨回本旗。除滿洲

---

① 《清朝續文獻通考》卷一百五《學校》十二，第 8642—8643 頁。

蒙古照舊挑補披甲，漢軍照舊挑補鄂爾布[1]外，仍准其先行坐補養育兵，以資養贍。至所出官學生缺，由各旗都統，於十三歲以下之養育兵內，選擇聰明俊秀者，與應行挑補官學生之幼丁，一併送監挑補。[2]

學志五　鄉試

凡遇鄉試，提前一年即由國子監預先通知各旗貢、監生願參加鄉試者，取本旗文結；並各省督、撫轉命州、縣，曉諭貢、監生願赴京考試者，取本籍文結，均於鄉試年二月，本人親到國子監肄業。其中閩、粵、滇、黔、川、湘等省准許延長期限於四月到監。在監肄業的正途貢、監生，於四月中旬參加錄科考試，為第一次考試。考前會先期令參考各生報明年貌、三代、籍貫、官民字號，典簿廳查驗貢單、執照。五月以後，在監肄業的正途未補班、復班、隨課貢、監生，八旗正途貢、監生，武英殿校錄，各官學教習參加錄科考試，為第二次考試。由俊秀捐納貢、監生，六堂內、外班肄業諸生，未補班、復班、隨課諸生，八旗貢、監生參加錄科考試，為第三次考試。各省貢、監生考到，由六月初一開始，考取後，正途、俊秀分日按順序參加錄科，至七月三十日截止。候補、候選各官由吏部送監錄科，校錄、教習、謄錄由所在處送監錄科，小京官、筆帖式由各衙門送監錄科，天文生、算學生由欽天監送監錄科。凡各項文結，都由典簿廳收納，廳官驗明貢單、執照，呈堂上官出題考到，考四子書藝、經藝各一篇。考到通過后，典簿廳將諸生分撥到六堂，出榜公示。諸生到各堂后，各具親供及同考五人互結，呈交本堂官驗明存案，然後交付典簿廳，呈堂上官出題進行錄科考試，考四子書藝一篇，五言八韻詩一首，策論一道，篇首還要默寫聖諭廣訓一則。查驗執照之日，發給諸生親供格式一幅，令其書寫三代、年貌、籍貫、官民字號，呈交驗照官。待錄科發榜之後，與典簿廳核對無誤，再分省、分旗、分別官民字號詳細列出清冊，隨時錄好隨時發送，按慣例於八月初一發送完畢，不得超過期限。凡貢、

---

① 鄂爾布：滿語音譯，或作"教爾布"，漢名"鹿角兵"。八旗兵制，清代八旗漢軍驍騎營掌舁鹿角的甲兵。康熙二十四年（1685 年）置。八旗漢軍每佐領下額設鄂爾布八名，連枷棍八根，鹿角一架。鄂爾布缺出，於佐領下養育兵及閒散內挑補。

② 《欽定大清會典事例》卷三九四，禮部／學校／八旗官學。

監生籍貫隸屬八旗的，加上八旗生員，統共給中式名額 34 名，滿洲、蒙古試卷編 "滿" 字號，漢軍編 "合" 字號。奉天、直隸、山東、河南、山西、陝西、甘肅為北卷，中式名額 36 名，試卷編 "北皿" 字號。江蘇、安徽、江西、福建、浙江、湖南、湖北為南卷，中式名額 36 名，試卷編 "南皿" 字號。四川、廣東、廣西、雲南、貴州為中卷，每 20 名中式 1 名，試卷編 "中皿" 字號。每中式舉人五名，按例中副榜一名。文職京官，各京、堂、科、道、翰林院官自編檢庶吉士以上，詹事府官自中贊以上，外官自藩臬以上，武職京、外各官二品以上，其子、孫、同胞兄弟、同胞兄弟之子，均為官卷，試卷編為 "官" 字號，仍分南、北、中籍。南官額中 2 名，北、中官每 15 名中式 1 名，不到 15 名的，劃歸入民卷，試卷與直省貢、監生一概編為 "民" 字號。凡考到、錄科有未通過者，不得復考。

道光年間細化了對於襲職人員及貢監生就職人員參加科舉的規定。道光二十三年至咸豐年間放寬了八旗官生，廕監生，貢、監、捐貢、監等參加科舉的尺度。咸豐三年視學後，增加監生中額十五名。由於太平天國戰事需籌措軍餉，咸豐年間允許捐監，咸豐十一年各地取士，皿字號國子監生增加名額。同治光緒年間對鄉試制度加意整頓，尤其是捐監參加科舉。同治時國子監生、貢錄送鄉試要嚴加考試，不得濫送。光緒時因順天府貢院有國子監、順天府、直隸等多處考生，錄考太濫，應減員，不同意增建考棚。光緒十三年，八旗官學永遠加額五名，以後不准再加。光緒九年又議准國子監錄科防作弊有關規定，光緒十年奏定《錄科防弊章程》。

道光十四年覆准，拔貢就職直隸州州判，業已分發到省，係聽候差遣委用之員，與在部候選，並就職捐職在籍候選者不同，不准告假回籍鄉試。

道光十四年覆准，雲騎尉世職改為溫升員者，由本省錄科鄉試，其就應順天鄉試之處，並非貢監生出身，不准入場。①

道光十四年具奏，奉天府經歷辛鵬雲應否一體鄉試等因。奉旨。奉天府經歷辛鵬雲，著准其鄉試。欽此。又劄覆國子監，本年甲午科鄉試，准鴻臚寺咨送候補序班大興縣廩生沈鈞，赴監錄科。查候補人員，簽掣各部院學習候補，向由各部院咨送錄科，其投供赴選人員，由吏部劄送錄科。

_____

① 《欽定大清會典事例》卷三三八，禮部/貢舉/錄送鄉試。

本監查明出身驗照收錄，其鴻臚寺序班係順天生員充補，本監並無辦過成案。是否本監收錄，抑歸順天學政錄送至出，應咨呈禮部查明劄覆等因，當經本部劄行順天學政，查明此項人員。向來鄉試，是否歸學政錄科，准該學政覆稱。查鴻臚寺候補序班大興縣廩生沈鈞，例應咨送本院衙門錄科，轉送順天鄉試。①

道光十五年議准，各省俊秀貢監中式者，該學政將科試及錄科原卷封固用印，與中式硃墨卷一同解部，以憑覆對文理筆跡。②

道光十五年諭，本年順天鄉試取中舉人，著於本月二十一日在圓明園正大光明殿覆試，並著國子監、順天學政查明各該生科試錄科原卷封送軍機處，以備派出之閱卷大臣查對筆跡。③

道光十五年九月諭，本年順天鄉試取中舉人，著於本月二十一日在圓明園正大光明殿覆試。並著國子監、順天學政查明各該生科試錄科原卷，封送軍機處，以備派出之閱卷大臣查封筆跡，其磨勘簽出應議之卷，仍著該部照例辦理。嗣後每遇鄉試，應否舉行覆試，於揭曉后臨时請旨。④

道光十五年，奉上諭，文慶等奏副榜貢生應驗貢單收考，盡一辦理一摺，著禮部議奏。欽此。查原奏內稱，恩歲拔貢之貢單，由學政給與。優貢之貢單，由禮部給與。惟副榜貢生一項，山東、浙江本籍中式者，學政均給與貢單。此外各省並無貢單呈驗。應請此後副榜貢生，通行給等語。查定例，恩歲拔貢，由學政給與貢單，優貢由臣部換給貢單。至副榜一項，取中後出榜揭示。並有解部題名錄可憑，例不給與貢單。其有人監肄業，及留京鄉試錄科，由本籍地方官文送。並取同鄉六品以上京官印結辦理。今國子監因山東、浙江副榜均由貢單奏請，通行給與。臣等悉心詳議，所有副榜一項，應仍照例均毋庸給與貢單。其鄉試肄業等事，仍照向例辦理，以免紛繁，而昭畫一等因具奏。奉旨，依議，欽此。⑤

①　（清）英匯撰：《欽定科場條例》卷四，清咸豐二年刻本。《歷代科舉文獻集成》第五卷，北京燕山出版社 2006 年版。

②　《欽定大清會典事例》卷三三八，禮部/貢舉/錄送鄉試。

③　《欽定大清會典事例》卷一一〇〇，國子監/六堂課士規制。

④　《道光朝上諭檔》第 40 冊，道光十五年九月十七日。

⑤　（清）英匯撰：《欽定科場條例》卷三，清咸豐二年刻本。《歷代科舉文獻集成》第五卷，北京燕山出版社 2006 年版。

　　道光十五年，據正紅旗滿洲監生文都、文璲呈請服滿鄉試。查該生等，於道光十三年四月三十日丁母憂扣至本年七月三十日服滿，係在八月鄉試入場以前，與應考之例相符，其驗看騎射及錄科之處，應由該旗造具滿漢冊，分送兵部、國子監辦理。①

　　道光十五年，准奉天府尹咨據奉天府經歷辛鵬雲，詳請赴都鄉試，可否仍照實缺人員之例，咨送國子監錄科等因。查奉天府經歷辛鵬雲，准其鄉試之處，係由本部援引該員順天府經歷，准其鄉試之案具奏。奉旨允准。今該員錄科之處，亦應照該員順天府經歷任內咨送錄科辦理。②

　　道光十五年奉上諭，曾望顏奏請，將各省由俊秀貢監中式各生，錄科原卷，解部備查，並請先期分送磨勘條例等語。著禮部核議具奏。欽此。嗣經奏准，各省由俊秀貢監中式者，即由該學政將科試及錄科原卷，封固用印，與中式硃、墨卷一同解部，以憑核對文理筆跡。並於磨勘日，將現行磨勘條例，刷印粘單，與各省送到題目紙，一併貼於磨勘班壁上，俾磨勘官得以詳細閱看，以免歧誤。

　　又奉旨，此次磨勘順天鄉試卷，禮部未將由俊秀貢監中式之國子監錄科原卷，分交磨勘官核對，實屬遺漏。所有禮部承辦司員，著交吏部查取職名議處。其未經查詢，自請交議之稽查分卷，御史章煒、李紹昉，磨勘官黃爵滋、曾望顏、周開麒俱著交部議處。欽此。

　　又奉上諭，禮部奏鄉試親供解部，酌定校對章程，各直省鄉試，揭曉後中式舉人，例應填寫親供，與試卷一併送部，交磨勘大臣細加校對。此次順天鄉試親供，已由該部剳催順天府尹迅速解部，惟各直省程途遠近不一，著按照例限，上緊嚴催。其業經填寫者，全行送部，以憑送覆勘大臣核對。其實有程途較遠者，著迅速飭催，填寫送部，以次歸入下屆校對。如第四次磨勘時，仍未送到，著各該學政聲明情節，統於會試前期咨送禮部，轉送覆勘大臣，補行校對。至遇有事故，不克填寫親供者，迨經補填解部，往往先後不齊。所有各直省陸續補送親供，屆時毋庸交覆勘大臣，

　　① （清）英匯撰：《欽定科場條例》卷四，清咸豐二年刻本。《歷代科舉文獻集成》第五卷，北京燕山出版社 2006 年版。
　　② （清）英匯撰：《欽定科場條例》卷四，清咸豐二年刻本。《歷代科舉文獻集成》第五卷，北京燕山出版社 2006 年版。

即著禮部隨時詳細核對，欽此。①

道光十六年諭，嗣後承襲一二三等輕車都尉及騎都尉世職，比照云騎尉恩騎尉之例，准其以文武生員兼襲應試，支食世職俸銀。該部仍於帶領引見時，將應否兼襲之處，聲明請旨。其捐貢、捐監人員，概不准其兼襲，亦不准以本非文武生員，將輕車都尉、騎都尉世職，改作生員應試，以示限制。②

道光十六年，礼部議覆御史帥方蔚原奏內稱，順天羅試宜分屬彙考等語。查各學政考錄選才，均係各歸各屬，分別去取。如該御史所稱，順天羅試係隨到隨考，不按府分，殊與定例不符。應如所請，嗣後順天學政考羅時，應按照府分，各歸各屬。酌量人數多寡，分日考試，以憑去取。仍先期出示曉諭，不准隨到隨考，致滋槍替之弊。

又奏，順天羅試，會各學彙送文冊等語。應如所請。嗣後順天等府生員，有赴羅試者，除現任京官子孫、弟侄外，均不准取結赴考。應令先期報明該學。由教官查明，統造年貌清冊，呈送學政收考。仍嚴飭書斗、吏胥人等，不准勒索。如有情弊，一經發覺，按律懲處。③

道光十六年奉旨，馬成金著准其以文生員兼襲騎都尉世職。嗣後承襲一二三等輕車都尉及騎都尉世職，比照雲騎尉、恩騎尉之例。准其以文武生員兼襲應試，支食世職俸銀。該部仍於帶領引見時，將應否兼襲之處，聲明請旨。其捐貢、捐監人員，概不准其兼襲，亦不准以本非文武生員。將輕車都尉騎都尉世職，改作生員應試，以示限制。該部即纂入則例，永遠遵行。欽此。④

道光十六年具奏，道光十五年順天鄉試取中未到各舉人，因道路遠近不一，恐未能一律趕到。奏明於會試十日前，補行覆試，並將未到各舉人姓名，開單行文宗人府、各該旗及各督撫等，速即查明。傳令該舉人等屆

① （清）英匯撰：《欽定科場條例》卷四十九，清咸豐二年刻本。《歷代科舉文獻集成》第五卷，北京燕山出版社 2006 年版。

② 《欽定大清會典事例》卷三三八，禮部/貢舉/錄送鄉試。

③ （清）英匯撰：《欽定科場條例》卷三，清咸豐二年刻本。《歷代科舉文獻集成》第五卷，北京燕山出版社 2006 年版。

④ （清）英匯撰：《欽定科場條例》卷四，清咸豐二年刻本。《歷代科舉文獻集成》第五卷，北京燕山出版社 2006 年版。

期赴部，聽候覆試在案。現在會試伊邇，據該舉人潘忠壽等九十一名，各取具同鄉京官識認印結及各旗佐領圖片，赴部投遞前來。所有補行覆試日期及是否仍在圓明園正大光明殿覆試之處，理合先期奏請欽定。再該舉人等有於具奏後始行取結到部者，仍請附入此次覆試。其餘未到各舉人，應請限於下屆會試前期，補行覆試。所有一切事宜，悉照上年覆試奏定之例辦理。奉旨上年順天鄉試取中舉人，著於二月十五日，在圓明園正大光明殿補行覆試。欽此。①

道光十七年諭，本科順天鄉試中式原卷及覆試卷，前經降旨著派出之磨勘官覈對，其科試、錄科各卷，著一併交磨勘官覈對筆跡，毋庸封送軍機處。②

道光十七年，據正藍旗漢軍慶善，佐領下新捐監生文穎呈稱，向隨親父達綸在陝西沔縣知縣任所讀書，本年因係鄉試之期，回旗報到，即請領佐領圖片。報捐監生領照後具呈佐領，補送鄉試。佐領以陝西咨文未到，未敢率行送考，是以不揣冒昧，粘連部、監二照。伏乞行知該旗，准其申送鄉試等情。查正藍旗漢軍文穎，既經報捐監生，自應准其鄉試，除將部、監二照發給該生收執外，相應知照正藍旗漢軍都統查照辦理。③

道光十七年，覆准直隸總督，據磁州增生捐納從九品王丙，因無力赴選，仍由生員應試，情願註銷報捐職官等情。咨部查照，當行本部行查吏部，據覆稱王丙准其註銷捐職等因。查直隸增生捐納從九品王丙，業據吏部准其註銷捐職。惟未便仍還增生，致與定例不符。應准其以附生應試。又剳覆國子監，本年丁酉科鄉試，准吏部咨送順天大興縣附生，由鴻臚寺序班遵籌備例捐縣丞雙月選用之莫以楠，赴監錄科。查莫以楠由生員報捐縣丞，是否本監錄科，抑歸順天學政收考之處，應咨呈禮部查覆等因。查科場條例內載，順天由附生捐納候補候選人員，由吏部咨送者，准其由國子監錄科。今莫以楠由順天附生報捐縣丞，既據吏部咨送，應照例由國子監錄科。相應剳覆國子監查照辦理。又奉上諭，昨據給事中成觀宣奏，本

① （清）英匯撰：《欽定科場條例》卷四十八，清咸豐二年刻本。《歷代科舉文獻集成》第五卷，北京燕山出版社 2006 年版。

② 《欽定大清會典事例》卷一一〇〇，國子監/六堂課士規制。

③ （清）英匯撰：《欽定科場條例》卷四，清咸豐二年刻本。《歷代科舉文獻集成》第五卷，北京燕山出版社 2006 年版。

科順天鄉試中式第六名童丙榮，係戶科書吏童瀚改名朦考。當飭禮部查取童丙榮鄉試原卷，交軍機大臣查對筆跡。文理俱與覆試卷相符。惟未曾呈明註銷書吏。究有不合。童丙榮著罰停會試一科。所有該給事中自請議處之處，著毋庸議。欽此。①

道光十七年奉上諭，向來鄉、會試年分，該部奏請派員磨勘試卷，凡文理紕繆、筆跡不符均應簽出，照例懲辦。蓋欲拔取真才，必須嚴絕弊端，故不得不加以詳慎。近來磨勘等官，往往意存寬厚，僅於字句微疵，畧加指摘，而於文理紕繆、筆跡不符等弊，或致草率顢頇。例禁一弛，幸進多而真才屈，甚非朕振興文教之意。本年宗室鄉試、順天鄉試，中式原卷及覆試各卷，著派出之磨勘官等公同校閱，認真覈對。如仍前玩泄，視為具文，日後別經發覺，惟該磨勘官等是問。欽此。嗣經奏准，順天鄉試於揭曉次日，將中式硃、墨卷，先行磨勘。俟覆試事竣，即將覆試各卷，交原勘官覈對，再由覆勘大臣公同校勘。如有患病事故，未及覆試者，除先將硃、墨卷照例磨勘外，俟補行覆試後，另行覈對。其科試、錄科各卷，應遵道光十五年諭旨，由國子監、順天學政查明封送軍機處，以備覆試派出之閱卷大臣查對筆跡。是年奉旨科試、錄科卷，毋庸封送軍機處。②

道光十八年，准刑部片，查據宗人府咨送宗室成綿呈送家人孫成基不服管轄一案。查孫成基係國初帶地投充景公府莊頭，並非由內務府撥出，似與尋常八旗戶下之莊頭有間。現查丁冊內，列有孫成基之名。其子孫延、孫齡，並未列入丁冊，是否准其應試出仕，本部碍難懸斷，應片行禮部。查明王公戶下帶地投充，現在旗檔有名之莊頭，及王公戶下帶地投充，現在旗檔無名之莊頭二項。應否准其考試出仕，或應分別歸入漢軍民籍之處，詳細聲明，片覆過部，以憑覈辦等因。查《則例》內載，內務府承領官地莊頭及王公戶下莊頭，准其應試。如旗檔有名，歸入漢軍考試。旗檔無名，歸入民籍考試。其八旗戶下帶地投充莊頭，無論旗檔有名無名，均不准其應試等語。今孫成基係國初帶地投充景公府莊頭，與八旗

① （清）英汇撰：《欽定科場條例》卷四，清咸豐二年刻本。《歷代科舉文獻集成》第五卷，北京燕山出版社 2006 年版。

② （清）英汇撰：《欽定科場條例》卷四十九，清咸豐二年刻本。《歷代科舉文獻集成》第五卷，北京燕山出版社 2006 年版。

戶下帶地投充者有間。本部核與成案相符，自應准其考試，惟孫成基丁冊有名，其子孫延、孫齡，並未列入丁冊。一戶中有入檔不入檔之分，考試時恐啟影射跨考之弊。孫成基現在旗檔有名，其子孫歸漢軍報考，不得復入民籍，以杜朦混。①

道光十九年議准，嗣後各省貢監，無論游幕本省外省，實有不及回籍起文者，照順天鄉試例，由幕所取具印文，開具姓名籍貫三代清冊，加具並無頂名冒替甘結，申祥督撫，由督撫文送本省應試。其隨任貢監，如係正印官胞兄弟子侄，准取具本官印文冊結申送。教官佐貳，由所任地方正印官，加具印文申送，儻游幕文書，不加督撫印文，隨任文書，不用正印文結。或非胞兄弟子侄，該學政查出，將該貢監扣除，並將申送官職名送部議處。至籍隸省會建設貢院者，該府所屬之貢監，仍照籍隸順天貢監，不准取具游幕文書之例辦理。②

道光十九年奏准，嗣後奉天生員考取左右翼教習，照奉天貢生及在京八旗教習歸入皿字號之例，一體辦理。③

道光十九年，礼部議覆江蘇學政祁寯藻奏，各省貢監游幕隨任起文錄科，請明定限制等因。查科場條例內載，順天鄉試後秀貢監，例由本籍地方官起文送考。如有充當順天府幕友，不及回籍起文者，准由順天府造具姓名籍貫三代切實文結，聲明係何衙門申送緣由，會齊送監。其籍隸順天貢監，仍不准取游幕文書應試。又順天鄉試，現任京外官胞兄弟子侄，隨任讀書，准取具本官隨任印文送考。京官用堂印，外官州縣以上具印文，佐雜由所任地方正印官加具印文申送，並詳查《國子監則例》，俱係專指順天鄉試而言。第思各省貢監，或依親覓館，或隨任讀書，每有回籍較遠於回省者，若因例無明文，必令其回本州縣起文，再行赴省，恐場期已迫，道途紆折，誤考為虞，非所以示體恤。且江蘇省歷科凡由幕所任所起文者，一律收考，亦係推廣成例。通融辦理，惟漫無限制，實不足以杜弊端。應請嗣後貢監，無論游幕本省外省，實有不及回籍起文者，准照順天鄉試例。由幕所取具印文，開具貢監姓名籍貫三代清冊，加具並無頂名冒

---

① （清）英汇撰：《欽定科場條例》卷四，清咸豐二年刻本。《歷代科舉文獻集成》第五卷，北京燕山出版社 2006 年版。

② 《欽定大清會典事例》卷三三八，禮部/貢舉/錄送鄉試。

③ 《欽定大清會典事例》卷三四九，禮部/贡举/乡试中额。

替甘結申詳督撫。由督撫加具印文，申送本省應試。凡籍隸省會建設貢院
者，該府所屬之貢監，即照籍隸順天貢監，不准取具游幕文書之例辦理。
其隨任貢監，如係正印官佐貳，由所任地方正印官加具印文申送。儻游幕
文書，不加督撫印文，隨任文書不用正印文結，或非胞兄弟子姪，該學政
查出將該貢監扣除。並將申送官職名送部議處。其投交例限，請定於七月
二十日截止。似此明定章程，庶起文者不敢冒濫於前，投文者不敢朦混於
後等因具奏。奉旨依議。欽此。①

　　道光二十年，礼部奏准，本年會試係在大行皇后期年期內，所有考官
及新進士筵宴，槩行停止。其銀花表裏等項，仍照例分別按名給發。

　　又片覆國子監，查本年二月初五日，奉旨本年恩榮宴，著照例停止。
此後遇有筵宴典禮，仍著照常舉行。欽此。又三月二十四日奉旨，本年四
月初一日、初十日，朕還宮時，導迎樂著設而不作，至殿試傳臚陛殿，但
鳴鐘鼓，樂亦設而不作。自八月初一日以後，仍照常作樂。欽此。欽遵各
在案。今本年一殿試後，狀元率諸進士及繙譯進士，赴先師孔子廟釋褐行
禮，係在恩榮宴之後。所有狀元率諸進士筵宴花紅，應仍照常舉行，惟鼓
樂應行停止。

　　道光二十一年，准戶部咨，嗣後每科滿漢文武新進士殿試後，其旗區
帽頂銀兩，應比照順天府之例，將題名錄咨部分別覈明。旗區帽頂數目，
劄庫仍由禮、兵二部出具印領，委員赴庫關支，領回散放，以昭畫一，而
專責成等因。查文會試中式進士，應領旗區銀兩，應如所咨，由本部支領
給發。②

　　道光二十二年，礼部具奏，由大理寺寺丞改捐主事候選之楊炳光，係
曾任六品實缺京官，可否准其鄉試一摺。據候選主事楊炳光呈稱，係山西
汾州府介休縣人，於道光十三年遵籌備例，由貢生報捐寺丞。十五年學習
行走。十七年四月補缺。茲職由大理寺寺丞改捐主事，離在候選，取結具
呈，懇請鄉試等因到部。當經行查戶部，該員改捐主事，是否屬實。並查
大理寺，該員是否已經離任候選。據覆稱該員現已報捐主事，離任候選。

---

　　①　（清）英匯撰：《欽定科場條例》卷三，清咸豐二年刻本。《歷代科舉文獻集
成》第五卷，北京燕山出版社 2006 年版。

　　②　（清）英匯撰：《欽定科場條例》卷四十五，清咸豐二年刻本。《歷代科舉文
獻集成》第五卷，北京燕山出版社 2006 年版。

查科場條例內載，順天鄉試，各部院小京官，由俊秀貢監出身者，無論候補、候選現任，俱歸國子監錄科。又載舉人現任中書，評事博士、助教、學正、學錄及小京官等，准其會試各等語。是以臣部辦理鄉會試事宜。七品以下京官，無論實缺、候補、候選均准應試。六品以上京官，候補、候選者，方准應試，其實缺者，均不准應試。歷經辦理在案。再由六部司員降補者例，亦不准應試。至曾任六品實缺京官，另捐官職離任候選應否准其鄉試之處，臣部例無明文，亦無辦過成案。今楊炳光由大理寺寺丞改捐主事，離任候選，該院係曾任六品實缺京官，可否准其一體鄉試之處，伏候欽定。如蒙俞允，臣部纂入科場條例，永遠遵行等因。奉旨候選主事楊炳光，著准其一體鄉試，餘依議。欽此。①

道光二十三年諭，國家分設八旗兵丁駐防各省，立意至為深遠，嗣因生齒日繁，披甲名糧，例有定額，勢不能概令食糧當差。而各弁兵子弟，亦有讀書向上，通曉文義者，聽其應試，以廣進取之階，所以造就人材，體恤旗僕者，無微不至。但思八旗根本，騎射為先，清語尤其本業，至兼習漢文，亦取其文藝清通，便於繙譯。乃近年以來，各駐防弁兵子弟，往往騖於虛名，浮華相尚，遂至輕視弓馬，怠荒武備，其於應習之清語，視為無足重輕，甚至不能曉解。朕閱嘉慶五年皇考諭旨，各省駐防人等，准於該省考試文生，原係於伊等格外恩施，若專務此而廢棄清語、騎射，停止此例，不准考試，亦屬應該，俟清語、騎射練習熟練時，方准考試等因，欽此。仰見我皇考聖意周詳，訓誡諄諄之至意，因思清語、騎射，全在該管大臣官員等，平日盡心訓飭操演，而弁兵子弟，亦必令藉此進身，方能益加奮勉。現在武闈鄉試，各省駐防一體與考，應試之人，弓馬如果熟嫻，不患無登進之路。其應文試者，必應改試翻譯，庶不至專習漢文。嗣後各處駐防，俱著改應翻譯考試，俾有志上進者，咸知非熟習清文，不能幸邀拔擢，自必爭相摩厲，日益精通。其各該將軍副都統等，尤宜隨時訓練，董勸兼施。毋得視為具文，以副朕崇實黜浮之意。

又覆准，廩增附青衣生等，如有願棄文就武者，准其報捐武監應武鄉試，仍於執照內著名不准再應文闈鄉試字樣，以杜文武跨考之弊。

又覆准，難廕生註冊候銓，非監生出身者，一體准應鄉試。

①　（清）英匯撰：《欽定科場條例》卷三，清咸豐二年刻本。《歷代科舉文獻集成》第五卷，北京燕山出版社 2006 年版。

又覆准，捐納分發人員，並未驗看領照者，一體鄉試。①

道光二十三年，准國子監咨呈稱，准吏部咨送兵馬司副指揮翟聲玉，剿賊積勞病故，照例加贈都察院經歷銜，並廕一子入監讀書。六月期滿，以縣主簿註冊候銓，嗣據該廳生翟九芝稟稱，願應本年癸卯科順天鄉試等情。查翟九芝並非生監出身承廕，應否准其錄科鄉試，本監並無辦過成案，應咨部查覆，以憑錄科送試等因。查難廳生翟九芝，係現廳主簿註冊候銓之員，與分發各省佐雜不同，雖非監生出身，亦應一體准其鄉試。由國子監驗明執照，錄科送考。

又准國子監咨呈稱，本年癸卯科鄉試，據山西芮城縣俊秀監生郭建本，出具游幕文結，赴監錄科。本監查驗戶部執照，該生係遵酌增二卯例捐縣丞。今遵豫工二卯事例捐過班，並指捐分發甘肅試用。據稱並未在吏部領照，亦未驗看核與到省。試用者似覺有間，但本監並無辦過成案，應咨部查明，應否准其鄉試示覆過監等因。查山西芮城縣監生郭建本，報捐縣丞，雖經指省分發，究未驗看領照，與分發到省者有間，應比照候補候選人員之例，准其鄉試。

又據監生周循方呈稱，係貴州貴陽府貴筑縣民籍，於道光二十二年在江寧捐輸，以鹽課大使投效江蘇海疆，俟試用期滿後，留於兩淮遇缺即補，奉旨歸捐班前用，現在尚未投供領照驗看，情願應順天鄉試，為此取具同鄉京官印結，粘呈投遞，乞准知照國子監考到錄科等因。查貴州貴陽府貴筑縣監生，歸捐班前用之鹽課大使周循方，並未投供領照驗看，應比照候補候選人員之例，一體准其鄉試。②

道光二十三年覆准，難廳註冊候銓之員，雖非監生出身，亦一體准其鄉試，由監驗照錄送。③

道光二十三年，准河南學政咨稱，貢監錄科例由地方官印結申送。茲屆開考遺才各貢監生報考來文，有由在省送考學官申送者，當經駁斥不准。旋據各學稟稱，本年黃水梗路，各生遠道赴省，已極艱難，若再令回籍起文，必至誤考等情。除批准令各學官確查取結申送甄取外，應咨明禮

---

①《欽定大清會典事例》卷三三八，禮部/貢舉/錄送鄉試。

②（清）英匯撰：《欽定科場條例》卷三，清咸豐二年刻本。《歷代科舉文獻集成》第五卷，北京燕山出版社 2006 年版。

③《欽定大清會典事例》卷一一○○，國子監/六堂課士規制。

部准予存案等因。查該省錄遺，因黃水梗路，往返艱難，士子不及回籍起文，令在省送考各教官出結申送，自係體恤士子，一時通融辦理。本部姑念該省時值水災，暫為允准。嗣後仍應遵照定例，由州縣起文申送學政，不得援此次送考教官出結申送為例。①

道光二十五年覆准，俊秀議敘五品以上，及七、八品職銜者，補捐監生，改應鄉試，不得再應童試。

又覆准，嗣後各省俊秀及廩增附報捐貢監者，均依戶部所定期限換照。如近省在一年之內，遠省在十五月之內，尚未按領部照，適逢鄉試，准執持實收考錄科舉。如逾限期，驗明執照，方准收考，不准僅執實收，錄科應試。②

道光二十五年，准戶部咨稱，查舊例直省報捐監生於給發實收之日起，扣限五年內，赴部換照，定限既寬，奉行轉懈。嗣後應令自接收部照之日起，定以近省一年為限，遠省十五月為限，繳送正實收到部。逾限不換領執照者，不准執持實收作為監生。業經纂入則例遵行，其各省監生，如何呈驗執照收考，應由禮部明定章程，行知各直省，一體遵辦，並行咨本部備查等因。查乾隆九年議准，生童捐納監生，多因志切觀光。若歲逢大比，必待換給部照，方准錄科送試，則為期已迫，恐阻上進之心。各省捐納監生，有願科舉，而部照未到者，該州縣查明，如無違礙等情，出具印結申文給發本生親賚實收。赴布政司衙門覈實轉送，考錄科舉，准其鄉試等因。是執持實收鄉試錄科收考，原係格外體恤。近年各省報捐監生，因有准執實收鄉試之條，遂相率因循，業應兩三次鄉試，尚未換照，殊不足以昭覈實，自應明定章程。嗣後俊秀及廩、增、附報捐監生，均照戶部新定換照期限，近省在一年之內，遠省在十五月之內。尚未換領部照，適逢鄉試，仍照乾隆九年議准之案，准其執持實收考錄科舉。如逾限期，驗明執照，方准收考，不准僅執實收錄科鄉試。至報捐貢生錄科鄉試，亦均照此辦理。應知照戶部並通行各省查照。③

道光二十五年議准，俊秀及廩、增、附報捐監生，近省在一年內，遠

<hr>

① （清）英匯撰：《欽定科場條例》卷三，清咸豐二年刻本。《歷代科舉文獻集成》第五卷，北京燕山出版社2006年版。

② 《欽定大清會典事例》卷三三八，禮部/貢舉/錄送鄉試。

③ 同上。

省在十五月內，尚未換領部照，適逢鄉試，准其執持實收錄科，如逾限期，驗明執照，方行收考。報捐貢生亦照此辦理。①

道光二十五年，劄覆浙江學政，議叙五品以上職銜，應照六品職銜之例，補捐監生，就應鄉試。至俊秀議叙七八品銜，職銜較大，若仍應童試，未免無所區別。應比照議叙六品職銜之例，補捐監生，改應鄉試，不准再應童試。②

道光二十六年，准國子監文稱，科場年分，貢監生考到錄科，先持照赴監投驗，方准收考，近有捐輸人員，祇有官照，而無貢監照，是否應行收考，查覆遵辦等因。查捐輸人員，係屬新例，如未經奉旨准作貢監生者，應照議叙之例。補捐貢監，驗照錄科，其有業經奉旨准作貢監生者，應否補給監照，抑或即驗官照收考，應自行酌量辦理。又准順天學政咨稱，各州縣學廩、增、附生，在順天捐輸各項職員，已呈報開除之生員。願赴鄉試者，應否照貢生一體錄科送試等因。查直屬捐輸職員，業經開除學冊之廩、增、附生，由地方官申送者，應由該學政驗照錄科送考，並將被遺之人知照國子監。其在監錄科被遺者，亦應知照學政備查。③

道光二十六年覆准，捐輸人員，如止有官照而無貢監照，應照議叙人員補捐貢監，驗照錄科。④

道光二十六年，據已革舉人周瀬孫呈稱，係河南祥符縣人，由監生中式癸卯科順天舉人，因覆試考居不列等，奉旨革去舉人，伏思覆試斥革，並無別項弊端，情願以原名另捐監生，就應鄉試等情。查周瀬孫因覆試考居不列等，革去舉人。本部核其情節，尚非科場舞弊，應准以原名另捐監生，一體鄉試。

又據山東福山縣附生謝寶垣呈稱，生於道光十九年，考取天文生前赴戶部報捐貢生，奉戶部批示，以生列入開除項下，不准報捐。伏思生因考

---

①　（清）英汇撰：《欽定科場條例》卷三，清咸豐二年刻本。《歷代科舉文獻集成》第五卷，北京燕山出版社 2006 年版。

②　（清）英汇撰：《欽定科場條例》卷四，清咸豐二年刻本。《歷代科舉文獻集成》第五卷，北京燕山出版社 2006 年版。

③　（清）英汇撰：《欽定科場條例》卷三，清咸豐二年刻本。《歷代科舉文獻集成》第五卷，北京燕山出版社 2006 年版。

④　《欽定大清會典事例》卷一一〇〇，國子監/六堂課士規制。

取天文生開除學冊，並非不准考試之人，取結呈乞知照戶部，准捐貢生等因。查附生謝寶垣考取天文生開除學冊，與緣事斥革者不同，仍應准其捐考。

又准國子監咨呈，雲南副貢唐任揆，肄業期滿，二十五年選河陽縣訓導，因病未赴任。在吏部呈請開缺，本年六月起病在案。現由吏部咨送錄科，可否准其應試之處，核覆遵辦等因。查副貢唐任揆，雖經選授訓導，究係未經到任。即行開缺之員，與實缺教職及分發各省試用者有間，仍應准其由副貢生應順天鄉試。①

道光二十六年覆准，直屬捐輸職員，業經開除學冊之廩、增、附生，由地方官申送者，由該學政驗照錄科送考，並將被遺之人，知照國子監。其由吏部咨送在監錄科被遺者，亦知照學政備查。

又覆准，外省教職選缺後，因病尚未赴任，在吏部呈請開缺者，准應順天鄉試。②

道光二十七年。據捐輸通判方慶椿呈稱，係江西南昌縣人。道光二十六年，在陝西捐輸通判，分發南河候補，領有執照，未經赴部驗看分發，情願補捐監生，就應鄉試等情。查例載，佐貳人員加捐分發，籤掣省分試用之員，不准鄉試等語。又道光二十三年，貴州監生周循方，捐輸鹽大使投効海疆，尚未投供驗看，准其鄉試在案。今捐輸通判方慶椿，呈請補捐監生，應試之處，既據吏部咨覆，尚未驗看分發，應准其補捐監生，就應鄉試。③

道光二十八年議准，捐輸各案內捐納職官，作為貢生、監生人員，如有願應鄉試者，應令補領部、監執照，以便錄科時覆驗，惟明年即遇鄉試，各省遠近不一，予限一年。如在一年內，遇學政錄科時，即將官照呈驗，如一年限外，即應呈驗部、監執照，以歸畫一。④

道光二十八年議准，捐納職官，奉旨作為貢生、監生人員，如有願應

① （清）英匯撰：《欽定科場條例》卷四，清咸豐二年刻本。《歷代科舉文獻集成》第五卷，北京燕山出版社 2006 年版。

② 《欽定大清會典事例》卷三三八，禮部/貢舉/錄送鄉試。

③ （清）英匯撰：《欽定科場條例》卷四，清咸豐二年刻本。《歷代科舉文獻集成》第五卷，北京燕山出版社 2006 年版。

④ 《欽定大清會典事例》卷三三八，禮部/貢舉/錄送鄉試。

鄉試，應補領部、監執照，以便錄科查驗，予限一年。如在一年內，遇錄科時，即將官照呈驗，一年限外，即應呈驗部監執照，以歸畫一。應本省鄉試，均照此辦理。①

道光二十八年，礼部會同戶部議覆國子監奏請捐輸貢監，補給執照，以便錄科等因。查捐輸各案內捐納職官，奉旨作為貢生、監生人員，如有願應鄉試者，應令補領部、監執照，以便錄科時覈實查驗。其應本省鄉試，亦應一體令其補領部、監執照，惟明年即遇鄉試之年，誠恐各省遠近不一，未及一律補領，應請予限一年。如在一年內，遇學政錄科時即將官照呈驗。如一年限外，即應呈驗部、監執照，以規畫一。其僅止捐納職員，作為貢監，不願錄科應試者，仍遵照歷屆捐輸章程，不必給發部、監執照，以歸簡易等因。奉旨依議。欽此。

道光二十九年，准福建巡撫咨。本年己酉科鄉試，轉瞬即屆，所有二十八年以前本省捐納監生，應領部、監二照，若律以十五月之限，不准收考，無論名數甚多。且該生等照未奉頒，並非不行請換。應請將二十六年六月以前執照已到，不行請換者，不准執持實收應考外，其自二十六年七月以後報捐各生，現在部頒執照未到，無可請換。如有願應鄉試者，仍飭令地方官取結備文，發交本生，親賷原領實收赴司覈對，轉送錄科。除通飭遵照外，咨部查照等因，應如該撫所咨辦理。附載道光二十二年，吏部片稱，准刑部片查，戶部庫丁之子，是否准其捐納職官。應片行禮部，查明庫丁之子是否准其考試，以憑覈辦等因。查道光十九年，刑部咨查庫丁李肯堂告退役捐布理閭職銜，戶部庫丁，是否准其捐考。本部以戶部庫丁係衙門應役之人，並據戶部查明承充時，並不取身家清白結。是屬賤役，與隸卒、小馬②名異實同。應不准其捐考，片覆刑部在案。又則例內載，凡出身不正，如小馬、皂隸之子孫，均不准應試等語。戶部庫丁既與小馬、隸卒無異，其子孫應照小馬、隸卒子孫不准考試之例，一律辦理。③

道光二十九年，准兵部咨准湖南巡撫咨稱，承廳七品監生印啟祥，年

<hr/>

① 《欽定大清會典事例》卷三八五，禮部/學校/例貢例監事宜。

② 小馬：清代衙署中一種執役人員。《清史稿·食貨志一》："凡衙署應役之皂隸、馬快、步快、小馬、禁卒、門子、弓兵、仵作、糧差及巡捕營番役，皆為賤役。"

③ （清）英匯撰：《欽定科場條例》卷三，清咸豐二年刻本。《歷代科舉文獻集成》第五卷，北京燕山出版社 2006 年版。

已及歲，應發標學習。據印啟祥稟稱，誦讀詩書，並未操習騎射，情願應試文闈等情。該七品廳監生印啟祥，不諳騎射，應試文闈，應咨禮部辦理等因。查湖南承廳七品監生印啟祥，不諳騎射，應准其一體鄉試。①

道光二十九年覆准，刑部司獄系專司禁獄之員，責任較重，不准鄉試。②

道光三十年，據山東附貢生候選離職王燮堂呈稱，前在刑部司獄任內，呈請鄉試。經部援案咨駁，今已離任，吏部註冊以縣丞等官候選，於四月到部投供，與京官離任准予鄉試之例相符，呈乞恩准等情。當經本部行查吏、刑二部去後，茲准刑部覆稱，該員於本年三月二十二日開缺，並准吏部覆稱，該員三年期滿，業經開缺註冊，照例陞用，在部投尚未得缺各等因。查前任刑部司獄王燮堂，既已三年期滿離任，現在吏部投供候選尚未得缺，核與例案相符，應准其一體鄉試。

又片覆戶部，准戶部咨送江西省官紳士庶捐輸米石，案內候選訓導鍾觀濂捐同知職銜，俟奉旨後將訓導註銷，應否仍准其鄉試，咨部查明咨覆等因。查例載，貢監生就職加捐及候補、候選人員，俱准鄉試。今江西候選訓導鍾觀濂，捐同知職銜，應仍准其鄉試。③

咸豐元年覆准，滿洲文生員，已補放防禦者，不准鄉試。④

咸豐元年議准，上年欽奉恩詔，鄉試大省加三十名，次省加二十名，小省加十名。

滿洲、蒙古加六名，漢軍加三名，所有辛亥恩科鄉試，並加中額，即遵照道光元年廣額成案取中。其順天中皿貢監生，如取中在三名以上，應廣一名，六名以上，應廣二名，九名以上，應廣三名，至多不得過三名，以示限制。⑤

咸豐元年，礼部議奏直隸京官與貢監生互稟一案。據順天監臨王慶雲

---

①　（清）英汇撰：《欽定科場條例》卷四，清咸豐二年刻本。《歷代科舉文獻集成》第五卷，北京燕山出版社 2006 年版。

②　《欽定大清會典事例》卷三三八，禮部/貢舉/錄送鄉試。

③　（清）英汇撰：《欽定科場條例》卷四，清咸豐二年刻本。《歷代科舉文獻集成》第五卷，北京燕山出版社 2006 年版。

④　《欽定大清會典事例》卷三三八，禮部/貢舉/錄送鄉試。

⑤　《欽定大清會典事例》卷三四九，禮部/貢舉/鄉試中額。

奏稱，直隸京官，衹限十二人出結，則耳目未廣。又據御史吳廷溥奏稱，直隸京官，舉土著十二人出結，所出之結，六百餘張，何以未得結者，止此違例之九人各等語。嗣經議定，順天考試出結，不必限定人數，凡係土著，俱准出結。並令於鄉、會試年春初，將土著京官職名呈明禮部、順天府、國子監備查。如有寄籍未滿年限，及已滿年限而未經呈明，同鄉京官濫為出結者，日後自行查明檢舉，照失察公罪例議處。如或別經發覺，即照徇庇私罪例議處。又吳廷溥片奏，拔貢錢以恕不用印結，竟准入場一節。據順天府丞關文內稱，係由金臺書院送考。查金臺書院，直省士子皆得肄業其中，若不問其籍貫履歷，率准送考，則冒籍者漫無稽考，嗣後應將金臺書院送考之條禁止。①

咸豐二年覆准，考取謄錄，在吏部投供，與在館謄錄有間，由吏部送監錄科。②

咸豐二年覆准，上年新捐俊秀貢監，取具同鄉京官印結錄送鄉試，有案可稽者，本科不及回籍取文，仍准取結，一體錄送。③

咸豐三年二月，詣文廟行釋奠禮，親臨辟雍講學，加乙卯科順天鄉試監生中額十五名。④

咸豐三年癸丑四月乙未，策試天下貢士吳鳳藻等二百二十二人於保和殿。制曰：朕履位以來，三載於茲矣。仰荷昊蒼眷佑，列聖垂庥，敕命時幾，兢兢業業，恆思重道崇儒之治，詰戎禁疏之模，地輿險易之形，泉府流通之法。冀與中外臣工，致上理於大同，登斯民於仁壽。茲當臨軒策訪之時，虛衷博采，爾多士其敬聽之。周制立學，天子辟雍，或取字義，或象物形，諸家之說，可臚陳歟？有文王之辟雍，有武王之辟雍，或為宮，或為西雝，何以稱焉？辟池之名，見於何書？或以辟雍為樂名；其說何本？清廟、太廟、明堂、太學辟雍，殊事異名，果一地歟？神道清靜祭於斯，朝於斯，射於斯，饗於斯，學於斯，毋乃雜歟？四代之學，方隅奚

---

① （清）英匯撰：《欽定科場條例》卷二十九，清咸豐二年刻本。《歷代科舉文獻集成》第五卷，北京燕山出版社 2006 年版。

② 《欽定大清會典事例》卷三三八，禮部／貢舉／錄送鄉試。

③ 《欽定大清會典事例》卷一一〇〇，國子監／六堂課士規制。

④ 《欽定大清會典事例》卷三四九，礼部／贡举／乡试中额，（清）賈楨《清文宗顯皇帝實錄》，清文宗顯皇帝實錄卷之八十四。

若，壅水四周，廣袤奚若。水若為旋，橋若為制，皆有據歟？夫虞廷有教胄之訓，周官重成均之職。化民成俗，實基於此。朕躬臨辟雍，講學典禮，非徒侈三雍之上儀，修漢唐之故事也。亦惟期與多士研求格致誠正之功，以臻修齊治平之效耳。我國家以騎射威天下，八旗綠營，星羅碁布。有事則埽除，無事則鎮撫，兵力不可謂不厚矣。而蟻屯蜂聚，弄兵潢池者，尚稽蕩滅，則不練之過也。兵法之最古者，當以孫子、吳子、司馬法為本。生聚教訓之術，權謀運用之宜，能言其大略歟？其著有明效者，當以有明戚繼光練兵實紀一書，為切於實用。所稱一練伍法，二練膽氣，三練耳目，四練手足，五練營陣，六練將者，能闡其義歟？夫足兵必先足食，國家歲有常供，徵發頻仍，則度支不給。開礦行鈔，亦補救之急務。必如之何而利可興，弊可弭，征兵千里，士飽馬騰也。今江南之金陵、姑蘇、維揚、皖水，皆《禹貢》揚州之域，稽之天文，在斗、牛、女分野。星紀之次，自兩漢、三國、晉、宋、齊、梁、陳、隋、唐、五代、宋、元、明之建置沿革，可揚榷而陳之歟？左太沖吳都賦，所稱包括於越跨躡蠻荊乎數州之間，灌注乎天下之半者，能推闡言之歟？其間人民殷阜，良莠不齊，物產豐盈，轉輸攸賴，而防江防河防淮防海，洪波沿袤，何以扼其要，港汊紛歧何以杜其奸，平時何以綏靖，臨時何以折衝。古今異時，山川異勢，水陸異宜，攻守異形，防剿異用，非講求於平日，其何以投鞭斷流，使江左江右億萬蒼生得以出水火而登衽席也。秦併天下，幣為二等，而珠玉龜貝銀錫之屬不為幣。孝武始造白金三品，尋廢不行。是上下通行之貨，壹皆以錢，未嘗用銀。唐時有禁斷採銀之詔，度支歲計有粟布絹棉及錢，而無銀。惟諸州土貢，自百兩至二十兩不等，不為幣也。以銀為幣，始於何時，行於何地？鑄銀之式，輕重不同，所值亦異。厥後銀日貴，錢日賤。民間但以銀論價市易，能詳其源流遷變歟？論錢法者，若賈誼，若孔覬，若陸贄，能述其梗概歟？我朝府事交修，戶、工二部設寶源、寶泉兩局，近復因臣工奏請鑄大錢，以劑食貨之用，果何如而權衡輕重，各得其宜。俾國用饒而民用贍乎？夫興人才以講學，奮武衛以詰奸，審地利以設防，阜民財以裕國，皆經邦之要道，立政之宏模也。多士學古入官，通知時事，以敷奏為明試，毋泛毋隱。朕將親覽焉。①

　　咸豐四年諭，何彤雲奏請推廣捐輸條款等語。京官五六品實缺人員，

---

① （清）賈楨：《清文宗顯皇帝實錄》卷九十二。

捐免離任，准其赴試一節，曾經部議奏駁，何得再行瀆請。近因軍餉浩繁，所有捐例，業已遞加推廣，至考試為取士大典，豈容擅改成例，致開徼幸之門，所奏著不准行。①

咸丰八年覆准，俊秀②已捐監生，情願童試，必呈明註銷監生，方准應試。如違例考取，應仍留監生，將附生註銷，以杜弊混。

又議准，俊秀捐納監生，改籍後止准頂戴榮身，不准應試。③

咸豐九年覆准，保舉分發知府，尚未赴部引見領咨到省者，一體應試。④

咸豐九年諭，本年己未恩科江南鄉試，借用浙闈舉行，該省鄉試，系帶行乙卯正科，所有官卷中額，均著加倍取中，不得加入官卷。又諭，禮部奏江西官卷，擬請比照江南加倍取中一摺。本年江西鄉試，係兩科歸併舉行，本省官卷，著即照江南官卷加倍取中，以歸畫一。其捐輸推廣至額，均歸民卷取中，不得加入官卷。嗣後兩科並舉省份，均照此次辦理。十一年議准，軍興以來，各省鄉試屢經停止。該士子因本省未能應試，跋涉來京，自宜因時制宜，以勵人材而作士氣。其南皿均係大省，於廣額十名外酌加三名；中皿本系中省、小省，於按照人數廣額外再酌加二名，共加增十名，即於來歲壬戌恩科照數取中。⑤

咸豐十一年諭，各省駐防八旗，向來本有考取文舉人生員之例，自道光年間改為翻譯，將舊例停止。現在翻譯考試，各省遵行已歷有年。嗣後著於駐防翻譯科甲外，仍復駐防考取文舉人生員之例，均准其鄉、會試，與翻譯一體錄用，以廣登進。⑥

同治元年議准，上年欽奉恩詔，鄉試大省加三十名，次省加二十名，小省加十名，滿洲、蒙古加六名，漢軍加三名，所有壬戌恩科鄉試並加中額，即遵照道光元年廣額成案取中。其順天中皿貢監生，如取中在三名以上，應廣一名，六名以上，應廣二名，九名以上，應廣三名，至多不得過

---

① 《欽定大清會典事例》卷三三八，禮部/貢舉/錄送鄉試。
② 俊秀：不是官辦學校生員身份。
③ 《欽定大清會典事例》卷三八五，禮部/學校/例貢例監事宜。
④ 《欽定大清會典事例》卷三三八，禮部/貢舉/錄送鄉試。
⑤ 《欽定大清會典事例》卷三四九，禮部/貢舉/鄉試中額。
⑥ 《欽定大清會典事例》卷三三八，禮部/貢舉/錄送鄉試。

三名，以示限制。①

　　同治三年奏准，拔貢知縣、州判分發到省後，未經署事代理，比照大挑知縣未經署事代理，准給咨會試之例，准其請咨鄉試，一體錄送。其俊秀、貢監加捐分發試用人員，不得援以為例。②

　　同治三年議准，拔貢朝考以知縣用。到省後未經委署，告假回籍者，遇鄉試時，比照舉人大挑知縣給咨會試之例，由原籍督撫聲明並未委署地方字樣，咨送吏部，劄監錄科。仍不得臨時告假，徑行來京取結應試。其有先經告假在籍，願應本省鄉試者，由本省督撫確切查明，實系未經委署地方，准其一體考試。仍不得因鄉試屆期，始行告假回籍。至由拔貢保舉捐納分發各員，均不得援以為例。

　　同治六年覆准，外省生員保舉訓導，非貢監出身者，不准應順天鄉試。

　　又覆准，選補佐貳，尚未到任；丁憂開缺，服滿後改捐主事分部者；照候補、候選小京官例，一體鄉試。

　　又覆准，廕生分部學習筆帖式，照貢監筆帖式之例，送監錄科。③

　　同治九年奏准定例，年老諸生有由俊秀捐監者，查明報捐。在十科以前曾經鄉試者，如三場完竣，照生員例一體恩施應試錄科。即照年老生員例，用廩生公同具保呈州縣官驗照，核其年貌相符，加具查無頂替，印結送考國子監及學政，始准收考。如有情弊，一經發覺，分別治罪。至文武互試之例，久經停止。由武生捐監者，止准應文闈，其捐納武監生概不准應文鄉試。④

　　同治九年覆准，承襲世職及廕監生，均准鄉試。如系生員兼襲世職者，先有教官書斗識認，仍照廩、增、附應試之例辦理，卷冊內註明某學某生兼襲某項世職字樣；其捐納貢監兼襲世職者，有部、監執照可憑，仍照貢監應試之例辦理，卷冊內填寫某縣某生兼襲各世職字樣；至雲騎尉、恩騎尉改作文生員應試者，以准襲印文為憑，並取具里鄉親族等甘結，呈該廳州縣驗明，傳同禮房書吏當堂認准，出文送考，其卷冊內填明某縣某

①　《欽定大清會典事例》卷三四九，禮部/貢舉/鄉試中額。
②　《欽定大清會典事例》卷一一〇〇，國子監/六堂課士規制。
③　《欽定大清會典事例》卷三三八，禮部/貢舉/錄送鄉試。
④　《清朝續文獻通考》卷九十六《學校》三。

項世職改為文武生員字樣；廩生有執照可驗，如尚未領執照，即以准廩印文為憑，亦取族鄰甘結，呈縣查驗，傳同禮房書吏認准送考，其卷冊填寫廩生字樣，仍於臨場時責成該廳州縣禮房書吏來省臨場識認，以杜弊混。

又覆准，實缺小京官，議敘主事籤分候補者，仍行錄科。

同治十二年覆准，優貢朝考以知縣用，分發到省者，不得徑行起咨來京應試。

又覆准，外省駐防隨任讀書，由任所齎咨來京鄉試者，即由京旗送考。①

同治十二年十月諭，內閣奉天府府丞張緒楷奏，順天貢院號舍無可再增，請定應試人數一摺。鄉試錄送科舉向有例定名數，近來國子監及各省學政錄送太濫，不獨號舍不敷，且人懷幸進之心，於士習文風大有關係。嗣後順天及各省鄉試錄送人數應如何嚴定限制，用昭覈實之處，著該部議奏。另片奏酌擬變通鄉試事宜八條，著該衙門一併議奏。尋禮部奏，嗣後國子監及各省學政錄科，應查照例定名數，嚴加考試，不得濫送。其所請添調謄錄、勻撥、點名各條，應如所奏辦理。至獎勵外簾，請除對讀官外，所有彌封、謄錄各官，應照例給予記錄。從之。②

同治十三年議准，已捐隨官監生，向令補交四成實銀。凡由俊秀報捐貢監，欲應鄉試者，除舊例十成銀數報捐外，自同治十三年起，其由減成報捐之貢監生，統令補交監生四成實銀，方准應試。武監生應試，均一律補交。國子監及各省學政，於錄送科舉及錄遺時，捐生呈驗四成實銀執照，再行收考。至廩、增、附在本省例准鄉試，其報捐貢監生，無論原捐是否減成，毋庸補交。其在十三年以前由俊秀減成報捐貢監，仍准應試，均毋庸補交，免致紛擾。③

同治十三年議准，順天鄉試人數加增，添增號舍三千間，尚屬不敷。嗣後錄送科舉，務宜通盤覈算，嚴加考試，精通三場者，方准鄉試。其學殖荒淺之人，不得濫行錄送。

又議准，順天鄉試，於八月初一日奏定人數，學臣、監臣即不得再行錄送。俾士子投卷依限告竣，而造冊印卷，皆可詳細覈對，以昭慎重。

---

① 《欽定大清會典事例》卷三三八，禮部/貢舉/錄送鄉試。

② （清）寶鋆：《清穆宗毅皇帝實錄》卷三百五十八。

③ 《欽定大清會典事例》卷三八五，禮部/學校/例貢例監事宜。

又議准，各省貢監由國子監錄科者，其送考之期，仍照向例以七月二十七日為止，過期概不補送。

又覆准，捐輸加廣中額，即係永遠定例，嗣後照原定中額，一併覈算科舉。

光緒元年覆准，廣州駐防，現充同文館學生，既蒙獎勵，作為翻譯生員，留京肄業，准其就近應北闈鄉試。①

光緒二年奏准，順天鄉試中皿試卷，除廣額年分照例加廣三名外，如應試人數不多，仍照向例，每二十卷取中一名；如人數過多，亦不得過南皿、北皿定額三十六名之數。②

光緒八年奏准，此次恭應廷試頂戴榮身之孝廉方正，未及回籍，適值鄉試，係廩、增、附出身者，毋庸補捐貢監，准其就近由國子監錄科送考。其到京稍遲，未及與試者，亦一體由監錄送。以後再遇鄉試之年，仍遵舊例，止准應本省鄉試。③

光緒八年諭，給事中鄧承脩奏條陳科場事宜，請飭慎覈錄科等語。鄉試錄科送考，例有定額，近年順天鄉試錄送太濫，以致號舍不敷。嗣後著國子監及順天學政嚴行考覈，分別棄取，毋得稍涉冒濫。

又覆准，生員保舉孝廉方正以佐雜用者，由吏部文送國子監錄科應試。

又奏准，各直省生員，曾經保舉孝廉方正頂戴榮身者，嗣後遇鄉試之年，止應本省鄉試，概不得應順天鄉試，以免分歧。④

光緒八年十二月諭，內閣禮部奏，順天府請增建貢院號舍會議覆陳一摺。昨據給事中鄧承脩奏條陳科場事宜請飭慎覈錄科等語。鄉試錄科送考，例有定額，近年以來，順天鄉試錄送太濫，以致號舍不敷。嗣後著國子監及順天學政嚴行考覈，分別棄取，勿得稍涉寬濫。該部所奏增建貢院號舍之處，著毋庸議。⑤

光緒九年奏准，定例年老諸生，有由俊秀捐監者。查明報捐在十科以

① 《欽定大清會典事例》卷三三八，禮部/貢舉/錄送鄉試。
② 《欽定大清會典事例》卷三四九，禮部/貢舉/捐輸加廣定額。
③ 《欽定大清會典事例》卷一一〇〇，國子監/六堂課士規制。
④ 《欽定大清會典事例》卷三三八，禮部/貢舉/錄送鄉試。
⑤ （清）世續：《清德宗景皇帝實錄》卷一百五十七。

前，曾經鄉試者，如三場完竣，照生員例，一體恩施。嗣後年老例貢監生，應試錄科，即照年老生員例，大學用廩生六名，小學五名，公同具保。其廩額不及五名之學，准取具增、附生識認甘結，呈州縣官驗明執照，覈其年貌相符，加具無頂替印結，申送考試。國子監及學政查驗執照，年貌無訛，始准收考。如有頂冒情弊，一經發覺，除將頂替及借給執照之人治罪外，並將出結之生員等斥革；知情受賄者，分別治罪；不行詳查之起送地方官，暨收考官，均交部議處。其非年老之例貢監應試，仍照例取具同考生互結，由州縣起文申送。如有依親覓館，隨任讀書，回籍較遠，不及回本州縣起文者，准由幕所、任所正印官，出具並無頂名冒替印結，申祥督撫轉送本省應試，照舊辦理。至鄉試奏請年老例貢監恩賞時，即將該貢監原捐各照送部查覈。俟奏准後，該貢監既經賞給舉人副榜，原捐執照，無須發還，由部分送國子監、戶部查銷。其由貢監中式者，原捐各照，填寫親供時，將執照呈繳學政。副榜呈由地方官申祥督撫，均送部分別查銷，並由各該督撫通飭各該地方官，徧行曉諭。凡已故捐納貢監，有原捐執照，均令隨時繳銷，以杜蒙混而清流弊。至文武互試之例，久經停止，凡由武生捐監者，止准應文鄉試，不准更入武闈。其捐納武監生，概不准應文闈鄉試。①

光緒九年議准，年老例貢監生應試錄科，照年老生員例，大學用廩生六名，小學五名，公同具保。其廩額不及五名之學，取具增、附生識認甘結，呈由州縣官驗明執照，覈其年貌相符，加結申送考試，並由監臣、學臣於考到錄科時，查驗執照年貌無訛，始准收考。如有頂冒情弊，除將頂冒暨借給執照之人治罪外，並將出結之生員，照認保廩生濫保槍替例斥革；知情受賄者，分別治罪；不行詳查之起送地方官暨收考官，均交部議處。

又議准，各省鄉試奏請年老例貢監恩賞時，即將該貢監原捐各照送部查覈。俟奏准後，該貢監等既經恩賞舉人副榜。原捐執照，即由部份送戶部、國子監查銷。其不係年老之貢監中式者，原捐各照，亦於填寫親供時，將執照呈繳學政送部查銷，並由各該督撫通飭地方官徧行曉諭。凡已故捐納貢監原捐執照，均令隨時繳銷，以杜蒙混。②

① 《欽定大清會典事例》卷三八五，禮部/學校/例貢例監事宜。
② 《欽定大清會典事例》卷三三八，禮部/貢舉/錄送鄉試。

　　光緒九年又議准，嗣後年老例貢監生應試錄科，即照年老生員例，大學用廩生六名，小學用廩生五名，公同具保。其廩額不及五名之學，准取具增、附生認識甘結，呈由州縣官驗明執照，年貌相符，加具查無頂替印結，申送考試。監學查驗無訛，始准收考。如有頂冒情弊，一經發覺，除將頂冒暨借給執照之人治罪，並將出結之生員等，照認保廩生濫保槍替例斥革；知情受賄者，分別治罪；不行詳查之起送地方官暨收考官，均交部議處。至年老貢監生奏請恩賞時，將原捐各照送部查覈報捐年分，應過鄉試次數，奏准蒙恩賞給後，原捐執照無須發還，即由部分送戶部、國子監查銷。①

　　光緒十年，奏定錄科防弊章程，一，慎重出結。貢監投考，責成各直省同鄉京官正途出身不與鄉試者出結，依期赴監識認。出結官不到，不准該考生入試。如查有買槍頂名扶同作弊，將出結官參處。一，杜絕重考。區分省份，編定場期，人數少者，合數省考試一次，人數多者，一日全行收考。至大收一場，省份不一，而人數較少，尚易稽察，仍照舊辦理。一，明示褫罰。亂號犯規者不錄；頂替、代倩、傳遞，將該生斥革治罪。一，磨對筆跡。舊例錄科原卷封送禮部，夾入中式卷內磨勘筆跡，應申明舊章，磨勘日令各員認真覈對。②

　　光緒十年十二月諭內閣，國子監奏陳錄科防弊章程一摺。三年大比原期遴選真才，若錄科一場先多弊竇，則使進不端，安所得文行交修之士。翁同龢等所擬慎重出結，杜絕重考，明示褫罰，磨對筆跡各條，於防弊均尚切要。即著各該衙門嚴行申儆，認真整頓，毋得視為具文。各該士子尤當爭自濯磨，束身自愛，用副朝廷整飭士風至意。③

　　光緒十二年奏准，嗣後順天及各省鄉試，凡貢監生員丁憂於七月下旬服滿者，如在錄科截止以前，一體考試，逾期不得補行錄送。其八旗生監鄉試，由各該旗查明，於兵部考試騎射以前服滿者，造冊報部送考，逾期亦不准補送。

　　又奏准，順天奉天府經歷一項，無論何項出身，曾否委署地方各缺，均照各省佐貳官例，不准應試。

---

① 《欽定大清会典事例》卷三五六，禮部/貢舉/恩賜。

② 《欽定大清會典事例》卷一一〇〇，國子監/六堂課士規制。

③ （清）世續：《清德宗景皇帝實錄》卷二百。

又奏准，降調人員，除舞文訊法，跡涉贓私，或弊在科場，或事關倫紀，無論曾否補過實缺，概不准其應試外，若事屬因公，失於覺察，或被人波累，或他案牽連，情有可原，而級無可抵者，如呈請應試，由部錄敘案由，請旨定奪。

又奏准，貢監出身之五六品實缺京官，無論改捐候選及告假離任各員，均不准其應試。惟丁憂人員，如起復後尚未補缺，仍准應試。

又奏准，由貢生捐教職者，除實缺及現在署缺各員，仍照舊止准應本省鄉試外，其候補候選及曾經署缺並非現在署任各員，無論是否捐納分發，俱准應南北鄉試，照正途貢監例錄科。

又奏准，分發試用人員，除未經委署，捐升京職一項，仍照舊應試外，其捐升外任候選並降調後，無論改捐京外各職，概不得以未經委署為辭，援候補、候選之例，請應鄉會試。

又奏准，親老告近在部候選人員，如籤掣遠省實缺扣除者，無論近省銓選已否到班，均照京員遇缺頂補例，不准應試。

光緒十三年議准，各省學臣於歲科試時，生監中有報考算學者，除正場仍試以四書、經文、詩策外，其考試經古場內，另出算學題目。果能通曉算法，即將原卷咨送總理各國事務衙門覆勘註冊，俟鄉試之年，按冊咨取。赴總理各國事務衙門，試以格物、測算及機器製造、水陸軍法、船礮、水雷或公法條約、各國史事諸題。擇其清通者，錄送順天鄉試。①

又議准，嗣後各省學臣於歲科試時，生監中有報考算學者，除正場仍試以文詩、策問外，其考試經古場，另出算學題目。果能通曉算法，即將原卷咨送總理各國事務衙門覆堪註冊。俟鄉試之年，按冊咨取，赴總理衙門考試，擇其明通者，錄送順天鄉試，不分滿、合、貝、皿等字號。如人數在二十名以上，統於卷面加印算學字樣，與通場士子一同試以詩文、策問，毋庸另出算學題目。其試卷由外簾另為一束，封送內簾，比照大省官卷例，每二十名，於額外取中一名，卷數雖多，亦不得過三名，以示限制。

又議准，原任西安將軍多隆阿，攻克回巢，得銀三十餘萬兩充餉，加廣八旗滿蒙順天鄉試定額一名。自丁卯科為始，再各省捐輸，加永遠中額章程，不得過十名。嗣後八旗滿蒙捐輸，加永遠中額均比照恩詔加滿蒙文

①　《欽定大清會典事例》卷三三八，禮部/貢舉/錄送鄉試。

鄉試中額六名之數，以六名為限。

　　又議准，旗員歷年捐輸軍餉，加順天鄉試滿蒙永遠中額五名，漢軍永遠中額二名。自丁卯科為始，此次滿蒙加永遠中額五名，連前所加已足六名之限，以後捐輸，不准再加永遠中額。[①]

（修撰人：白雪松）

---

① 　《欽定大清會典事例》卷三四九，禮部/貢舉/捐輸加廣定額。

學　志

學志六　五經博士

世襲五經博士，主管祭祀事宜，僅衍聖公後代是次子承襲，其餘皆以嫡長子承襲。無嫡長子則以次子承襲，無嫡子則以庶子承襲。承襲條件為：十五歲以上，送禮部考試，才發給文書確認承襲。凡遇臨雍大典，則隨衍聖公後觀禮。

明代景泰三年（1452年），以顏回、孟子嫡長後裔為五經博士；景泰六年（1455年），又令曾子、二程、朱熹後裔世襲五經博士。清代順治元年（1644年），定孔氏、顏氏、曾氏、孟氏後裔承襲五經博士；順治九年（1652年），定南宗孔氏後裔承襲五經博士，十二年（1655年）授朱熹後裔五經博士。康熙年間，先後給予宋儒二程、周敦頤、張載、邵雍的後裔和孔子弟子閔損、端木賜、言偃、卜商的後裔世襲五經博士。雍正二年（1724年），增加冉雍、冉伯牛、子張、有若四人後裔世襲五經博士。乾隆元年（1736年），將韓愈後裔授為五經博士。嘉慶七年（1802年），將漢儒伏勝後裔授為五經博士。之後清代再未增置五經博士。咸豐三年（1853年），咸豐皇帝臨雍講學，五經博士隨王公百官、聖賢後裔一同"圜橋肅立"，"跪聆圣訓"。①

學志七　算學

算學是清代官學體系中培養數學及天文曆法方面專門人才的專科官

---

① （清）賈楨：《清文宗顯皇帝實錄》卷八十四。

學。算學隸屬國子監管理，由國子監負責算學的學籍管理和行政管理。算學教職人員由欽天監選送，由國子監任命為算學助教，對算學生的教學授課都在欽天監進行。

國子監的算學生名額為：滿洲十二名，蒙古、漢軍各六名，漢人十二名，再有欽天監附入算學上課的肄業生二十四名，總共六十名。凡滿洲、蒙古、漢軍算學生，都於八旗官學生中考取；漢人算學生，無論舉人、貢生、生員、童生，都由國子監會同算學考取；欽天監肄業生，由欽天監選取到算學肄業。算學學習期限為五年。

元、明二代不設算學。清代康熙九年（1670年），設置算學，於八旗官學中挑選學生學習算學，取滿洲六人，漢軍四人，令欽天監分科教學。康熙五十二年（1713年），在暢春園設立算學館。雍正十二年（1734年）擴大算學規模，增設算學教習十六員，於八旗官學每旗中選取三十餘人學習算學。乾隆三年（1738年），在欽天監附近處專設算學一所，招滿、漢學生各十二人，蒙古、漢軍學生各六人，定學習期限為五年，主要培養天文曆法所需算術人才。這是招收漢學生之始。乾隆四年（1739年），以算學隸屬於國子監，稱國子監算學，所有有關文件都用國子監印。乾隆十年（1745年），將欽天監肄業天文生二十四名，交與算學館附學肄業，其授課、考試、考職均與算學生相同。

光緒十三年四月，总理各國事務衙門奏，竊光緒十三年三月二十五日軍機大臣，欽奉慈禧端佑康頤昭豫莊誠皇太后懿旨，御史陳秀瑩奏請，將明習算學人員量予科甲出身，並游歷人員准按原資參贊等官缺出，准令游歷人員兼充，暨溉田購用機器各摺片，著該衙門會同吏部、禮部妥議具奏。醇親王奕譞著一並與議，欽此。欽遵會議，仰見聖慮周詳慎重，名器造就人才之至意，欽佩莫名。查該御史原奏稱，中外交涉以來，言西學者機器船政等局，同文方言等館，其涸蔽也。出洋學童於測繪製造，一切具有師法，特跡其議論，不免優於先入為主之說，以事事為必效法外洋邁者。詔各部院奏保，出洋游歷、竊意正途人員宜可藉此練習洋務。從算學入於泰西諸學，雖不必有身兼數器之能，而測算既明，不難按圖以索。國子監原設算學，比年各省學，臣亦知試算學可否。仰懇飭下各該學政於歲科報習算學之卷，寬予錄取。原卷咨送總理衙門，復堪作為算學生員。屆鄉試時，除頭場二場仍試四書五經文，其三場照翻譯鄉試例。策問五題，專試算學。再照官卷例，另編字號，於定數外酌中數名。會試亦如之。中

式後請予京職，遇有游歷員缺，即令出洋赴泰西各書院學習。學成差旋專
充洋務及出使等項差使，如此則進非他途，不為時論所輕。既非若空言洋
務者之或未周知復不至，如左袒泰西者之易滋流弊等語。臣等維造才取士
之法，貴與時為變通。溯查同治五六兩年，總理衙門奏為監生，准其鄉
試，皆充補翻譯官，均經奏奉諭旨允准，原冀誘掖獎勵，開以進身之途，
使之日起有功。至鄉會試場，取士向有成法，難於率議更張。故道光中，
兩廣督臣祁璜奏開奇才異能五科，內有製器通算一門。咸豐初年，御史王
茂廕亦曾言之。同治九年，閩浙督臣英桂等奏開算學科，先後部議，皆以
格於成例中止。特是九數居六藝之一，周禮以之興，賢能明算列六科之
中，唐制以之程選舉。我朝欽定數理精蘊儀象者，成諸書尤為萬世學算之
准繩。故定制於國子監額，設算學肄業生，滿蒙漢各干人，分年教授。是
天文、算學本學人所當童而習之者。竊以列聖，開物成務，睿謨深遠，旁
採西洋之巧算融於中法之精微，以制器而論，則御制天體、赤道諸儀即已
邁古鑠今，即下至行軍、火器之利，亦嘗俯採西法。康熙中，每過征討之
役，命欽天監官南懷仁、湯若望造口隨軍，此其明證，而使人或目算學為
西學，殆未之深察也。且即以西學而論，其人材半出於格致。書院以理法
擴其聰明，一半出於水師練船，以閱歷堅其膽識，而不特考校文字一日之
短長，以進退之三角、八線、幾何、代數誠為西學根本。然西學以測算
始，史未嘗以測算止。故近年南北洋船政各處設立製造營，駕武備水師學
堂，擇其藝成者入練船習學。又拔其优者，充補水師員，並以造就人材，
有裨實用。良以西藝亦非算學一端，可進而從事於天算者未可遂為止練習
洋務也。惟查製造各學未嘗不探源於算術，誠有如該御史所稱，名目雖
繁，權輿於此者於盡取西學之所長，殆必以算學為先導，但使選舉有法，
亦可資激勸而廣招徠。臣等就原奏所陳，公同商酌試士之例未容輕易變
更，而求才之格似可量為推廣。擬請旨飭下各省學臣於歲科試時，生監中
有報考算學者，除正場仍試以四書、經文、詩策外，其考試經古場內，另
出算學題目。果能通曉算法，即將原卷咨送總理各國事務衙門復勘註冊。
俟鄉試之年按冊自取，赴總理衙門試以格物、測算及機器製造、水陸軍
法、船口、水雷或公法條約、各國史事諸題，擇其明通者錄送順天鄉試，
不分滿、合、口、皿等字號。如人數在二十名以上，統於卷面加印算學字
樣，與通暢士子一同試以詩文、策問，無庸另出算學題目。其試卷由外簾
另為一束，封送內簾，比照大省官卷之例，每於二十名額外取中一名。但

文理清通，即為合式，如並無清通之卷，任缺勿濫，卷數雖多，亦不得過三名，以示限制。其錄科之卷，總理各國事務衙門於揭曉以前咨送禮部備查。至會試向無另編字號之例，凡有算學中式之舉人，應仍歸大號與各該省士子合試，憑文取中。如此則搜求絕藝之中，仍不改科舉取人之法，似亦獎勵人才之一道。至學堂練船中學已有成、已得官職或不願投考者，仍歸該管大臣核計，年勞保獎，與考試一途兩不相妨。此項人員若於會試中式後得用京職，恭候點派數員作為同文館纂修。俾專講習，嗣後或游歷外洋，或充出使等差，均可隨時奏派，因材器使。庶洋務非託空言而得力，與藝成而下者自有間矣。得旨，如所議行。①

光緒十三年議准，各省學臣於歲科試時，生監中有報考算學者，除正場仍試以四書、經文、詩策外，其考試經古場內，另出算學題目。果能通曉算法，即將原卷咨送總理各國事務衙門覆勘註冊。俟鄉試之年，按冊咨取，赴總理各國事務衙門，試以格物、測算及機器製造、水陸軍法、船礮、水雷或公法條約、各國史事諸題。擇其清通者，錄送順天鄉試。②

學志八 勳廕

國子監肄業廕生有三種：一是恩廕，是遇到皇帝加恩專門頒發恩詔允許一些職官廕子。如文職在京四品以上官，在外三品以上官，武職二品以上官，並送一子入監讀書，三年期滿聽候銓選。年齡達到十五歲以上，願意在家或隨職官在任職地讀書的子弟，要咨送禮部註冊。二是特廕，是指在京或京外大臣，為朝廷服務出力多年，特別得到皇帝偏愛和信任的，可以廕一子入監讀書，六個月期滿即可聽候銓選。三是難廕，是指因朝廷公事死亡的官員，要按在任時應升的品級加贈品級，並廕一子入監讀書，六個月期滿即可聽候銓選。

按照定例，三品以上官員的子孫為廕生，三品以下官員的子孫為廕監生。世襲爵位的王公等貴族與宗室、覺羅，及內務府佐領、包衣佐領的子孫，都能享受勳廕。凡廕生受到勳廕，必須以嫡長子孫承襲，嫡長子孫已

---

① 《東華續錄》，光緒十三年丁亥四月癸未，《續修四庫全書》，史部·編年類，一一〇。
② 《欽定大清會典事例》卷三三八，禮部/貢舉/錄送鄉試。

經出仕，或有變故，才會以嫡次子孫承襲；沒有嫡子才會輪到庶長子孫；嫡子庶子都沒有的，才會輪到弟弟及過繼來繼承香火的兄弟之子。凡子孫在恩詔後才出生，以及因犯法治罪者，均不得承襲勳廕。

順治元年（1644 年）即定各類廕生坐監期限，順治十八年（1661 年）又定八旗夠勳廕條件的子孫犯錯受責者不得承襲勳廕。康熙三年（1664年）定革職者停廕。此後康熙、雍正、乾隆、嘉慶四朝對廕生的選取、分類、考試、銓選等各項制度更加詳細完善。

道光十九年奏定，各項留部人員，總以期滿日期為斷。滿蒙廕生，分部學習，二年期滿，如才識出眾，該堂官據實奏。聞者留於本部，帶領引見後，知照吏部，以期滿日期註冊。遇應選缺出，與各項奏留人員，按期滿日期挨補，如同日期滿，各以原廕留官品級及題廕先後題補。[1]

道光二十三年議准，難廕正班，移歸雙月大選。[2]

同治十年定，河道總督廕生內以主事用，外以通判用。

光緒元年定，漢正一品官廕生，專以員外郎用。[3]

光緒元年定，漢軍、漢人文武官員，應得廕生，如在恭逢恩詔之前得有官職，無論較承廕之官，品級大小，或品級相同，仍照廕生擬旨帶領引見，將該員原有官職於排單及綠頭簽註明請旨。如照廕生錄用者，即照廕生辦理，如照原有之官用者，仍歸原班，准作為廕生出身，如在恩詔承廕以後，因中式科目榜下錄用及特旨賞給官職者，均照廕生辦理。其因勞績議敘，捐納得有官職，如所得之官，小於承廕品級，仍照廕生帶領引見，請旨錄用。如品級相同，或品級較大，即作為廕生出身，毋庸帶領引見。[4]

光緒元年奏定，宗室、滿、蒙、漢軍文武官員所得廕生，如在恭逢恩詔之前，已得有別項官職，無論所得之官較承廕品級大小相同與否，赴部驗到後，吏部仍照廕生擬旨，帶領引見。將該員原有官職，於排單綠頭牌及摺尾，一體註明請旨錄用。如照擬旨請旨錄用者，即照廕生辦理，如照原有官職錄用者，仍歸原班辦理。作為廕生出身，如在恩詔以後，除因中式科目榜下錄用及特旨賞給官職人員，亦照廕生辦理外，其餘有因勞績議敘捐

---

[1]　《欽定大清會典事例》卷三十六，吏部/滿洲銓選/廕生錄用。

[2]　《欽定大清會典事例》卷四十六，吏部/汉员銓選/廕生外用。

[3]　《欽定大清會典事例》卷七十四，吏部/除授/廕生錄用。

[4]　《欽定大清會典事例》卷七十四，吏部/除授/難廕生錄用。

納得有官職，如所得小於承廕品級，仍照廕生擬旨帶領引見，請旨錄用。如與承廕品級相同，或所得較大，即作為廕生出身，毋庸引見。

光緒元年奏定，滿蒙大員後裔，欽奉特旨交部旗帶領引見人員，如奉旨前已得有別項官職，及奉旨後因中式科目榜下錄用得有官職者，吏部及該旗仍帶領引見，並將該員原有之官，於排單綠頭牌及摺內詳細註明，請旨錄用。如在奉旨後因勞績議敘、捐納得有官職者，先將所得之官查銷，再行引見。①

光緒五年十一月，戈靖奏，我朝篤念懿親敦敘之典，遠過往代，列聖相承，有加無已。咸豐年間復開道府之例，近奉恩諭，軫念閒散宗室、覺羅人等，生計維艱，加賞二月錢糧。凡所以為宗室謀者，周且備矣。惟是椒衍瓞綿，日益繁盛，固系功德垂廕之靈長，而枝分派遠不免飢寒。實深祖宗在天之隱痛，誠以閒散宗室錢糧則限以歲時，仕進亦定為專缺，既不如覺羅、滿、蒙、漢道路甚寬，並不如士農工商得以自謀生理。是豈聖朝親睦之本志哉。格於成例，未有以變通之計，為國家策久遠。此臣目睹情形，難安緘默，請於當例之外，量為調劑，俾天潢支派均得仰霑實惠。一，宗室二兩錢糧宜請覆舊章也。向例宗室十歲即給二兩錢糧，所以養瞻之，並欲其及幼學之時，使得就傳讀書耳。自改為十五歲始補二兩，宗室子弟力讀書者甚少。此五年中經費所省有限，蒙養伊始，竟使不學將落，良可惜已。今請仍自十歲即補二兩錢糧以資教養。一，宗室、官學生宜請增入咸安宮、國子監也。查覺羅、滿、蒙、漢子弟各有官學，然後復挑補咸安宮、國子監。官學所以教育而造就之者，意至美，法至良。宗室子弟止有兩翼宗學同系宗族，未足以相觀摩。不出家塾，未足以廣聞見。竊謂有教無類，請於兩翼宗學外，照八旗章程增補咸安宮、國子監宗室官學生，以廣陶成。上諭御史戈靖奏宗支生計維艱仕途未廣請量為變通一摺，著宗人府會同該部議奏。②

光緒八年定，漢正二品官廕生，掣用京府通判，漢從三品官廕生，掣用京府經歷，均准其分發行走，按品級給予正俸。③

① 《欽定大清會典事例》卷三十六，吏部/滿洲銓選/廕生錄用。
② 《東華續錄》，光緒五年己卯十一月己丑，《續修四庫全書》，史部·編年類，三一四。
③ 《欽定大清會典事例》卷七十四，吏部/除授/廕生錄用。

光緒十年定，滿蒙一二品文武廕生引見時，除奉旨以文職及旗員用者，仍照定例辦理外，如以侍衛用者，即知照兵部侍衛處及該旗辦理。又定，內務府文武官員所得廕生，年至二十歲以上，咨部驗照后，帶領引見。如滿蒙一二三四品廕生，奉旨以文職用者，即分派各部、院學習行走。其奏留補用，均照八旗廕生之例。至內務府漢軍三四品廕生以文職用者，由吏部咨送內務府自行辦理，毋庸考試。其一二品廕生，照漢廕生之例考試。大員後裔交部旗引見。①

十二年定，漕運總督廕生，內用者專以各部主事簽掣行走補用。②

學志九　外藩入學

外藩入學國子監的，有琉球學，有俄羅斯學，都不常設。有時由該國國王奏請，奉旨允准，才令該國所派遣的陪臣子弟入學讀書。由國子監監臣遴選優秀的貢生充當教習，又派博士、助教等官員董理其事，學成後遣送歸國。

清代自康熙二十三年（1684 年），迄同治十二年（1873 年），共 190 年間，琉球國中山王先後九次派遣陪臣子弟來華入監學習，一般每次派四人，也間或有三人。現在見諸檔案文獻記載的，這九批來華琉球官生共三十四人。道光二十一年（1841 年），琉球國中山王尚育遣陪臣子弟四人來華入監學習。道光二十五年（1845 年）學習期滿，隨貢使一同回國。同治六年（1867 年），中山王尚泰遣陪臣子弟四人入監讀書。其中三人不幸在華病故，僅剩一人學習期滿於同治十二年（1873 年）照例隨貢使一同回國。③

清代前期，尚有俄羅斯學生入學，乾隆之後未見有俄羅斯學生入監學習的記載。雍正六年（1728 年），俄羅斯遣陪臣子弟入學肄業，設俄羅斯學館。乾隆六年（1741 年），俄羅斯遣陪臣子弟入學，國子監揀選滿、漢助教各一人執掌教學事宜。乾隆十五年奏准（1750 年），俄羅斯學滿、漢助教升遷更換，由監臣從八旗、六堂助教中揀選接替。

① 《欽定大清會典事例》卷三十六，吏部/滿洲銓選/廕生錄用。
② 《欽定大清會典事例》卷七十四，吏部/除授/廕生錄用。
③ 秦國經：《清代國子監的琉球官學》，《歷史档案》1993 年第 4 期。

道光二十一年，琉球國陪臣子弟阮宣詔、向克秀、鄭學楷、東國興入監，選取貢生教習，並派博士助教董率稽察如定制。

道光二十五年，琉球國王題請官生歸國，部議如所請，諭賞賜筵燕如定制。[①]

同治六年奏准，琉球國王尚泰，遣陪臣子弟四人，入監讀書。[②] 同治六年（1867 年）中山王尚泰所遣陪臣子弟為葛兆慶、林世忠、林世功、毛啟祥等四人。照例有跟伴蔡光地、衡向輝、茄行仁、雍廷基等一同來華，供官生役使。其中毛啟祥在入京途中，行至江陰縣於同治八年（1869 年）六月初八日因病去世，跟伴雍廷基亦因患病於是年六月十五日舟抵建德縣地方身故。此後，官生葛兆慶、林世忠也在學習期間不幸病故，僅官生林世功於同治十二年（1873 年）照例隨貢使一同回國。[③]

同治八年，琉球國陪臣子弟葛兆慶、林世忠、林世功入監，選取拔貢生教習，並派博士助教稽察如定制。

同治十一年奏准，琉球官生葛兆慶、林世忠病故。恩賞銀兩，照雍正二年成案辦理。

同治十二年琉球國王題請官生歸國，部議如所請，諭賞賜筵燕如定制。[④]

同治十二年奏准，琉球國入監官生葛兆慶等，期滿回國，賜緞疋，與嘉慶二十五年同。[⑤]

（修撰人：白雪松）

① 《欽定大清會典事例》卷一千一百二，國子監/官學規制/琉球官學。
② 《欽定大清會典事例》卷五一四，禮部/朝貢/官生肄業。
③ 秦國經：《清代國子監的琉球官學》，《歷史檔案》1993 年第 4 期。
④ 《欽定大清會典事例》卷一千一百二，國子監/官學規制/琉球官學。
⑤ 《欽定大清會典事例》卷五一四，禮部/朝貢/官生肄業。

卷　五

辟雍志

　　道光版《欽定國子監志》中《辟雍志》分為《辟雍圖說》《建置》《視學》《臨雍》四個部分。辟雍圖說主要是以綫圖勾勒國子監中院的建築分佈、建築樣貌、辟雍殿內外陳設器物，並給予文字說明。《建置》記述辟雍興建原委及國子監中院兩座御碑碑記。《視學》記述辟雍修建之前清代歷代皇帝來國子監講學情況、禮儀及相關事宜。《臨雍》記載辟雍建成後歷代皇帝臨雍講學情況、禮儀及詩文等。這些資料，前志記載詳細，可供參考，茲不贅述。

　　清代皇帝在辟雍建成之前到國子監彝倫堂行講學典禮稱視學。雍正二年（1724 年），將奏章儀註中"幸學"改為"詣學"，以示崇敬。① 由此視學也稱詣學。辟雍建成后於辟雍行講學典禮稱臨雍。一般來講，清代皇帝即位之初，都要到國子監視學或臨雍，以顯示統治者重視教化。辟雍建成之前，順治皇帝於順治九年（1652 年）視學，康熙於康熙八年（1669 年）視學，雍正於雍正二年（1724 年）視學，乾隆於乾隆三年（1738 年）視學，有的還曾多次詣學。乾隆四十九年（1784 年）辟雍建成，乾隆於乾隆五十年（1785 年）舉行了盛大的臨雍講學典禮。自此之後，嘉慶於嘉庆三年（1798 年）臨雍，道光於道光三年（1823 年）臨雍。這些前志均有記載。道光之後，僅咸豐皇帝於咸豐三年（1853 年）二月親臨辟雍講學一次，其他皇帝並未臨雍講學。光绪皇帝雖三次釋奠，

---

① 《欽定國子監志》卷二十三《辟雍志五》，北京古籍出版社 2000 年版，第356 頁。

但只曾到國子監，並未臨雍。

咸豐二年壬子四月，諭內閣：先師孔子德配天地，道冠古今，我朝列祖列宗暨我皇考宣宗成皇帝，親詣釋奠並臨雍講學，多士圜橋觀聽，洵盛典也。朕寅承丕緒，志切景行，謹於明年仲春上丁親詣文廟，行釋奠禮，並臨辟雍講學，用昭重道尊師稽古右文至意。其應行典禮事宜，著各該衙門先期敬謹預備。①

咸豐二年十二月，又諭明年二月舉行臨雍典禮，朕親詣文廟釋奠。著太常寺，即查照道光三年二月上丁釋奠禮節呈進。②

咸豐三年正月己巳諭內閣：朕於本年仲春上丁親詣先師孔子廟行禮，其臨雍釋奠之典，著於二月初八日舉行。所有應行事宜，著各該衙門敬謹預備。③

咸豐三年二月上丁，咸丰皇帝詣文廟行釋奠禮。禮成，御彝倫堂更袞衣，親臨辟雍講學。王公、衍聖公、大學士、九卿、詹事、起居註官入侍，至聖後裔、五經博士各氏後裔及學官、進士、舉人、陰生、貢監生等圜橋肅立。上賜講官坐。大學士裕誠、祁口藻進講《四書》"致中和，天地位焉，萬物育焉。"講畢，上宣御諭曰："聖人之學，基於戒懼慎獨之一心，推而致之，遂及於廣大而不可限量。所為推而致之者，非有所為而為也。聖人之心，與天地萬物為一體。所謂中者，即天地自然之理也；所謂和者，即萬物自然之氣也。天地之理，本無偏倚，萬物之氣，本無乖戾，特吾戒懼慎獨之功，或有未至，則天地萬物，亦不能無缺憾之處。蓋吾之心未極其正，則至靜之中，未能偏倚胥無，而中之體或不立；吾之心未極其精，則應物之處未能差謬悉泯，而和之用或不行，惟聖人知其然也。自其存養省察之功，推而至於德盛化神之妙，故中則極其中，和則極其和。中之至，則天命之性，皆渾涵於吾心，而天地自安其所矣；和之至，則率性之道，皆闡發於吾心，而萬物自遂其生矣。易曰'財成天地之道，輔相天地之宜'，又曰'範圍天地而不過，曲成萬物而不遺'，非致中和之聖人，孰能功效如此其盛乎！"國子監祭酒訥爾濟、龍元僖進講《書經》"惟天無親，克敬惟親，民罔常懷，懷於有仁。"講畢，上宣御諭

① （清）賈楨：《清文宗顯皇帝實錄》卷五十九。
② （清）賈楨：《清文宗顯皇帝實錄》卷八十。
③ （清）賈楨：《清文宗顯皇帝實錄》卷八十三。

曰："《書》曰天難諶，惟克敬克仁者，天之所與，即民之所歸也，然豈易言哉。創業之君，憂勤惕勵，所以承天眷孚民情者，固非易易。然較之守成之君之動循法則，罔敢怠荒，彼不易，此難也。試論之，夫萬事草創，定鴻規，基大業，受命而興，仁敷胞與，救民於水火之中，以治繼亂。其時其勢不易也，非難也。若夫以祖宗之心為心，以祖宗之政為政，夙興夜寐，惠鮮鰥寡，雖中主亦知，然甚難矣。蓋蒙業而安者，其心易肆，其志易驕，苟非乾惕為意，視民如傷，知創業之不易，時加警覺，則有違天心，民心自渙，民心日離，天將奪之。由是觀之，難也，非不易也。至若極敬之功，推仁之量，載之編籍，論之詳矣，茲無復贅。因申伊尹告太甲之旨，又發明創業守成之難不易，仰止高皇作說之深意，告我後人，且自警焉。"時王公百官及聽講之進士、舉人、陰生、貢監生等，跪聆聖訓畢。王以下各官，行三跪九叩禮。祭酒、司業率學士諸生謝恩禮成。恩賚進講大學士、祭酒并衍聖公、聖裔後裔，國子監官、觀禮進士、舉人、陰生、貢監生等有差，廣太學乙卯科鄉試中額十五名。[1]

禮成後，臨辟雍，行講學禮，與道光三年同。各氏後裔陪祀者三十六人，均送監讀書。觀禮者九十三人，議敘及准作貢監生如例。頒發刊刻御論二篇。

又奉旨，是日如遇雨，著照乾隆五十年加賞例加賞。[2]

又諭，朕此次釋奠禮成，臨雍講學，諸生觀禮，圜集橋門，允宜廣錫恩施，以昭盛典。著於咸豐五年乙卯科，順天鄉試皿字號卷內廣額十五名，用示嘉惠膠庠鼓勵人材之至意。[3]

又諭內閣，原任協辦大學士、晉贈太師、大學士杜受田，於道光十六年蒙皇考簡用上書房師傅，與朕朝夕講貫，發明唐虞三代心傳。十餘年間，敦誨不倦。朕親承啟迪，獲益良多。即位後，諮訪古今政治利弊，暨民生疾苦，無不盡心匡弼，獻納嘉謀。儻能久在左右，於時事艱虞尚冀多所補救。本日臨雍講學，追思曩日討論之功，宜沛恩施以昭篤眷。杜受田之父杜堮，前已賞加禮部尚書銜，著再加恩，賞食全俸。杜受田靈柩，尚

---

① （清）賈楨：《清文宗顯皇帝實錄》，清文宗顯皇帝實錄卷之八十四。

② 乾隆五十年因臨雍日遇雨，命賜各官紀錄一次，賜聖賢後裔五絲緞一百二十二卷，觀禮諸生綢三千八十八疋。

③ 《欽定大清會典事例》卷三〇九，禮部/視學/臨雍。

未歸里，著派惇郡王奕誴前往賜祭一次，用示朕崇儒重道之至意。①

咸豐三年，敕諭國子監祭酒司業等官：朕惟古者建國，教學為先，剏成均為首善之地。四方於是觀型，尊賢育才，誕敷文德，致治之原，實基於此。我朝重道崇儒，超越前代，列聖涵濡樂育，化洽寰區。皇考臨御天下三十年，無日不以闡明聖教培養人才為首務。朕纘承大統，茂典紹修，爰於咸豐三年二月上丁，親詣先師孔子廟行禮。越六日癸未，臨雍釋奠講學，圜橋觀聽，濟濟羜羜，朕甚嘉焉。夫教術隆則士習端，士習端則風俗懋。正誼明道，坊表群倫，爾監臣所以奉職也；進德修業，砥礪廉隅，爾多士所以植品也。陶淑漸摩，交修勿替，先之以入孝出弟，敦之以言物行恒，毋騖浮華，毋矜聲譽，鼓舞而振興之，是誠董勸者之責矣。欽哉。②

宣統元年閏二月禮部奏禮學開館，酌擬凡例十九條，開單進呈：

原書內執事官屬，自光緒三十二年釐定官制，所有業經裁撤歸併各衙門，自當改書現在官名。而於其下附註原作某官，以備稽考。其吉禮臨雍釋奠之陪祭官，嘉禮臨雍講書之進講官，舊為祭酒司業。今當臨時請旨改派，暫以陪祭官、進講官稱之，仍附註原作祭酒司業於其下。③

臨雍儀註

凡臨雍，釋奠於先師，禮成，引禮官引兩翼王公，均由戟門右門出，至廟門外，分翼東上南北面序立。引百官均由持敬門出，豫詣辟雍殿南階下，分東西班序立，候駕。是日，豫設書案一於殿內御座前正中，分設進講經書案於兩旁。俟皇帝升座，引各官行二跪六叩禮畢，退復殿南原班立。分引進講官滿漢大學士二人、滿漢祭酒二人升階，由殿左右門入，賜座，各就位一叩坐。贊進講，大學士祭酒以次進講。皇帝降御論，各官暨太學諸生環立於殿前聽講。講畢，進講官退立於橋南，贊行三跪九叩禮畢。禮部尚書奉制出，授宣制官，宣制官跪受。鳴贊序班引諸生各就拜位，贊有制，眾皆跪。宣制官宣制訖，贊行三跪九叩禮畢，豫引祭酒以下官及諸生，趨至太學外西旁，南嚮排跪送駕。王公從，百官以次退。次日，賜講官及執事諸臣燕於禮部，由寺委官引各官詣香案前贊行三跪九叩

---

① （清）賈楨：《清文宗顯皇帝實錄》卷八十四。

② 《欽定大清會典事例》卷一〇九九，國子監/六堂課士規制。

③ （民國）歐家廉：《清宣統政紀》卷九。

禮。燕畢，引詣香案謝恩，行一跪三叩禮，各退。①

　　臨雍筵燕

　　凡恭遇臨雍筵燕之禮，是日於露臺上望闕設香案，佈席於堂。精膳司官，朝服視設。衍聖公，大學士，內閣學士，翰林院，詹事府，禮部，都察院，國子監，光祿寺，鴻臚寺，暨執事各官，十三氏子孫咸與燕。三品以上專席，四品以下共席，均按品為序。至時，各官朝服畢會，鴻臚寺序班，引各官詣香案前聽贊，行三跪九叩禮畢，就席坐。茶至一叩，酒至一叩，飲畢一叩。茶一行，酒三行，興序班引詣香案謝恩，行一跪三叩禮，各退。②

　　咸豐三年，文宗顯皇帝臨雍講學，禮成，在部設燕，上席三十，中席三十，下席三十，茶十桶。③

附一：《欽定國子監志》乾隆五十年臨雍儀註

臨雍儀註乾隆五十年奏定

　　凡恭遇臨雍，是日早，工部設更衣御幄於大成殿階下之東，南嚮。樂部和聲署設中和韶樂於辟雍殿階下，設丹陛大樂於太學門內，設丹陛清樂於大樂東。武備院設寶座鋪陳。鴻臚寺設經書案一於寶座前，又設講案二於寶座下稍南，東西嚮。祭酒恭捧御覽講章陳於案上，書左經右。捧進講副本，陳書於左案，陳經於右案。進講滿、漢大學士二人在左案，西面；滿、漢祭酒二人在右案，東面。左翼王公四人、衍聖公、內閣大學士、吏部、戶部、禮部、通政使司、詹事府堂官，滿、漢各一人，在進講大學士後，西面；右翼王公四人、兵部、刑部、工部、都察院大理寺堂官，滿、漢各一人，在進講祭酒后，東面。起居註官四人，在西南隅，亦東面。侍儀給事中、御史各二人，在東西檐柱內。聽講各官在橋南甬道東西，六堂師生各序立堂階下。鴻臚寺鳴贊二人立東西檐柱外，鳴贊二人立階下。又，鴻臚寺官四人，分立辟雍橋南左右；鴻臚寺官四人，分立太學門外左右，皆東西面。屆時，太常寺卿奏請皇帝御禮服，乘輿出宮。午門鳴鐘鼓，王以下文武各官於東華門外，分翼排立，候駕過跪送。法駕鹵簿前

---

①　《欽定大清會典事例》卷一〇九四，鴻臚寺／朝會贊儀／臨雍。

②　《欽定大清會典事例》卷五一八，禮部／燕禮／臨雍筵燕。

③　《欽定大清會典事例》卷五一八，禮部／燕禮／臨雍筵燕。

導，駕出東華門，至成賢街。國子監祭酒、司業率所屬官，俱朝服，諸生俱公服，於街左跪迎。陪祀王公大臣百官俱朝服，先至大成門外祗候，隨駕入。皇帝至更衣幄次降輿。贊引官、對引官恭導，候皇帝祭先師禮畢，御彝倫堂，更袞服，各官咸更蟒袍、補服。王公、大學士以下各官，衍聖公率五經博士、各氏後裔，祭酒、司業率所屬官及肄業諸生、各學教習、進士、舉人、貢生、監生、官學生，均先至辟雍南，分東西班序立。起居註官、侍儀給事中、御史各按位立。屆時，禮部堂官奏請皇帝御辟雍，行講學禮。太學鳴鐘鼓，禮部堂官恭導，前引後扈如儀。皇帝御辟雍殿，升寶座，中和韶樂作，奏盛平之章。對引禮部堂官前引大臣趨至前廊下立，侍衛於階下，東西翼立。樂止，鳴贊官贊：“齊班！”丹陛大樂作，奏慶平之章。鴻臚寺官分引王公、衍聖公、大學士以下各官，分東、西班序立。肄業諸生各隨班末，聽鳴贊官贊行二跪六叩禮畢，退復原位立。樂止，鴻臚寺堂官二員分引進講官四人，由南橋升階；鴻臚寺官二員分引王公、衍聖公、大學士、九卿詹事，由東、西橋升階，俱入左右門，各就位立。鴻臚寺堂官退就東、西檐下立。皇帝賜講官坐，講官就位，一叩坐。王公、大臣咸按班立。鳴贊官贊：“進講！”滿、漢大學士以次進講《四書》，皇帝闡發《書》義，王公、衍聖公、大學士以下及諸生跪聆畢，興。滿、漢祭酒以次講《經》，皇帝闡發《經》義，各官及諸生跪聆，亦如之。畢，王公及各官、諸生俱興。進講官退就橋南，偕王公、衍聖公、大學士以下各就拜位，北面立。丹陛大樂作。鳴贊官贊：“跪！叩！興！”行三跪九叩禮，以次退。樂止，滿、漢進講大學士、祭酒及王公、衍聖公、大學士等，仍由左右門入就位立。國子監司業以下各官、師生俱先至成賢街序立祗候。御前進茶，丹陛清樂作。皇帝賜進講各官及王公、衍聖公、大學士、九卿詹事茶，俱行一跪一叩禮，坐。賜茶畢，樂止。鴻臚寺堂官引王公、大學士以下各官自左右門出，至橋南東西序立。禮部堂官奏：“禮成。”中和韶樂作，奏道平之章。皇帝起座，乘輿出太學門，樂止。祭酒、司業率所屬官暨進士、舉人、諸生跪送。候駕過，興，各官咸退。次日，衍聖公率五經博士、各氏後裔，國子監祭酒率所屬官，恭進謝恩表文。都察院派監禮御史二員，工部官備黃長案、黃緞桌套，鴻臚寺官設黃案於午門外正中。是日黎明，衍聖公、國子監祭酒各親捧表文，鴻臚寺官引進長安左門，至午門外黃案前，跪置表於黃案上，行三跪九叩禮，復班聽贊。衍聖公率五經博士、各氏後裔，國子監祭酒率所屬官及進士、

舉人、諸生行三跪九叩禮畢，禮部官收表文送內閣收貯。是日，賜衍聖
公、祭酒、司業、五經博士、各氏後裔及禮部、太常寺、光祿寺、鴻臚寺
各執事官宴於禮部。

附二：元明清皇帝於北京國子監視學和臨雍一覽表①

朝代	皇帝	次數	時間	內容	講學題目
元	至正	1	至正八年（1348年）夏四月		無
明	正統	2	正統五年（1440年）（明英宗朱祁鎮）	帝幸國子監，如儀。（《五禮通考》）	無
			正統九年（1444年）春三月（明英宗朱祁鎮）	新建太學成釋奠、講學	命祭酒李時勉講《益稷》"帝庸作歌"與"皋陶賡歌"一章；司業趙琬講《易·文言》，上諭制曰："宣聖之道，萬世所宗。在爾師生，理當修進，臻於至極，尚其勉之!"
	景泰	1	景泰二年（1451年）春二月（明代宗朱祁鈺）	釋奠、講學	命祭酒蕭鎡講《皋陶謨》"天聰明"章；司業趙琬講《泰卦·象辭》
	成化	1	成化元年（1465年）（明憲宗朱見深）	設御幄於大成門之東上，南向。設御座於彝倫堂正中。（《明會典》）	命祭酒、司業講經
	弘治	1	弘治元年（1488年）春三月（明孝宗朱祐樘）	釋奠、講學	命祭酒費闓坐講《說命》"惟天聰明"節；司業劉震講《乾卦》"大人與天地合德"一節，上宣諭師生曰："六經載聖人之道，講明體行務，臻實效爾，師生其勉之!"

---

① 元、明、清前期視學，皇帝並無御論，只命祭酒、司業講學，乾隆視學始發御論。明初永樂四年三月，有祭酒、司業講學，但應在南京國子監。

续表

朝代	皇帝	次數	時間	内容	講學題目
明	正德	1	正德元年（1506 年）春三月（明武宗朱厚照）	視學、釋奠	無
	嘉靖	2	嘉靖元年（1522 年）春三月（明世宗朱厚熜）	釋奠、講學	命祭酒趙永講《禹謨》"允若兹"章；司業吳惠講《干卦》"時乘六龍"節
			嘉靖十二年（1533 年）春三月（明世宗朱厚熜）	釋奠、講學	命祭酒林文俊講《益稷》篇"元首明哉"節；司業馬汝驥講《頤卦·彖辭》，上宣諭師生曰："治平之道，備在六經爾，諸子宜講求力行以資治化！"
	隆慶	1	隆慶元年（1567 年）秋八月（明穆宗朱載垕）	釋奠、講學	命禮部侍郎録監事趙貞吉講《禹謨·後克艱》；司業萬浩講《乾卦·大象》
	天啟	1	天啟五年（1625 年）春三月（明熹宗朱由校）	視學、釋奠	無
	崇禎	1	崇禎十四年秋八月十八	釋奠、視學	命祭酒南居仁坐講《皋陶謨》，司業羅大任講《易·咸卦》（講學《三朝野史》，釋奠《鴻一亭筆記》）
清	順治	1	順治九年（1652 年）秋九月	釋奠、講學	命祭酒固爾嘉渾、李奭棠進講《四書》，司業傅達禮、馮杰進講《尚書》
	康熙	1	康熙八年（1669 年）夏四月	釋奠、講學	命祭酒賈禄、宋德宜進講《中庸》；司業博濟。陳廷敬進講《尚書》
	雍正	1	雍正二年春（1724 年）三月	釋奠、講學	命祭酒塞楞額、王傳進講《大學》；司業博禮、彭維新進講《尚書》

续表

朝代	皇帝	次數	時間	内容	講學題目
清	乾隆	3	乾隆三年（1738年）春三月	釋奠、視學	命祭酒國連、李鳳翥進講《中庸》第一章，司業塞爾登、署司業贊善、李文銳進講《尚書·堯典》
			乾隆五十年（1785年）春二月	辟雍建成，臨雍講學，釋奠，講學	正月辟雍工成，親臨閲視，詣先師廟，行上香禮。大學士伍彌泰、蔡新坐講《大學》"爲人君，止於仁，爲人臣，止於敬，爲人子，止於孝，爲人父，止於慈，與國人交，止於信"；祭酒覺羅吉善、鄒奕孝進講《周易》"天行健，君子以自強不息"，講畢，皇上各發御論
			乾隆六十年（1795年）春二月	十三經刻石完工，親臨閲視，釋奠先師	無
	嘉慶	1	嘉慶三年（1798年）春二月	奉太上皇乾隆敕旨，釋奠，臨雍講學	命大學士蘇凌阿、管學大臣劉墉進講《四書》；祭酒法式善、胡長齡進講《周易》。講畢，仁宗宣講御論"大學之道，在明明德，在親民，在止於至善"；"君子以教思無窮，容保民無疆"
	道光	1	道光三年（1823年）春二月	釋奠、臨雍講學	命大學士曹振鏞、長齡進講《四書》；祭酒宗室鐵麟、彭邦疇進講《虞書》。講畢，皇上御論"欲修其身者，先正其心；欲正其心者，先誠其意"；"惟精惟一，允執厥中。"

朝代	皇帝	次數	時間	内容	講學題目
清	咸豐	1	咸豐三年（1853 年）春二月	臨雍講學，釋奠先師	大學士裕誠、祁寯藻進講《四書》"致中和，天地位焉，萬物育焉"。講畢，上宣御論。國子監祭酒訥爾濟、龍元僖進講書經"惟天無親，克敬惟親。民罔常懷，懷於有仁"。講畢，上宣御論

（修撰人：白雪松）

禮　志

"國學專祀孔子，自唐貞觀以來為定制矣。元都燕京，建廟城東北隅，明永樂因之，而體制未壯。聖朝（清）禮敬尊崇，改額大成殿門，易廟以黃瓦，欽定祀位位次，增十二哲及兩廡從祀先賢、先儒，亘萬古為昭矣。"①

"祀學志禮，約有六焉。自臨雍、親祀外，釋奠之禮，官師蒞之。釋菜，則儀節較簡。釋褐，則間歲舉行。至有舉必告，凜乎！陟降在庭，耆定爾功；允矣！受成於學，粵稽往牒。洵亙古獨隆。與若夫豆登簠簋之頒，粢盛牲牢之備，彬彬焉；秩秩焉。入廟庭者，宜何如低徊也。謹輯釋奠、親祀、遣官事例、釋菜、釋褐、告祭、獻功、祭品祭器圖說十卷，為禮志。"②

禮志，是輯親詣釋奠、遣官釋奠、遣官事例、釋奠、釋菜、釋褐、告祭、獻功、祭品祭器圖說多卷彙集而成。相關內容分述如下：

禮志一　親詣釋奠

所謂親詣釋奠，是指皇帝親自參加祭祀孔子的典禮，以示對至聖先師孔子的尊敬和優渥，以及對於孔子所創立的儒家思想的褒獎和推崇。在傳

---

① （清）文慶、李宗昉纂修，郭亞南等點校：《欽定國子監志・廟志》（上冊），北京古籍出版社 2000 年版，第 35 頁。

② 同上書，第 381 頁。

統的君主制社會，皇帝是一國之君，號稱九五之尊，皇帝親自到孔廟行禮祭祀孔子，是對孔子及其家族無上的殊榮。而且，通過皇帝的率先垂范，尊孔重儒成為中華文明的傳統美德，尊師重教之風靡及天下。

道光十三年（1833 年）後，有以下皇帝曾於北京孔廟親詣釋奠先師孔子：

咸豐二年四月甲午，諭內閣：先師孔子德配天地，道冠古今。我朝列祖列宗暨我皇考宣宗成皇帝親詣釋奠並臨雍講學。多士環橋觀聽，洵盛典也。朕寅承丕緒，志切景行，謹於明年仲春上丁親詣文廟行釋奠禮並臨辟雍講學，用昭重道尊師、稽古右文至意。其應行典禮事宜，著各該衙門先期敬謹預備。

……（十二月）丁亥，又諭：明年二月舉行臨雍典禮，朕親詣文廟釋奠，著太常寺即查照道光三年二月上丁釋奠禮節呈進。

……咸豐三年正月己巳，諭內閣：朕於本年仲春上丁親詣先師孔子廟行禮。其臨雍釋奠之典著於二月初八日舉行。所有應行事宜，著各該衙門敬謹預備。

（咸豐三年二月）丁丑，祭先師孔子。上親詣行釋奠禮。

……咸豐三年二月，詣文廟，行釋奠禮成，御彝倫堂更衣，親臨辟雍講學。①

咸豐三年，文宗顯皇帝親詣釋奠，禮成後，臨辟雍，行講學禮，與道光三年同，各氏後裔陪祀者三十六人，均送監讀書，觀禮者九十三人，議敘及准作貢監生如例，頒發刊刻御論二篇。

又奉旨，是日如遇雨，著照乾隆五十年加賞例加賞。

又諭，朕此次釋奠禮成，臨雍講學，諸生觀禮，圜集橋門，允宜廣錫恩施，以昭盛典，著於咸豐五年乙卯科，順天鄉試皿字號卷內廣額十五名，用示嘉惠膠庠鼓勵人材之至意。②

咸豐皇帝於咸豐十一年（1861 年）在承德避暑山莊駕崩，同治皇帝隨之即位，年僅六歲。由於皇帝年幼，由慈禧太后垂簾聽政。同治在位期間（1862—1874 年），只是遣官赴孔廟釋奠孔子，並未舉行親詣釋奠。

---

① 《清文宗顯皇帝實錄》卷五十九。
② 《欽定大清會典事例》卷三〇九，禮部/視學/臨雍。

光緒二十年八月丁未，祭先師孔子，上親詣行禮。①

光緒三十三年二月，上以祭先師孔子，自是日齋戒三日。②

光緒三十三年二月丁卯，祭先師孔子，上親詣行禮。③

光緒三十三年八月，以祭先師孔子，自是日始齋戒三日。④ 八月丁卯，祭先師孔子，上親詣行禮。⑤

光緒皇帝於光緒三十四年（1908 年）十一月十四日駕崩，宣統皇帝隨之繼位，年僅三歲。由於皇帝年幼，在宣統年間（1909—1912 年），皆是遣官赴孔廟釋奠孔子，並未親詣釋奠。

清代親詣釋奠儀式自乾隆以後沒有大的變化，因此附錄如下：

親祀儀註：【乾隆三年增定】

先期一日，樂部設中和韶樂於大成殿外階下，分左右懸。至日五鼓，鑾儀衛設法駕鹵簿於午門外。日出前六刻，太常寺卿詣乾清門告時。皇帝御祭服，乘禮輿出宮，前引後扈，如常儀。駕發警蹕，午門鳴鐘鼓，法駕鹵簿前導。不陪祀王公、百官咸朝服跪送。導迎鼓吹，設而不作。皇帝至廟門外降輿，贊引太常寺卿二人恭導，由中門入，至更衣大次少憩。太常寺卿奏請行禮，皇帝出大次，盥洗。贊引官恭導皇帝入大成門中，由中階升，入殿中門，至拜位前，北向立。太常寺贊禮郎引分獻官至階下，夾甬道立。鴻臚寺官引陪祀王公在殿外階上，百官在階下，左右序立，均北面。典儀官贊："樂舞生登歌，執事官各共乃職。"【以下自迎神至送神，皆典儀官唱贊】文舞六佾進。贊引官奏："就位。"皇帝就拜位立，乃迎神。司香官奉香盤進。司樂官贊："舉迎神樂，奏昭平之章。"【凡舉樂，皆司樂官唱贊】贊引官奏："就上香位。"

恭導皇帝詣先師香案前立。司香官跪進香，贊引官奏："上香。"皇帝立上炷香、次、三上瓣香。奏："復位。"奏："跪、拜、興。"【以下行禮皆有奏】皇帝行二跪六拜禮，王公、百官均隨行禮。奠帛，行初獻禮。司帛官奉篚（註：古代盛物竹器），司爵官奉爵進。奏宣平之章，舞羽籥之舞，司帛官詣先師位前跪獻，三叩。司爵官詣先師位前立獻，奠正中。皆退。分獻官各詣四配、十二哲、兩廡先賢先儒位前上香，奠獻如儀。司祝至祝案前跪，三叩，奉祝版，跪案左，樂暫止。皇帝跪，群臣皆跪。司祝讀祝畢，詣先師位前，跪安於筐內，三叩退。樂作，皇帝率群臣行三拜禮，興。行亞獻禮，奏秩平之章，舞羽籥之舞。【舞同初獻】司爵官詣先師位前獻爵，奠於左，儀如初獻。行終獻禮，奏敘平之章，舞羽籥之舞【舞同亞獻】司爵官詣先師位前獻爵，奠於右，儀如亞獻。分獻官以次畢獻，均如初。樂止，文德之舞退。乃撤饌，奏懿平之章。

撤饌畢，送神，奏德平之章，皇帝率群臣行二跪六拜禮。有司奉祝、次帛、次饌、次香、恭送燎所。皇帝轉立拜位旁，西向，侯祝帛過，復位。樂作，祝帛燎半，奏："禮成。"恭導皇帝由大成門出。皇帝至更衣大次內，樂止。至廟門外，升輿。

【謹案：雍正四年所定儀註，無上香禮，爵止一獻，餘同今儀】

各衙門承辦親祀事宜：

凡恭遇皇帝釋奠先師廟，工部於祀前一日，自先師廟門內至大成殿門外，鋪設棕毯。又恭設大次於大成門內東。其大成殿四配、十二哲分獻官，崇聖祠承祭官，由太常寺前期奏派。

大成殿司香、司帛、司爵，俱用太常寺官。

崇聖祠分獻官、司香、帛、爵官，大成殿兩廡分獻官，司香。帛、爵生，由國子監自行揀派，移會太常寺。餘與遣官釋奠同。

國子監承辦親祀事宜：

先期移文太常寺，查取親祀典禮。工部恭設大次，並取鋪設棕毯工役。於集賢門外柵欄門以內平墊黃土。鑾儀衛領應差廟戶等紅駕衣二十件、帽二十頂、帶二十條、翎二十根。餘行事宜，並與丁祭同。[1]

跪奠帛爵，親行三獻，光緒二十年八月丁祭，親臨釋奠，業已遵行，今請著為令。

飲福受胙，光緒二十年親祭始行此禮，請著為令。惟查二十年禮節，

---

① （清）文慶、李宗昉纂修，郭亞南等點校：《欽定國子監志·廟志》（上冊），北京古籍出版社 2000 年版，第 394—397 頁。

謝福胙行二跪六拜禮，今擬謝福胙行三跪九拜禮，又查《會典》大祀贊禮郎贊"賜福胙"，中祀贊"答福胙"，今擬贊"賜福胙"；舊制遣官飲福受胙，今擬如親王恭代，不飲福受胙。①

　　光緒三十四年（1908年），御史蔡金台奏、攝政體制。酌擬綱要。……

　　一、飲福受胙。擬請照皇上親行禮節。祭畢將福酒胙肉恭進。以合於祠還致福之義。其受福受胙。應酌改於所擬行禮拜位處……②

附：元明清皇帝親詣釋奠視學一覽表

朝代	皇帝	次數	時間	內容
元	至正	1	至正八年（1348年）夏四月	視學
明	正統		正統五年	帝幸國子監，如儀。（《五禮通考》）
明	正統	1	正統九年（1444年）春三月（明英宗朱祁鎮）	新建太學成、釋奠、講學
	景泰	1	景泰二年（1451年）春二月（明代宗朱祁鈺）	釋奠、講學
	成化	1	成化元年	設御幄於大成門之東上，南向。設御座於彝倫堂正中。（《明會典》）
	成化	1	成化三年（1467年）春三月（明憲宗朱見深）	釋奠

①　《大清新法令第十二類·典禮·祀典》，《禮部議覆孔子升為大祀典禮摺》。
②　《大清宣統政紀》卷三。

朝代	皇帝	次數	時間	内容
明	弘治	1	弘治元年（1488 年） 春三月 （明孝宗朱祐樘）	釋奠、講學
	正德	1	正德元年（1506 年） 春三月 （明武宗朱厚照）	釋奠
	嘉靖	2	嘉靖元年（1522 年） 春三月 （明世宗朱厚熜）	釋奠、講學
			嘉靖十二年（1533 年） 春三月 （明世宗朱厚熜）	釋奠、講學
	隆慶	1	隆慶元年（1567 年） 秋八月 （明穆宗朱載垕）	釋奠、講學
	萬曆	1	萬曆四年（1576 年） 秋八月 （明神宗朱翊鈞）	釋奠
	天啟	1	天啟五年（1625 年） 春三月 （明熹宗朱由校）	釋奠
	崇禎	2	崇禎二年（1629 年） 春正月 （明思宗朱由檢）	釋奠
			崇禎十四年 秋八月十八	釋奠、視學

续表

朝代	皇帝	次數	時間	内容
清	順治	2	順治九年（1652年） 秋九月	釋奠、講學
			順治十七年春（1660年） 春正月	修葺先師廟 工成，釋奠
	康熙	1	康熙八年（1669年） 夏四月	釋奠、講學
	雍正	6	雍正二年春（1724年） 三月	釋奠、講學
			雍正二年（1724年） 六月	曲阜聖廟火災， 皇帝親詣國子監， 告祭先師孔子， 素服，不設鹵簿， 不鳴鐘，不奏樂
			雍正四年（1726年） 秋八月	釋奠
			雍正六年（1728年） 春二月	釋奠
			雍正七年（1729年） 冬十二月	曲阜文廟大成殿上 樑前二日祥雲現於 曲阜，親詣國子監 告祭先師孔子
			雍正十一年（1733年） 春二月	釋奠

朝代	皇帝	次數	時間	内容
清	乾隆	10	乾隆三年（1738 年）春二月	孔廟換蓋黄瓦工成、釋奠
			乾隆三年（1738 年）春三月	釋奠
			乾隆五年（1740 年）秋八月	釋奠
			乾隆九年（1744 年）春二月	釋奠
			乾隆十八年（1753 年）秋八月	釋奠
			乾隆二十一年（1756 年）春二月	釋奠
			乾隆三十四年（1769 年）春二月	大修先師廟工成、釋奠
			乾隆四十八年（1783 年）春二月	釋奠
			乾隆五十年（1785 年）春正月	辟雍工成，親臨閲視，詣先師廟，行上香禮
			乾隆五十年（1785 年）春二月	辟雍建成，臨雍講學，釋奠，講學
			乾隆五十五年（1790 年）春二月	釋奠
			乾隆六十年（1795 年）春二月	十三經刻石完工，親臨閲視，釋奠先師

朝代	皇帝	次數	時間	内容
清	嘉慶	6	嘉慶元年（1796 年）春二月	釋奠
			嘉慶三年（1798 年）春二月	奉太上皇乾隆敕旨，釋奠，臨雍講學
			嘉慶七年（1802 年）春二月	釋奠
			嘉慶十六年（1811 年）春	釋奠
			嘉慶二十二年（1817 年）春	釋奠
			嘉慶二十五年（1820 年）春	釋奠
	道光	2	道光三年（1823 年）春二月	釋奠、臨雍講學
			道光十年（1830 年）春	以平定回疆故，釋奠
	咸豐	1	咸豐三年（1853 年）春二月	臨雍講學，釋奠先師
	光緒	3	光緒二十年（1894 年）八月 光緒三十三年（1907 年）二月 光緒三十三年（1907 年）八月	釋奠

禮志二　遣官釋奠

所謂遣官釋奠儀，顧名思義，不是皇帝本人親自參加祭孔釋奠，而是改派大臣代为祭孔釋奠，以表達自己對先師孔子的敬重以及對儒家文化的推崇。

謹將續修國子監志所整理資料中道光十三年（1833 年）後京師孔廟遣官釋奠情況整理如下：

（一）道光朝

1. 道光十三年癸巳二月丁未（六日），祭先師孔子，遣慶郡王綿愍行禮。

2. 道光十三年癸巳八月丁未（九日），祭先師孔子，遣大學士潘世恩行禮。

3. 道光十四年甲午二月丁酉，祭先師孔子，遣大學士潘世恩行禮。

4. 道光十四年甲午八月丁酉，祭先師孔子，遣大學士潘世恩行禮。

5. 道光十五年乙未二月（八日）丁酉，祭先師孔子，遣大學士潘世恩行禮。

6. 道光十五年乙未八月丁巳朔，祭先師孔子，遣大學士文孚行禮。

7. 道光十六年丙申二月，祭先師孔子，遣大學士阮元行禮。

8. 道光十六年丙申八月丁巳，祭先師孔子，遣大學士穆彰阿行禮。

9. 道光十七年丁酉二月丁巳，祭先師孔子，遣大學士阮元行禮。

10. 道光十七年丁酉八月丁未，祭先師孔子，遣大學士阮元行禮。

11. 道光十八年戊戌二月丁未，祭先師孔子，遣大學士穆彰阿行禮。

12. 道光十八年戊戌八月，祭先師孔子，遣大學士王鼎行禮。

13. 道光十九年己亥二月丁卯朔，祭先師孔子，遣大學士潘世恩行禮。

14. 道光十九年己亥八月丁卯，祭先師孔子，遣協辦大學士吏部尚書湯金釗行禮。

15. 道光二十年庚子二月丁卯，祭先師孔子，遣協辦大學士吏部尚書湯金釗行禮。

16. 道光二十年庚子八月，祭先師孔子，遣協辦大學士吏部尚書湯金剑行禮。

17. 道光二十一年辛丑二月丁巳，祭先師孔子，遣大學士穆彰阿行禮。

18. 道光二十一年辛丑八月丁亥，祭先師孔子，遣大學士潘世恩行禮。

19. 道光二十二年二月丁亥，祭先師孔子，遣協辦大學士吏部尚書卓秉恬行禮。

20. 道光二十二年八月丁丑，祭先師孔子，遣協辦大學士吏部尚書卓秉恬行禮。

21. 道光二十三年癸卯二月丁丑，祭先師孔子，遣兵部尚書許乃普行禮。

22. 道光二十三年癸卯八月丁未（六日），祭先師孔子，遣戶部尚書祈雋藻行禮。

23. 道光二十四年甲辰二月丁未，祭先師孔子，遣署禮部尚書特登額行禮。

24. 道光二十四年甲辰八月丁酉，祭先師孔子，遣大禮部尚書特登額行禮。

25. 道光二十五年乙巳二月丁酉，祭先師孔子，遣大學士卓秉恬行禮。

26. 道光二十五年八月丁酉，祭先師孔子，遣協辦大學士吏部尚書陳官俊行禮。

27. 道光二十六年丙午二月丁亥朔，祭先師孔子，遣戶部尚書祈雋藻行禮。

28. 道光二十六年丙午八月丁巳，祭先師孔子，遣大學士卓秉恬行禮。

29. 道光二十七年丁未二月丁巳，祭先師孔子，遣大學士卓秉恬行禮。

30. 道光二十七年年丁未八月丁未朔，祭先師孔子，遣大學士卓秉恬行禮。

31. 道光二十八年戊申二月丁未，祭先師孔子，遣禮部尚書賈楨行禮。

32. 道光二十八年戊申八月丁未，祭先師孔子，遣禮部尚書麟魁行禮。

33. 道光二十九年己酉二月丁未，祭先師孔子，命惇郡王奕誴行禮。

34. 道光二十九年己酉八月丁卯，祭先師孔子，遣吏部尚書文慶行禮。

35. 道光三十年庚戌二月丁卯，祭先師孔子，遣協辦大學士杜受田行禮。

36. 道光三十年庚戌八月丁卯，祭先師孔子，遣大學士祈寯藻行禮。①

（二）咸豐朝

1. 咸豐元年辛亥三月丁卯，祭先師孔子，遣大學士賽尚阿行禮。

2. 咸豐元年辛亥八月丁巳，祭先師孔子，遣大學士祈寯藻行禮。

3. 咸豐二年壬子二月丁亥，祭先師孔子，遣協辦大學士杜受田行禮。

4. 咸豐二年壬子八月丁亥，祭先師孔子，遣恭親王奕訢行禮。

5. 咸豐三年癸丑八月，祭先師孔子，遣協辦大學士賈楨行禮。（咸豐三年二月丁丑，祭先師孔子。上親詣行釋奠禮）

6. 咸豐四年甲寅二月丁丑，祭先師孔子，遣大學士裕誠行禮。

7. 咸豐四年甲寅八月丁酉朔，祭先師孔子，遣吏部尚書柏葰行禮。

8. 咸豐五年乙卯二月丁酉，祭先師孔子，遣吏部尚書花沙納行禮。

9. 咸豐五年乙卯八月丁酉，，祭先師孔子，遣兵部尚書周祖培行禮。

10. 咸豐六年丙辰二月丁酉，祭先師孔子，遣大學士賈楨行禮。

11. 咸豐六年丙辰八月丁亥，祭先師孔子，遣工部尚書全慶行禮。

12. 咸豐七年丁巳二月丁亥，祭先師孔子，遣大學士彭蘊章行禮。

13. 咸豐七年丁巳八月丁巳，祭先師孔子，遣大學士桂良行禮。

14. 咸豐八年戊午二月丁未，祭先師孔子，遣大學士桂良行禮。

15. 咸豐八年戊午八月丁未，祭先師孔子，遣協辦大學士柏葰行禮。

16. 咸豐九年己未二月丁未，祭先師孔子，遣兵部尚書全慶行禮。

17. 咸豐九年己未八月丁未，祭先師孔子，遣大學士賈楨行禮。

18. 咸豐十年庚申二月丁酉，祭先師孔子，遣大學士瑞麟行禮。

19. 咸豐十年庚申八月丁卯，祭先師孔子，遣協辦大學士周祖培

① 參見《清宣宗成皇帝實錄》卷二三一至卷四七一，並參見《清文宗顯皇帝實錄》卷三、卷十五。

行禮。

20. 咸豐十一年辛酉二月丁卯，祭先師孔子，遣禮部尚書倭什琿布行禮。

21. 咸豐十一年辛酉八月丁巳朔，祭先師孔子，遣戶部尚書沈兆霖行禮。[1]

（三）同治朝

1. 同治元年壬戌二月丁巳，祭先師孔子，遣吏部尚書朱鳳標行禮。
2. 同治元年壬戌八月丁巳，祭先師孔子，遣大學士周祖培行禮。
3. 同治二年癸亥二月丁丑，祭先師孔子，遣大學士賈楨行禮。
4. 同治二年癸亥八月丁丑，祭先師孔子，遣大學士賈楨行禮。
5. 同治三年甲子二月丁丑，祭先師孔子，遣戶部尚書羅惇衍行禮。
6. 同治三年甲子八月丁丑，祭先師孔子，遣工部尚書單懋謙行禮。
7. 同治四年乙丑二月丁卯朔，祭先師孔子，遣大學士賈楨行禮。
8. 同治四年乙丑八月丁酉，祭先師孔子，遣大學士倭仁行禮。
9. 同治五年丙寅二月丁酉，祭先師孔子，遣大學士倭仁行禮。
10. 同治五年丙寅八月丁亥朔，祭先師孔子，遣大學士周祖培行禮。
11. 同治六年丁卯二月丁亥，祭先師孔子，遣大學士倭仁行禮。
12. 同治六年丁卯八月丁亥，祭先師孔子，遣大學士官文行禮。
13. 同治七年戊辰二月丁亥，祭先師孔子，遣大學士倭仁行禮。
14. 同治七年戊辰八月丁未，祭先師孔子，遣協辦大學士刑部尚書瑞常行禮。
15. 同治八年己巳二月丁未，祭先師孔子，遣大學士朱鳳標行禮。
16. 同治八年己巳八月丁未，祭先師孔子，遣協辦大學士刑部尚書瑞常行禮。
17. 同治九年庚午二月丁酉朔，祭先師孔子，遣大學士倭仁行禮。
18. 同治九年庚午八月丁酉，祭先師孔子，遣大學士倭仁行禮。
19. 同治十年辛未二月丁卯，祭先師孔子，遣戶部尚書寶鋆行禮。
20. 同治十年辛未八月丁卯，祭先師孔子，遣大學士瑞常行禮。

---

[1] 參見《清文宗顯皇帝實錄》卷二十七至卷三四二，並參見《清穆宗毅皇帝實錄》卷二。

21. 同治十一年壬申二月丁巳，祭先師孔子，遣大學士瑞常行禮。

22. 同治十一年壬申八月丁巳，祭先師孔子，遣大學士文祥行禮。

23. 同治十二年癸酉二月丁巳，祭先師孔子，遣大學士單懋謙行禮。

24. 同治十二年癸酉八月，祭先師孔子，遣協辦大學士刑部尚書全慶行禮。

25. 同治十三年甲戌二月丁丑，祭先師孔子，遣吏部尚書毛昶熙行禮。

26. 同治十三年甲戌八月丁丑，祭先師孔子，遣吏部尚書毛昶熙行禮。①

（四）光緒朝

1. 光緒元年乙亥二月丁丑，祭先師孔子，遣吏部尚書毛昶熙行禮。

2. 光緒元年乙亥八月丁卯，祭先師孔子，遣吏部尚書英桂行禮。

3. 光緒二年丙子二月丁卯，祭先師孔子，遣大學士寶鋆行禮。（《東華續錄》亦有相同記載）

4. 光緒二年丙子八月丁酉，祭先師孔子，遣大學士寶鋆行禮。

5. 光緒三年丁丑二月丁亥，祭先師孔子，遣協辦大學士沈桂芬行禮。

6. 光緒三年丁丑八月丁亥，祭先師孔子，遣大學士寶鋆行禮。

7. 光緒四年戊寅二月丁亥，祭先師孔子，遣大學士寶鋆行禮。

8. 光緒四年戊寅八月丁亥，祭先師孔子，遣大學士載齡行禮。（《東華續錄》亦有相同記載）

9. 光緒五年己卯二月丁丑，祭先師孔子，遣大學士寶鋆行禮。

10. 光緒五年己卯八月丁未，祭先師孔子，遣大學士寶鋆行禮。

11. 光緒六年庚辰二月丁未，祭先師孔子，遣大學士寶鋆行禮。

12. 光緒六年庚辰八月丁酉，祭先師孔子，遣遣協辦大學士沈桂芬行禮。

13. 光緒七年辛巳二月丁酉，祭先師孔子，遣大學士全慶行禮。

14. 光緒七年辛巳八月丁卯，祭先師孔子，遣協辦大學士靈桂行禮。（《東華續錄》亦有相同記載）

15. 光緒八年壬午二月丁巳朔，祭先師孔子，遣大學士靈桂行禮。

---

① 《清穆宗毅皇帝實錄》卷十八至卷三七〇。

（《東華續錄》亦有相同記載）

16. 光緒八年壬午八月丁巳，祭先師孔子，遣大學士靈桂行禮。

17. 光緒九年二月丁巳，祭先師孔子，遣大學士靈桂行禮。

18. 光緒九月八月丁巳，祭先師孔子，遣大學士靈桂行禮。（《東華續錄》亦有相同記載）

19. 光緒十年甲申二月丁未朔，祭先師孔子，遣協辦大學士李鴻藻行禮。（《東華續錄》：光緒十年甲申二月丙午朔，祭先師孔子廟，遣李鴻藻行禮。案：時間不對應，似應按《實錄》為準）

20. 光緒十年甲申八月丁丑，祭先師孔子，遣大學士靈桂行禮。（《東華續錄》亦有相同記載）

21. 光緒十一年二月丁丑，祭先師孔子，遣大學士額勒和布行禮。（《東華續錄》亦有相同記載）

22. 光緒十一年八月丁卯朔，祭先師孔子，遣協辦大學士吏部尚書恩承行禮。

23. 光緒十二年二月丁卯，祭先師孔子，遣吏部尚書徐桐行禮。

24. 光緒十二年八月丁卯，祭先師孔子，遣大學士恩承行禮。

25. 光緒十三年二月丁卯，祭先師孔子，遣協辦大學士福錕行禮。

26. 光緒十三年八月丁亥，祭先師孔子，遣協辦大學士福錕行禮。（《東華續錄》亦有相同記載）

27. 光緒十四年二月丁亥，祭先師孔子，遣協辦大學士福錕行禮。（《東華續錄》：光緒十四年戊子二月丁亥，祭先師孔子廟，遣恩承行禮。註：遣官人名不一致，應以《實錄》記載為準）

28. 光緒十四年八月丁亥，祭先師孔子，遣大學士恩承行禮。（《東華續錄》亦有相同記載）

29. 光緒十五年二月丁丑朔，祭先師孔子，遣吏部尚書協辦大學士徐桐行禮。

30. 光緒十五年八月丁丑，祭先師孔子，遣大學士恩承行禮。

31. 光緒十六年二月丁丑，祭先師孔子，遣大學士恩承行禮。（《東華續錄》亦有相同記載）

32. 光緒十六年八月丁未，祭先師孔子，遣大學士福錕行禮。（《東華續錄》亦有相同記載）

33. 光緒十七年二月丁酉，祭先師孔子，遣大學士恩承行禮。（《東華

續錄》亦有相同記載）

34. 光緒十七年八月丁酉，祭先師孔子，遣大學士福錕行禮。

35. 光緒十八年二月丁酉，祭先師孔子，遣協辦大學士徐桐行禮。

36. 光緒十八年壬辰八月丁巳，祭先師孔子，遣協辦大學士徐桐行禮。

37. 光緒十九年二月丁巳，祭先師孔子，遣協辦大學士麟書行禮。（《東華續錄》：光緒十九年癸巳二月丁巳，祭先師孔子廟，遣徐桐行禮。應以《實錄》為準）

38. 光緒十九年八月丁巳，祭先師孔子，遣協辦大學士麟書行禮（外記註）。（《東華續錄》亦有相同記載）

39. 光緒二十年二月丁巳，祭先師孔子，遣大學士福錕行禮。

（光緒二十年八月丁未，祭先師孔子，上親詣行禮①）

40. 光緒二十一年二月丁未，祭先師孔子，遣戶部尚書熙敬行禮。（《東華續錄》亦有相同記載）

41. 光緒二十一年八月丁丑，祭先師孔子，遣大學士麟書行禮。（《東華續錄》亦有相同記載）

42. 光緒二十二年二月丁卯，祭先師孔子，遣協辦大學士徐桐行禮。（《東華續錄》亦有相同記載）

43. 光緒二十二年八月丁卯，祭先師孔子，遣兵部尚書榮祿行禮。（《東華續錄》亦有相同記載）

44. 光緒二十三年二月丁卯，祭先師孔子，遣吏部尚書熙敬行禮。（《東華續錄》亦有相同記載）

45. 光緒二十三年八月丁卯，祭先師孔子，遣兵部尚書榮祿行禮。（《東華續錄》：光緒二十三年丁酉八月丁卯，祭先師孔子廟，遣熙敬行禮。应以《實錄》為準）

46. 光緒二十四年二月丁巳，祭先師孔子，遣協辦大學士兵部尚書榮祿行禮。（《東華續錄》亦有相同記載）

47. 光緒二十四年八月丁亥，祭先師孔子，遣吏部尚書熙敬行禮。

48. 光緒二十五年二月丁亥，祭先師孔子，遣吏部尚書熙敬行禮。

49. 光緒二十五年八月丁丑，祭先師孔子廟，遣戶部尚書敬信行禮。

---

① 《清德宗皇帝實錄》卷三四六，外起居。

（《東華續錄》：光緒二十五年己亥八月丁醜，祭先師孔子廟，遣敬信行禮）

50. 光緒二十六年二月丁丑，祭先師孔子，遣戶部尚書敬信行禮。（《東華續錄》亦有相同記載）

51. 光緒二十八年二月丁酉，祭先師孔子，遣吏部尚書張百熙行禮。

52. 光緒二十八年八月丁酉，祭先師孔子，遣兵部尚書徐會灃行禮。

53. 光緒二十九年二月丁亥，祭先師孔子，遣兵部尚書徐會灃行禮。

54. 光緒二十九年八月丁巳，祭先師孔子，遣戶部尚書那桐行禮。

55. 光緒三十年二月丁巳，祭先師孔子，遣協辦大學士裕德行禮。

56. 光緒三十年甲辰八月丁未，祭先師孔子，遣署兵部尚書長庚行禮。

57. 光緒三十一年二月丁未，祭先師孔子，遣署戶部尚書趙爾巽行禮。

58. 光緒三十一年八月丁未，祭先師孔子，遣吏部尚書奎俊行禮。

59. 光緒三十二年二月丁未，祭先師孔子，遣大學士那桐行禮。

60. 光緒三十二年八月丁卯，祭先師孔子，遣吏部尚書溥良行禮。

（光緒三十三年二月，上以祭先師孔子，自是日齋戒三日。① 光緒三十三年二月丁卯，祭先師孔子，上親詣行禮。② 光緒三十三年八月，以祭先師孔子，自是日始齋戒三日。③ 八月丁卯，祭先師孔子，上親詣行禮④）

61. 光緒三十四年戊申二月丁巳朔，祭先師孔子，遣恭親王溥偉恭代行禮。

62. 光緒三十四年八月丁巳，祭先師孔子，遣恭親王溥偉恭代行禮。

63. 光緒三十四年戊申十一月庚寅，遣官祭先師孔子。⑤

（五）宣統朝

1. 宣統元年正月壬寅，前期遣豫親王懋林、貝勒載潤、貝子毓橚、

① 《清德宗皇帝實錄》卷五七〇，起居註。
② 《清德宗皇帝實錄》卷五七〇，起居註。
③ 《清德宗皇帝實錄》卷五七七，起居註。
④ 《清德宗皇帝實錄》卷五七七。
⑤ 參見《清德宗景皇帝實錄》卷四至卷五九五，並參見歐家廉《清宣統政紀》卷七及《東華續錄》。

鎮國公毓璋、輔國公溥釗分詣告祭天、地、宗廟、社稷、先師孔子。（恭上大行太皇太后尊謚）

2. 宣統元年正月戊申，前期命豫親王懋林、貝子毓橚、鎮國公毓岐、鎮國公毓璋、輔國公溥葵告祭天、地、宗廟、社稷、先師孔子。（恭上大行皇帝尊謚）

3. 宣統元年二月丁巳，祭先師孔子，遣莊親王載功恭代行禮（早事）。

4. 宣統元年己酉八月丁丑朔，祭先師孔子，遣豫親王懋林恭代行禮（官報）。

5. 宣統元年十一月，以崇上皇太后徽號，前期遣官告祭天、地、太廟、社稷、先師孔子。

6. 宣統二年二月丁丑，祭先師孔子，遣順承郡王訥勒赫恭代行禮。

7. 宣統二年八月丁丑，祭先師孔子，命肅親王善耆行禮（早事）。

8. 宣統三年二月丁丑，祭先師孔子，派豫親王懋林恭代行禮（早事）。

9. 宣統三年八月丁酉，祭先師孔子，遣豫親王懋林行禮。①

禮志三 遣官釋奠事例

所謂遣官釋奠事例，是指歷代皇帝對於涉及遣官釋奠內容的諸項規定和聖諭訓示。道光十三年後遣官釋奠事例彙要如下：

（道光）十三年，議准：嗣後凡遇祭祀，應行陪祀之宗室、世職章京、文武大臣官員等，仍照定例，於祭祀前期，造具清冊，移送吏部、禮部、兵部、都察院查覆。屆期宗室、世職章京由宗人府派章京筆帖式各一員，開單圈到。文職由吏部，武職由兵部，派滿漢司官各一員，都察院派滿漢御史各一員，率筆帖式二人，按冊查收職名。凡應行陪祀宗室、世職章京、文武大臣官員，均各一體親身投遞職名。如有遣人投遞者，概不准接收，以杜遣交代交之弊。

二十七年，諭：壇廟祀典其陪祀不到之王公大臣，係由奉事處每年年終彙奏，請旨察議。嗣後著改由禮部查明，不到之王公大臣，分別次數，

---

① 參見歐家廉《清宣統政紀》卷七至卷六十。

於每年年終開寫清單，請旨辦理。①

（道光二十七年二月壬申）諭內閣：致祭文廟儀註，乾隆年間曾將一揖之儀奉旨改正，嗣後儀註內如何改定。現在自行一叩禮係何年添出，著禮部詳細查明具奏。

（道光二十七年二月丁丑）諭內閣：禮部奏遵查致祭文廟禮節，除一揖禮系何年添出查無確據等語。致祭文廟典禮，攸關嗣後行禮，究應如何畫一之處。著禮部詳敷妥議，再行具奏尋議上得旨，除刪去自行一叩禮外，餘著照舊議辦理。②

咸豐年間，尚未查詢到相關遣官釋奠事例的史料。

同治三年，諭：壇廟祭祀，其應行陪祀人員，如有無故不到及呈遞職名後先行散歸者，即著糾儀、監禮各員，據實查參，從嚴懲處，以重祀典。

光緒九年議准：凡遇壇廟一應祭祀，應由各衙門自行知照。糾儀、陪祀各員，恪遵定例。大祀於夜分，朝服到祭所祗俟，中祀於雞初鳴朝服到祭所祗俟。不准遲至質明上祭時始行趕到。庶幾行禮時，班列整齊，精神專一，足昭誠敬。經此次申明之後，倘再有任意曠誤者，應由糾儀御史指名嚴參，毋得徇隱。至現在各壇廟祭祀，均經奏准，遣官行禮，由禮部按照例載各祭時刻剳行欽天監，先期推明報部，轉行太常寺，傳知行禮大臣及執事陪祀各員，一體遵照。③

凡丁祭，戒其屬以分獻。（每歲春秋上丁釋奠於先師，以修撰、編修、檢討資深者二人，分獻十二哲。如遇親詣行禮，以修撰、編修、檢討四人分獻崇聖祠四配、兩廡。又本院先師祠，以本院官之資深者一人主祭。餘俱助祭）④

仲春仲秋釋奠先師。……先師廟，以大學士開列。崇聖祠，以祭酒司業開列。如親詣釋奠，則崇聖祠以大學士開列。……先師廟分獻十二哲二人，諮取翰林院修撰、編修、檢討。兩廡四人。崇聖祠分獻，四配暨兩廡四人，均用國子監官。如恭遇親祭，分獻四配四人，以尚書開列。分獻十

①　《欽定大清會典事例》卷四一六，禮部／祭祀／陪祀
②　《清宣宗成皇帝實錄》卷四三九。
③　《欽定大清會典事例》卷四一六，禮部／祭祀／陪祀。
④　《欽定大清會典》卷七〇，翰林院。

二哲、兩廡六人，以侍郎開列。①

光緒三十四年（1908年），御史蔡金台奏、攝政體制。酌擬綱要。
一、凡大祀祭饗。俱請由攝政王用本身冠服恭代行禮。百官迎送。悉如舊
例。皇上於宮內齋戒。俟數年後奏請親行。……得旨、著內閣各部院衙門
併案會議具奏。②

內閣等衙門會奏、遵議　攝政王禮節總目十六條……一、代行祀典。
皇上未親政之前，所有壇廟大祀，及現在喪祭，均由監國攝政王代詣行
禮。其是否另行遣員恭代行禮之處，由該衙門先期請旨遵行。

又奏：遵議壇廟祭祀由攝政王代詣行禮。謹按孝經云：昔者周公郊祀
后稷，以配天，宗祀文王於明堂，以配上帝。是以四海之內，各以其職來
祭……一、祭祀前期視牲看牲。擬仍奏派贊引讀祝，擬由臣部於御前贊引
讀祝各官內，揀選供差，毋庸奏派。如監國攝政王代詣行禮時。對引侍儀
陪祀各官，擬均仍舊。其午門外跪迎跪送各官，擬請毋庸迎送。

一、飲福受胙。擬請照皇上親行禮節。祭畢將福酒胙肉恭進，以合於
祠還致福之義。其受福受胙，應酌改於所擬行禮拜位處……

一、先師孔子廟。現在興工，經臣部奏准遣官致祭。俟工竣後，再行
請旨……一、現經會議奏准壇廟大祀。由監國攝政王代詣行禮。其是否另
行遣員恭代。

行禮之處。由該衙門先期請旨遵行等語。嗣後凡遇應行親詣各典禮，
再由臣部按照奏准章程。先期請旨。依議行。③

遣官釋奠儀註：

正祭五日鼓，各赴廟齊集。分獻、陪祀各官，由鴻臚寺官引至兩旁門
排班立。承祭官由左旁門入，於階下行禮。太常寺贊引官、對引官導承祭
官至盥洗處，贊引官贊："盥洗。"承祭官盥洗畢，引至階下立。陪祀各
官由鴻臚寺官引至行禮處立。典儀官唱："樂舞生就位！執事官各司其
事！陪祀、分獻官各就位！"【文舞生執羽籥引進】贊引官贊："就位。"
承祭官就拜位立，分獻、陪祀各官亦隨後立。典儀官唱："迎神！"司香

---

① 《欽定大清會典》卷七十一，太常寺。
② 《大清宣統政紀》卷二。
③ 《大清宣統政紀》卷三。

官各奉香盤進。協律郎唱："迎神樂！奏昭平之章！"樂作，贊引官贊："就上香位。"司香官各就案旁立。贊引官導承祭官由東階上，進殿門左。贊："詣至聖先師孔子位前。"承祭官至香案前立。贊引官贊："跪。"承祭官跪，行一叩禮，興。【不贊】司香官跪進香。贊引官贊："上香。"承祭官立上柱香，三上瓣香畢。復一跪一叩，興。【不贊】贊引官贊："詣復聖顏子位前。"跪叩上香如正位儀。次贊："詣宗聖曾子位前"；次贊："詣述聖子思子位前"；次贊："詣亞聖孟子位前。"跪叩上香，均如前儀。其十二哲分獻官，竢承祭官詣亞聖案時，引至哲位前，跪叩上香，如承祭官儀。贊引官贊："旋位。"引承祭官、分獻官出，復位立兩廡。分獻官如十二哲分獻官儀，齊至各位前上香畢，復位立。贊："跪，叩，興。"承祭、分獻、陪祀各官俱行三跪九叩禮，興，樂止。典儀唱："奠帛爵！行初獻禮！"司帛官奉筐，司爵官奉爵進。協律郎唱："初獻樂！奏宣平之章！"樂作，贊引官贊："就奠獻位。"司帛、爵各就案旁立。贊引官導承祭官由東階上，進殿左門。贊："詣至聖先師孔子位前。"承祭官至案前立，贊引官贊："跪。"承祭官跪行一叩禮，興。【不贊】贊引官贊："奠帛。"司帛官奉帛跪進，承祭官受帛，拱舉立獻。畢，贊引官贊："獻爵。"司爵官奉爵跪進，承祭官受爵，拱舉立獻，奠於正中，行一跪一叩禮，興。【不贊】贊引官贊："赴讀祝位。"引承祭官就讀祝位立。讀祝官至祝案前，一跪三叩，捧祝版立於案左，樂止。贊引官贊："跪。"承祭官、讀祝官分獻官、陪祀官俱跪。贊引官贊："讀祝。"讀祝官讀畢，捧祝版至正位帛案前，跪，安帛筐內，三叩退。樂作，贊引官贊："跪，叩，興。"承祭、分獻、陪祀官俱行三叩禮，興。贊引官贊："詣復聖顏子位前。"奠帛、獻爵如正位儀。次贊："詣宗聖曾子位前。"奠帛，獻爵，均如前儀。其十二哲分獻官，竢承祭官詣亞聖位時，引至哲位前，奠帛，獻爵如承祭官儀。贊引官贊："旋位。"引承祭官、分獻官出復位，立兩廡。分獻官如十二哲分獻官儀，齊至各位前，奠帛、獻爵畢，復位立，樂止。典儀唱："行亞獻禮！"司爵官奉進，協律郎唱："亞獻樂！奏秩平之章！"樂作，贊引官贊："就獻爵位。"司爵各就案旁立，贊引官引承祭官由東階上，進殿左門。贊："詣至聖先師孔子位前。"承祭官至案前立，贊引官贊："跪。"承祭官跪，行一叩禮，行。【不贊】贊引官贊："獻爵。"司爵官奉爵跪進，承祭官受爵，拱舉立獻奠於左，一跪一叩，興。【不贊】贊引官贊："詣復聖顏子位前"，跪叩獻爵如正位儀。次贊：

"詣宗聖曾子位前"；次贊："詣述聖子思子位前"；次贊："詣亞聖孟子位前，"跪叩獻爵，均如前儀。其十二哲分獻官，俟承祭官詣亞聖位時，引至哲位前，跪叩獻爵如承祭官儀。贊引官贊："旋位。"引承祭官、分獻官出復位，立兩廡。分獻官如十二哲分獻官，齊至各位前，跪叩獻爵畢，復位立。樂止，典儀唱："行終獻禮！"司爵官奉爵進，協律郎唱："終獻樂！奏敘平之章！"樂作，贊引官贊："就獻爵位。"司爵各就案旁立，承祭官及分獻官跪叩獻爵，俱如亞獻儀，爵奠於右。贊引官贊："旋位。"承祭官、分獻官各復位立，儀如亞獻。樂止，文舞生行一跪一叩禮，立執旌節引退，於兩旁立。典儀唱："賜福胙！"贊引官贊："詣受福胙位。"引承祭官至殿內立。捧福胙二生捧至正位案前，拱舉至受福胙位右旁跪，接福胙二生左旁跪。贊引官贊："跪。"承祭官跪。贊引官贊："飲福酒。"承祭官受爵，拱舉授接福生，接福生退。贊引官贊："受胙。"承祭官受胙，拱舉授接胙生，接胙生退。贊引官贊："叩，興。"承祭官三叩，興。贊引官贊："旋位。"引承祭官復位立，行謝福胙禮。贊引官贊："跪，叩，興。"承祭、分獻、陪祀各官俱行三跪九叩禮，興。典儀官唱："撤饌！"協律郎唱："撤饌樂！奏懿平之章！"樂作，撤訖，樂止。典儀唱："送神！"協律郎唱："送神樂！奏德平之章！"樂作，贊引官贊："跪，叩，興。"承祭、分獻、陪祀各官俱行三跪九叩禮，興。樂止，典儀官唱："捧祝、帛、饌者，恭送燎位！"司祝官、司帛官生至各位前，一跪三叩，捧起。祝在前，帛次之。捧饌官生跪【不叩】。捧起，在後。俱由殿中門、中道出，以次送至燎位。承祭官退至西旁立，候祝、帛、饌香過，仍復位立。數帛官數帛，典儀官唱："望燎！"樂作。贊引官贊："詣望燎位。"道承祭官至望燎位。祝帛焚半，贊引官贊："禮畢。"各退。

【謹案：雍正十年以前，釋奠儀註無上香禮，餘同今儀】

崇聖祠釋奠儀註：

祭日，贊引官、對引官引承祭官入後殿左門，分獻官隨入，至盥洗處。贊引官贊："盥洗。"承祭官盥洗畢，引詣殿階下正中，分獻官以次序立於後，均北面。典儀唱："執事官生各司其事！"贊引官贊："就上香位。"引承祭官升東階，由殿左門入。贊："詣肇聖王香案前。"承祭官至案前立。贊引官贊："跪，叩，興。"承祭官行一跪一叩禮，興。贊引官贊："上香。"司香跪進香，承祭官立上柱香，三上瓣香畢，復一跪一叩，興。【不贊】贊引官贊：“詣裕聖王香案前。”次贊：“詣詒聖王香案前。”次贊：“詣昌聖王香案前。”次贊：“詣啟聖王香案前。”跪叩上香，均如前儀。畢，贊：“復位。”引承祭官出復位。四配、兩廡分獻官各詣香案前上香如儀，皆復位。贊引官贊：“跪，叩，興。”承祭官、分獻官皆行三跪九叩禮，興。典儀唱：“奠帛、爵、行初獻禮！”司帛、爵生各奉篚執爵進。贊引官贊：“就奠獻位。”引承祭官入殿左門。贊：“詣肇聖王位前。”承祭官就位前立。贊：“跪，叩，興。”承祭官行一跪一叩禮，興。贊：“奠帛。”司帛跪進帛，承祭官受帛，拱舉立獻。贊：“獻爵。”司爵跪進爵，承祭官受爵，拱舉立獻，奠於正中，複一跪一叩，興。【不贊】贊引官贊：“詣裕聖王位前”，次“詣詒聖王位前”，次“詣昌聖王位前”，次“詣啟聖王位前”，跪叩奠獻，各如前儀。畢，贊：“詣讀祝位。”引承祭官就讀祝位立。讀祝官至祝案前，一跪三叩，捧祝版立於案左。贊引官贊：“跪。”承祭官、讀祝官、分獻官俱跪。贊引官贊：“讀祝。”讀祝官讀畢，捧祝版至正位案前，跪安帛篚內，三叩退。贊引官贊：“跪，叩，興。”承祭、分獻官行三叩禮，興。贊：“復位。”引承祭官出復位。四配、兩廡分獻官各詣神位前，奠帛獻爵如儀，皆復位。典儀唱：“行亞獻禮！”司爵各奉爵進。贊引官贊：“就獻爵位。”引承祭官入殿左門。贊：“詣肇聖王位前。”承祭官至位前立，贊：“跪，叩，興。”承祭官行一跪一叩禮，興。贊：“獻爵。”司爵跪進爵，承祭官受爵，拱舉奠於左，復一跪一叩，興。【不贊】贊引官贊：“詣裕聖王位前”，次“詣詒聖王位前”，次“詣昌聖王位前”，次“詣啟聖王位前”，跪叩獻爵，俱如前儀。畢，贊：“復位。”引承祭官出復位。四配、兩廡分獻官各詣神位前，跪叩獻爵如儀，皆復位。典儀唱：“行終獻禮！”贊引官引承祭官、分獻官升堂就位，跪叩獻爵，如亞獻儀。爵奠於右。贊：“復位。”承祭官、分獻官各復位立。典儀唱：“撤饌！”唱：“送神！”贊引官贊：“跪，叩，興。”承祭官、分獻官俱行三跪九叩禮畢，興。典儀唱：“捧祝、帛、饌香，各恭詣燎位！”捧祝、帛者，至位前，一跪三叩；捧饌香者，跪不叩，俱捧起，依次由中門、中道送至燎位。承祭官退至西旁立，竢祝、帛、饌香過，復位。典儀官唱：“望燎！”贊引官贊：“詣望燎位。”引承祭官至望燎位。祝。帛焚半，贊引官贊：“禮畢。”退。

丁祭土地祠儀註：

祭日，以助教一人，就位、上香、獻爵，一跪三叩，退。

釋奠國子監執事官生儀節：

是日五鼓，執事官生咸集正殿。司香、司帛、司爵、司福、司胙各執事官生，在東者，由殿左門入，立於東酒罇桌之北；在西者，由殿右門入，立於西酒罇桌之北。典儀唱："執事官生，各司其事！"司香官生各手捧香盤，在東者西面，在西者東面，俱恭竢典儀唱："迎神！"在東者西行，正位司香在前，次東配，次東哲。在西者東行，西配司香在前，次西哲。正位司香官至正中之東駐足，轉北面，進二步止。配哲各司香官生俱駐足北面。東、西配守衛司香官各進一步止，餘不進。恭竢贊："就上香位"，正位司香官北行，至香案前右旁，北面立。東配、東哲司香官生均北行，至位前之南，折而東，在香案前左旁，東面立。西配、西哲司香官生均北行，至位前之南，折而西，在香案前右旁，西面立。承祭官入殿左門，正位司香官轉東面跪，承祭官至案前，司香官進香，退。立東酒罇桌之北恭竢。在西者立西就罇桌之北。配位、哲位司香官生，俱竢承祭官、分獻官至案前，轉北面跪，餘如正位儀。承祭官復位行禮畢，司帛官生各奉篚，司爵官生個奉爵，東、西面恭竢，如司香儀。典儀唱："奠帛、爵，行初獻禮！"司帛官生、司爵官生各東、西行，正位司帛官至正中之東駐足，轉北面，進四步止。司爵官隨之，轉北面，進二步止。配位、哲位司帛、爵官生，俱駐足北面。東、西配首位，司帛官各進三步止，司爵官隨之，不進步。恭竢贊："就奠獻位"，正位司帛官北行至案前左旁，北面立。司爵官行至案後左旁，北面立。配位、哲位司帛、爵官生，均北行折而東。西司帛官生在案前立，司爵官生在案後立。承祭官入殿左門，正位司帛官轉西面跪，承祭官至案前，司帛官進帛，退。司爵官轉西面跪，承祭官至案後，司爵官進爵，退。配位、哲位司帛、爵官生，俱如正位儀。承祭官復位，司爵官生各奉爵，東、西面恭竢，如初獻儀。典儀唱："行亞獻禮！"司爵官生各東西行，正位司爵官至正中之東駐足，轉北面，進二步止。配位、哲位四爵官生，俱駐足北面。東、西配首位，司爵官各進一步止，餘不進。恭竢贊："就獻爵位"，正位司爵官北行至案後左旁，北面立；配、哲各司爵官生均北行折而東，西立於案後。承祭官入殿左門，正位司爵官轉西面跪，承祭官至案後，司爵官進爵，退。配

位、哲位司爵官生，俱如初獻儀。承祭官復位，司爵官各奉爵東、西面恭
竢，如亞獻儀。典儀唱："行終獻禮！"司爵官生各東西行，正位司爵官
至正中之西駐足，轉北面，進二步止；配位、哲位司爵官生如亞獻儀。承
祭官入殿左門，正位司爵官轉東面跪，承祭官至案後，司爵官進爵退；配
位、哲位司爵官生俱如亞獻儀。承祭官復位，典儀唱："賜福胙！"承祭
官入殿左門，至殿中門內，北面立。捧福生、接胙生自西就罇桌之北，至
受福胙位左旁跪。承祭官受福，授接福生，接福生退；受胙，授接胙生，
接胙生退。承祭官復位，典儀唱："撤饌！"唱："送神！"承祭官行禮畢，
典儀唱："捧祝、帛、饌、香，恭送燎位！"司祝官生、司帛官生至各位
前，一跪一叩，捧起。司爵官生詣各饌案，司香官生詣各香案前，俱跪捧
起，祝在前，次帛，次饌，次香，由中門、中道出。正位在前，次東配第
一位，次西配第一位，次東配第二位，次西配第二位，次東哲，次西哲。
兩廡執事俱會燎所。執事儀畢，各退。

　　釋奠執事員數：
　　先師孔子位前司香、帛、爵官各一員。配位四案，每案司香、帛、爵
官各一員。十二哲二總案，司香、帛、爵生，案各一名，司罇生四名，捧
福生一名，接福生一名，捧胙生一名，接胙生一名。東廡先賢、先儒二總
案，司香、帛、爵生，案各一名，司罇生二名。西廡先賢、先儒二總案，
司香、帛、爵生，案各一名。崇聖祠正位五案，司香、帛、爵生，案各一
名。四配位四案，司香、帛、爵生，案各一名。東廡一總案，司香、帛、
爵生各一名。西廡一案，司香、帛、爵生各一名。以上並具清冊，送太常
寺。先師廟分獻官，東廡二員，西廡二員。崇聖祠分獻官，東配一員，西
配一員，東廡一員，西廡一員。土地祠正獻官一員。大成殿侍班二員，陳
設二員，東、西廡陳設各一員，東、西角門各一員，持敬門二員，大成門
二員，致齋所二員。崇聖祠侍班二員，陳設一員，東、西廡陳設二員，大
門二員，外門二員。崇聖祠司罇生四名，土地祠司香、爵生二名，司壺一
名，俱系自行揀派，無庸諮送太常寺。
　　【謹案：現行則例：兩廡分獻及後殿分獻，俱無監丞，以在崇聖祠侍
班故也】
　　承辦丁祭事宜：
　　先期准太常寺知照演禮日期，執事官生齊赴天壇凝禧殿。國子監堂官

一員，會同太常寺官，監視演習禮節。移都察院、鴻臚寺，各派員於祀前一日，監視宰牲。祭日都察院派員監禮，鴻臚寺派員導引陪祀各官。移大興、宛平二縣，取宰牲屠戶。移兵部轉行提督衙門，派委步軍校率領步兵，在集賢門外攔阻車馬，驅逐閒人。祭畢分胙，欽遣承祭官、分獻官及監宰官、監禮御史、禮部，由國子監派役分送。其餘大小各衙門，由典簿廳印給小票，自行派役，赴監祇領。【以上典簿承辦】①

（修撰人：常會營）

---

　　①　（清）文慶、李宗昉纂修，郭亞南等點校：《欽定國子監志·廟志》（上冊），北京古籍出版社 2000 年版，第 401—410 頁。

禮　志

禮志四　釋奠

　　所謂祭孔釋奠儀，是指祭祀至聖先師孔子的典禮。釋、奠都有陳設、呈獻的意思，指的是在祭祀典儀中，陳設音樂、舞蹈，呈獻牲、帛、酒等祭品，對孔子表示崇敬之意。元明兩代釋奠儀詳見清道光版《欽定國子監志·禮志三·釋奠》。清代道光前釋奠儀註見親詣釋奠和遣官釋奠卷內。

　　釋奠儀的形成和發展，經歷了一個很長的歷史時期。釋奠儀這一儀式早在周朝已經產生了。那時的學校，春秋冬三時都要由春秋冬各官釋奠於先師。周代四學以各個朝代的開國之君作為主祀，同時還有當時輔佐他們的大臣作為配饗。凡是天子使諸侯國立學的，一定要先釋奠於先聖先師。等到行禮之時，一定以奠幣。這就是天子命諸侯興教化、立學官。所祭奠的先聖，如周公與孔子。由於孔子生前非常重視教育，在教育事業上成就很高，影響極為深遠，所以釋奠的對象逐漸以孔子為主。

　　從周代釋奠先聖先師，到漢代普遍釋奠孔子，東漢時期祀周公為先聖，孔子為先師，三國齊王芳正始時釋奠禮停祀周公，專祭孔子於辟雍，以顏回配饗。至此，整個六朝釋奠均只祭孔子。其後，在唐高祖武德二年（619 年）和唐高宗永徽時，曾短暫恢復祀周公為先聖、孔子為先師，但很快就停周公祀，只祀孔子為先聖，以孔門弟子和儒學經師配饗。唐貞觀四年（630 年），"詔州縣皆立孔子廟"（《闕里文獻考》卷四）。唐高宗時，又敕"州縣未立廟者速事營造"。從此，"孔子之廟遍天下矣"（俞正

孿：《癸巳存稿》卷九）也就是說，經過了一番釋奠周公、孔子的反復之
後，自唐貞觀年間開始才真正確立了孔子的無與倫比的歷史地位，周公則
從此湮沒無聞。之後，宋、元、明、清諸朝代都將釋奠孔子之禮儀延續貫
徹下來。而且，通過對孔子的封號如宋代的"至聖文宣王"，到元代的
"大成至聖文宣王"，到明代及清代的"至聖先師"，可以看出宋元明清皇
帝對孔子之尊崇到了無以復加的程度（但其間又有反復，如嘉靖帝廢黜
孔子封號謚號，僅保留"至聖先師"，順治帝時又加封"大成至聖文宣先
師"，後又改"至聖先師"。其尊奉規格亦有反復，主要在六佾與八佾、
籩豆為十與十二之間）。光緒三十二年（1906年）冬十二月，祭孔升為大
祀，標志著清代對孔子之尊崇達至頂峰。

　　孔廟大成殿的四配，亦經歷了較長的歷史時期。

　　《宋史》神宗元豐七年（1084年），陸長愈請以兗、鄒二公並配饗聖
廟，至度宗咸淳三年（1267年），始升曾子、子思並配。自後江南諸路學
廟皆行之，是為四配之始。元循金舊，京師與河北諸路府學，皆左顏右
孟，與夫子並居南面。至是（延祐三年，即1316年）以南北異禮，乃依
宋制，升曾子、子思為四配，並列夫子之左，而虛其右隅，以避古者神位
之方。迨文宗至順元年（1330年），復詣先師父叔梁公未加謚號，因褒封
聖父為啟聖王，並加稱四子為復聖顏子、宗聖曾子、述聖子思子、亞聖孟
子之號，稱名允協，尤足見有元一代典章云。[1]

　　孔廟大成殿之十二哲，經歷了一個相當長的歷史時期。

　　唐玄宗開元八年（720年）初定十哲陪祀孔子廟，在先聖廟塑立孔
子、顏回等十哲雕塑坐像，曾參大孝，德冠同列，特為塑像坐於十哲之
次，並在牆壁繪上七十位孔門弟子和二十二位賢人的畫像。在東西兩京，
用太牢犧牲，一起舉行祭祀，音樂規格為宮懸，舞為六佾。這一切已是僅
次於天子的規格了。[2]

　　唐開元二十七年（739年）八月，玄宗李隆基追謚孔子為"文宣
王"。贈顏子為兗公、閔子九人為侯，曾子等為伯。二京國子監及州、縣
始正南面位。二京之祭牲用太牢，舞八佾；州、縣少牢。

　　① （清）文慶、李宗昉纂修，郭亞南等點校：《欽定國子監志》（上冊），北京
古籍出版社2000年版，第411—412頁。
　　② 參見孔德平主編《曲阜孔廟祭祀通解》，現代出版社2007年版，第2頁。

宋太祖建隆元年（960年）二月，視國子監，親謁孔子廟，詔增修祠宇，親制文宣王及兗公二贊，十哲以下分命宰臣兩制撰；繪先聖先賢先儒像，釋奠用永安之樂。據《宋史·志第五十八·禮八》：

> 至聖文宣王。唐開元末升為中祠，設從祀，禮令攝三公行事。朱梁喪亂，從祀遂廢。後唐長興二年，仍復從祀。周顯德二年，別營國子監，置學舍。宋因增修之，塑先聖、亞聖、十哲像，畫七十二賢及先儒二十一人像於東西廡之木壁，太祖親撰《先聖》《亞聖贊》，十哲以下命文臣分贊之。建隆中，凡三幸國子監，謁文宣王廟。太宗亦三謁廟。詔繪三禮器物、制度於國學講論堂木壁。又命河南府建國子監文宣王廟，置官講說及賜《九經》書。

宋真宗大中祥符二年五月乙卯，詔追封十哲為公，七十二弟子為侯，先儒為伯或贈官。親制《玄聖文宣王贊》，命宰相等撰顏子以下贊，留親奠祭器於廟中，從官立石刻名。據《宋史·志第五十八·禮八》：

> 二年五月乙卯，詔追封十哲為公，七十二弟子為侯，先儒為伯或贈。親制《玄聖文宣王贊》，命宰相等撰顏子以下贊，留親奠祭器於廟中，從官立石刻名。既以國諱，改諡至聖文宣王。賜孔氏錢帛，錄親屬五人並賜出身，又賜太宗御制、御書一百五十卷，銀器八百兩。詔太常禮院定州縣釋奠器數：先聖、先師每坐酒尊一、籩豆八、簠二、簋二、俎三、罍一、洗一、篚一，尊皆加勺、冪，各置於坫，巾共二，燭二，爵共四，坫。有從祀之處，諸坐各籩二、豆二、簠一、簋一、俎一、燭一、爵一。仁宗再幸國子監，謁文宣王廟，皆再拜焉。

高宗紹興七年（1137年），有司請文宣王殿釋奠加鉶鼎三、登一，十哲從祀共用羊、豕各一，每位籩二、簠一、簋一、爵一。

宋度宗咸淳三年（1267年），下詔封曾參郕國公，孔伋沂國公，配饗先聖。封顓孫師陳國公，升十哲位。

洪武十五年（1382年）四月丙戌，詔天下通祀孔子，"並頒釋奠儀註"："凡府州縣學，籩豆以八，器物牲牢皆殺於國學。三獻禮同，十哲兩廡一獻。其祭各以正官行之……分獻則以本學儒職及老成儒士充之。每歲春秋仲月上丁日行事。"

嘉靖九年，"於是通行天下學校，改大成至聖文宣王為至聖先師孔子，四配稱復聖顏子，宗聖曾子，述聖子思子，亞聖孟子，十哲以下，凡及門弟子稱先賢某子，左丘明以下稱先儒某氏，悉罷封爵。"[1]

清代康熙五十一年（1712年）和乾隆三年（1738年），又分別升朱熹和有若大成殿哲位，遂有十二哲之稱。

清代祭孔可謂登峰造極，祭孔儀式也隨之愈來愈完備而隆重。據《清史稿·志五十九·禮三（吉禮三）》所載：

崇德元年，建廟盛京，遣大學士範文程致祭。奉顏子、曾子、子思、孟子配。定春秋二仲上丁行釋奠禮。世祖定大原，以京師國子監為大學，立文廟。

順治二年（1645年），定稱大成至聖文宣先師孔子，春秋上丁，遣大學士一人行祭，翰林官二人分獻，祭酒祭啟聖祠，以先賢、先儒配饗從祀。有故，改用次丁或下丁。九年（1652年），世祖視學，釋奠先師，王、公、百官，齋戒陪祀。前期，衍聖公率孔、顏、曾、孟、仲五氏世襲五經博士，孔氏族五人，顏、曾、孟、仲族各二人，赴都。暨五氏子孫居京秩者咸與祭。是歲授孔氏南宗博士一人，奉西安祀。

康熙六年（1667年），頒太學中和韶樂。

雍正元年（1723年），詔追封孔子五代王爵，於是錫木金父公曰肇聖，祈父公曰裕聖，防叔公曰詒聖，伯夏公曰昌聖，叔梁公曰啟聖，更啟聖祠曰崇聖。肇聖位中，裕聖左，詒聖右，昌聖次左，啟聖次右，俱南鄉。配饗從祀如故。

二年（1724年），視學釋奠，世宗以祔饗廟庭諸賢，有先罷宜複，或舊闕宜增，與孰應祔祀崇聖祠者，命廷臣考議。

四年（1726年）八月仲丁，世宗親詣釋奠。初，春秋二祀無親祭制，至是始定。犧牲、籩豆視丁祭，行禮二跪六拜，奠帛獻爵，改

① （清）孫承澤：《春明夢餘錄》（上冊），北京古籍出版社1992年版，第293—294頁。

立為跪，仍讀祝，不飲福、受胙。尚書分獻四配，侍郎分獻十一哲兩廡。

明年（1727年），定八月二十七日先師誕辰，官民軍士，致齋一日，以為常。又明年（1728年），御書"生民未有"額，頒懸如故事。

十一年（1733年），定親祭儀，香案前三上香。

乾隆元年議准。先師廟脯醢宜豐。鹿脯鹿醢。加增鹿二。正位四配及崇聖祠正位。仍用兔醢。十一哲兩廡。崇聖祠配位兩廡。易兔醢為豚醢。加增豕二。再祭先師廟於前一日陳設。與各處例不畫一。交太常寺照例辦理。二年奏准。先師廟祭祀時。向有爵無墊。嗣後於奠獻時增用爵墊。……①

乾隆二年（1737年），諭易大成殿及門黃瓦，崇聖祠綠瓦。

是歲上丁，帝親視學釋奠，嚴駕出，至廟門外降輿。入中門，俟大次，出盥訖，入大成中門，升階，三上香，行二跪六拜禮。有司以次奠獻。正殿，分獻官升東、西階，入左、右門，詣四配、十二哲位前，兩廡分獻官分詣先賢、先儒位前，上香奠獻畢，帝三拜，亞獻、終獻如初。釋奠用三獻始此。其祭崇聖祠，拜位在階下，承祭官升東階，入左門，詣肇聖王位前上香畢，分獻官升東、西階，入左、右門，分詣配位及兩廡從位前上香，三跪九拜。奠帛、讀祝，初獻時行。凡三獻，禮畢。自是為恆式。

十八年（1753年），改正太學丁祭牲品，依闕里例用少牢，十二哲東西各一案，兩廡各三案。崇聖祠四配，兩廡東西各一案，十二哲位各一帛，東西共二筐。其分獻，正殿東西，翰林官各奠三爵；西廡國子監四人，共奠三爵；十二哲兩廡奉爵用肄業諸生。定兩廡位序，按史傳年代先後之。

三十三年（1768年），葺文廟成，增大門"先師廟"額，正殿及門曰"大成"，帝親書榜，製碑記。選內府尊彝中十器，凡犧尊、雷文壺、子爵、內言卣、康侯爵、鼎盟簋、雷紋觚、召仲簠、素洗、犧首罍各一，頒之成均。

五十年（1785年），新建辟雍成，親臨講學，釋奠如故。嘉慶

---

① 《欽定大清會典事例》卷一〇七七，太常寺/禮節。

中，兩舉臨雍儀。

嘉慶年間關於釋奠基本參照乾隆年間程式，未有變化。

道光三年春二月癸丑，皇上臨雍講學，親詣先師廟釋奠后，御辟雍殿。①

道光二十年奉旨：嗣後致祭先師，著太常寺將滿漢大學士協辦大學士六部尚書通行開列。具題請旨。②

丁祭分獻：每歲春秋仲月上丁，釋奠於先師，以修撰、編修、檢討資深者二人，分獻十二哲。如遇親詣行禮，以修撰、編修、檢討四人分獻崇聖祠四配、兩廡。又本院先師祠，以本院官之資深者一人主祭。餘俱助祭。

咸豐元年奏准：翰林官到班遲誤，有誤分獻，照例議處。③

咸豐三年議准：釋奠先師。正位暨四配禮神制帛各一。十二哲、兩廡，東西禮神制帛各一。色皆白。崇聖祠正位，禮神制帛各一。配位，東西共禮神制帛四。兩廡，禮神制帛各一。色皆白。④

咸豐三年二月上丁，行釋菜禮（應為釋奠），越六日，臨雍講學，自聖賢後裔，以至太學諸生，圜橋而聽者雲集。

同治年間釋奠基本沿襲咸豐年間程式，未有變化。

光緒二十年奉旨：文廟禮節內添入飲福受胙，欽此。遵旨議奏，增添唱賜福受胙官一員，立於東旁本寺司爵官之次。奉福酒福胙應用光祿寺堂官二員，立於東旁本寺司香官之次。均西向。接福酒福胙用侍衛二員，立於西旁東向。其福胙桌，陳設在大成殿內東旁樽桌之北稍次。西向。接福胙桌，陳設在西旁樽卓之北稍次。東向。⑤

（光緒三十二年）十一月十五日奉　上諭朕親奉　慈禧端佑康頤昭豫

① （清）文慶、李宗昉纂修，郭亞南等點校：《欽定國子監志》（上冊），北京古籍出版社 2000 年版，第 370 頁。

② 《欽定大清會典事例》卷一〇七七，太常寺/禮節，文慶《清宣宗成皇帝實錄》卷三百八十六同載。

③ 《欽定大清會典事例》卷一〇四七，翰林院/典禮/丁祭分獻。

④ 《欽定大清會典事例》卷四一五，禮部/祭統/陳玉帛。

⑤ 《欽定大清會典事例》卷一〇七七，太常寺/禮節。

莊誠壽恭欽獻崇熙皇太后懿旨：孔子至聖，德配天地，萬世師表，允宜升為大祀，以昭隆重，一切應行典禮，該衙門議奏，欽此。竊維孔子德參兩大，道冠百王，為生民以來所未有。及門諸子定論昭垂，自漢至明，歷代帝王未嘗不事推崇，而典禮終多缺略，至我朝蔑極崇隆。聖祖仁皇帝釋奠闕里，三跪九拜，復以曲柄黃蓋留供廟庭。世宗憲皇帝釋奠臨雍稱詣學不稱幸學；案前上香，特諭躬親奠帛、獻爵，跪而不立；黃瓦飾闕里之廟，追封至五代為王。聖誕虔肅致齋，聖諱特加敬避。高宗純皇帝闕里釋奠拜跪之數，黃蓋之留均法聖祖，又仿世宗欽定闕里文廟之制，以黃瓦飾太學文廟、大成殿、大成門，特飭太常另繕禮節，躬行三獻之儀。至列聖御書文廟碑文聯匾，宸章煥發，尤必本配天之意，務極闡揚是崇德報功之典，遠帳前朝，實隱然有升大祀之意，引而未發。今我皇太后以列聖之心為心，皇上以先師之道為道，心源默契，德音孔昭，曠典特頒，日星彪炳，詭誦之下，欽服難名。（臣）等又伏讀雍正五年諭曰："堯舜禹湯文武之道，賴孔子纂述修明。《魯論》一書，尤切人生日用，使萬世倫紀以明，名分以辨，人心以正，風俗以端。若無孔子，則人將忽於天秩、天敘之經，勢必尊卑倒置，上下無等，幹名犯分，越禮悖義，君不君，臣不臣，父不父，子不子，其害可勝言哉！惟有孔子之教，統智愚、賢不肖，無能越其範圍。此所以治萬世之天下，為生民所未有也。使為君者不知尊崇孔子，何以建極於上而表正萬邦乎？"祖訓煌煌，實與此次綸音後先一揆，雖邇日人心好異，學派或致紛歧一經，顯示欽崇，自足收經正民興之效。謹將所議升大祀典禮另繕清單恭呈御覽，是否有當，伏乞皇太后、皇上聖鑒訓示施行。如有未盡事宜，容再悉心詳議具奏。先師既升大祀，理應三抬書寫合併聲明。謹奏。光緒三十二年十二月二十日奉旨依議欽此。

謹將遵旨議奏先師升大祀典禮繕單恭呈御覽

先期祗告。查《會典》，國家大典均先期祗告天、地、宗、社，致祭嶽、鎮、海、瀆、前代帝王陵寢、先師闕里。先師升為大祀，係屬大典，擬請特派親王先期祗告天、地、太廟社稷及太學、先師廟。

廟制，街門三間、大成門五間、大成殿七間暨御碑亭十四座，舊制皆覆黃瓦，餘覆綠瓦，今擬通覆黃瓦。

神牌，舊制朱地金書，今擬金地青書。

神幄及案衣，舊制銷金紅緞，今擬改用黃雲緞。

爵，舊制用銅，親臨釋奠增設鎏金銀爵一，鎏金銅爵二，今擬均改用玉。

祭品，舊制十籩十豆，今擬加二籩二豆，為十二籩十二豆。

樂舞，舊制六佾，今擬用八佾；舊制專用文舞，今擬添用武舞。

釋奠，舊制遣官時多，今擬春秋丁祭，請皇帝親詣行禮以昭隆重；有事則親王恭代。

分獻，舊制親詣釋奠分獻四配以尚書，分獻十二哲及兩廡以侍郎，今擬分獻四配以大學士，分獻十二哲及兩廡以尚書，如親王恭代，則分獻四配以尚書，分獻十二哲及兩廡以侍郎。

視牲，舊制先二日禮部尚書一人視牲，今擬改先三日視牲。

齋戒牌、銅人，舊制先二日太常寺進設於乾清門，今擬先三日進設。

致齋，舊制皇帝齋於大內二日，今擬請致齋三日。

入廟升殿，舊制贊引、對引恭導皇帝由中門內入大成門中門，升階進殿中門，至拜位，今擬請由左門入大成門左門，升階進殿左門，至拜位，祭畢禮成，出殿門亦如之；如遣親王恭代，舊制入左門，今擬改入右門，舊制出左門，今擬改出右門。

迎神、送神，舊制皇上行二跪六拜禮，今擬行三跪九拜禮。

上香，舊制皇帝立而不跪，查會典大祀皆跪上香，日、月中祀亦跪上香，先師既升大祀擬請皇帝跪上香。

跪奠帛爵，親行三獻，光緒二十年八月丁祭，親臨釋奠，業已遵行，今請著為令。

飲福受胙，光緒二十年親祭始行此禮，請著為令。惟查二十年禮節，謝福胙行二跪六拜禮，今擬謝福胙行三跪九拜禮，又查會典大祀贊禮郎贊賜福胙，中祀贊答福胙，今擬贊賜福胙；舊制遣官飲福受胙，今擬如親王恭代，不飲福受胙。

太學及直省祭文，既升大祀，擬請交翰林院另行恭撰。

臨文稱引先師，舊制雙抬，今擬改為三抬。

立碑，先師既升大祀，擬請御制碑文立石。（筆者註：並未落實）

崇聖祠正位祭品，舊制羊一、豕一、籩八、豆八，今擬加牛一，加籩二、豆二。

崇聖祠承祭官，舊制親祭先師之年，崇聖祠以大學士承祭，今擬親臨釋奠，崇聖祠以親王承祭；如遣親王釋奠，則崇聖祠以大學士承祭。

直省、府、廳、州、縣文廟規制、供奉、禮器、樂舞暨崇聖祠祭品，擬並同太學，行禮儀節仍遵舊制，惟承祭官出入向例由左側門，今擬改由右側門，不飲福受胙。

以上二十三條謹據（臣）等愚見是否有當請旨遵行。[①]

（附：禮部咨詢開祠祭司案呈本部舉奏遵議

先師孔子升為大祀典禮事宜一摺，於光緒三十二年十二月二十日奏，本日奉旨：依議，欽此。

夾片留中，本日軍機處交出禮部奏：來歲仲春丁祭，是否先詣行禮，奉旨：先詣行禮，欽此。相應刷印原奏，通行京外各衙門。凡有應行應辦，轉行轉傳之處，一體遵照可也。等因，准此。合行抄單劄，仰該司即便分移並轉飭各屬，一體知照。計抄單一紙，等因，奉此。除分別移劄外，相應移會貴道查照施行。須至移者，計抄單一紙，等因，准此。除分行外，合亟抄單劄，飭劄道該丞，即便轉飭所屬，一體遵照。

計粘抄單一紙

光緒三十三年二月十一日）

光緒三十二年（1906 年），清政府宣佈"仿行憲政"，將原設之太常寺併入禮部。

宣統二年，詔升文廟為大祀，改訂禮樂。

（臣）謹案：是時新政繁興，度支奇絀，京師大成殿應改覆黃瓦，增拓月臺。雖定規制，未遑經營。直省府州縣亦未大備。然上丁釋奠用大祀樂實始於是年。蓋我朝沿前明舊制，列為中祀，六佾之舞，固無損於宮牆，八風之歌，猶未躋於郊遺。其尊崇之極軌，有待後聖之鴻謨巨典，煌煌詹□乎莫尚。他若典禮院軔定國樂，內以示兆民之軌物，外以動萬國之聽聞。學部奏定小學詩歌，被雅化於黌庠，端始基於象勺，皆近事之葷葷之大者，悉著於篇。[②]

（宣統三年）摺奏（典禮類）：典禮院奏敬擬繕寫祝版及恭奉事宜摺

奏：為請旨事，內閣會奏典禮院官制第九條總務廳職掌內開：恭閱祭告祝文及繕寫祝版事項第十三條，奉常署職掌內開：閱祝版事項等語，恭查向例，祭祀祝版均由內閣恭繕，其應書璽名者由大學士敬書。每年正月

---

① 《大清新法令第十二類·典禮·祀典》，《禮部議覆孔子升為大祀典禮摺》。
② 《清朝續文獻通考》卷一百八十八《樂》一。

祭祈谷壇常雩、冬至祭圜丘壇。如遇親詣行禮，閱視祝版由內閣恭奉至太和殿安設，閱視畢案奉亭內。由太和殿恭送祭所，其地壇、太廟、社稷壇、文廟及各中祀如遇親行，閱視祝版由內閣恭奉至中和殿安設，閱視畢由中和殿請至午門前，安奉亭內，恭送祭所。如大祀遣王恭代，祝版由內閣恭請至午門前，案奉亭內，恭送祭所。其中祀、群祀遣官行禮，祝版由內閣恭請，送往祭所，歷經遵辦在案。現在祝版改由（臣）院恭繕祝版內應書御名者，擬請由（臣）院掌院學士等敬書。①

宣統三年，文廟祠祀事宜劃歸學部，分給外藩王宮喇嘛食物事項，劃歸理藩部，另由衙門詳訂職掌章程辦理。②

宣統三年（1911 年），將禮部改為典禮院，成為清政府專管朝廷壇廟、陵寢之禮樂及製造典守事宜，並掌修明禮樂、更定章制的機關。

附：大祀儀註③

先期一日，樂部設中和韶樂於大成殿外階下，分左右懸。至日五鼓，鑾儀衛設法駕鹵簿於午門外。日出前六刻太常寺卿詣乾清門告時。皇帝御祭服，乘禮輿出宮，前引後扈，如常儀。駕發警蹕，午門鳴鐘鼓，法駕鹵簿前導。不陪祀王公、百官咸朝服跪送。導迎鼓吹，設而不作。皇帝至廟門外降輿，贊引太常寺卿二人恭導，由中門入，至更衣大次少憩。太常寺卿奏請行禮，皇帝出大次，盥洗。贊引官恭導皇帝入大成門中，由中階升，入殿中門，至拜位前，北向立。太常寺贊禮郎引分獻官至階下，夾甬道立。鴻臚寺官引陪祀王公在殿外階上，百官在階下，左右序立，均北面。典儀官贊："樂舞生登歌，執事官各共乃職。"【以下自迎神至送神，皆典儀官唱贊】武舞八佾進。贊引官奏："就位。"皇帝就拜位立，乃迎神。司香官奉香盤進。司樂官贊："舉迎神樂，奏昭平之章。"【凡舉樂，皆司樂官唱贊】贊引官奏："就上香位。"

恭導皇帝詣先師香案前立。司香官跪進香，贊引官奏："上香。"皇帝立上炷香、次、三上瓣香。奏："復位。"奏："跪拜興。"【以下行禮皆

---

① 《內閣官報》，宣統三年（1911 年）第 2 期。

② 《清朝續文獻通考》卷一百二十二《職官》八。

③ 據"宣統二年，詔升文廟為大祀，改訂禮樂"，可知此時禮樂才算正式擬定。因材料缺乏，故照前代主要是乾隆三年親祀儀註及後代皇帝更改儀註增訂。

有奏】皇帝行二跪六拜禮，王公、百官均隨行禮。奠帛，行初獻禮。司帛官奉筐，司爵官奉爵進。奏宣平之章，舞干戚之舞，司帛官詣先師位前跪獻，三叩。司爵官詣先師位前立獻，奠正中。皆退。分獻官各詣四配、十二哲、兩廡先賢先儒位前上香，奠獻如儀。司祝至祝案前跪，三叩，奉祝版，跪案左，樂暫止。皇帝跪，群臣皆跪。司祝讀祝畢，詣先師位前，跪安於筐內，三叩退。樂作，皇帝率群臣興三拜禮興。行亞獻禮，奏秩平之章，文舞八佾进，舞羽籥之舞。司爵官詣先師位前獻爵，奠於左，儀如初獻。行終獻禮，奏敘平之章，舞羽籥之舞【舞同亞獻】司爵官詣先師位前獻爵，奠於右，儀如亞獻。分獻官以次畢獻，均如初。樂止，文德之舞退。贊禮郎贊：賜福胙！頒福胙礼生跪奉福胙，皇帝受福胙拱舉，再交受福胙生。謝福胙，行三跪九拜禮。群臣皆随行礼。乃撤饌，奏懿平之章。

撤饌畢，送神，奏德平之章，皇帝率群臣行二跪六拜禮。有司奉祝、次帛、次饌、次香、恭送燎所。皇帝至轉立拜位旁，西向，候祝帛過，復位。樂作，祝帛燎半，奏："禮成。"恭導皇帝由大成門出。皇帝至更衣大次內，樂止。至廟門外，升輿。

各衙門承辦親祀事宜：

凡恭遇皇帝釋奠先師廟，工部於祀前一日，自先師廟門內至大成殿門外，鋪設棕毯。又恭設大次於大成門內東。其大成殿四配、十二哲分獻官，崇聖祠承祭官，由太常寺前期奏派。

大成殿司香、司帛、司爵，俱用太常寺官。

崇聖祠分獻官、司香、帛、爵官，大成殿兩廡分獻官，司香。帛、爵生，由國子監自行揀派，移會太常寺。餘與遣官釋奠同。

國子監承辦親祀事宜：

先期移文太常寺，查取親祀典禮。工部恭設大次，並取鋪設棕毯工役。於集賢門外柵欄門以內平墊黃土。鑾儀衛領應差廟戶等紅駕衣二十件、帽二十頂、帶二十條、翎二十根。余行事宜，並與丁祭同。①

---

① 參見（清）文慶、李宗昉纂修，郭亞南等點校《欽定國子監志·廟志》（上冊），北京古籍出版社 2000 年版，第 394—397 頁。

案：因資料缺乏，樂舞之曲譜舞譜皆無存，待考。

禮志五　釋菜

在古代，除了有每年仲春、仲秋祭孔的釋奠儀之外，還有釋菜禮（儀）和釋褐儀兩種。一般而言，釋菜禮是指古代每月朔、望（初一、十五）國子監官師帶領學生用兔醢、果酒、香燭、芹、棗、栗等祭祀先師孔子的一種較为简单的禮儀。

順治元年，定月朔行釋菜禮。設酒、芹、棗、栗。祭酒於先師位及四配位前三獻。東、西哲廡位前以監丞、博士等官分獻。次詣啟聖祠（今改称崇聖祠）行禮。分獻官亦隨行禮。十五日司業上香，與朔日同。（謹案：舊制：每月朔、望，堂上官率屬赴後殿及土地祠行禮，今惟正月行之。余俱派監丞、博士、助教等員於崇聖祠行禮，助教一員於土地祠行禮。又東、西哲向以監丞、博士分獻，今博士、助教等官輪派，監丞不與焉）[1]

因道光十三年（1833年）之後釋菜禮儀程並未有什麼變化，故參照《欽定國子監志·禮志四·釋菜》，錄其儀程如下：

釋菜儀註：

是日清晨，主獻祭酒及隨班行禮之祭酒、司業，俱詣致齋所，更朝服。贊引道由東角門入。監丞、博士、八旗官學助教、六堂助教、學正、學錄等官，八旗官學教習，既肄業貢、監生，皆從詣階下。通贊贊："排班。"班齊，贊："跪，叩，興。"行三跪九叩禮畢，贊引道詣盥洗所，盥手，帨手。再詣酒尊所，司尊者舉羃、酌酒，執爵者由中道上。贊引道祭酒由東階升，從殿左門入。贊引贊："詣至聖先師神位前。"一跪一叩，興。獻三爵，一跪三叩，興。【階下俱隨班行禮】贊引贊："詣復聖顏子、宗聖曾子、述聖子思子、亞聖孟子位前"，各行三獻禮，如正位儀。十二哲、兩廡分獻官，俱竢祭酒詣亞

---

① 參見（清）文慶、李宗昉纂修，郭亞南等點校《欽定國子監志》（上冊），北京古籍出版社2000年版，第425頁。

聖位前時，各贊引引詣神位前行禮，如四配儀。畢，贊引道各官由殿
右門出，下西階復位。通贊贊："跪，叩，興。"祭酒及各官行三跪
九叩禮，興。贊："禮畢。"道由西掖門出。崇聖祠主獻、分獻與前
殿儀同。望日上香，司業詣致齋所更朝服，儀如月朔，不獻爵。

【謹案：元日，各官朝賀。次日，釋菜。餘月朔、望，如遇壇、
廟大祀，堂上官均與陪祀，則派監丞等率八旗教習、六堂諸生在階下
行三跪九叩禮，不獻爵，不上香】

釋菜執事員數：

朔、望行禮，大成殿、崇聖祠糾儀官二員，博士助教等官充。朔
日釋菜，大成殿侍班二名，通贊四名，正引、哲引、廡引各四名，正
位司尊一名，東、西哲司尊二名，東、西廡司尊二名，正位司爵三
名，四配司爵八名，東、西廡司爵六名，兩廡司爵四名。崇聖祠侍班
二名，通贊、正引、配引、廡引各二名，正位司尊一名，東、西廡司
尊各一名，正位司爵五名，配位司爵二名，東、西廡司爵各一名。望
日上香無司爵，改司尊為司香。

【謹案：康熙二十四年議准：每月朔文廟行釋菜禮，於各項監生
內，選取容止端莊，聲音明亮者十名充禮生，祼獻贊禮。二十九年停
止，以教習帶管。今用本監內班肄業生】

釋菜事宜：

朔日釋菜，應用香、燭、酒、果，望日上香，應用香、燭等項，
均前期行文太常寺給發關領，至期陳設。屆期清晨，由神庫點取應用
獻爵等器，敬謹洗滌備用。朔、望日均於大成殿階墀下甬道中鋪設棕
毯。分三班：前祭酒、司業，次分獻官，次隨行禮官。其八旗教習及
六堂肄業生，分東、西二班。有琉球官生時，亦隨該學教習，附於肄
業生之次行禮。崇聖祠亦鋪設階墀之下，不分班。【以上點簿承辦】
其執事各生，由六堂先期揀選開送，照例分派。立執事名冊一本，拜
廟名冊一本，令諸生各赴持敬門畫到，不到者查明記過。【以上監丞
承辦】

　　【謹案：現行朔、望禮儀，前、後殿分獻、侍班、糾儀等員，均於博士、助教、學正、學錄、點簿、典籍內輪充。監丞有稽查執事諸生之責，止隨行禮】①

　　清代國子監原有南學一處，雍正九年（1731年）創設，是謂國子監學生學習住宿之所。乾隆初年開始，南學逐漸發展並走向完備。乾隆之後，國子監尚能維持往昔的繁榮局面，嘉慶皇帝繼承了其父乾隆遺意，仍舊重視教育，興學育才，對於最高學府國子監也傾力扶持。所以國子監在乾隆去世後的嘉慶時期仍延續了之前形成的周詳完備的格局和學制，當然南學也不例外。道光時期，國子監開始走下坡路，南學的局面日益下滑，只能勉強維持。眾所周知，清朝的中衰始於乾隆，嘉慶雖試圖補救卻也無力挽回，道光朝則是清朝衰象劇顯之時。此時政治腐敗、白銀外流，加之用兵西陲，國庫空虛，道光皇帝雖勤政圖治，克勤克儉，但依然積重難返，收效甚微。咸豐年間，國子監及南學的境況可謂是陷入低谷。無論是教職人員和學生的品質，還是辦學經費及師生的補助，都極大地下跌，以致南學的運轉幾乎難以為繼。隨著咸豐朝戰事的過去，清政府洋務運動的開展，滿清王朝走入了一段"同光中興"小有恢復的時期。在同治、光緒兩朝這段時期內，清政府對國子監做出了一系列整頓措施，用以恢復太學的元氣繼續為國家培養人才。同治、光緒年間的整頓，極大地改善了國子監南學的境況。

　　光緒末年以來，隨著科舉的廢除和國子監的裁撤，南學也喪失了其承擔的供國子監師生讀書住宿的職能而用作他途。在從國子監脫離出來之後，南學這塊地方先後成為不同文化單位的駐地，甚至其原有的院落房屋完全毀壞湮沒。②

　　1898年，清政府制定《京師大學堂章程》，規定京師大學堂分普通學與專門學兩類，同時設師範齋和編譯局等部門。以後歷經戊戌政變、義和團運動、八國聯軍侵佔北京等變故，京師大學堂屢遭摧殘，以致停辦。

---

　　①　（清）文慶、李宗昉纂修，郭亞南等點校：《欽定國子監志》（上冊），北京古籍出版社2000年版，第425—427頁。
　　②　參見白雪松《試析國子監南學的歷史演變》，載《孔廟國子監論叢（2012年）》，北京燕山出版社2012年版，第130—139頁。

1901 年，清政府重建京師大學堂，先設速成科，下分"仕學館"和"師範館"。1905 年，清廷正式宣佈廢科舉設學堂，朝廷成立學部，並令各省設立學務處，主管新教育事業。

据光緒三十一年（1905 年）《政務處奏請特設學部》：

> 竊臣等恭讀八月四日上諭"立停科舉，以廣學校"等因。欽此。仰見聖謨深遠，因時制宜，教育人才，實事求是之盛舉，溥海士流，莫不聞風鼓舞。註重學科，化愚為明，自柔而強之基，實植於此。
>
> 竊謂此後普及之教育，日推日廣，則學堂之統系，愈重愈繁，欲令全國學制，畫一整齊，斷非補苴罅漏之計所能為，一手一足之力所能濟。且當變更伊始，造端宏大，各處學務之待考核統治者，條緒極紛，必須有一總彙之區，始足以期日臻進步。擬請飭下政務處，公議速行設立學部，上師三代建學之深意，近仿日本文部之成規，遴選通才，分研教育行政之法，總持一切，綱舉目張，實於全國學務大有裨益。
>
> 查科舉既停，禮部、國子監兩衙門公事，愈形清簡，似宜統行裁撤，歸併學部，以節經費，兼免紛歧。其禮部應辦典禮，即責成太常寺、鴻臚寺慎重將事，必不致稍貽隕越。所有部、監之各司官助教等員，半係文學出身，亦可擇其學識明通者，十留二三，隸於學部。其餘亟當統籌出路，設法疏通，以彰國家體恤群臣之美。[1]

又據光緒三十二年（1906 年）《學部奏酌擬學部官制歸併國子監事宜改定額缺折》：

> 至國子監業經遵旨歸併，查該衙門舊日職掌，係專司國學及典守奉祀之事。現學務事宜已經歸併辦理，其文廟辟雍殿兩處，典禮崇隆，觀聽所傾，自應特設專官以昭慎重。擬設國子丞一人，總司一切禮儀事務，分守典守奉祀等官各司其事，仍隸臣部辦理，俾垂久遠。所有臣等酌擬本部官制及歸併國子監事宜，改設額缺章程，謹分繕清

---

① 《北京教育志叢刊》1992 年第 3、4 期。載《光緒政要》第二十七冊，卷三十，第 64—65 頁。

單恭承御覽，伏厚欽定……

光緒三十二年閏四月二十日奉旨："依議"。欽此。

……謹擬歸併國子監事宜改定額缺章程，繕具清單，恭呈御覽。

擬設國子丞一員，秩正四品，總司文廟、辟雍殿一切禮儀事務。其體制視參議，由臣部奏請簡任。

擬設典簿四人，秩正七品，分掌關於祀典及臨雍視學，案牘，兼經管廟戶殿戶。

擬設典籍四人，秩正八品，分掌廟內祭器、樂器、碑刻、殿內御用寶器及一切品物。

擬設文廟七品奉祀官二人，八品奉祀官二人，九品奉祀官二人，掌預備祭器一切事宜。

擬設文廟正通贊官二人，秩從七品，副通贊官二人，秩從八品，掌行禮引贊事宜。

擬設二等書記官三人，秩正八品，三等書記官三人，秩正九品。

典簿以下各官皆不分滿漢一體任用。

典簿以下各官其昇轉皆比照舊設之官。如係滿蒙人員照漢員例一律准其截取。七品視監丞、八品視學正、九品視舊典籍，擬請奏定後由臣部就現任監丞等官酌量對品奏請改補，俸照現定品級並酌加津貼以職掌之繁簡為差。

舊設實缺官，自監丞至九品筆帖式五十二缺，除酌量對品留補外，其餘裁缺各員及候補人員情願留部當差者，均作為額外行走人員，裁缺者照裁缺之例，候補者各按班次分別到署日期，以新設典簿等官候補。其情願改官及未經到署之候選人員，應由臣部諮送吏部照上年兵馬司指揮裁缺人員例，由吏部另定章程奏明辦理。

典簿以下各官缺出，嗣後均由臣部酌量奏補。如此次額外人員用竣之後，應就各省辦理學務人員及本部司務書記官書記生調補昇用。①

由此可知，隨著京師大學堂以及現代教育的興起，光緒三十一年

---

① 《北京教育志叢刊》，1992 年第 3、第 4 期。載《大清光緒新法令》第三冊，商務印書館第五版，第 37—41 頁。

（1905 年），國子監歸併學部，以節經費，所有部、監之各司官助教等員，多半系文學出身，亦可擇其學識明通者，十留二三，隸於學部。其餘則須統籌出路，設法疏通。國子監歸併學部後，國子監孔廟設國子丞一人，總司文廟、辟雍殿一切禮儀事務；還專設奉祀官 6 人，通贊官 4 人，專管祭祀事宜。從文獻資料記載中可知，光緒至宣統每年春秋丁祭，釋奠禮照常進行。釋菜禮等孔廟國子監原有禮儀，在國子監歸併學部後，仍然被保留下來，並設官予以管理。

光緒三十二年（1906 年），學部即奏請將南學改為師範學堂，用以符合興辦新學的時代趨勢。對於舊日南學的學生，學部也設法給予一部分出路和安置：對於學業已滿三年，但仍滯留京師無力回鄉的學生，本多系貢監生，符合吏部考職的舊例，允許學部及督同國子監丞嚴加考試，文理通達者即可諮送吏部授以州吏典史等官。這其中舉人可不拘科分年限由學部直接諮送吏部。至於其他五貢廩貢仍照舊例諮送吏部以教諭訓導選用。

光緒三十二年（1906 年）五月，京師第一師範學堂在安定門內方家胡同國子監南學舊址正式開辦。學堂開辦緣於京師小學林立但師資無所取，故京師督學局局長孟慶榮商請學部酌撥學款進而創設。學堂於七月開學，設優級選科兩班，簡易科兩班，第二年又添簡易科一班。學制選科為三年半，簡易科二年或二年半。光緒三十三年及三十四年正月，復設兩等小學兩班。宣統元年二月及翌年四月，又添設完全科三班，學制五年。其中優級選科兩班學生於宣統二年二月畢業七十二名，簡易科三班於光緒三十四年及宣統元年五月先後畢業共一百六十六名，為京師地方儲備了教師力量。民國元年（1912 年）六月，學堂完全科尚未有畢業生，教育部即以宜有部轄師範學校為各地表率為名將學堂改組為北京師範學校。七月，教育部令夏錫祺為北京師範學校校長，又因地址偏僻交通不便，將學校遷至西城豐盛胡同滿蒙文高等學堂故址，於八月開校。[1]

據袁嘉谷著《袁嘉谷文集·一》中《國子監歸併學部疏》稱：

　　本年（1906 年）十一月初十日奉上諭：國子監，即古之成均，

---

①　參見白雪松《試析國子監南學的歷史演變》，載《孔廟國子監論叢（2012 年）》，北京燕山出版社 2012 年版，第 140—141 頁。

本系大學，所有該監事務著即歸併學部等因，欽此。十二月初六日，由監匯造清冊，知照接收。臣等親詣該監，恭閱所藏欽頒御寶，并臨雍陳設，及祭器、書籍、文卷、仍暫責成原官典守。舊行禮節，由臣等敬謹將事。

綜上可知，國子監歸併學部後，國子監孔廟設國子丞一人，總司文廟、辟雍殿一切禮儀事務。南學的師生很可能還在國子丞的帶領下行釋菜禮。光緒三十二年（1906 年）學部奏請將南學改為師範學堂，用以符合興辦新學的時代趨勢，對於舊日南學的學生學部給予一部分出路和安置。五月，京師第一師範學堂在安定門內方家胡同國子監南學舊址正式開辦。又據袁嘉谷《國子監歸併學部疏》所言十一月初十上諭及"舊行禮節，由臣等敬謹將事"，可知在國子監歸併學部后，國子丞帶南學師生所行釋菜禮之禮節應該一直延續至清末。

禮志六　釋褐

所謂釋褐禮，是指科舉殿試後由狀元率諸進士，到孔廟向先師孔子行釋菜禮，然後脫去原先平民衣服，換上官服，再到國子監彝倫堂向祭酒和司業行禮的一種儀式。

由釋褐之史料可以看出，至遲在漢代已經有釋褐一詞出現，所以揚雄才能在《解嘲》中云："夫上世之士，或解縛而相，或釋褐而傅。"至於釋褐一詞誕生的最初時間，我們已經無從考證。釋褐一詞後來為晉、隋唐五代以及宋元明清士人所沿用，一直是舉子考中進士後封官進爵所必進行的一項重要內容。特別是在唐代，釋褐禮似乎非常盛行，從唐代中晚期著名詩人張蠙、鄭穀等所作的詩篇及《唐才子傳》中皆可以看出。在唐代，釋褐又作"解褐"。又據宋高承《事物紀原·旗旆采章·釋褐》："太平興國二年（977 年）正月十二日，賜新及第進士諸科呂蒙正以下綠袍靴笏，非常例也。御前釋褐，蓋自是始。"可知"御前釋褐"實始自宋太宗興國二年（977 年）。

元代由於史料匱乏，記載較為簡單：

中選進士，賜恩榮宴於翰林國史院。擇日詣先聖廟，行舍菜禮。

第一人具祝文行事。(《元史·選舉志》)

明代:

　　萬曆二十三年,定每科進士行釋菜禮。先日,太常寺備祭品兔
醢、棗栗、蔬酒、香燭於殿廡神位前。是日清晨,狀元率諸進士行
四拜禮。其巾服每襲巾也,如唐制;袍一,用玉色,羅為之;木笏
也,靴一,布襪一,俱貯藏用所。放榜前三日,各赴監關領。釋菜
畢,乃解巾袍,服官服,謂之釋褐。巾袍等送至監驗收。(《明
史·禮志》)

　　崇禎十三年,命將下第舉人與廷試進士史惇等一百六十三人盡留
特用。於是惇等上疏,請援進士例,謁文廟,行釋菜禮。閣臣張四知
以為不可,上命如所請。(《日下舊聞》)①

　　由此可知,元明清三代之釋褐,實自明萬曆二十三年 (1595 年)
開始。

　　順治二年,定每科新進士臚唱後,擇吉日,狀元率諸進士詣廟釋褐,
先行釋菜禮。先師孔子及四配,以一甲第一名主獻;東、西哲位以一甲第
二名、第三名分獻;東、西廡以二甲第一名、三甲第一名各分獻。諸進士
俱隨班行禮。禮畢,釋褐。更補服,詣彝倫堂。簪花、飲酒如儀。

　　【謹案:一甲三名已經授職,各服頂帶,掛朝珠。二、三甲進士均常
服、素金頂行禮。又案:乾隆十年,定翻譯進士照文進士例,謁先師廟,
行釋褐禮】②

　　因道光十三年 (1833 年) 之後釋褐禮儀程並未有什麼變化,故參
《欽定國子監志·禮志五·釋褐》,錄其儀程如下:

　　釋褐儀註:

　　是日清晨,狀元率諸進士至集賢門外下馬,入持敬門,詣致齋所。贊

　　①　參見 (清) 文慶、李宗昉纂修,郭亞南等點校:《欽定國子監志》(上冊),
北京古籍出版社 2000 年版,第 431—432 頁。

　　②　(清) 文慶、李宗昉纂修,郭亞南等點校:《欽定國子監志》(上冊),北京
古籍出版社 2000 年版,第 430 頁。

引導由東角門入，詣殿階下。通贊贊："排班！"班齊，贊："就位！行謁見禮！"贊："跪，叩，興。"三跪九叩畢，通贊贊："行釋菜禮！"禮畢，由西角門出，詣致齋所神庫前釋褐。候祭酒、司業朝服升堂，諸進士由太學左門入，至階下序立。曾入監者，昇露臺四拜，起立台西；未入監者，露臺下兩拜。祭酒、司業俱坐受禮。畢，一甲三名由堂東門入，執事者設食案於座前。祭酒、司業下座，面南立，一甲三名面北立。執事者簪花、斟酒，一甲三名向上揖，飲酒三爵。出，祭酒、司業送至堂門內。諸進士由堂西門入，本監屬官接待，簪花。飲酒如儀。畢，送出堂簷下。

釋褐事宜：

清代新進士釋褐，先准禮部知會日期到監。國子監典簿具稿行文戶部，移取花紅、香燭、酒果、銀十五兩，照例備辦。屆期陳設，與朔日同。①

據清末科探花商衍鎏所著《清代科舉考試述錄及有關著作》，亦載有清代進士們詣孔廟，行釋褐禮之情形：

五月一日（光緒癸卯、甲辰兩科改為六月一日）詣孔廟，行釋褐禮，國子監預備花紅、香燭、酒果。是日晨，狀元率諸進士，由集賢門入持敬門，先行釋菜禮，孔子及四配以一甲第一名主獻，東西十哲位以一甲第二、三名分獻，東西廡以二三甲第一名各分獻。禮畢釋褐，更易補服，詣彝倫堂拜祭酒司業，設食案於座前，一甲三名面北立，祭酒司業進酒三爵簪花，諸進士由屬官接待如儀。故事：一甲三人簪花訖，所餘備用花一枝歸總理監事大學士攜歸。乾隆（四十六年）辛丑翁方綱為司業，是科三元錢棨為翁己亥（四十四年）所取江南解元，協辦大學士蔡新（［校註］蔡新，字次明，福建漳浦人，乾隆元年丙辰科進士［二甲］第一名時任吏部尚書協辦大學士，至四十八年補大學士，文華殿大學士）以此花讓翁方綱，翁有《三元花歌》記其事。按唐開元五年，始令鄉貢明經進士於國子監謁先師，學官開講問義，有司為具食，清資五品以上官及朝集使皆往觀禮。

_____

① （清）文慶、李宗昉纂修，郭亞南等點校：《欽定國子監志》（上冊），北京古籍出版社 2000 年版，第 430—431 頁。

《宋紹興十八年同年錄》載進士於集英殿唱名朝謝後，赴國子監謁先聖先師。是即後來詣孔廟行禮之所由來。余於甲辰科謁孔廟時，國子監已裁撤，遂無拜祭酒於彝倫堂之事，而二甲以下進士皆不往，其主獻分獻之禮不具，僅一甲三人衣冠行禮，謁聖而退。[1]

該文是清代最後一次科舉殿試後親歷者的記述。由此可知，當年的釋褐禮已非常簡單了。光緒三十三年（1907 年）清政府廢停科舉考試以後，釋褐禮亦即宣告終結。

（修撰人：常會營）

---

[1]　商衍鎏：《清代科舉考試述錄及有關著作》，百花文藝出版社 2004 年版，第 153 頁。

禮　志

禮志七　告祭

　　告祭之禮，即古始立學之祭也。漢世雖立學，而斯禮無聞。三國魏正始中，以講經通，使太常釋奠孔子，是為遣官祭告辟雍之始。其後北魏有告諡之典，開元有冊贈之文，並令恭請持節奠祭，見於史傳。自宋及元，褒封崇祀，典禮不絕，而告祭無明文。明洪武十五年，太學易塑像為木主，遣禮臣以太牢祭；成化十三年，增籩豆十二、舞八佾，遣商輅告祭；隆慶五年，以薛瑄從祀，遣祭酒馬自強告祭，亦難見於記載，而正史不書。國朝著為令典，儀制加詳。凡追崇、昇祔、厘正、典禮及建修、落成，並遣官告祭，儀與春、秋釋奠同，所以妥神明者，至矣。惟雍正二年、七年，世宗憲皇帝親詣告祭，恭載本志·《親詣釋奠》。謹識。①

　　咸豐、同治年間，查考史料，並無告祭記載。

　　光緒三十三年（1907 年）十二月十二日　文廟開工，上派那桐恭詣崇聖祠行禮，卯正禮成。②

　　光緒三十四年（1908 年），清廷又確定文廟建制為九楹三階五陛制。光緒三十四年壬寅，內閣等衙門會奏、遵議攝政王禮節總目十六條。

----

　　①　（清）文慶、李宗昉纂修，郭亞南等點校：《欽定國子監志》（上冊），北京古籍出版社 2000 年版，第 435 頁。

　　②　北京市檔案館編：《那桐日記：一八九零──一九二五年》（下冊），新華出版社 2006 年版。

一、告廟。監國攝政，典禮崇隆，應請諭旨擇期派員告祭太廟，並由攝政王於大行太皇太后幾筵前，祇領監國攝政王冊寶冊文，應恭錄十月二十日、二十二日。兩次大行太皇太后懿旨，毋庸另行撰文。

一、詔旨。軍國政事，及黜陟賞罰，悉由監國攝政王裁定，仍以諭旨宣示施行。凡重大事件，有必須請皇太后懿旨者，由監國攝政王面請施行，他人不得擅請擅傳。

一、代行祀典。皇上未親政之前，所有壇廟大祀，及現在喪祭，均由監國攝政王代詣行禮。其是否另行遣員恭代行禮之處，由該衙門先期請旨遵行。

禮部奏、皇上登極，告祭孔子闕里、歷代帝王陵寢、五嶽四瀆等祀六十處，得旨，著於各本省副都統總兵內擬派就近致祭。①

宣統元年（1909 年）壬寅，恭上大行太皇太后尊諡。前期遣豫親王懋林、貝勒載潤、貝子毓橚、鎮國公毓璋、輔國公溥釗、分詣告祭天、地、宗廟、社稷、先師孔子。②

壬午，孝欽顯皇后神牌昇祔太廟。前期三日，遣官告祭天、地、太廟、社稷、先師孔子。③

戊申。以崇上皇太后徽號，前期遣官告祭天、地、太廟、社稷、先師孔子。④

禮志八　獻功

根據《禮記·王制》：天子將出征，類乎上帝，宜乎社，造乎禰，禡於所征之地。受命於祖，受成於學。出征執有罪，反釋奠於學，以訊馘告。

孫希旦《禮記集解》：鄭氏曰：師祭也，為兵禱，其禮亦亡。受成於學。定兵謀也。愚謂禡，《周禮·肆師》作"貉"，鄭註云："祭造軍法者。其神蓋蚩尤，或曰黃帝。"受命於祖，告於大祖之廟而卜之也。受成

---

①　《大清宣統政紀》卷三。

②　《大清宣統政紀》卷七。

③　《大清宣統政紀》卷二十三。

④　《大清宣統政紀》卷二十五。

於學，在大學之中定其謀也。卜吉然後定謀，謀定然後行類、宜、造之祭，而奉社主與遷廟主以行也。

《釋文》：訓，本又作"誖"，音信。馘，首獲反。鄭註：馘，或為"國"。釋奠，設薦饌而酌奠，不迎屍也。訓，所生獲當問訊者。馘，殺之而割取其左耳者。出師之時，受成於學，故有功而反，則釋奠於先聖先師而告之以克敵之事也。凡告祭輕者釋幣，重者釋奠。①

古代天子將要出征的時候，要以此事告上帝，需要祭天，同時還要告自己的祖先，師祭於所征之地。因為受命於祖，兵謀成於太學。出征俘虜有罪之人，返回來要釋奠於太學，以征伐所生獲及斷耳者告祭先聖先師。而根據孫希旦的註解，我們更可以看到，這種禮儀的順序應該是先在太祖之廟占卜吉凶，然後再去太學之中定兵謀，謀定之後行類天、宜社、造禰之禮，而奉社主與遷廟主以行。正所謂"禮有三本：天地者，生之本也；先祖者，類之本也；君師者，治之本也。無天地，惡生？無先祖，惡出？無君師，惡治？三者偏亡，焉無安人。故禮，上事天，下事地，尊先祖，而隆君師。是禮之三本也"（《荀子·禮論》）。因為出師之時，兵謀成於太學，所以有功而返，則釋奠於先聖先師而告之以克敵之事。一般告祭，地位輕微者釋幣，重要的則用釋奠。通過孫希旦註解，我們還可以看到大夫釋奠與天子諸侯釋奠之差別：大夫釋奠，需要薦脯、醢、陳觴酒，席於阼階，薦脯醢，三獻。天子諸侯釋奠，則有牲牢，有樂舞。

孔穎達《禮記正義》曰："凡釋奠者，必有合也。國無先聖先師，則所釋奠者當與鄰國合也。有國故則否。若唐虞有夔、伯夷，周有周公，魯有孔子，則各自奠之，不合也。凡大合樂，必遂養老。大合樂，謂春入學舍菜合舞，秋頒學合聲。於是時也，天子則視學焉。"由此可知，釋奠儀這一儀式早在周朝已經產生了。"釋奠者，設薦饌酌奠之，不迎屍也。"也就是說，所謂釋奠，是指向先師之位陳設祭奠的飯食、酒品等。釋奠之所以沒有屍主，是因為主要是為了向先師行禮，而非報答其功德。凡是天子使諸侯國立學的，一定要先釋奠於先聖先師。等到行禮之時，一定要以奠幣。這就是天子命諸侯興教化、立學官。所祭奠的先聖，如周公與孔子。此外，凡是釋奠，一定會有所合，也就是說一定會有與鄰國所祭之人相合的。國家沒有先聖先師的，所釋奠者應當與鄰國相合。國有先師先聖

① （清）孫希旦：《禮記集解》（上），中華書局1989年版，第333頁。

的則非如此。譬如唐虞有夔龍、伯夷，周有周公，魯有孔子，是國故有此人，則不與鄰國合祭也。後來，由於孔子生前非常重視教育，在教育事業上成就很高，影響深遠，所以釋奠的對象逐漸以孔子為主。而孔廟又是皇帝祭祀孔子的地方，綜上所述，告成太學碑刻因此立於國子監孔廟。①

　　刻石立碑是為了作為永久的留念，也是我國一種悠久的文化傳承。旨在記人、記事，述當事之功的始末，頌其功德，昭示後人。御製平定青海告成太學碑是雍正在年羹堯平定了青海之後所立的告成太學碑。根據《欽定國子監志》：世宗憲皇帝御製平定青海，告成太學碑：雍正三年五月立。在大成殿甬路東南，有亭。（文恭載《禮志‧獻功》）② 天下文廟，盡皆摹刻樹立，仰頌聖祖佑護之宏恩，稱揚大將軍太保公年羹堯平叛之奇功。《御製平定兩金川告成太學碑》，乾隆四十一年（1776 年）四月二十八日乾隆帝行受俘禮後，命勒石大成殿阼階前。碑文敘述了二征金川的原因、在大小金川征戰的經過、戰爭的艱苦情況以及對皇上本人功過的評述。《御製平定兩金川告成太學碑》與《平定朔漠告成太學碑》和《御製平定青海告成太學碑》、《御製平定准噶爾告成太學碑》，合稱清代四大平定御碑。道光九年春二月丁卯，以平定回疆，生擒逆裔至京，皇上御午門受俘，親詣先師廟釋奠。③ 亦刻立御碑立於孔廟（孔廟前院持敬門內，南向）。

　　各碑用洗練的語言將波濤暗湧逶迤曲折的戰事講述得驚心動魄。碑文涉及反對分裂、維護國家統一，具有深厚的歷史底蘊和豐厚的文化內涵，同時也具有很高的藝術價值。④

　　道光十三年後至清末，大的軍事戰爭還是不少的，比如 1840 年鴉片戰爭、1860 年第二次鴉片戰爭，太平天國農民起義以及撚軍起義、左宗棠平定新疆、中法戰爭、甲午中日戰爭、八國聯軍侵華戰爭等，但是在文

　　① 常會瞢：《北京孔廟祭孔釋奠及其文化意蘊》，《中國孔廟保護協會第十四屆年會論文集》，第 130—132 頁。

　　② （清）文慶、李宗昉纂修，郭亞南等點校：《欽定國子監志》（上冊），北京古籍出版社 2000 年版，第 925—926 頁。

　　③ （清）文慶、李宗昉纂修，郭亞南等點校：《欽定國子監志》（上冊），北京古籍出版社 2000 年版，第 377—394 頁。

　　④ 參見孔廟和國子監博物館黃茜茜《孔廟國子監論叢》（2012 年、2013 年）中平定青海和金川告成太學碑研究文章《〈御製平定青海告成太學碑〉碑文史證》，第 182 頁，及《〈御製平定兩金川告成太學碑〉碑文史證》，第 113—114 頁。

獻上記載到文廟獻功的卻極少。

　　同治三年丁卯。諭內閣、礼部奏、遵照定例。请举行释奠典礼一摺。本年克復江甯。殲除首逆。自应遣官释奠先師孔子。用告成功所有应行典禮。著该衙门照例辦理。①

　　以上記載的是清政府於同治三年（1864年）平定太平天國農民起義後之獻功。至於左宗棠平復新疆，也未發現告功孔廟記載。經查，平定新疆、與俄人鬥爭、招民墾荒、建立新疆行省經歷了一個比較長的時期，不像康熙三次作戰大漠打敗准噶爾一事那樣單純。清廷有賴於左宗棠的治理和作戰能力，故他一直擔任封疆大吏，沒有回到京城。另根據歷史事實推測，清政府在反抗對外侵略的戰爭中大都以失敗告終，國恥連連，委曲求全，卑躬求和，更談不上什麼告功了。

　　　　　　　　　　　　　　　　　　　（修撰人：常會營）

---

① 《大清穆宗毅皇帝實錄》卷一一〇。

禮　志

禮志九　祭品說

祭品即釋奠先師孔子時所陳列的各種食物，具體內容可參《欽定國子監志·祭品圖說》①。據《欽定大清會典事例》卷 1077 太常寺之“禮節”：

乾隆元年議准：先師廟脯醢宜豐，鹿脯鹿醢，加增鹿二。正位四配及崇聖祠正位，仍用兔醢。十一哲兩廡，崇聖祠配位兩廡，易兔醢為醓醢，加增豕二。再祭先師廟，於前一日陳設，與各處例不畫一，交太常寺照例辦理。二年奏准：先師廟祭祀時，向有爵無墊，嗣後於奠獻時增用爵墊。

咸豐三年議准：釋奠先師。正位暨四配禮神製帛各一。十二哲、兩廡，東西禮神製帛各一，色皆白。崇聖祠正位，禮神製帛各一。配位，東西共禮神製帛四。兩廡，禮神製帛各一。色皆白。（《欽定大清會典事例》卷 415·禮部·祭統·陳玉帛）

光緒二十年奉旨：文廟禮節內添入飲福受胙，欽此。遵旨議奏：增添唱賜福受胙官一員，立於東旁本寺司爵官之次。奉福酒福胙應用光祿寺堂官二員，立於東旁本寺司香官之次，均西向。接福酒福胙用

---

① （清）文慶、李宗昉纂修，郭亞南等點校：《欽定國子監志》（上冊），北京古籍出版社 2000 年版，第 484—486 頁。

侍衛二員，立於西旁，東向。其福胙桌，陳設在大成殿內東旁樽桌之北稍次，西向。接福胙桌，陳設在西旁樽桌之北稍次，東向。

光緒三十二年（1906年），御定孔子昇大祀，祭品，舊製十籩十豆，今擬加二籩二豆，為十二籩十二豆（增加兩籩中所盛為糗餌、粉粢；增加兩豆中所盛為酏食、糝食）。參見《清史稿·志第五十七·禮一（吉禮一）》，茲錄大成殿祭品於下：

（先师位）祭品，凡籩、豆之實各十二，籩用形鹽、藁魚、棗、栗、榛、菱、芡、鹿脯、白餅、黑餅、糗餌、粉粢，豆用韭菹、醓醢、菁菹、鹿醢、芹菹、兔醢、筍菹、魚醢、脾析、豚胉、酏食、糝食。（四配位）用十者，籩減糗餌、粉粢，豆減酏食、糝食。用八者，籩減白、黑餅，豆減脾析、豚胉。（十二哲位）用四者，籩止實形鹽、棗、栗、鹿脯，豆止實菁菹、鹿醢、芹菹、兔醢。籩六者，用鹿脯、棗、榛、葡萄、桃仁、蓮實。豆二者，止用鹿醢、兔醢。登一，太羹。鉶二，和羹。簋二，稻、粱。簠二，黍、稷。……

……先師正、配位，十二哲，兩廡，崇聖祠正位，東、西廡，俱各一用白……牲牢四等：曰犢，曰特，曰太牢，曰少牢。色尚騂或黝。……先師……用太牢。……文廟配哲……用少牢。光緒三十二年，崇聖正位改太牢……太牢：羊一、牛一、豕一，少牢：羊、豕各一。

禮志十　祭器說

《清史稿·志第五十七·禮一（吉禮一）》有詳細記載，茲擇要錄於下：

先師正位視圜丘，惟用鉶二。四配視正位，惟用籩、豆八，無登。十二哲位，各爵三，鉶一，簠、簋一，籩、豆四，篚、俎、尊共用二。兩廡二位同案，位一爵，凡獻爵六，共篚二，尊、俎俱各六，簠、簋各一，籩、豆各四。視學、釋奠同。

乾隆三十三年，頒內府周鼎、尊、卣、罍、壺、簠、簋、觚、爵各一，陳列大成殿，用備禮器。崇聖祠正位五案，案設爵三，籩、豆八，鉶、簠、簋各二，筐、俎、尊各一。配位五案，設爵三，籩、豆四，鉶、筐、簠、簋各一，共俎二，尊二。兩廡三案，案各與配位同，惟共筐為二。

光緒三十二年，增先師正位籩、豆為十二，崇聖祠籩、豆為十，闕里、直省文廟暨崇聖祠祭器視太學。

初沿明舊，壇廟祭品遵古制，惟器用瓷。雍正時，改範銅。乾隆十三年，詔祭品宜法古，命廷臣集議，始定制籩編竹，絲絹裡，純漆。郊壇純漆，太廟采畫。其豆、登、簠、簋，郊壇用陶，太廟惟登用之，其他用木，純漆，飾金玉。鉶范銅飾金。尊則郊壇用陶。太廟春犧尊、夏象尊、秋著尊、冬壺尊、祫祭山尊，均範銅。祀天地爵用匏，太廟玉，兩廡陶。社稷正位，玉一陶二。配位純陶。又豆、登、簠、簋、鉶、尊皆陶。日、月、先農、先蠶亦如之。帝王、先師、關帝、文昌及諸祠，則皆用銅。凡陶必辨色，圜丘、祈穀、常雩青，方澤、社稷、先農黃，日壇赤，月壇白。太廟陶登，黃質采飾，餘俱白。盛帛用竹筐，純色如其器。載牲用木俎，純以丹漆。毛血盤用陶，色亦如其器。嘉慶十九年，定太廟簠、簋、豆與凡祭祀竹籩，三歲一修。

光緒三十二年，先師爵改用玉。

根據《大清新法令第十二類·典禮·祀典》《禮部議覆孔子升為大祀典禮摺》：

神牌，舊制朱地金書，今擬金地青書。
神幄及案衣，舊制綃金紅緞，今擬改用黃雲緞。
爵，舊制用銅，親臨釋奠增設鎏金銀爵一，鎏金銅爵二，今擬均改用玉。

據欽命二品頂戴奉天提學使司提學使張為通飭事案奉（軍都憲　撫憲）札開案准：

禮部咨開祠祭司案呈本部具奏《酌議修飾文廟工程并改造祭器

欵式請旨》一摺，於光緒三十三年三月初五日奉旨：依議，欽此。
相應刷印原奏移咨各督撫查照，凡有應行辦轉行轉傳之處，敬謹辦理
可也。等因，准此。合行抄單札，仰該司即便遵照，通飭各屬一體敬
謹辦理。切切，特札。計抄單等因，奉此。除通行遵照外，合行抄單
札飭札到該廳，即便一體遵照，敬謹辦理。切切特札。計點抄單。右
札興京廳准此。光緒三十三年六月初三日

　　……文廟祭器既升大祀，似亦應改造。謹擬欵式繕其清單，恭候
欽定。其應行添補祭器等項，容俟詳查續奏所有酌議。文廟工程、祭
器緣由是否有當，恭摺具陳，伏乞皇太后、皇上聖鑒訓示，謹奏。謹
將酌擬文廟祭器欵式繕單恭呈御覽：

　　登，舊制用銅口為回紋，中為雷紋，柱為饕餮，刑足為垂雲紋，
蓋上為星紋，中為垂雲紋，口為回紋，與天、地、社稷登紋同。地
壇、太廟、社稷、農、蠶、地祇，登均黃色瓷，今擬文廟登亦改為黃
色瓷，紋仍舊。

　　鉶，舊制用銅，與太廟同。兩耳為犧形，口為藻紋，次回紋，腹
為貝紋，蓋為藻紋。回紋、雷紋上有三蜂為雲紋，三足亦為雲紋，俱
與太廟鉶紋同。惟太廟鉶耳及緣飾金，文廟鉶耳及緣不飾金。先師既
升大祀，今擬鉶紋仍舊耳緣飾金。

　　簠簋及豆舊制用銅，各壇用陶，太廟用木髤漆涂金。簠簋四面飾
玉。豆三方，飾玉。太廟兩廡制同，惟不飾玉。今擬文廟簠簋及豆亦
用木髤漆涂金，而飾以玉，以昭示天子尊師之意。

　　籩，舊制編以竹絲，以絹飾裏，頂及緣皆髤以漆紅色。地壇、太
廟、社稷、農、蠶均飾黃色。太廟籩口加飾雲紋。今擬文廟籩亦飾黃
色，口繪雲紋。

　　筐，竹絲編造，四周髤以漆，舊制紅色。地壇、太廟、社稷、
農、蠶筐均黃色。今擬文廟筐亦改黃色。

　　俎用木，錫裏外，髤紅色，中區為三，外銅飾四，八足有跗。太
廟、社稷、日、月、農、蠶制同。今擬仍舊制。

　　尊用銅，純素，兩耳為犧首。

　　刑（筆者註：應為鉶），各壇用陶，太廟用銅，今擬仍舊制。以

上各器大小高深，擬均仍舊制。①

祭台前放供案、供桌。供案上豎祝版一塊，上面書寫歌頌孔子功德的祝文。供桌上放各種禮器：爵、尊、登、鉶、簠、簋、籩、俎、豆、筐等。下面將這些對我們來講還很生疏的器皿作一簡單介紹。

俎：古代祭祀或宴會上用於盛放牲的禮器，很像四周帶有圍擋的大案板。

簠（音府）：古代長方形的食器，用以盛放黍、稷。

簋（音軌）：古代圓肚圈足的食器，以竹、陶或青銅製成；用以盛放稻、粱。

籩（音邊）：古代祭祀或宴會上用於盛放幹食物的竹器，用竹子編製而成。

豆：盛肉或其他食品的器皿，形狀類似高足盤，上部呈圓盤狀，盤下有柄，柄下有圈足。多為陶制，高一尺、徑一尺。常以偶數組合使用，後演變為專門盛放醃菜、肉醬等調味品的器物。豆作為禮器常與鼎、壺配套使用。

登：古代食器，與豆相似，但稍淺。

鉶（音型）：古代用於盛放羹的器皿。質地為青銅，三足雙耳，如鼎，但有蓋。

爵：古代飲酒器，三足。

筐：用以盛物的圓形竹器。

清末光緒三十二年（1906年）孔子釋奠禮（大祀）所用的祭器分別為：

三俎（盛放牛、豬、羊），三爵（酒）；

二簠（黍、稷），二簋（稻、粱）；

一登（太羹），二鉶（和羹）；

十二籩（鹽、棗、栗、榛、菱、芡、槁魚、鹿脯、白餅、黑餅、糗餌、粉餈等幹食物）

十二豆：其中盛放的是韭、菁、芹、筍各種醃菜或酸菜（"菹"），兔

①　遼寧省檔案館編：《中國近代社會生活檔案（東北卷一）4》之《文廟工程并改造祭器（1907年）》，廣西師範大學出版社2005年版。

肉和魚肉的肉醬（"醢"）、有汁的肉醬（"醓醢"，音坦海）、鹿醢等。豆實以韭菹、醓醢、菁菹、鹿醢、芹菹、兔醢、筍菹、魚醢、脾析、豚胉、酏食、糝食。

孔廟大成殿所存珍貴祭器具體內容參見《欽定國子監志卷三十四·禮志十·祭器圖說》①。其中祭器中的御用器現已不在北京孔廟大成殿，現存國家博物館。

附：道光後所增添的祭器一覽表

道光後祀孔祭器從種類和件數上都有所增補，尤其是光緒三十二年祭孔禮儀昇為大祀以後，所增添的祭器最多。雖然在這方面文獻資料上的文字記載很少，但根據孔廟現存祭器（有款識的）的種類和數量上，可以充分證實這一點。

名稱	年代	數量（件）	備註
青銅器			
回紋龍耳銅簋	道光年	1	
竊曲紋銅豆	道光年	4	
獸面紋雙柱銅爵	咸豐年	2	
回紋龍耳銅簋	咸豐年	1	
竊曲紋銅豆	咸豐年	7	
獸面紋雙柱銅爵	同治年	1	
竊曲紋銅豆	同治年	2	
獸面紋雙柱銅爵	光緒三十四年	20	
回紋龍耳銅簋	光緒三十四年	16	
獸面紋銅簠	光緒三十四年	15	

① （清）文慶、李宗昉纂修，郭亞南等點校：《欽定國子監志》（上冊），北京古籍出版社 2000 年版，第 487—523 頁。

名稱	年代	數量（件）	備註
竊曲紋銅豆	光緒三十四年	54	
獸面紋雙柱銅爵	宣統二年	1	
回紋龍耳銅簋	宣統二年	2	
獸面紋銅簠	宣統二年	3	
竊曲紋銅豆	宣統二年	6	
竹木器			
回紋嵌石金漆木豆	清中期	20	
木簋	清中期	2	
木簠	清中期	1	
木敔	清中期	1	
木柷	清中期	1	
竹邊筐	清中期	4	
瓷器			
羊耳蓋罐	清	2	
斂口盤	光緒	12	
敞口盤	光緒	15	
玉器			
玉爵	推測應為光緒年間昇大祀後	3	根據《大清新法令第十二類·典禮·祀典》《禮部議覆孔子昇為大祀典禮折》，應為光緒三十二年昇大祀後頒

上表中各文物典型图片如下：

（一）青銅器

1. 道光回紋龍耳銅簋

2. 道光年窃曲紋銅豆

3. 咸豐年兽面紋双柱銅爵

4. 咸豐年回紋龍耳銅簋

5. 咸豐年竊曲紋銅豆

6. 同治年獸面紋雙柱銅爵

7. 同治年竊曲紋銅豆

8. 光緒三十四年獸面紋雙柱銅爵

9. 光緒三十四年獸面紋銅簠

10. 光緒三十四年竊曲紋銅豆

11. 宣統二年獸面紋雙柱銅爵

12. 宣統二年回紋龍耳銅簋

13. 宣統二年獸面紋銅簋

14. 宣統二年竊曲紋銅豆

（二）竹木器

1. 清中期回紋嵌石金漆木豆

2. 清中期木簋

3. 清中期木簠

4. 清中期木敔

5. 清中期木柷

6. 清中期竹邊筐

（三） 瓷器

1. 清羊耳蓋罐

2. 光緒年間瓷盤

（四）玉器

光緒年間玉爵①

附：孔子及四配、十二哲、從祀先賢先儒祭器配位①

朝代	神主	祭器種類、數量	說明
元	孔子	籩10，豆10，簠2，簋2，登3，鉶3，俎3	配位同
	從祀	籩2、豆2、簠1、簋1、俎1	
明（嘉靖）	孔子	爵3，登1，鉶2，簠2，簋2，籩10，豆10，俎1	牲用牛、羊、豬各1
	四配	爵3，鉶2，簠2，簋2，籩8，豆8，俎1	每位一壇，俎盛豬肉、羊肉
	十哲	爵1，鉶1，簠1，簋1，籩4，豆4	每位一壇，五位一俎（豬）
	兩廡	爵3，簠1，簋1，籩4，豆4	三位一壇，每位豬肉一份
	啟聖祠正位	爵3，鉶2，簠2，簋2，籩8，豆8，俎（豬、羊）1	
	啟聖祠配位	爵3，簠1，簋1，籩4，豆4，豬頭1，豬肉1份	每位一壇
	啟聖祠從祀	爵3，簠1，簋1，籩4，豆4，豬頭1	
清	孔子	爵3，登1，鉶2，10籩，10豆，簠2，簋2，俎1，三牲俎（牛、豬、羊）1	中祀。大祀為 12 籩、12 豆
	四配	爵3，鉶2，簠2，簋2，籩8，豆8，俎（豬、羊）1	每位一案。崇聖祠正位同（大祀後為 10 籩 10 豆，正位改太牢）
	十二哲	爵3，鉶1，簠1，簋1，籩4，豆4，俎（豬、羊）1	每位一案，俎六位共用
	兩廡	爵2，簠1，簋1，籩4，豆4，俎（豬、羊）1	二位一案，每廡共三俎

---

①　引自孔廟和國子監博物館《北京孔廟歷史沿革展》。

续表

朝代	神主	祭器種類、數量	說明
清	崇聖祠正位	爵 3，鉶 2，簠 2，簋 2，籩 8，豆 8，俎（豬、羊）1	每位一案
	崇聖祠配位	爵 3，鉶 1，簠 1，簋 1，籩 4，豆 4，俎（豬、羊）1	每位一案，二位一俎
	崇聖祠兩廡	爵 1，簠 1，簋 1，籩 4，豆 4，俎（豬、羊）1	東廡二案，西廡一案

（修撰人：常會營）

卷　十

樂　　志

樂志一　　樂制

中和韶樂是清代大樂，用於祭祀和大朝會、大宴饗。順治元年
（1644 年）議定，祭天地、太廟、社稷，都用中和韶樂，亦稱宮廷雅樂，
它包括祭祀樂、朝會樂、宴會樂。朝會樂、宴會樂只有奏樂而無演唱和舞
蹈。祭祀樂則包括了奏樂、演唱和舞蹈。後來，中和韶樂推廣至祭祀孔
子、祭祀歷代帝王等。康熙帝五十二年（1713 年），考訂壇、廟、宮殿樂
器。乾隆時又加以修改。凡大朝會、大祭祀皆在殿陛奏中和韶樂。中和韶
樂舞蹈分為三段八十八式。初獻用武舞，亞獻、終獻用文舞。

祭祀典禮所用八音古樂包括金、石、土、木、革、絲、竹、匏，分別
是編鐘、編磬、鎛鐘、特磬、建鼓、搏拊、琴、瑟、笛、排簫、篪、笙、
塤、笏、柷、敔、麾、節等。據《欽定大清會典圖》記載：祭祀中和韶
樂樂懸，鎛鐘一，設於左。特磬一，設於右。編鐘十六，同一簨，設於鎛
鐘之右。編磬十六，同一簨設於特磬之左。建鼓一，設於鎛鐘之左。其
內，左、右塤各一，篪各三，排簫各一，並列為一行。又內，笛各五，並
列為一行。又內，簫各五並列為一行。又內，瑟各二，並列為一行。又
內，琴各五，並列為一行。司器樂生，器各一人，皆內向立。左、右笙各
五，豎列為一行。左，柷一，搏拊一；右，敔一，搏拊一。樂生器各一
人，左、右相向立。笏各五，司章者執之，立於笙前，左、右向。左，麾
一，掌麾一人，向右立。樂舞生，左、右文舞各三十二人，武舞各三十二
人，分列於樂懸之前。左、右節各二，執節者四人，分立於舞前以引舞。

大祀、中祀用中和韶樂者，位次皆同。

　　清代孔廟釋奠所用中和韶樂歷史沿革及製作過程，《欽定國子監志卷三十五‧樂志》中有詳細記載。

　　兩漢時期祀辟雍，魏唐行釋奠禮，樂制尚未詳備。宋景祐後，定大晟之樂（包括歌章）。元明損益，亦是對大晟之樂的繼承和發展。中和之樂，六平之章，作為聖代隆音，方才有了定制。可見宋景祐大晟之樂在中和韶樂歷史發展過程中起到了承前啟後的關鍵作用。清代官員最後編輯樂制、樂章、律呂表、舞節表、樂器圖說、舞器圖說六卷，作樂志。

　　世祖章皇帝（順治）定鼎之初（1644 年），下詔定郊廟樂章，改用平字，均用中和韶樂。順治二年（1645 年），詔定釋奠先師樂章，六奏，亦用平字。自此釋奠先師用中和韶樂。

　　順治十三年（1656 年），欽頒釋奠文廟樂章六首。迎神，樂奏咸平之曲；奠帛、初獻，樂奏甯平之曲；亞獻，樂奏安平之曲；終獻，樂奏景平之曲；撤饌及送神，俱樂奏咸平之曲。又定釋奠先師，舞用六佾。三獻均進用文德之舞。

　　康熙五十四年（1715 年），頒中和韶樂於國子監文廟。是年太常重造樂器告成，頒行於國子監。

　　乾隆六年（1741 年），詔定先師廟樂律，春祀以夾鐘為宮，秋祀以南呂為宮。迎神奏昭平之章，奠帛、初獻奏宣平之章，亞獻奏秩平之章，終獻奏敘平之章，撤饌奏懿平之章，送神奏德平之章。

　　乾隆三十年（1765 年），頒鎛鐘、特磬於國子監文廟（今存北京孔廟大成殿內鎛鐘、特磬落款為乾隆二十六年，即 1761 年）。

　　凡是春、秋釋奠，樂部前期率太常、協律郎等，設樂器於殿外階上。其樂舞生定額，樂生為五十二人，文舞生為三十六人，均隸樂部。壇廟初獻，舞武功之舞；亞獻、終獻，舞文德之舞。唯有釋奠先師，只用文舞。所謂因地制宜，唐之釋奠用武舞，是不對的。①

　　正如江帆、艾春華所評價的那樣："清代襲用明代《中和韶樂》的名稱，意在'戀建中和之極'，其目的不外乎是合天地之性，類萬物之情，用以致鬼神，示以和邦國。按《周禮》載：'中，猶忠。和，剛柔適度。'

――――――――――――――――

　　① 參見（清）文慶、李宗昉纂修，郭亞南等點校：《欽定國子監志》（上冊），北京古籍出版社 2000 年版，第 524—526 頁。

前面曾經提到周代'以樂德教國子：中、和、祗、庸、孝、友'，是為六德。其中以'中'、'和'兩者為首，即以'中和'為綱紀。周代雅樂即以'中和'為行樂之本。……清代用《中和韶樂》，以示古代祭祀樂舞為清代所繼承、所發揚。取'中和'之意，標誌清代祭孔樂舞達到了所謂'接人神之歡'乃至達到了'聞樂知德'的意境。"[1]

光緒三十二年（1906 年），御定孔子升大祀。据《大清新法令第十二類·典禮·祀典》《禮部議覆孔子升為大祀典禮摺》："樂舞，舊制六佾，今擬用八佾；舊制專用文舞，今擬添用武舞。"

樂志二　樂章

根據《欽定國子監志·樂章》：親祀文廟，導迎樂章，回鑾奏佑平之章：先聖垂軌，千載是祗。虔奉師表，景行行止。奠兩楹神，降之啟後，人文在茲。

（謹案：凡祭祀，未蒞事，尚系齋戒，鼓吹陳而不作，回鑾乃奏之，昭其敬也。余慶典導迎樂，則出入皆用之）

臨雍導迎樂章，奏禧平之章：崇聖尊道，乾德下交。思樂多士，化流芹藻。鼓篋徵經，術昭聽講，環宏育陶。

（謹案：前代導迎樂章，郊社壇廟，率多通用。我朝製作精詳，一切樂章，不相假借。高宗純皇帝復加更正，文廟導迎，定位佑平、禧平，別制樂章。謹錄以冠卷首）

臨雍講學，升座樂章，奏盛平之章：辟雍建，規矩圓方，復古自吾皇。先聖宮牆千仞近，講學升堂。於論鐘鼓鏗鏘，春水圜橋流浩蕩。作君師，時萬億，隆禮樂，煥文章。（乾隆五十年）

建皇極，端拱垂裳，仰止重宮牆。鸑鷟蒼龍親示學，鼓篋升堂。昭回雲漢為章，璧水和風交澹蕩。播金絲，傳孔訓，盛羽籥，邁周庠。（嘉慶三年）

聖人作，治協重光，典學蒞膠庠。寶額龍書雲糺縵，高揭宮牆。臨軒春日舒長，緝雅劂經辭朗暢。宣聰明，昭律度，崇禮樂，考文章。（道光

---

[1]　江帆、艾春華：《中國歷代孔廟雅樂》，中國國際廣播出版社 2001 年版，第 103—104 頁。

三年)

御殿，群臣行禮樂章，奏慶平之章：（夾鐘為宮）禮成典禮，璧水監姬章。中天日月瞻顒卬，宸儀有肅拜舞行。壽考延昌，聖化滂洋。（乾隆五十年）

一人首出，作覿仰當陽。重華協帝煥文章，崇儒右學聖德光。鐘鼓鏘洋，拜舞軒鼟。（嘉慶三年）

崇儒稽古，萬國仰垂裳。詠仁蹈德共趨蹌，雍容拜舞頌我皇。元首惟明，多士惟良。（道光三年）

賜茶清樂章，奏君師兼之章：仰君師兼，道統集，講筵啟，圜橋聽。御論宣，皇極示，綱常五倫敘。君仁臣敬家慈孝，與國人交正。誠不息，維天之命；體行健，同德乾元；亹緝熙，同符前聖。（一解）向階前初聽講罷，穆穆瞻天垠。正左右趨耆彥，服膺誠。摳衣拜，朝班驀序聖賢裔，弟子青衿整。紹心學，外王內聖；五十載，久道而成。萬千歲，生民之盛。（二解）況鴻儀彰，盛典備，四門學，岐周並。《王制》云："天子曰辟雍"，笑炎漢三雍非正。訓辭著，復古真王政，泥古誣重言。申命燕千叟，新歲禮行。辨五更，舊文論定。（三解）告禮成，晉玉茗，霑渥賜，敷茵共。慶一規璧水，長隨教澤生。（趨辭。乾隆五十年）

還宮樂章，奏道平之章（夾鐘為宮）：聖人出，天下文明，玉振葉金聲。日月江河照法象，自古經行。講筵雝肅和平，熙事純常茂典成。覺群黎，敷五教，彝倫敘，萬邦寧。（乾隆五十年）

睿圖洽，文教昌明，至德播膠黌。俎豆衣冠多藹吉，講義橫經。聖人玉振金聲，明德新民萬世程。首修齊，崇格致，基誠正，奏治平。（嘉慶三年）

惟天子，澤被寰瀛，璧水溯源清。三載敷文開萬禩，大化風行。圜橋夾路歡聲，翠蓋琴麗轉禁城。降絪縕，調元氣，大和會，愜皇情。（道光三年）

（謹案：乾隆五十年，辟雍工成，高宗純皇帝臨雍講學，命儒臣恭撰樂章，以次奏御。鴻藻景鑠，鳳韻鏗鏘，於論鐘鼓，圜橋同聽，洵禮樂文章之盛軌也。嘉慶三年，仁宗睿皇帝繼式成規，和聲鳴盛。道光三年，我皇上踵行懋典，歌詠矢音，化洽膠庠，律諧金，上比靈斯於堯舜，垂休美

於無疆。敬編錄如右，並以志慶衍萬年，匪特於今為烈雲爾）①

乾隆年間，釋奠樂章第二次修訂。乾隆六年（1741 年）及八年（1743 年）分別新頒中央"國學"及地方"直省"用樂章，更改後樂章名一樣，但樂詩詞及佾舞譜則不同。

《欽定大清會典事例》卷五三一《樂部·樂章·中和韶樂》：

先師廟（註：乾隆六年修訂）：

昭平之章（迎神）

大哉至聖，德盛道隆，生民未有，百王是崇，

典則昭垂，式茲辟雍，載虡簨簴，載嚴鼓鐘。

宣平之章（奠帛、初獻）

覺我生民，陶鑄賢聖，巍巍泰山，實予景行，

禮備樂和，豆籩嘉靜，既述六經，爰斟三正。

秩平之章（亞獻）

至哉聖師，克明明德，木鐸萬年，惟民之則，

清酒既醑，言觀秉翟，太和常流，英材斯植。

敘平之章（終獻）

猗歟素王，示予物軌，瞻之在前，師表萬祀，

酌彼金罍，我酒維旨，登獻雖終，弗遄有喜。

懿平之章（撤饌）

璧水淵淵，芹芳藻潔，既歆宣聖，亦儀前哲，

聲金振玉，告茲將徹，禋假有成，日月昭揭。

德平之章（送神）

煌煌辟雍，四方來宗，甄陶樂育，多士景從，

如士斯埴，如金在鎔，佐予敷治，俗美時雍。

（謹案：釋奠樂章，昉於六朝，至唐略備。宋元以來，增損文字，更定章句，雖日益加詳，而製作未臻極則。我世祖皇帝順治十三年，欽頒《國子監文廟大成歌章》，始用黃鐘為宮。高宗純皇帝乾隆六年，詔定《釋奠樂章》，春以夾鐘為宮，秋以南呂為宮，被音協律，益臻美善。直

---

① 參見（清）文慶、李宗昉纂修，郭亞南等點校《欽定國子監志》（上冊），北京古籍出版社 2000 年版，第 528—531 頁。

省釋奠，則又頒撰樂章，斟酌損益。隆儀明備，誠千古所罕睹者矣)①

　　如艾春華、江帆先生所言："千餘年來的孔廟樂章是幾經變化，到了清代為國學和直省頒定的這兩套樂章，就其內容和形式來看，終於達到了歷史上的相當水準。因此，自乾隆八年（1743 年）頒行於天下，一直沿用到清末，乃至民國時期。"②

樂志三　律呂表

　　律呂，是指有一定音高標准和相應名稱的中國音律體系。律呂是十二律的別稱，語源出於三分損益律的六律、六呂。律呂表從道光三年至清末無甚變化，具體內容參見《欽定國子監志》卷三十七《樂志三‧律呂表》③。

樂志四　舞節表

　　舞節表從道光三年至清末無甚變化，具體內容參見《欽定國子監志》卷三十八《樂志四‧舞節表》④。

　　据《大清新法令第十二類‧典禮‧祀典》《禮部議覆孔子升為大祀典禮摺》："樂舞，舊制六佾，今擬用八佾；舊制專用文舞，今擬添用武舞。"

樂志五　樂器圖說

　　祭祀孔子的樂制始於兩漢。北京孔廟在元代的祭孔樂章為大成禮樂，

---

　　① 參見（清）文慶、李宗昉纂修，郭亞南等點校《欽定國子監志》（上冊），北京古籍出版社 2000 年版，第 532—533 頁。

　　② 江帆、艾春華：《中國歷代孔廟雅樂》，中國國際廣播出版社 2001 年版，第48 頁。

　　③ （清）文慶、李宗昉纂修，郭亞南等點校：《欽定國子監志》（上冊），北京古籍出版社 2000 年版，第 539—571 頁。

　　④ 參見（清）文慶、李宗昉纂修，郭亞南等點校《欽定國子監志》（上冊），北京古籍出版社 2000 年版，第 572—596 頁。

以取集大成之意，並特命江浙行省負責製作先師廟的樂器，由樂工負責審校後運到京師孔廟。

樂器：琴、瑟、笙、簫、管、柷、籥、塤、敔、搏拊、篪、鼓、鐘、磬、麾、旌等。按質地一般可分為金、石、竹、木、土五類。按音質分則屬於如下"八音"演奏樂器，由主管人員按相應位置陳設。

現將孔廟所存部分珍貴祀孔樂器圖說如下，詳細可參看《欽定國子監志卷三十九·樂志五·樂器圖說》[①]。

鎛鐘

鎛鐘，青銅鑄造，是乾隆三十年（1765 年）頒於孔廟的樂器。奏於一曲之始，相當於整個樂隊的定音鼓。鐘，在金、石、土、革、絲、木、匏、竹八大樂器類系中排在首位，屬金類樂器，在我國有著四五千年的歷史。

鎏金八卦紋編鐘，銅鎏金製造，一套共十六枚。孔廟編鐘為一鐘一律，每枚編鐘後面鑄有不同音律的名字，前面鑄有"康熙五十四年製"，編鐘在祭孔合樂中，用於每句的開始。

鎏金八卦紋編鐘

---

① （清）文慶、李宗昉纂修，郭亞南等點校：《欽定國子監志》（上冊），北京古籍出版社 2000 年版，第 597—637 頁。

特磬

特磬，料為和田碧玉，造型碩大，重約二十斤，因屬磬中最大而得名。

編磬

編磬，共16枚，安徽"靈璧石"製成。鐫有不同音律及"康熙五十四年製"年款，編磬與編鐘在樂隊演奏中居於重要的位置。"二者於每句之間開頭收尾，前後呼應。"

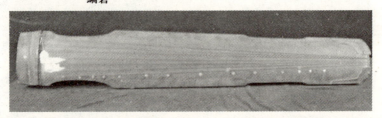

琴

瑟

　　琴、瑟，屬古代絲絃樂器。琴，七弦，鐫刻"康熙五十四年製"和"乾隆三十四年製"款。瑟，二十七弦，鐫有"康熙五十四年"款。

柷　　　　　　　　　　　　敔

　　柷、敔同屬木類樂器中的打擊樂。柷，造型似量米用的鬥，在祭孔雅樂中，處於指揮眾器的地位，是"起樂"的信號。敔，又稱楬。以木料雕成伏虎形態，虎背上有24塊木片組成縱列一排，即所謂"齟齬"，安置在虎背的槽內，是"止樂"的信號。

　　北京孔廟保存的大量歷史文物，雖比不上秦磚、漢瓦歷史久遠，也沒有文玩字畫精彩華麗，但是它們系統地反映了中國古代的祭祀文化。其中，柷和敔是國內現存稀少的兩件古老的祭祀敲擊樂器；鎏金編鐘，無論製作年代、音律排序、鎏金成色、器形品相等皆為同類文物中之佼佼者；特磬，玉質上乘，造型碩大，不愧為孔廟和國子監博物館鎮館之寶。①

樂志六　舞器圖說

　　節二。羽三十六。籥三十六。

　　謹案：釋奠用舞，肇始劉宋。逮及隋唐。相沿為制。宋、金、元三代，釋奠止用登歌，不設佾舞。於是升降綴兆，闕略無聞。明初始用文舞，制未詳備。我朝（筆者註：清）考訂樂章於佾舞，尤協古今之宜。

　　①　參見孔廟和國子監博物館編《孔廟和國子監博物館要覽》，北京燕山出版社2012年版，第21—23頁。

康熙五十四年，敕頒太學樂舞器，春秋釋奠，司之太常。肄習有素，節奏嫻雅。聲容之盛，迥越前代。茲敬繪文廟舞器，各自為圖，並為說如左。樂舞圖，詳見《欽定國子監志卷四十·樂志六·舞器圖說》①。另可參《太學文獻大成》卷四第十八冊《國學禮樂錄》，及江帆、艾春華所著《中國歷代孔廟雅樂》。光緒三十二年（1906年），御定孔子升大祀。据《大清新法令第十二類·典禮·祀典》《禮部議覆孔子升為大祀典禮摺》："樂舞，舊制六佾，今擬用八佾；舊制專用文舞，今擬添用武舞。"

（修撰人：常會營）

---

① （清）文慶、李宗昉纂修，郭亞南等點校：《欽定國子監志》（上冊），北京古籍出版社2000年版，第638—641頁。

官師志

　　國子監作為教育管理機關和最高學府，具備兩種功能，一是國家管理機構的功能，二是國家最高學府的功能。其所設官職同樣兼具了行政管理和學校教育兩種職能。國子監作為最高學府，可追溯到漢武帝時所設太學，冠以"國子"之名，源於西晉設立的國子學，隋代改稱國子監。作為管理機構，始於北齊改國子學為國子寺，隋代改國子寺為國子監。隋唐以降，國子監管轄多種學校。到了元代，雖監學並設，但已只管國子學，與之並列的還有"蒙古國子監""回回國子監"。管理機構和最高學府兩種功能的合二為一，實為明代才確立的。國子監的學官名稱，有些起源很早，如"祭酒""博士"等。

　　宋元時期，官職設立趨於完備。元代國子監歸集賢院管轄，元世祖至元二十四年（1287 年）設國子監，"備置監學官"①。大德十年（1306年）營建太學，完善監署。國子監有祭酒、司業、監丞、典簿、司樂、典籍、管勾、侍儀舍人等官。國子學有博士、助教、學正、學錄、典給等官。

　　明太祖初定金陵之時，即改應天府學為國子學。明建都南京後，重建校舍於雞鳴山下，監學合一，統稱國子監。永樂二年（1404 年）在北京設立行部國子監，永樂十八年（1420 年）遷都北京，改北京行部國子監為京師國子監。於是明代國學有南北兩監之分（亦稱南北兩雍）。明代國

---

　　① 《欽定國子監志》卷十《學志·建修》引（元）程鉅夫《國學先聖廟碑》，北京古籍出版社 2000 年版，第 161 頁。

子監由皇帝直管，很多規章制度由皇帝親定。國子監設祭酒、司業、監丞、博士、助教、學正、學錄、典簿、典籍、掌饌。國子監對教職員的品級、員額、職務、待遇等方面，都有十分明確的規定。

清代因明之舊制，官制更加詳備。順治元年（1644 年）設國子監祭酒以下各官，國子監歸禮部管轄。雍正三年（1725 年）設兼管國子監事大臣，簡稱管學大臣，多由尚書、侍郎擔任，專門管轄國子監。祭酒在順治元年初設時為正三品，順治十六年（1659 年）改為從四品，至光緒二十八年（1902 年）又升為正三品。光緒三十一年（1905 年）清廷設立學部，作為國家教育管理機關。光緒三十二年（1906 年）國子監歸併學部，徹底結束了國家教育管理機關和最高學府的功能，成為一處留守衙門。同時裁撤了祭酒、司業、博士、助教、學正、學錄等教育官員和行政官員。雖保留有監丞、典簿、典籍等官職，但其職能已不再是教學行政官員。國子監設國子丞，又稱監丞，負責管轄留守和祭祀事宜。

本部官師志主要記載道光十三年（1833 年）至清代結束國子監各項職官的設立、功能、運行及官員等情況，依照道光版《欽定國子監志》分為設官、典守、儀制、銓除、官師表幾部分。

官師志一　設官

國子監，設管理國子監事務大臣一人；祭酒滿洲一人，漢一人；司業滿洲一人，蒙古一人，漢一人；繩愆廳監丞，滿洲一人，漢一人；博士廳博士，滿洲一人，漢一人；典簿廳典簿，滿洲一人，漢一人；典籍廳典籍，漢一人。六堂：率性堂，助教漢一人，學正漢一人；修道堂，助教漢一人，學正漢一人；誠心堂，助教漢一人，學正漢一人；正義堂，助教漢一人，學正漢一人；崇志堂，助教漢一人，學錄漢一人；廣業堂，助教漢一人，學錄漢一人。八旗：鑲黃旗官學助教，滿洲二人，蒙古一人；正黃旗官學助教，滿洲二人，蒙古一人；正白旗官學助教，滿洲二人，蒙古一人；正紅旗官學助教，滿洲二人，蒙古一人；鑲白旗官學助教，滿洲二人，蒙古一人；鑲紅旗官學助教，滿洲二人，蒙古一人；正藍旗官學助教，滿洲二人，蒙古一人；鑲藍旗官學助教，滿洲二人，蒙古一人。算學助教，漢一人，筆帖式滿洲四人，蒙古二人，漢軍二人。乾隆四年，設算學助教漢一人。十三年，裁滿洲司業一人。十五年，裁俄羅斯館漢助教一人，照滿洲助教例，令六堂漢助教兼管。同治元年，停漢助教管俄羅斯館。①

光緒三十年十月，山西學政寶熙奏請設立學部。奏為科舉停後專辦學堂，擬請設立學部……查科舉既停，禮部國子監兩衙門公事愈形清簡，似宜統行裁撤，歸併學部，以節經費，兼免紛歧。……所有部監之司官助教等員，半係文學出身，亦可擇其學識通明者，十留二三，隸於學部，其餘亟當統籌出路，設法疏通，以彰國家體恤群臣之美。

光緒三十一年十二月，上諭：本日政務處學務大臣會奏，議復寶熙等條陳一折。前經降旨停止科舉，亟應振興學務，廣育人才。現在各省學堂已次第興辦，必須有總匯之區，以資董率而專責成。著即設立學部，榮慶著調補學部尚書，學部左侍郎著熙瑛補授，翰林院編修嚴修，著以三品京堂候補，署理學部右侍郎。國子監即古之成均，本係大學，所有該監事務，著即歸併學部。其餘未盡事宜，著該尚書等即行妥議具奏。該部創設伊始，興學育才，責任綦重，務當悉心考核，加意培養，期於敦崇正學，造就通才，用副朝廷建學明倫，化民成俗之至意。餘著照所議辦理，欽此。②

光緒三十二年四月，學部奏，遵議各省學務詳細官制辦事權限章程及勸學所章程，又奏酌擬學部官制職守并歸併國子監事宜改定額缺。從之。③

光緒三十二年學部奏請設左右丞各一員，左右參議各一員，參事四員分設五司十二科郎中員外郎主事各缺，視事之繁簡為缺之多寡，此外視學官暫無定員，諮議官不設額缺。又國子監業經歸併，請設國子丞一員，仍隸學部。④

光緒三十二年，學部奏《酌擬學部官制並歸併國子監事宜改定缺額折》曰：至國子監業經遵旨歸併，查該衙門舊日職掌，係專司國學及典守奉祀之事。現學務事宜已經歸併辦理，其文廟辟雍殿兩處，典禮崇隆，觀聽所傾，自應特設專官以昭慎重。擬設國子丞一人，總司一切禮儀事

---

① 《欽定大清會典事例》卷二二，吏部／官制／國子監。

② 《大清教育新法令》第 1 冊，諭旨，第 3 頁。

③ （清）世續：《清德宗景皇帝實錄》卷五五八。

④ 《清朝續文獻通考》卷一二二《職官》八，第 8827 頁。

務，分守典守奉祀等官各司其事，仍隸臣部辦理，俾垂久遠。所有臣等酌擬本部官制及歸併國子監事宜，改設額缺章程，謹分繕清單恭呈御覽，伏候欽定。

謹擬歸併國子監事宜改定額缺章程，繕具清單，恭呈御覽：

一、擬設國子丞一員，秩正四品，總司文廟、辟雍殿一切禮儀事務。其體制視參議，由臣部奏請簡任。

一、擬設典簿四人，秩正七品，分掌關於祀典及臨雍視學，學案牘，兼經管廟戶殿戶。

一、擬設典籍四人，秩正八品，分掌廟內祭器、樂器、碑刻、殿內御用寶器及一切品物。

一、擬設文廟七品奉祀官二人，八品奉祀官二人，九品奉祀官二人，掌預備祭器一切事宜。

一、擬設文廟正通贊官二人，秩從七品，副通贊官二人，秩從八品，掌行禮引贊事宜。

一、擬設二等書記官三人，秩正八品，三等書記官三人，秩正九品。

一、典簿以下各官皆不分滿漢，一體任用。

一、典簿以下各官其升轉皆比照舊設之官。如係滿蒙人員，照漢員例一律准其截取。七品視監丞、八品視學正、九品視舊典籍擬請奏定後由臣部就現任監丞等官酌量對品奏請改補，俸照現定品級並酌加津貼以職掌之繁簡為差。

一、舊設實缺官，自監丞至九品筆帖式五十二缺，除酌量對品留補外，其餘裁缺各員及候補人員情願留部當差者，均作為額外行走人員，裁缺者照裁缺之例，候補者各按班次分別到署日期，以新設典簿等官候補。其情願改官及未經到署之候選人員，應由臣部咨送吏部，照上年兵馬司指揮裁缺人員例，由吏部另定章程奏明辦理。

一、典簿以下各官缺出，嗣後均由臣部酌量奏補。如此次額外人員用竣之後，應就各省辦理學務人員及本部司務書記官書記生調補升用。①

光緒三十四年五月，吏部奏《請旨簡員補授內閣學士缺並聲明現定辦法摺》曰：查定例，京堂缺出均照品級考所載開列，題請簡用。又滿員品級考內開內閣學士兼禮部侍郎銜，由詹事府詹事、太常寺卿、奉天府

---

① 《大清光緒新法令》第3冊，商務印書館2011年第5版，第37—41頁。

府尹、光祿寺卿、太僕寺卿、通政使司副使、大理寺少卿、詹事府少詹事、太常寺少卿、鴻臚寺卿、太僕寺少卿升任。以上各衙門無人，方以內閣滿洲、蒙古侍讀學士，翰林院侍讀學士、侍講學士、國子監祭酒、左右春坊庶子、通政使司參議、光祿寺少卿、鴻臚寺少卿、六科掌印給事中、給事中、各道監察御史，升任各等語。今查品級考所載應行開列，內閣學士之三、四、五品各官，除內閣滿蒙侍讀學士、翰林院侍講學士、給事中、各道監察御史，尚仍舊制外，其餘均經逐漸裁撤，或改升品秩而新設之。各部丞參及學部大學堂總監督，國子丞並度支部銀行幣廠等處正副監督、民政部、法部、大理院各廳廳丞、廳長、推丞等官，品級雖與京堂相同，惟原定升轉章程或在部遞升，或請簡外任。①

宣統三年，文廟祠祀事宜盡歸學部，分給外藩王公喇嘛食物事項，劃歸理藩部，另由各衙門詳訂職掌章程辦理。②

清代國子監設官分列如下：

兼管國子監事大臣（管學大臣）

雍正三年（1725 年）設。清初順治元年（1644 年）設國子監祭酒以下各官，歸屬禮部管轄。順治十五年（1658 年），國子監由朝廷專屬。康熙二年（1663 年），復歸禮部管轄，康熙十年（1671 年），又歸朝廷專屬。直至雍正三年，雍正皇帝特命康親王、果郡王領監事。自此，設兼管監事大臣管轄國子監，由皇帝特旨簡用。光緒二十九年（1903 年），改管學大臣為學務大臣。光緒三十一年（1905 年）十月，學務大臣兼管翰林院、國子監。光緒三十二年（1906 年）國子監歸併學部後裁撤。

光緒二十九年十一月二十七日改管學大臣為學務大臣，並命孫家鼐為學務大臣。③

光緒三十一年十月，給事中吳煦奏請以學務大臣兼翰林院掌院并管國子監，整頓翰林院。擬分三類館職，並下政務處議，尋奏翰林院並不歸併，所請以學務大臣兼管翰林院之處，應毋庸議，鴻博特科緯編遞定年

① 《大清光緒新法令》第三類，任用《吏部奏請旨簡員補授內閣學士缺並聲明現定辦法摺》。

② 《清朝續文獻通考》卷一二二《職官》八，第 8826 頁。

③ 《光緒朝東華錄》（5），總第 5129 頁。

限，應俟館員疏通后奏請欽定，從之。①

祭酒

順治元年（1644年）設，秩正三品，滿、漢各一人，順治十六年（1659年）改為從四品，光緒二十八年（1902年）又升為正三品。光緒三十二年（1906年）國子監歸併學部后裁撤。

光緒二十八年五月，祭酒升為正三品。

光緒二十八年五月諭，軍機大臣等崑岡等奏遵議詹事府衙門歸併後一切未盡事宜一摺，著政務處吏部妥議具奏……擬請將現列從四品之國子監祭酒升為正三品，開列升轉與詹事同。其正六品之司業，本為編檢較俸升授之官，如此則不必添設員缺，而自三品至六品粲然備列，品級不斷缺，升轉亦無窒礙……從之。②

司業

順治元年（1644年）設，秩正六品，滿二人，蒙古一人，漢一人。順治十七年（1660年），裁撤蒙古司業，雍正五年復設。乾隆十三年（1748年），裁撤滿司業一人。光緒三十二年（1906年）國子監歸併學部后裁撤。

監丞

順治元年（1644年）設，秩正八品，滿、漢各一人。乾隆元年（1736年），改為正七品。光緒三十二年（1906年）國子監歸併學部后，新設國子丞（也稱監丞）一人，秩正四品，職責與此前有很大不同。（職責詳見《典守》一節）

博士

順治元年（1644年）設，秩從八品，滿一人，漢三人，順治十年（1653年）裁撤漢一人，康熙五十二年（1713年）又裁撤漢一人。乾隆元年（1736年）改為從七品。光緒三十二年（1906年）國子監歸併學部

---

① （清）世續：《清德宗景皇帝實錄》卷五五〇。
② （清）世續：《清德宗景皇帝實錄》卷四九九。

後裁撤。

典簿

順治元年（1644 年）設，秩從八品，滿、漢各一人。光緒三十二年（1906 年）國子監歸併學部后保留此職，共四人，秩正七品。（職責詳見《典守》一節）

典籍

順治元年（1644 年）設，秩從九品，漢一人。光緒三十二年（1906 年）國子監歸併學部後保留此職，共四人，秩正八品，不分滿漢，一體任用。（職責詳見《典守》一節）

助教

順治元年（1644 年）設，秩從八品，漢十二人，分蒞六堂。順治十五年（1658 年），裁撤六人。乾隆元年（1736 年），改為從七品。光緒三十二年（1906 年）國子監歸併學部後裁撤。

學正

順治元年（1644 年）設，秩從九品，漢十二人，分蒞六堂。康熙三十八年（1699 年）裁撤六人。康熙五十二年（1713 年），又裁撤二人，以四人分掌率性、修道、誠心、正義四堂。乾隆元年，改為正八品。光緒三十二年（1906 年）國子監歸併學部後裁撤。

學錄

順治元年（1644 年）設，秩從九品，漢六人，分蒞六堂。順治十五年，裁撤四人，以二人分掌崇志、廣業二堂。乾隆元年，改為正八品。光緒三十二年（1906 年）國子監歸併學部後裁撤。

光緒三十年（1904 年），《政務處議覆各督撫裁汰冗官摺》曰：國子監學正學錄等官，或京察奉旨記名，或俸滿截取，始得註選。該員等在京當差多年，似不能不予以出路俾資歷練，各項州同、州判為舉人五貢就職本班。……擬請毋庸裁撤，如蒙俞允，應由吏部查照學務大臣奏定章程，分別班次，奏明辦理。奉旨：依議。欽此。①

八旗官學

八旗官學是清代專為滿、蒙、漢八旗子弟設立的學校。分設八旗駐地，由國子監派助教負責教學及管理。八旗學生稱為官學生，專習滿、漢文及騎射。到清後期，八旗官學學規不整，學業荒疏，大部分官學生已不懂滿文，更無心騎射，清廷甚以為憂。自光緒九年（1883年）起，為加強對八旗官學的管理，特設管理八旗官學大臣，又於同年向每學各派管學官一員，負責管理，並增加教習。

八旗官學助教

順治元年（1644年）設八旗官學助教，秩從八品，滿十六人，蒙古八人。順治十八年（1661年），裁撤蒙古助教四人。康熙五十七年（1718年），裁撤滿助教四人。雍正二年（1724年），復設蒙古助教四人，雍正三年（1725年），復設滿助教四人。乾隆元年（1736年），改為從七品。光緒三十二年（1906年）國子監歸併學部後裁撤。

管理八旗官學大臣

光緒九年（1883年）設，由吏部從滿漢進士出身之一二品大員內開單奏請欽點，共二員，品秩不定。

光緒九年奏准，重修八旗官學告成，應於滿漢科甲人員中，每學各派一員為管學官，專司其事，並於滿漢進士出身一二品大員中，簡派二員，為管理八旗官學大臣，總理一切，大臣二員，由吏部開單請旨，以後如有更換，應由國子監咨明吏部辦理，管學官八員，由此次派出之管學大臣公同酌保，恭候欽定，以後如有更換，即由該大臣等公保奏派。

光緒九年定，管理八旗官學大臣，除倉場侍郎，及出差各員，毋庸開列外，將滿漢進士出身一二品大員，開單奏請欽點二員管理，如有更換，由國子監咨部辦理。②

光緒九年（1883年）九月諭，徐桐、延煦奏，請飭鑄管理八旗官學

① 《大清光緒新法令》第二類，官制二《政務處議覆各督撫裁汰冗官摺》。
② 《欽定大清會典事例》卷四十九，吏部/滿洲開列/管理八旗官學事務。

大臣關防一摺。徐桐等管理八旗官學，所有應行事宜，著鈐用國子監印信，毋庸另鑄關防。①

八旗官學管學官

光緒九年（1883 年）設，八旗官學每學一名，共八員，為管理八旗官學大臣的屬官，品秩不定。

光緒九年奏准，管學官擬定八員，嗣後無論滿漢已仕未仕，但取人品端愨學問優長者充選，除已升任至副都御史以上，事務較繁，勢難兼顧，應即開除外，其餘各員，均定以二年期滿，酌量更換，即由管學大臣公同保奏，如管學官實在得力，仍奏請留學以資整頓。

光緒十年奏准，於滿漢科甲人員內，每學各派一員為管學官，由管學大臣公同酌保，恭候欽定，如有更換，由該大臣等公保奏派。②

八旗官學教習

從八旗官學設立起即有，員額選用品學兼優的貢監生擔任，雖無官品，但給予津貼，並可優選入仕。

光緒九年奏准，向例每學額設漢教習四員，嗣後添設額外漢教習二員，分司訓迪，且以備不時替代，其報滿日期，仍以補實之日起算，連閏扣足三年，如補額後未滿三年，已有成效，准由初次到學之日起算，以示鼓勵，其原設滿蒙教習，弓箭教習，悉仍其舊。③

光緒十一年奏准，額外教習傳補到學之日，即作為實缺，所有報滿日期，及津貼月費，均照實缺教習辦理，以歸畫一，其津貼月費銀兩，即在常年經費內撥出支給，毋庸另籌。

又奏准，嗣後教習報滿，由管學大臣按其平日課程，酌定等第，咨送國子監，由監臣覆覈，出具考語，帶領引見。④

---

① （清）世續：《清德宗景皇帝實錄》卷一七〇。
② 《欽定大清會典事例》卷四十九，吏部/滿洲開列/管理八旗官學事務。
③ 《欽定大清會典事例》卷四十九，吏部/滿洲開列/管理八旗官學事務。
④ 《欽定大清會典事例》卷三九四，禮部/學校/八旗官學。

算學助教

乾隆四年設，秩從七品，滿或漢一人。這之前算學先是隸屬於八旗官學，後改設於欽天監。至此改為隸屬國子監，但教學仍在欽天監。光緒三十二年（1906 年）國子監歸併學部後裁撤。

筆帖式

順治元年（1644 年）設，自七品至九品，視其出身不同確定品級。滿四人，漢八旗二人。順治十八年（1661 年），增加蒙古二人。光緒三十二年國子監歸併學部後裁撤。

国子監歸併學部後設官名稱、品級及員額[1]
国子丞（監丞）

光緒三十二年（1906 年）設，秩正四品。光緒三十二年四月歸併前由學部改定人員調配，留守事宜。

光緒三十一年十二月學部負責管監丞以下官員考核。光緒三十一年十二月，學部奏國子監丞以下各官京察擬由學部照例辦理，從之。[2]

文廟奉祀官

光緒三十二年設，七品奉祀官二人，八品奉祀官二人，九品奉祀官二人，不分滿漢，一体任用。

文廟通贊官

光緒三十二年設，正通贊官二人，秩從七品，副通贊官二人，秩從八品，不分滿漢，一體任用。

書記官

光緒三十二年設，二等書記官三人，秩正八品，三等書記官三人，秩

---

① 原典簿、典籍官名未變，予以保留，但品級、員額及職責都有所變化，在此不做重複列舉。

② （清）世續：《清德宗景皇帝實錄》卷五五三。

正九品，不分滿漢，一體任用。

官師志二　典守

　　本節記載國子監行政及教學各官職具體職能。各官職能在光緒三十一年（1905 年）設學部改制前無變化，改制後保留典簿、典籍等職，新設國子丞、奉祀官、通贊官、書記官等職。典簿以下各官皆不分滿漢，一體任用。

兼管國子監事大臣（管學大臣）

　　兼管監事大臣是清代國子監的最高負責人，總理本監事務，直接向皇帝負責。主要負責重要決策和對上奏請、匯報等有關事務，國子監的日常具體事務仍然由祭酒負責。兼管監事大臣是清廷為提高國子監的地位而設立的官職，由滿漢大學士、各部尚書、侍郎兼任。光緒二十九年（1903年）改稱學務大臣。

祭酒

　　祭酒總司國子監事務，率領下屬各官，教導學生。祭酒的工作任務很繁雜，教學方面的職能有：隨時稽核國子監六堂貢、監生和八旗官學生的學業表現和學習質量；接收考核來國子監學習的學生，並根據其學習程度分撥六堂，以經義、治事之法教導，隨時啟迪；每月初一、十五考核學生出勤，公示保留或開除；每月初一、十五一次大的考核，分別學生優劣。每年年終甄別捨棄和保留的學生，對於通曉經理且辦事妥善的學生給予保薦備用。滿族的官學生每季度考核課業，還要考試射箭。臨近鄉試，與管學大臣和司業輪流負責錄科考試，合格通過的學生保送參加順天府鄉試。凡貢、監生及官學生考職和應考其他出路皆為之推薦。凡到監的拔貢、優貢，要會同禮部奏明考核。

　　行政方面的職能有：對於有事故的學生，給予賙恤幫助。每三年一次的京察，要給各位下屬官員書寫考評，分出優劣。遇六堂的助教官職有缺，則以資深的學正、學錄保薦給上級，請求升職。學正、學錄任職優秀的雖能調各個部院任職，但優先保留以助教升用。凡任期屆滿應分派京內京外任用的官員，均遴選保送。官學生及算學生每三年一次報考恩監，奏請考試。官學生有缺，則遴選遞補。教職官員期滿，帶領引見皇帝。凡向皇帝奏事，遵循其班次。稽核國子監錢糧收支情況，年終奏請報銷。每年祭孔的丁祭大典要遴選派遣執事官。每月初一、十五要帶領全體師生前去孔廟行釋菜禮。

司業

祭酒的副手，以管理行政事務為主。協助祭酒主管監務，如率領屬官執行政令，督促師生教學工作，遴選保送師生、考試稽核課業，都輔助祭酒辦理。每月初一、十五的釋菜禮要操辦行禮事宜等。

監丞

監丞執掌學規，大體有監督教課、稽查勤惰、核驗收支三個方面。像查驗貢、監生的執照，對內外班或六堂學生的分撥調配手續，申飭曠課怠惰者，糾正失儀者，懲戒違規者，辦理銷假，大課、錄科的監考，丁祭開具人數，隨班行禮，這些具體工作都是監丞負責。

博士

博士掌管教學，通曉經說啟迪師生。每月以經義、經解、策論考試諸生。凡六堂諸生的課卷，要按月校閱后呈祭酒、司業查驗。凡頒發給國子監的聖諭及御製詩文，要繕寫成冊收藏。登記諸生借閱御書樓書籍。每年五月、十月查驗六堂及八旗官學的存貯書籍。負責大課、錄科的巡場。教導琉球學生，和助教輪流稽察南學，丁祭負責分獻禮。

助教

六堂助教，各掌本堂事務，是協助博士的教學官員，教導各堂貢、監生。具體有稽核諸生勤惰，記錄優劣，訓斥不上進者，根據諸生文章操守區分等第，辦理本堂諸生借書、請假事宜，每五日講課一次，鄉試和錄科親查冒名頂替，和博士輪流稽察南學，大課巡場，考到、錄科監考等。

八旗助教

執掌本旗滿、漢、蒙子弟的教育。分為滿助教、漢助教、蒙古助教。分別教授滿文、翻譯；經書文藝及蒙古語言、文字、翻譯，均兼學馬步弓箭并定期考課。還要負責遴補、借書等事宜。

算學助教

執掌算學生教學，講授天文、算法課程，並負責考試、稽察課程。文件卷宗都有專人負責，並頒刻算學專用印章，以表示其特殊性，以專職守。

學正、學錄

率性、修道、誠心、正義四堂學正，崇志、廣業兩堂學錄，執掌執事監印，協助助教工作，平時督學講習，每月下旬為本堂貢、監生測試學業。

典簿

典簿掌管國子監的公文傳遞、人事及財務收支等一應事務。如向各個衙門咨送公文的月報、季報、年報，每月發放錢糧，房屋報修及添置器物，查驗登錄監生文結單照，丁祭陳設事宜等。光緒三十二年國子監歸併學部后，分掌關於祀典及臨雍視學，學案牘，兼經管廟戶殿戶。

典籍

掌管國子監書籍、碑石、版刻。凡御書樓書籍、題名碑及歷代石刻、本監版刻和武英殿寄存版刻均歸其執掌。主要負責書籍、雕版的收集、保管和借閱。光緒三十二年國子監歸併學部后，分掌廟內祭器、樂器、碑刻、殿內御用寶器及一切品物。

筆帖式

執掌公文抄寫謄錄、翻譯及報送。

管理八旗官學大臣

總理八旗官學一切事務。

八旗官學管學官

光緒九年奏准，各學一切事宜，均責成各管學官，督率司事諸人，認真辦理，所有各學司事，即由管學官自行延訂。

又奏准，現在學舍一律修竣，並各繪具圖冊，派管學官一員，專司其事，所有每年黏修糊飾等項，即由管學官督同各司事經理照料，毋庸再由各旗經理，並將各學圖冊，於更換管學官時，移交接管，以專責成而期久遠。

光緒十年奏准，管學官八員，有整頓管學之責，往返稽查，車馬僕從之資，宜優其廩餼，每員歲給公費銀兩，按季支領，以資津貼，其銀即由存款生息項下撥給，毋庸請領部款，兼管威遠堡等關口事務。①

八旗官學教習

負責八旗官學本館學生的上課教學。滿教習教授滿學生滿文、翻譯；蒙古教習教授蒙古學生蒙古語言、文字、翻譯；漢教習教授經書文藝；蒙古弓箭教習教授騎射。凡滿、漢、蒙古教習須責令學生每日到學後畫到、授書、背書、講書、覆講、習字、默寫經書。每旬的第三和第八天測試學生的滿文翻譯、經書文藝和蒙古語言翻譯。平日還須記錄學生功課情況，匯總上交八旗助教。蒙古騎射教習，每天教一館學生騎射，每學六館，六天教過一遍。

學務大臣

光緒二十九年十一月，由管學大臣改。光緒三十一年十月，學務大臣兼管翰林院、國子監。總理國子監一切事務。

監丞

又稱國子丞，一員，秩正四品，總司文廟、辟雍殿一切禮儀事務。

文廟奉祀官

掌預備祭器一切事宜。

文廟通贊官

掌行禮引贊事宜。

書記官

掌記錄事宜。

---

① 《欽定大清會典事例》卷四十九，吏部／滿洲開列／管理八旗官學事務。

官師志三　儀制

本節記錄國子監官員禮儀情況。道光十三年至光緒三十二年（1833—1906 年）國子監歸併學部，國子監官員禮儀並無變化，故僅據道光十三年修訂的《欽定國子監志》羅列其大概。詳細情況可參見《欽定國子監志》。光緒三十二年國子監歸併學部后，直至宣統三年（1911 年）清朝滅亡，未見相關禮儀情況史料記載，只能付之闕如。

朝賀班次

國子監官員在左班。其站位為：兼管監事大臣按其本身品級排班，一品為第一班，二品為第二班。祭酒為第四班，司業為第六班，監丞、博士、助教為第七班，典簿、學正、學錄為第八班，典籍為第九班，筆帖式也按自身品級排班。正品和從品皆同班。其拜位為：兼管監事大臣按其本身品級排班，正品和從品不同班，正一品為第一班，從一品為第二班，正二品為第三班，從二品為第四班。祭酒為第八班，司業為第十一班，監丞為第十三班，博士、助教為第十四班，學正、學錄為第十五班，典簿為第十六班，典籍為第十八班，筆帖式也按自身品級排班，正品和從品皆不同班。

駕升殿，咸集班次

國子監堂上官及屬官除了有升遷應謝恩的人員隨班行禮外，其餘人員皆穿戴朝服，集合隨侍，班次和朝賀班次相同。

頒朔[①]

每年十月一日，頒發次年的歷書。到時國子監堂上官率領屬官皆穿戴朝服，於午門外隨班行禮，領取次年的歷書。

宣詔

朝廷大慶，在天安門樓宣讀恩詔。國子監堂上官率領屬官穿戴朝服，

[①]　清代頒歷典禮於每年十月初一日在午門進行。當時的歷書稱《時憲歷》，乾隆時期因避乾隆帝弘曆名諱，改稱"時憲書"，"頒歷"則改稱"頒朔"。

於金水橋南邊東側隨班行禮。

迎送駕

皇帝親祀壇、廟，國子監司業率領屬官，穿戴朝服，隨班於鑾駕出發的宮門外跪送。禮畢回宮時和跪送一樣跪迎。皇帝秋獮時，國子監留京辦事的官員率領屬官，穿戴蟒袍補服，隨班於鑾駕出發的宮門外跪送。回鑾時堂上官穿戴蟒袍補服隨班到城外跪迎。

救護日月

國子監堂上官率屬官穿戴素服到指定地點隨班行禮，日食在禮部，月食在太常寺。國子監官員跟隨吏部排在第一班。

朔日

每月初一，祭酒率領屬官到孔廟行釋菜禮。禮畢，升堂就位。各屬官及教習、諸生按順序入堂作揖行禮。六堂堂官也於本堂設座，諸生站好位作揖完畢，發放試題進行考試，試卷當面上繳。每月十五，改由司業帶領屬官到孔廟行禮。

坐班

每月的初五、十五和二十五日，堂上官率領四廳官坐班，六堂堂官因訓課諸生不用坐班。逢每月十五行釋菜禮，均不能坐班。

大祀齋戒

祭酒、滿司業、蒙古司業都住宿官署齋戒，欽差點齋官到官署查看核對，到時陪同皇帝祭祀行禮。

祭酒、司業蒞任

到任之前，國子監屬官呈送儀註，祭酒由監丞親送，司業由博士親送。確定上任日期後，由繩愆廳告知國子監各官員及諸生、吏員、雜役，到時赴監等候。上任之日，祭酒、司業到持敬門外下車，入致齋所，更換朝服。由引贊生引導由大成門東側門進入，到大成殿南階下，行三跪九叩禮。禮畢由大成殿西側門出，至崇聖祠行三跪九叩禮。禮畢再至土地祠行一跪三叩禮。禮畢，祭酒赴國子監東廂，司業赴西廂。此時諸生在門外等候，本監滿漢各屬官皆穿戴公服分東西兩班站立於門內等候，迎接時作揖為禮，祭酒、司業作揖答禮。之後到堂上面北行拜印禮。禮畢升座，由書吏呈上本監官員名冊。四廳、六堂、八旗官學各官，依次參見，皆三作揖，祭酒、司業離開座位作揖答禮。之後八旗教習、六堂諸生、世職官學生，行四拜禮，祭酒、司業坐著拱手回禮。每逢值堂日期，祭酒、司業堂上相見，各三作揖，然後按照定例入座理事。兼管監事大臣蒞任，行禮和祭酒相同。

四廳、六堂各官蒞任

繩愆廳先期告知國子監各官員及諸生。上任之日，到任官員到持敬門外下車，入致齋所，更換公服。引贊生引導由大成門東側門進入，到大成殿南階下，行三跪九叩禮。禮畢由大成殿西側門出，至崇聖祠行三跪九叩禮。再至土地祠，行一跪三叩禮。然後到所任之各廳堂。典簿有印行拜印禮。監丞、博士蒞任，在監諸生都要參見，行二拜禮，監丞、博士作揖答禮。六堂官蒞任，只有本堂諸生參見，行二拜禮，本堂官作揖答禮。

開封印信

滿漢四廳、六堂、八旗官學各官、八旗教習、弓箭教習，及內外肄業諸生、世職官學生，提早等候，等兼管監事大臣、祭酒、司業到後，各屬官行禮如常。設高案，供奉國子監印信。堂上官率全體屬官行三跪九叩禮，禮畢升座。典簿開封印信於繩愆廳，同諸廳官行禮。

堂期

每旬的第一天和第六天為堂期。每月十六那天堂期改在十五，因為要祭祀孔廟。堂期之日，滿漢四廳、六堂、八旗助教提早集合，等兼管監事大臣、祭酒、司業到后，擊雲版三次，升堂就座。各屬官依次入堂作揖行禮，堂上官作揖答禮。各屬官再分列東西，相向作揖為禮。凡應辦理事宜，依次在堂上呈說并由堂官在公文稿上判一"行"字表示認可。每月初一，博士率肄業諸生入拜，面北三作揖，監丞率應考試的貢、監生，由堂上官命題考試。每月十五，博士率領肄業諸生及考取候補生入拜。禮畢由堂上官點名，命題考試。每次考試由四廳、六堂官員監考。八旗助教率官學生入拜，供堂上官共同挑選。事務辦理完畢，六堂各官先行退場，堂上官起身，仍擊雲板三次，至後堂用餐。

元旦次日

到孔廟行禮畢，各屬官到彝倫堂，分東西兩邊就位。堂上官更衣，到彝倫堂御座前，率各屬官東西相向，重複行拜賀禮。然後升座，書吏呈上簿冊。刷印匠、廟戶、皂隸，都在台階下依次叩頭稟報事情。然後四廳吏員，再後兩廂吏員，都在露台上叩頭。繩愆廳皂隸擊鼓七聲，最後國子監屬官、貢監生、八旗官學生按順序向堂上官行拜賀禮。

師生儀

肄業生入監之日，首先拜謁孔廟，諸生在大成殿丹墀下列隊，由禮生贊行四拜禮。禮畢，至彝倫堂露台上列隊站立，謁見兼管監事大臣、祭酒、司業，行四拜禮。然後赴各堂謁見堂官，行二拜禮。堂上官監丞、博士及本堂官，每逢入署、升堂、就位，肄業生列隊站好恭敬揖禮，禮畢退下。

肄業期滿，各生由本堂官率領，上堂呈報。諸生面北向堂上官三作揖。八旗教習到任和期滿，均由監丞率領上堂，也面北向堂上官三作揖。

此外，如諸生見師長、諸生到師長家赴宴、旅途師生見面等情形，都有詳細的禮儀規定。詳見道光版《欽定國子監志》。

官師志四　銓除

本節記載國子監各個官職的揀選任用條例及其變化情況。道光十三年至光緒三十二年國子監歸併學部，國子監官員的銓除方面有些官職有變動，有些沒有。光緒三十二年國子監歸併學部后至宣統三年清朝滅亡，未見銓除方面史料記載。現將道光十三年至光緒三十二年國子監歸併學部期間國子監銓除情況開列如下：

學務大臣

光緒二十九年十一月，改管學大臣為學務大臣。光緒三十一年十月，學務大臣兼管翰林院、國子監。光緒二十九年十一月二十七日即改管學大臣為學務大臣，並命孫家鼐為學務大臣。①

祭酒

光緒三十四年八月諭，內閣前據湖南巡撫岑春蓂奏進，前國子監祭酒王先謙所著書籍四種，當交南書房閱看，茲據奏稱該員所著《尚書孔傳參正》《漢書補註》《荀子集解》《日本源流考》各書洵屬學有家法，精博淵通、淹貫古今，周知中外等語，王先謙著加恩賞，給內閣學士銜，用示嘉獎宿儒之至意。②

司業

道光十七年，蒙古司業員缺，奉旨，此次各部院應行揀選國子監司業人員，著於二月十八日，在圓明園正大光明殿考試。③

道光二十五年七月十五日內閣奉上諭，此次考試國子監蒙古司業所有取列二等三等各員，著吏部帶領引見，此外不能翻譯蒙古文等各員，毋庸帶領，因思蒙古人員於翻譯文字俱應勤加肄習，何以應試三十二員內能翻譯者僅有十二人，其平日不知練習已可概見。此次姑免深究，嗣後各部院蒙古人員惟當於辦公之暇講求翻譯，倘過考試時再有不能翻譯者，朕必將該員等從嚴議處，決不寬貸，欽此。④

咸豐四年四月，諭內閣昨日新授國子監滿洲司業蘇勒布，具摺謝恩。因繕寫伊名不成清語，當令軍機大臣傳旨詢問。該員於本人之名，既不知講解，即摺內字句，亦均不能認識。司業為課士之官，有考試清文之責，且該衙門摺奏文案應用清文之處亦復不少。若一字不識，憑何覈辦。蘇勒布身係旗人，竟忘本業，可惡之至。著仍降為編修，以示薄懲。八旗人員，騎射、清文是其本務，即使於清文義理不能精通，亦豈有不曉清語、不識清字，遂得自命為旗人之理。道光年間特奉諭旨，停止駐防文試，專考繙譯。原期反樸還淳，俾我八旗子弟咸知本業。乃近日八旗人員仍有專習漢文，於清語、清字全不講求，沾染習氣，徒鶩虛文，實堪痛恨。嗣後

---

① 《光緒朝東華錄》(5)，總第5129頁。

② (清) 世續：《清德宗景皇帝實錄》卷五九三。

③ 《欽定大清會典事例》卷二二，吏部/官制/國子監。

④ 《道光朝上諭檔》第50冊，道光二十五年七月十五日。

無論何項出身人員，均宜練習清文，通曉講解，即由文鄉會試入仕之員及
兵丁子弟，亦應一體練習，不准怠惰偷安，以務根本。經朕此次訓諭之
後，若再蹈從前惡習，或於文字之間經朕看出，或遇有詢問奏對茫然，朕
必將該員從重懲處，不止如蘇勒布之從寬降調也。八旗大臣務當仰體朕
意，認真訓迪，毋得視為具文，仍前玩泄，將此通諭知之。①

同治四年四月諭，御史賈鐸奏，投效軍營之翰林院庶吉士、編修、檢
討等官，嗣後不准保奏，留館開坊，止准按品保升外任等語。著吏部嚴定
章程具奏，以杜取巧，尋議上除庶吉士一項於咸豐七年經奏准有案，應請
毋庸再議。至翰林各官在各省軍營，如有克復城池、捦要逆者，侍讀、侍
講、洗馬准保以道員選補中允。贊善司業以知府選補，編修、檢討以同知
直隸州選補，其餘別項勞績，止准請給升銜、加級或交部議敘，概不准保
奏，遇缺提奏及應升坊職從之。②

光緒十年議准，國子監滿洲司業（專用文班），照待講、洗馬之例，
先盡邊檢出身之中贊善，并現任編修、檢討論俸擬正陪。如無人，將外班
應升及其次應升各官，先盡庶吉士出身人員，次盡進士出身人員，再用舉
人出身人員。出身既同，則以科分甲第為先後擬定正陪，帶領引見，毋庸
奏請欽派揀選。倘遇應升之員，並無甲班，應用舉人，或甲班止有一人，
應以舉人擬陪時，傳令該員赴部驗看，倘科分在先之員，年力衰邁，不稱
翰詹之職，即行扣除，將其次之人擬用，仍於引見摺內聲明。

又議准，蒙古司業員缺，吏部行文各部院衙門，將現任蒙古郎中、員
外郎全行咨送，送齊後，應否考試或請欽派揀選，奏明請旨。如奉旨考
試，吏部將應考各員，奏請定期在殿廷考試，由欽派閱卷大臣擬定等第，
交吏部帶領引見，請旨記名。遇有缺出，開單請旨簡放。③

光緒三十二年閏四月，吏部奏，查政務處會同臣部議覆給事中熙麟奏
請復詹事府一摺。內開擬請翰林院補設六品官，滿漢各一員，定名為翰林
院撰文，漢缺開列比照中允等因。奉旨允准在案。又查品級考中允開列具
題，由國子監司業論俸升任。無人方以翰林院修撰、編修、檢討論俸升
任。又查翰詹開坊引見例載，國子監司業缺出，翰林院將俸滿修撰、編

---

① （清）賈楨：《清文宗顯皇帝實錄》卷一二七。

② （清）寶鋆：《清穆宗毅皇帝實錄》卷一三五。

③ 《欽定大清會典事例》卷二二，吏部/官制/國子監。

修、檢討開列二十員，咨送吏部，核其俸次，帶領引見，補授各等語。今國子監司業員缺裁撤，則撰文為翰林升任，初階應否照開坊例引見，補授之處，恭候欽定。得旨：如所議行。①

助教

道光二十三年議定，國子監滿洲助教員缺，將大挑二等滿洲舉人與考取記名人員，相間輪用。吏部查看考取人員，將次用完，其餘賸不過一二人，即酌量日期，先行奏考，屆期將應階應用人員傳齊奏請，欽點大臣覈定赴考人數，分別在天安門外朝房、貢院內考試（如人數已足二百名，照舊入貢院辦理，共人數不足二百名，而已在一百名以上者亦歸入貢院，以昭嚴密），擇文錄取（覆試之先一日出團，示令錄取之員，通知該參佐領於次日覆試點名時入場認識，如有假冒，惟認識官是問。倘認識官臨期不到，即將認識官參處），交與吏部帶領引見，請旨記名註冊。遇有缺出，先用大挑二等滿洲舉人一，記名一人。大挑二等人員，按科分名次先後，指擬一人引見、補授。考取記名人員，按考取名次先後題補，其大挑一等滿洲舉人，分發各省試用名次補用。至大挑二等之內，務府滿洲舉人（專用科甲小京官詳載滿洲月選例內）仍不准其補用。其考試助教人員內，有年未三十歲者，不准考試，至現任陵寢筆帖式，亦不准其考試，俟年滿回京後，方准列入考試。再考取記名助教人員，未經得缺之先，停其在額外行走。②

國子監蒙古助教員缺，由理藩院於本院及修書處筆帖式，國子監閒散蒙古教習，並中式蒙古文字之翻譯進士、舉人內，會同該監公同考試，擇其翻譯精通，滿洲、蒙古字話好者，擬定正陪，咨送吏部帶領引見、補授。天文生充補教習，期滿升補博士。國子監滿洲、蒙古教習，由天文生充補者，三年期滿，該監帶領引見，如奉旨著照例用，應專以欽天監滿

---

① 《東華續錄》光緒二百，光緒三十二年丙午閏四月庚辰，《續修四庫全書》史部·編年類。

② （清）錫珍撰：《欽定吏部銓選則例·滿州官員則例》卷三《揀選》，《續修四庫全書》第 750 冊。

洲、蒙古博士升用。①

　　咸豐二年，定郡王載銓等奏《酌擬寬籌軍餉章程》，舉人及恩、拔、歲、副、優貢生，准報捐國子監助教、學正、學錄。②

　　咸豐四年奏准，助教、學正、學錄各項俸滿截取，如有初任，人員於到任後，將歷俸捐免者扣除半年，再由吏部行文本監，分別保送。③

　　咸豐九年二月諭，肅順、成琦奏"考試國子監滿洲助教無卷可取，請另行考試"一摺。此次考試國子監滿洲助教，各試卷或文理紕繆、或清漢字畫未能端楷，經肅順等校閱，實無合式堪以錄取之卷，著吏部另行咨取合例人員，奏請派員考試，此次考試人員不准與考。④

　　同治元年，停漢助教管俄羅斯館。⑤

　　光緒七年奏准，漢助教缺出，如無應補及新進士分部期滿，奏明以助教改補人員投供驗到，暨現任學正、學錄亦無合例題升之員，即比照外省正從對品借補之例，以候補監丞借補，即積助教留補之缺，仍照原銜食俸升轉，俸滿截取。⑥

　　光緒十年議定，助教缺出，由國子監於學正、學錄內揀選，擬定正陪，咨部查覈，由監引見升用。……進士出身人員，亦准其報捐。至應補之國子監助教及學正、學錄，人文到部，雙、單月遇有缺出，先盡應補人員引見補授，不積各班之缺，其報捐分發，及呈請分發各員，由國子監分派六堂學習行走，三年期滿奏留國子監博士。雙月用科甲捐納一人，外班，由科甲出身之教授，升用一人。……助教一項，如國子監無合例應題及候補人員，是月應選投供亦無合例之人，准該監將監丞借補，咨部查覈，由監帶領引見，請旨補授，即積留補之缺，其監丞仍照原銜食俸升轉。⑦

　　① （清）錫珍撰：《欽定吏部銓選則例·滿州官員則例》卷三《揀選》，《續修四庫全書》第 750 冊。
　　② 《清朝續文獻通考》卷九十三《選舉》十，第 8529 頁。
　　③ 《清朝續文獻通考》卷一二八《職官》十四，考八八八五—考八八八六。
　　④ （清）賈楨：《清文宗顯皇帝實錄》，卷二七五。
　　⑤ 《清朝續文獻通考》卷一百二十八《職官》十四，考八八八五—考八八八六。
　　⑥ 《欽定大清會典事例》卷一一二〇，國子監/官學規制/助教學正學錄補缺。
　　⑦ 《欽定大清會典事例》卷五十八，吏部/漢員遴選/國子監監丞助教等官。

學正、學錄

道光十四年奏准，進士候補國子監學正、學錄，准其註銷，仍歸進士本班銓選。以本科截取之期為斷，其在截取以後具呈者，概不准其註銷。十七年定，進士引見，以部屬用，內閣中書用，及以國子監學正、學錄用者，部屬無論期滿奏留中書，無論保留咨部及投供候選之學正、學錄，情願註銷者，具呈吏部奏明，歸於知縣原班銓選。如本科業經截取，不准註銷。①

咸豐二年奏准，學正、學錄考取人員，照考取中書，先行到署行走，亦准其呈請分發。其學習期滿日期，無論考取、捐納與報捐分發之助教，一律扣滿三年，方准奏留。其補用班次，比照內閣中書雙單月統計，一咨一留，其應留之缺，由本監將考取、捐納分為二班，輪流咨補。②

咸豐二年，定郡王載銓等奏《酌擬寬籌軍餉章程》，舉人及恩拔歲副優貢生准報捐國子監助教、學正、學錄。③

咸豐四年奏准，助教、學正、學錄各項俸滿截取，如有初任人員，於到任後將歷俸捐免者扣除半年，再由吏部行文本監，分別保送。④

同治元年正月，吏部議覆大學士祁雋藻、御史鐘佩賢奏“疏通正途”、侍講學士景其浚奏“嚴定保舉章程”，內閣中書以科甲二人、貢班一人相間選用。國子監學正學錄仿此。⑤

同治元年七月，予江蘇太倉陣亡國子監學正夏寶全祭葬，世職加等。⑥

光緒六年十月，以游歷印度，繪圖著書，予江西歲貢生黃楙材以國子監學正選用。⑦

光緒十年議定，學正、學錄升用二次後，輪用捐納一人，定為一咨一

---

① 《清朝續文獻通考》卷九十《選舉》七。
② 《欽定大清會典事例》卷一一二〇，國子監/官學規制/助教學正學錄補缺。
③ 《清續文獻通考》卷九十三《選舉》十。
④ 《清朝續文獻通考》卷一百二十八《職官》十四，考八八八五—考八八八六。
⑤ （清）寶鋆：《清穆宗毅皇帝實錄》卷十七。
⑥ （清）寶鋆：《清穆宗毅皇帝實錄》卷三十五。
⑦ （清）世續：《清德宗景皇帝實錄》卷一百二十三。

留，咨缺送部揀補，留缺准國子監扣留，將期滿奏留，行走在先之員補用一人，仍照例試俸三年。學正、學錄銓補，比照內閣中書之例，雙、單月統計一咨一留，歸部揀補之缺。雙月，將考班輪用二人後，用捐納一人，單月，將考班輪用一人後，用捐納一人（輪用捐納時，無論分先分間，盡先本班，各按各班以科甲二人，貢班一人，相間輪用）。應留之缺，由國子監將考取捐納分為兩班，輪流咨補。考取人員，准其呈請分發，先行到監行走，其學習期滿日期，無論考取、捐納，與報捐分發之助教，一律扣滿三年，方准奏留補用，雙單月遇有缺出，先將一缺送部揀補，一缺准國子監扣留。將考取、捐納，分為兩班，各按行走日期，分班旨擬在前者一員，送部引見補授。考班無人，以捐班抵補，捐班無人，以考班抵補。進士出身人員，亦准其報捐。至應補之國子監助教及學正、學錄，人文到部，雙、單月遇有缺出，先盡應補人員引見補授，不積各班之缺，其報捐分發，及呈請分發各員，由國子監分派六堂學習行走，三年期滿奏留國子監博士。雙月用科甲捐納一人，外班，由科甲出身之教授，升用一人，京升，由學正、學錄內，論俸升用一人，單月用應補一人，京升，由學正、學錄內，論俸升用一人，國子監典籍，仍查品級，將應升之翰林院孔目、州學正、縣教諭、直隸州州判升補。……學正、學錄，如投供無人，吏部即行奏明請旨，傳令應考之進士、舉人赴部報名，並請欽派大臣考試，仍擬用四書制藝一篇，經史策問一道，恭請欽命試題，發交派出之閱卷大臣考試（考試事宜，詳見各項考試處所條內）。按其文理酌取，擬定名次，將試卷進呈，交吏部按名次帶領引見，其奉旨記名者，俟有缺出，按名次先後，指擬一人引見，請旨補授（監丞典簿，照乾隆三十四年舊例辦理）。[1]

八旗官學助教

光緒十一年奏准，各學願設滿教習僅止一員，現令認真督課清文頗有勞績，嗣後由吏部分別升階，酌加優敘，以示鼓勵。如有文理疏淺者，即咨回本旗，由管學大臣延聘通曉滿文，不拘已任未仕，入學教習，俟滿教習得人，再行接任，其延聘之員，毋庸議獎。

光緒十三年奏准，留學教習，於三年報滿時，暫緩帶領引見，統俟六

---

① 《欽定大清會典事例》卷五十八，吏部/漢員遴選/國子監監丞助教等官。

年期滿，果能實心訓導，始終不懈，由管學大臣等出具切實考語，並案引見，專以知縣錄用，歸入新定班次，用示優異。

光緒十四年議准，嗣後八旗官學教習，統以四缺為一輪，按新舊輪補。一周后，再有缺出，即查取國子監肄業之恩、拔、副、歲、優貢生內，無論曾否考取教習，擇其屢列優等者，揀送數人，由管學大臣考取咨補。凡往監肄業屢考優等之恩、拔、副、歲、優貢生，均由國子監隨時知照禮部註冊，以昭覈實而免紛歧。①

算學助教

道光十八年十月奉旨，敬徵等奏參算學助教陳傑，於不應考試，業經批駁扣除之劉錫曾、陸鴻達二名，擅用片文補送入場考試，實屬膽大妄為。陳傑著即革職，同補送之劉錫曾、陸鴻達一併交刑部審訊，敬徵、忠林僅請將該助教撤回原衙門降補，殊覺輕縱，著傳旨申飭，欽此。②

八旗官學教習

道光二十四年奏准，滿漢各學教習缺出，遇本學新舊無人傳補，即傳別學政教習借補，到學後，儻有丁憂告假者，俟服闋銷假後，歸借補之學充補，以便接算三年期滿日期，至借補教習傳取未到，及驗到後未經送補，即丁憂告假者，亦令歸借補學各本班之末候補，乃准原學按輪流班次及名次先後挨次傳補，俟考取有人後，再令統歸原學按各班名次補用，儻借補未到，銷假後再遇借補學缺出，例應傳補者，除丁憂因公出差不計外，該教習如再傳取不到，及驗到後復行告假者，顯係有心規避，應令專歸借補學各新舊班之末候補，俟借補學各班無人，方准傳補，即考取有人，亦不准復歸原學補用，以杜取巧之弊。

又奏准，借補之滿漢教習，應歸借補學者，除補缺後之丁憂服闋教習，准其盡先外，其告假及未經補缺之借補教習，於銷假後扣滿五十五天，均按借補名次先後，挨次傳補。

道光三十年諭，御史麟光奏整頓學務一摺，國家建立官學，原以教養宗支及八旗子弟，自應循名責實無令曠功，據稱近日各學勤學者少，僅止按時

① 《欽定大清會典事例》卷三九四，禮部/學校/八旗官學。
② 《道光朝上諭檔》第43冊，道光十八年十月二十六日。

呈交月課，多不入學，殊非認真教督之道，嗣後著管學王大臣嚴飭各該學正、副管、助教、教習等，督率各生勤加講課，以整學規，毋任虛糜廩餼也。①

同治二年二月諭，御史劉毓楠奏請整頓各學教習等語，據稱滿漢各學設立教習統於國子監，現充教習者傳補後，並無生徒肄業期滿，僅尋數人赴監，謂之交功課。其實並無功課可交，即可得官等語。著國子監堂官查明，認真整頓，稽覈功課之勤惰，分別勸懲，毋得有名無實，敷衍了事，以昭覈實。②

同治八年奏准，各教習充補到學，曾滿六個月，丁憂開缺後，未經復補到學，准其報捐，作為三年期滿，仍俟復補到學後，由該堂官查覈功課，方准出考帶領引見，以昭覈實，毋庸另扣半年。

光緒五年奏准，嗣後傳補教習，令取具同鄉京官識認印結，仍照舊自備親供赴部驗到，再行給咨赴學，驗到之後，如查有到學遲延及別項情弊，即將該教習及出結官，一併分別議處。

七年議准，嗣後傳補教習，令該員取結赴部，當堂面寫親供，與錄取原卷覈對筆跡，如有不符，將該教習開除，以示懲儆，並將率行出結之員交部議處，至送補到學後，有無倩人充當情弊，令管學大臣及國子監堂官不時查察，以重學務。

又議准，嗣後新補教習到學，逾限一月或兩月者，照逾限十日之例，於補官日分別從重議處，儻有逾限三月尚未到學者，曠誤太久，未便再事姑容，即將該教習開除，以懲延玩。③

光緒十三年奏准，嗣後八旗官學教習，如遇場期，給假三十日，期服，給假二十日，均令該教習資覓文理優長之士，來學代理功課，有誤，惟該教習是問，儻遇患病請假，或數日，或十數日，亦令覓代如前，病逾三月未痊，開缺另補，將來病痊，傳補後再行接算，以在學之日前後統計。④

（修撰人：白雪松）

① 《欽定大清會典事例》卷三九三，禮部/學校/官學通例。
② （清）寶鋆：《清穆宗毅皇帝實錄》卷五十九。
③ 《欽定大清會典事例》卷三九三，禮部/學校/官學通例。
④ 《欽定大清會典事例》卷三九四，禮部/學校/八旗官學。

官師志

官師志五　官師表

　　本表接續道光十三年（1833 年）始，至宣統三年（1911 年）止。光緒三十一年（1905 年）廢科舉后，國子監於光緒三十二年歸併學部，國子監官制完全變革，不設教學官員。基於材料變化和方便讀者的考慮，本表分歸併學部前和歸併學部后兩部分，大體設人名、任職年限、籍貫、備註四項。歸併學部前的部分按管學大臣、祭酒、司業、監丞、博士、六堂助教、八旗助教、算學助教、學正、學錄、典簿、典籍、筆帖式等官職分類列表，歸併學部后的部分因年代較短材料較少，彙總為一表。因材料所限，有些年份和歸併學部后的情況只能付之闕如。且部分年份一年中四個季度情況較全，大部分年份四個季度不全。本表凡例為：（1）凡有任期內缺中間年份材料的，開始以開始任職年為准，結束以下一任開始為准，中間所缺年份視作在任；凡有缺年份材料且期間換人的，則結束時間以記載最後一次為准，加註；凡一人復任同一職位，且不連續（中間有其他人），則以分號分開；凡有具體季節記載的則加季節。（2）人名缺，則不錄；部分承接上年任同一職位者且與其身份特征相似者，酌情視與上年任者為同一人。（3）道光十三年之前的起始時間為參考《欽定國子監志》時間，只在容易混亂時加註；《欽定國子監志》未找到，或者因記載有缺年，無法准確判斷任職結束時間者，有出入者，均加註。（4）凡候補、額外、欽賜等非正式在國子監任職者，均不錄入。（5）光緒九年（1883 年）為加強對八旗官學的管理，設管理八旗官學大臣和八旗官學管學官，管理八旗官學大臣由皇帝欽點，管學官是其屬官，由其奏派，二者不歸國子監管理，故未予體現。茲依據《清代縉紳錄集成》中《縉紳全書》和《爵秩全覽》兩部資料列表如下。①

一　歸併學部前

管學大臣

人名	年限	籍貫	備註
李宗昉	道光八年—道光十三年	江蘇山陽縣人	榜眼
（宗室）鐵麟	道光十四年春——道光十四年夏	滿洲正藍旗人	進士
文慶	道光十四年秋——道光十八年夏	滿洲鑲紅旗人	進士
（宗室）恩桂	道光十八年秋——道光二十三年	滿洲鑲藍旗人	進士
特登額	道光二十四年春——咸豐元年夏	滿洲鑲紅旗人	進士
全慶	咸豐二年——咸豐十一年	滿洲正白旗人	進士
文祥	同治元年——同治九年秋	滿洲正紅旗人	進士
官文	同治九年秋——同治十年春	滿洲正白旗人	
倭仁	同治十年春——同治十年夏	蒙古正紅旗人	進士
單懋謙	同治十年夏——同治十三年	湖北襄陽縣人	進士
沈桂芬	同治十三年秋——光緒六年	順天宛平縣人	進士
翁同龢	光緒七年春——光緒二十四年秋	江蘇常熟縣人	狀元
徐郙	光緒二十四年冬——光緒三十一年	江蘇嘉定縣人	狀元

國子監祭酒

人名	年限	籍貫	備註
（宗室）桂森	道光十三年夏——道光十四年秋	滿洲鑲藍旗人	進士
翁心存	道光十三年夏——道光十五年	江蘇常熟縣人	進士
（宗室）善燾	道光十四年冬——道光十六年秋	滿洲鑲白旗人	進士
王煜	道光十六年夏——道光二十年②	安徽滁州人	進士
花沙訥	道光十六年冬——道光二十三年秋	蒙古正黃旗人	進士
吳鍾駿	道光二十二年春——道光二十三年春③	江蘇吳縣人	狀元
文瑞	道光二十五年夏——道光二十八年春	滿洲鑲紅旗人	進士

---

① 其中个别年份材料缺失而《清实录》有记载的，即补之。
② 缺道光二十一年材料，故以道光二十年止。
③ 缺道光二十四年材料，故以道光二十三年春止。

人名	年限	籍貫	備註
葉覲儀	道光二十四年——道光二十五年	江蘇六合縣人	進士
車克慎	道光二十六年——道光二十九年	山東濟寧州人	進士
勝保	道光二十八年夏——咸豐元年	滿洲鑲白旗人	舉人
許乃釗	道光三十年冬——咸豐三年	浙江錢塘縣人	進士
彥昌	咸豐二年冬——咸豐六年	滿洲正黃旗人	進士
奎章	咸豐三年夏——咸豐四年	蒙古鑲藍旗人	進士
吳保泰	咸豐三年夏——同治元年	河南光州人	進士
皂保	咸豐六年夏——咸豐十一年冬	滿洲鑲黃旗人	進士
衍秀	同治元年八月——同治三年十一月	滿洲正白旗人	進士
（宗室）瑞聯	同治四年夏——同治五年	滿洲正藍旗人	進士
丁培鎰	同治四年春——同治四年	山東黃縣人	進士
車順軌	同治五年春——同治六年春；同治九年冬——同治十年春	陝西郃陽人	進士
（宗室）寶森	同治六年春——光緒元年	滿洲鑲藍旗人	進士
邵亨豫	同治六年秋	順天宛平縣人	進士
翁同龢	同治七年——同治九年秋	江蘇常熟縣人	狀元
黃鈺	同治十年夏——十一年	安徽休甯縣人	傳臚
章鋆	同治十一年夏——光緒元年	浙江鄞縣人	狀元
（宗室）松森	光緒二年——光緒三年	滿洲正藍旗人	進士
吳仁傑	光緒二年秋——光緒六年春	江蘇震澤縣人	進士
景善	光緒三年秋——光緒九年春	滿洲正白旗人	進士
王先謙	光緒六年夏——光緒七年；光緒十一年秋——光緒十五年	湖南長沙縣人	進士
劉廷枚	光緒八年冬——光緒十一年夏	江蘇吳縣人	進士
恩棠	光緒九年夏——光緒十年	滿洲鑲黃旗人	進士
（宗室）盛昱	光緒十一年春——光緒十五年秋	滿洲鑲白旗人	進士
王文錦	光緒十五年秋——光緒十八年	直隸天津縣人	進士
薩廉	光緒十五年冬——光緒二十一年冬	滿洲鑲藍旗人	進士
陸潤庠	光緒十九年春——光緒二十一年夏；光緒二十四年冬——光緒二十五年夏	江蘇元和縣人	狀元

续表

人名	年限	籍貫	備註
王懿榮	光緒二十一年秋——光緒二十二年春；光緒二十五年秋——光緒二十六年	山東福山縣人	進士
（宗室）崇寬	光緒二十二年春——光緒二十三年春	滿洲鑲藍旗人	進士
張百熙	光緒二十二年夏——光緒二十三年冬	湖南長沙縣人	進士
熙元	光緒二十三年夏——光緒二十六年秋	滿洲正白旗人	進士
吳樹梅	光緒二十四年春——光緒二十四年秋	山東歷城縣人	進士
（宗室）希廉	光緒二十七年春——光緒二十九年夏	滿洲正紅旗人	進士
王塒	光緒二十七年春——光緒三十年春	山東萊陽縣人	進士
（宗室）載昌	光緒二十九年夏——光緒二十九年冬	滿洲鑲藍旗人	進士
（宗室）毓隆	光緒二十九年冬——光緒三十年春	滿洲正藍旗人	進士
（宗室）寶熙	光緒三十年夏——光緒三十一年	滿洲正藍旗人	進士
管廷鶚	光緒三十年夏——光緒三十一年	山東莒州人	進士

國子監司業

人名	年限	籍貫	備註
柏葰	道光十二年——道光十六年夏	蒙古正藍旗人	進士
王煜	道光十二年——道光十三年	安徽滁州人	進士
嵩安	道光十二年——道光十七年春	蒙古正白旗人	議敘①
李棠階	道光十三年——道光十五年	河南河內人	進士
池春生	道光十六年夏——道光十六年	雲南楚雄人	進士
舒興阿	道光十六年秋——道光十七年	滿洲正藍旗人	進士
朱蘭	道光十六年秋——道光十九年	浙江余姚人	探花
錫祉	道光十七年秋——道光二十年	滿洲正白旗人	進士
福謙	道光十七年秋——道光二十一年	蒙古鑲藍旗人	舉人
吳鍾駿	道光十九年夏——道光二十年	江蘇吳縣人	進士
（宗室）靈桂	道光二十年秋——道光二十三年春②	滿洲正藍旗人	榜眼
王廣廕	道光二十年秋——道光二十年	江蘇通州人	榜眼

---

①　清制對考績優異的官員，交部覈議，奏請給予加級、記錄等獎勵，謂之"議敘"。

②　缺道光二十四年材料，故以道光二十三年春止。

续表

人名	年限	籍貫	備註
孫瑞珍	道光二十年冬——道光二十一年	山東濟寧州人	進士
德成額	道光二十二年春——道光二十五年	蒙古鑲白旗人	舉人
孫銘恩	道光二十二年冬	江蘇通州人	進士
杜翮	道光二十三年春——?①	山東濱州人	進士
（宗室）英瑞	道光二十五年夏——道光二十九年	滿洲正藍旗人	
蔣元溥	道光二十五年夏	湖北天門縣人	探花
雙福	道光二十五年秋——咸豐四年	蒙古正白旗人	
鈕福保	道光二十五年秋——道光二十六年	浙江烏程縣人	狀元
蔡宗茂	道光二十六年——道光二十九年	江蘇上元縣人	進士
（宗室）保極	道光二十九年夏——咸豐四年	滿洲正藍旗人	進士
錢振倫	道光三十年	浙江歸安縣人	進士
史淳	咸豐元年夏——咸豐二年		
沈祖懋	咸豐二年冬——咸豐十年②	浙江仁和縣人	進士
崇福	咸豐三年——咸豐五年	蒙古正白旗人	
志和	咸豐五年冬——咸豐九年	滿洲正藍旗人	進士
吉成	咸豐六年春——咸豐九年	蒙古鑲白旗人	舉人
馬壽金	咸豐九年六月——同治三年正月	順天宛平縣人	進士
紹祺	咸豐十年——同治二年秋	滿洲鑲黃旗人	進士
瑚圖禮	咸豐十年——咸豐十年③	蒙古鑲紅旗人	
（宗室）崑岡	同治四年夏——同治十一年	滿洲正藍旗人	進士
怡昌阿	同治四年——光緒二年	蒙古鑲紅旗人	監生
劉熙載	同治三年秋——同治四年	江蘇興化縣人	進士
孫詒經	同治五年春——同治六年春；同治九年夏——同治十年春	浙江錢塘縣人	進士
黃鈺	同治六年秋——同治八年	安徽休甯縣人	傳臚
李祉	同治八年冬	漢軍正白旗人	進士
徐郙	同治十年夏——同治十一年	江蘇嘉定縣人	狀元
文治	同治十一年夏——光緒二年	滿洲鑲紅旗人	進士

① 缺道光二十四年材料，道光二十五年已不在任。
② 缺咸豐十一年至同治三年材料，故以咸豐十年止。
③ 缺咸豐十一年至同治三年材料，故以咸豐十年止。

续表

人名	年限	籍貫	備註
錢桂森	同治十一年夏——同治十三年；光緒六年秋——光緒六年冬	江蘇泰州人	進士
汪鳴鑾	光緒元年秋——光緒五年春	浙江錢塘縣人	進士
（宗室）寶廷	光緒二年秋——光緒四年	滿洲鑲藍旗人	進士
榮惠	光緒二年秋——光緒五年春	蒙古正黃旗人	
（宗室）良貴	光緒四年秋——光緒八年	滿洲鑲紅旗人	進士
郭勒敏布	光緒五年秋——光緒八年	蒙古正藍旗人	
張之洞	光緒五年夏——光緒五年秋	直隸南皮縣人	探花
周德潤	光緒五年秋——光緒六年春	廣西臨桂縣人	進士
王邦璽	光緒七年春——光緒八年	江西安福縣人	進士
治麟	光緒八年冬——光緒十二年	滿洲正黃旗人	進士
奎明	光緒九年春——光緒十二年	蒙古正黃旗人	
恩貴	光緒九年春	滿洲正白旗人	進士
徐會灃	光緒九年夏——光緒九年秋	山東諸城人	進士
潘衍桐	光緒九年冬——光緒十一年春	廣東南海縣人	進士
慕榮幹	光緒十一年夏	山東蓬萊縣人	進士
丁立幹	光緒十二年夏——光緒十三年春	江蘇丹徒縣人	進士
崇文	光緒十二年夏——光緒十五年	滿洲正藍旗人	進士
印啟	光緒十三年春	蒙古鑲黃旗人	進士
文增	光緒十三年夏——光緒十三年冬	蒙古鑲藍旗人	繙譯生員
吳講	光緒十三年夏——光緒十三年冬	浙江山陰縣人	進士
多歟	光緒十四年春——光緒二十二年	蒙古正紅旗人	貢生
王祖光	光緒十四年夏——光緒十五年秋	順天大興縣人	進士
闊普通武	光緒十五年秋——光緒十九年	滿洲正白旗人	進士
吳樹梅	光緒十五年冬——光緒十七年；光緒二十年——光緒二十二年春	山東歷城縣人	進士
高釗中	光緒十八年春	河南項城縣人	進士
張仁黼	光緒十八年秋——光緒十九年春	河南固始縣人	進士
鮑臨	光緒十九年秋——光緒十九年冬	浙江山陰縣人	進士
瑞洵	光緒二十年春——光緒二十二年夏	滿洲正黃旗人	進士

续表

人名	年限	籍貫	備註
黃思永	光緒二十二年夏——光緒二十三年夏	江蘇江甯縣人	進士
貽穀	光緒二十二年秋——光緒二十四年秋	滿洲鑲黃旗人	進士
特圖慎	光緒二十三年夏——光緒二十六年夏	蒙古正白旗人	貢生
管廷鶚	光緒二十三年秋——光緒二十三年冬；光緒二十八年春——光緒二十八年冬	山東莒州人	進士
龐鴻文	光緒二十四年冬	江蘇常熟縣人	進士
（宗室）希廉	光緒二十四年冬——光緒二十六年	滿洲正紅旗人	進士
崔永安	光緒二十四年冬——光緒二十五年春	漢軍正白旗人	進士
張亨嘉	光緒二十五年春	福建侯官縣人	進士
楊佩璋	光緒二十五年夏	河南長葛縣人	進士
檀璣	光緒二十五年秋	安徽望江縣人	進士
吳郁生	光緒二十五年冬	江蘇元和縣人	進士
周克寬	光緒二十六年春——光緒二十七年春	湖南武陵縣人	進士
文年	光緒二十六年秋——光緒二十七年春	蒙古鑲藍旗人	
承祐	光緒二十七年冬——光緒三十一年冬	蒙古鑲藍旗人	繙譯生員
世榮	光緒二十七年冬——光緒三十年夏	蒙古鑲白旗人	進士
朱福洗	光緒二十七年冬	浙江海鹽縣人	進士
徐世昌	光緒二十九年春——光緒二十九年秋	直隸天津縣人	進士
張建勳	光緒二十九年冬——光緒三十年春	廣西臨桂縣人	狀元
柯劭忞	光緒三十年夏	山東膠州人	進士
蔭桓	光緒三十年冬——光緒三十一年冬	滿洲鑲白旗人	進士
葉昌熾	光緒三十年冬——光緒三十一年冬	江蘇長洲縣人	進士

繩愆廳監丞

人名	年限	籍貫	備註
文雅	道光十二年——道光十四年春	滿洲正白旗人	進士
馬廷琪	道光九年——道光十九年	廣西藤縣人	舉人
文善	道光十四年夏——咸豐元年	滿洲鑲藍旗人	舉人

续表

人名	年限	籍貫	備註
曹紹櫨	道光二十年秋——道光二十二年春；道光二十八年冬——道光二十九年	安徽歙縣人	舉人
王坅	道光二十二年冬——道光二十八年冬	順天大興人	進士
鄒鵬	道光二十九年夏——道光二十九年	浙江錢塘人	舉人
陳問第	咸豐元年夏——咸豐二年	江西崇仁人	進士
吉瑞	咸豐二年冬	蒙古鑲白旗人	舉人
李家驤	咸豐二年冬	湖南人	舉人
台明阿	咸豐三年夏——咸豐四年	滿洲鑲藍旗人	舉人
駱景熙	咸豐四年——咸豐四年	廣西雒容人	進士
海潤	咸豐五年冬——同治元年	滿洲鑲黃旗人	舉人
燕晉	咸豐五年冬——咸豐六年	直隸獻縣人	進士
郭程先	咸豐八年冬——咸豐九年	河南祥符人	舉人
胡燾	咸豐十年——?①	直隸人	舉人
務本	同治四年夏——同治六年春	滿洲正藍旗人	舉人
劉釗申	同治四年夏——同治六年②；同治十二年冬——光緒十六年春	奉天蓋平人	舉人
色欽	同治六年秋——?③	滿洲鑲白旗人	
陶澤	同治八年春	四川綦江人	舉人
逢泰	同治八年冬	滿洲正藍旗人	舉人
何文錦	同治八年冬——同治十一年春	直隸天津人	舉人
徐際春	同治九年春	甘肅人	拔貢
（覺羅）恒濟	同治九年夏	滿洲正藍旗人	舉人
慶齡	同治九年冬	滿洲正藍旗人	舉人
桂濬	同治十年春——光緒元年	蒙古正黃旗人	舉人
林壬	同治十一年夏——同治十一年秋	湖北黃岡人	舉人
珠爾蘇布	光緒二年秋——光緒二十四年秋	滿洲鑲藍旗人	舉人
何文焯	光緒十六年冬——光緒十七年	直隸天津縣人	舉人

① 缺咸豐十一年至同治三年材料，同治四年已不在任。

② 缺同治七年材料，故以同治六年止。

③ 缺同治七年材料，同治八年已不在任。

续表

人名	年限	籍貫	備註
梁承綏	光緒十八年春——光緒二十年	順天大興縣人	舉人
卓浚胥	光緒二十一年春——光緒二十一年秋	福建閩縣人	舉人
鄭鼎纓	光緒二十一年冬——光緒二十二年冬	福建侯官縣人	舉人
黃惠孚	光緒二十三年夏	順天大興縣人	舉人
蔣志震	光緒二十三秋——光緒二十四年秋	直隸玉田縣人	舉人
黃曾益	光緒二十四年冬——光緒二十五年夏	漢軍正黃旗人	舉人
阿克棟阿	光緒二十四年冬——光緒二十五年春	蒙古鑲黃旗人	舉人
志謙	光緒二十五年夏——光緒二十五年冬	蒙古鑲紅旗人	舉人
高向瀛	光緒二十五年秋——光緒二十八年春	福建侯官縣人	舉人
錦山	光緒二十六年春——光緒二十六年秋	滿洲鑲藍旗人	舉人
裕成	光緒二十七年春	滿洲正黃旗人	舉人
全瑞	光緒二十七年冬	滿洲鑲黃旗人	舉人
鋆善	光緒二十八年春	滿洲鑲黃旗人	舉人
精一	光緒二十八年夏——光緒二十九年春	滿洲鑲黃旗人	舉人
劉德馨	光緒二十八年夏——光緒二十九年春	湖北漢川縣人	舉人
忠連	光緒二十九年夏——光緒二十九年秋	蒙古正紅旗人	舉人
張維彬	光緒二十九年夏——光緒三十年夏	雲南江山縣人	進士
祥昱	光緒二十九年冬——光緒三十年夏	蒙古鑲黃旗人	舉人
陽春	光緒三十年冬——光緒三十一年春	滿洲正紅旗人	舉人
倪學寬	光緒三十年冬——光緒三十一年春	雲南楚雄縣人	舉人
林棟	光緒三十一年夏——光緒三十一年冬	福建壽甯縣人	進士

博士廳博士

人名	年限	籍貫	備註
德亮	道光二年——道光十六年冬	滿洲鑲藍旗人	舉人
呂際揚	道光十年——道光十九年夏	直隸寧津人	舉人
愛仁	道光十七年秋——道光十九年夏	蒙古正紅旗人	進士
文斌	道光二十年秋——道光二十三年春①	滿洲正紅旗人	舉人

---

① 缺道光二十四年材料，故以道光二十三年春止。

续表

人名	年限	籍貫	備註
王延慶	道光二十年秋——道光二十一年	山東登州人	進士
王慶書	道光二十二年春——道光二十五年	江西武寧人	舉人
同霖	道光二十五年夏	滿洲正白旗人	舉人
薩賓圖	道光二十五年秋——咸豐六年夏	滿洲鑲白旗人	舉人
王彥芳	道光二十六年——道光三十年冬	江西武寧人	舉人
周學源	咸豐元年夏——咸豐元年	浙江烏程人	舉人
裘象坤	咸豐二年——咸豐十年①	浙江會稽人	舉人
萬清	咸豐八年冬	滿洲正白旗人	舉人
西金額	咸豐九年夏	滿洲正藍旗人	舉人
薩丙圖	咸豐十年——?②	滿洲正白旗人	舉人
文秀	同治四年夏——同治八年春	滿洲鑲藍旗人	舉人
紀焕遨	同治四年夏——同治十年	直隸獻縣人	副榜 舉人
凱林	同治八年冬	滿洲鑲黃旗人	舉人
德元	同治九年夏	滿洲鑲黃旗人	舉人
通武	同治九年秋——光緒十四年冬	滿洲正白旗人	舉人
單維模	同治十一年夏——同治十一年秋	順天宛平人	拔貢
王鳴珂	同治十二年冬——光緒九年秋	順天寶坻人	舉人
駱騰衢	光緒十年夏——光緒十三年冬	浙江諸暨縣人	舉人
劉東美	光緒十四年夏——光緒十九年春；光緒二十六年秋——光緒二十七年春	直隸灤州人	進士
榮保	光緒十五年夏	蒙古正藍旗人	舉人
柏壽	光緒十五年秋	滿洲鑲藍旗人	舉人
治安	光緒十六年春	滿洲鑲黃旗人	舉人
善彰	光緒十六年冬——光緒十八年秋	蒙古鑲紅旗人	舉人
興春	光緒十八年冬——光緒十九年夏	滿洲鑲紅旗人	舉人
黃晉銘	光緒十九年夏——光緒二十年秋	福建福安縣人	舉人
志熙	光緒十九年秋——光緒三十一年	蒙古鑲黃旗人	舉人

① 缺咸豐十一年至同治三年材料，故以咸豐十年止。

② 缺咸豐十一年至同治三年材料，同治四年已不在任。

续表

人名	年限	籍貫	備註
梁孝熊	光緒二十一年春——光緒二十一年夏	福建閩縣人	舉人
石耀宗	光緒二十一年冬——光緒二十二年夏	直隸永平府人	舉人
孟春華	光緒二十二年秋——光緒二十六年夏	直隸平泉州人	舉人
崔崙	光緒二十七年冬——光緒三十一年	順天人	進士

六堂助教

人名	年限	籍貫	備註
崔炳文	道光十三年——道光二十年冬①	山西永寧州人	進士
朱升堂	道光七年任，十年復任②——道光十四年③	直隸清苑人	進士
何煥經	道光八年——道光十七年	山西靈石人	舉人
張光傑	道光六年——道光十四年④	順天大興人	舉人
沈學誠	道光三年——道光十六年	浙江仁和人	舉人
李炳奎	道光四年——道光十七年	四川夾江人	進士
許璿	道光十二年——道光十三年	順天寧河人	舉人
李鐘漢	道光十六年夏——道光十八年	江蘇上海人	舉人
李大封	道光十六年夏——道光二十年冬⑤	浙江鎮海人	進士
許兆奎	道光十六年秋——道光二十二年春	浙江德清人	進士
趙晉涵	道光十七年秋——道光二十五年	江西南豐人	舉人
毛瀚	道光十七年秋——道光二十年	江蘇甘泉人	進士
張家彪	道光十九年夏——道光二十二年；道光二十七年秋——咸豐元年	湖南臨湘人	舉人
黃文琛	道光二十年秋——道光二十三年春⑥	湖北漢陽人	舉人
許曾望	道光二十二年春——道光二十八年	江蘇華亭人	舉人

① 缺道光二十一年材料，故以道光二十年冬止。

② 据《欽定國子監志》。

③ 缺道光十五年材料，故以道光十四年止。

④ 缺道光十五年材料，故以道光十四年止。

⑤ 缺道光二十一年材料，故以道光二十年冬止。

⑥ 缺道光二十四年材料，故以道光二十三年春止。

续表

人名	年限	籍貫	備註
陳椿年	道光二十二年冬——道光二十七年	直隸南宮人	舉人
沈祖望	道光二十二年冬——?①	浙江錢塘人	進士
吳文錫	道光二十三年春——道光二十八年	江蘇儀徵人	舉人
朱善旂	道光二十五年夏——道光二十七年；道光二十九年夏——咸豐元年	浙江平湖人	進士
陳世緩	道光二十五年夏——咸豐二年	直隸青縣人	舉人
胡清江	道光二十六年——咸豐四年	浙江余姚人	舉人
邊鍾鄂	道光二十七年秋——咸豐三年	直隸任邱人	舉人
徐振鍊	道光二十九年夏——咸豐四年	順天大興人	舉人
江方衢	咸豐二年冬——咸豐三年；同治四年夏——同治十二年	山東即墨人	舉人
鄭如海	咸豐二年冬——咸豐四年	浙江仁和人	舉人
吳觀禮	咸豐三年夏——咸豐六年	浙江仁和人	舉人
張中寅	咸豐四年——咸豐六年	順天大興人	進士
李慶咸	咸豐五年冬——咸豐六年	順天通州人	舉人
楊鴻吉	咸豐五年冬——咸豐九年	江蘇丹徒人	舉人
王廕昌	咸豐五年冬——咸豐七年	直隸正定人	舉人
朱毓瑛	咸豐五年冬——咸豐六年	廣東嘉應人	舉人
鄭本玉	咸豐七年秋——咸豐七年	湖北江陵人	舉人
潘光樞	咸豐七年秋——咸豐七年	浙江會稽人	舉人
胡寶晉	咸豐七年秋——咸豐七年	江蘇吳縣人	舉人
楊濟	咸豐七年秋——咸豐十年②	順天宛平人	舉人
沈寶昌	咸豐七年冬——咸豐九年	安徽石埭人	舉人
馬金鏜	咸豐八年冬——咸豐九年	直隸定州人	舉人
紀焌選	咸豐八年冬——咸豐十年③	直隸河間人	優貢
姚翔之	咸豐八年冬——咸豐九年	安徽桐城人	舉人

① 缺道光二十三、二十四年材料，道光二十五年已不在任。
② 缺咸豐十一年至同治三年材料，故以咸豐十年止。
③ 缺咸豐十一年至同治三年材料，故以咸豐十年止。

续表

人名	年限	籍貫	備註
李祁祺	咸豐十年——咸豐八年	漢軍正白旗人	舉人
張茂照	咸豐十年——?①；同治八年春——同治十三年	江蘇婁縣人	進士
劉琦	咸豐十年——?②	江蘇崇明人	進士
鮑應鳴	咸豐十年——同治四年	安徽歙縣人	進士
郭錫銘	同治四年夏——光緒二年	漢軍鑲黃旗人	舉人
諸成琮	同治四年夏——同治八年	江蘇嘉定人	舉人
劉恩溥	同治四年夏——同治四年	直隸吳橋人	舉人
張恩澍	同治五年春——同治五年	江蘇清河人	舉人
程澤	同治五年春——同治九年	直隸延慶州人	舉人
馬利乾	同治六年春——同治十年	直隸延慶州人	舉人
徐承煊	同治九年春——同治十年	漢軍正白旗人	舉人
陳章錫	同治十年春——同治十年	浙江會稽人	舉人
董峻封	同治十一年夏——光緒五年	直隸豐潤人	舉人
朱杏沅	同治十一年夏——光緒三年	廣西臨桂人	舉人
顧允克	同治十一年夏——同治十二年；光緒三年夏——光緒六年	江蘇元和人	舉人
李九彰	同治十二年冬——光緒五年	直隸深州人	優貢
李棠	同治十三年春——同治十三年；同治十三年冬——光緒二年	直隸深州人	舉人
史國華	同治十三年秋——同治十三年	直隸正定人	拔貢
劉長庚	光緒元年夏——光緒七年；光緒十八年春——光緒十九年	漢軍鑲紅旗人	拔貢
劉淑寬	光緒二年秋——光緒六年	直隸天津人	舉人
顧克昌	光緒三年夏——光緒五年	江蘇上元人	舉人
李湛	光緒三年冬——光緒十五年	雲南昆明人	舉人
朱賁	光緒六年春——光緒十七年	順天昌平州人	拔貢
朱榮清	光緒六年春——光緒七年	順天大興人	舉人
孫汝漳	光緒六年冬——光緒二十二年	直隸灤州人	舉人

①　缺咸豐十一年至同治三年材料，同治四年已不在任。
②　缺咸豐十一年至同治三年材料，同治四年已不在任。

续表

人名	年限	籍貫	備註
趙鑾揚	光緒六年冬——光緒二十一年	直隸天津人	舉人
龐瑞霖	光緒八年冬——光緒二十五年	直隸天津縣人	舉人
陶惟琛	光緒八年冬——光緒二十八年	江蘇吳縣人	舉人
朱寯瀛	光緒十五年夏——光緒二十八年	順天大興縣人	舉人
景啟驥	光緒十九年秋——光緒二十年	河南祥符縣人	舉人
夏過桐	光緒二十一年春——光緒二十一年	湖北黃陂縣人	舉人
溫紹霖	光緒二十一年秋——光緒二十五年	山西太谷縣人	舉人
郝觀光	光緒二十一年秋——光緒二十五年；光緒二十八年夏——光緒二十九年	順天寶坻縣人	舉人
周濂徵	光緒二十三年夏——光緒三十一年	順天昌平州人	舉人
祝椿年	光緒二十五年秋——光緒三十一年	順天宛平縣人	舉人
劉鉅	光緒二十五年秋——光緒二十五年	湖南善化縣人	舉人
戚朝勳	光緒二十五年冬——光緒二十九年	貴州貴陽府人	舉人
李永鎮	光緒二十六年春——光緒二十七年	四川華陽縣人	進士
常熙敬	光緒二十七年冬——光緒三十一年	直隸饒陽縣人	拔貢
韓杜	光緒二十九年春——光緒三十一年	直隸衡水縣人	舉人
李廷瑛	光緒二十九年春——光緒三十一年	順天宛平縣人	舉人
劉恩陶	光緒二十九年冬——光緒三十一年	山東沂水縣人	舉人

八旗助教

人名	年限	籍貫	備註
瑚克春布	道光十年——咸豐九年夏	滿洲鑲黃旗人	舉人
常安（長安）	道光十年——道光二十年；道光二十二年春——？①；道光二十六年——道光二十九年；咸豐四年春——？②	滿洲鑲黃旗人	生員
富成	道光五年——道光十九年夏	蒙古正藍旗人	舉人

① 缺道光二十三年、二十四年材料，道光二十五年已不在任。

② 缺咸豐五年材料，咸豐六年已不在任。

续表

人名	年限	籍貫	備註
長春	道光十一年——道光二十年冬①	滿洲正藍旗人	舉人
富明阿	道光五年——道光十九年	滿洲鑲紅旗人	副榜
那蘇達	道光四年——道光二十年	蒙古鑲藍旗人	生員
德稜額	道光十一年——道光十四年夏②	滿洲鑲白旗人	舉人
博樂	嘉慶二十五年——道光十四年夏③	滿洲鑲黃旗人	生員
孟文	道光十年——道光十九年	蒙古鑲白旗人	
碩斌	道光九年——道光十四年	滿洲正白旗人	生員
鳴謙	道光八年——道光二十年	滿洲正黃旗人	舉人
蘇楞額	道光二年——道光二十三年春④；	蒙古鑲白旗人	生員
福瑞	道光十年——道光二十年	蒙古正藍旗人	舉人
花裡雅松阿	道光三年——道光二十三年春⑤	滿洲正黃旗人	舉人
法成阿	嘉慶二十二年——道光十七年	蒙古正黃旗人	
（覺羅）穆精阿	道光六年——咸豐四年春	滿洲鑲紅旗人	舉人
富瀚	道光三年——道光十七年	滿洲鑲紅旗人	廩員
文山	道光四年——道光二十三年春⑥	蒙古正黃旗人	舉人
連山	道光十一年——道光二十二年	滿洲鑲紅旗人	進士
英綸	道光九年——道光二十二年	滿洲正黃旗人	舉人
多隆武	道光十一年——道光十四年夏⑦	蒙古正藍旗人	舉人
雙壽	道光十三年夏——道光十七年	滿洲鑲紅旗人	副榜
福廕	道光五年——道光十四年夏⑧	滿洲鑲黃旗人	舉人
錫年（熙年）	道光十年——咸豐四年	蒙古正紅旗人	監生
全酉	道光十四年夏——道光十九年夏	滿洲鑲紅旗人	舉人

---

① 缺道光二十一年材料，故以道光二十年冬止。

② 缺道光十五年材料，故以道光十四年夏止。

③ 缺道光十五年材料，故以道光十四年夏止。

④ 缺道光二十四年材料，故以道光二十三年春止。

⑤ 缺道光二十四年材料，故以道光二十三年春止。

⑥ 缺道光二十四年材料，故以道光二十三年春止。

⑦ 缺道光十五年材料，故以道光十四年夏止。

⑧ 缺道光十五年材料，故以道光十四年夏止。

续表

人名	年限	籍貫	備註
吉成	道光十六年夏——道光十九年	蒙古鑲白旗人	
菊林	道光十六年夏①——道光二十五年秋	滿洲正黃旗人	
（覺羅）毓恒	道光十六年夏②——咸豐四年春	滿洲正藍旗人	舉人
伊克唐阿	道光十七年秋——咸豐六年春	滿洲鑲紅旗人	
善文	道光十七年秋——道光十八年	滿洲正藍旗人	舉人
善元	道光十八年夏——道光十九年	滿洲鑲黃旗人	生員
青麟	道光十九年夏——道光二十年冬③	滿洲正白旗人	拔貢
福隆	道光十九年夏——咸豐四年春	蒙古鑲白旗人	生員
法克精阿	道光十七年夏——道光二十年；道光二十二年——道光二十五年	蒙古正黃旗人	
凌昆（崐）	道光十九年夏——道光二十年冬；道光二十三年春——?④	蒙古正藍旗人	舉人
喀朗	道光二十年秋——道光二十二年	滿洲正紅旗人	舉人
榮魁（奎）	道光二十年秋——道光二十年冬⑤	蒙古正白旗人	舉人
葉布懇	道光二十年秋——咸豐四年春	滿洲鑲紅旗人	舉人
尚安	道光二十年秋——道光二十三年春⑥；道光二十五年夏——道光二十六年	滿洲鑲黃旗人	生員
海玉	道光二十年秋——咸豐七年冬	滿洲正藍旗人	舉人
法朗阿	道光二十年冬——道光二十九年夏	蒙古鑲藍旗人	生員
色克沖額	道光二十二年春——咸豐十年⑦	蒙古鑲黃旗人	
清恩	道光二十二年春——咸豐五年	滿洲鑲白旗人	
嵩寶	道光二十二年冬——咸豐二年	滿洲正白旗人	舉人
恒貴	道光二十二年冬——咸豐二年	滿洲正藍旗人	舉人

---

① 缺道光十五年材料，故以道光十六年夏始。
② 缺道光十五年材料，故以道光十六年夏始。
③ 缺道光二十一年材料，故以道光二十年冬止。
④ 缺道光二十四年材料，道光二十五年已不在任。
⑤ 缺道光二十一年材料，故以道光二十年冬止。
⑥ 缺道光二十四年材料，故以道光二十三年春止。
⑦ 缺咸豐十一年至同治三年材料，故以咸豐十年止。

续表

人名	年限	籍貫	備註
（覺羅）萬廣	道光二十二年冬——道光二十八年	滿洲正藍旗人	舉人
善廉（連）	道光二十五年夏①——咸豐四年春	滿洲正黃旗人	舉人
明全	道光二十五年夏——咸豐二年	滿洲正白旗人	舉人
阿昌阿	道光二十五年夏——咸豐二年	蒙古正白旗人	
剛安	道光二十五年夏——咸豐七年	滿洲正黃旗人	
文松	道光二十五年夏——咸豐五年	蒙古正黃旗人	
肇桂	道光二十五年夏——咸豐五年	滿洲正黃旗人	舉人
伊柏格圖	道光二十六年——咸豐七年	蒙古正黃旗人	生員
諾穆歡布	道光二十六年——咸豐七年	蒙古正藍旗人	
桂聯	道光二十六年——咸豐八年	滿洲正白旗人	舉人
（覺羅）增福	道光二十八年冬——咸豐十年②	滿洲正黃旗人	繙譯舉人
福壽	道光二十八年冬	滿洲正白旗人	舉人
（覺羅）薩瑞	道光二十九年夏——道光二十九年	滿洲鑲黃旗人	舉人
鄂奎	咸豐元年夏——咸豐六年	蒙古正黃旗人	繙譯生員
德廣	咸豐元年夏——同治十一年	蒙古鑲黃旗人	
伊勒哈圖	咸豐元年——咸豐五年	滿洲鑲黃旗人	舉人
志勳	咸豐元年夏——咸豐二年冬	滿洲正藍旗人	舉人
鍾祥	咸豐二年冬——咸豐十年③	滿洲鑲藍旗人	繙譯舉人
文奎	咸豐二年冬——咸豐七年冬	滿洲正藍旗人	繙譯舉人
吉亨	咸豐二年冬——咸豐七年	蒙古鑲白旗人	
（覺羅）恒芳	咸豐二年冬——咸豐十年④	滿洲鑲黃旗人	舉人
（覺羅）福瑞	咸豐元年——咸豐八年	蒙古鑲黃旗人	生員

---

① 缺道光二十四年材料，故以道光二十五年夏始。

② 缺咸豐十一年至同治三年材料，故以咸豐十年止。

③ 缺咸豐十一年至同治三年材料，故以咸豐十年止。

④ 缺咸豐十一年至同治三年材料，故以咸豐十年止。

续表

人名	年限	籍貫	備註
炳元	咸豐三年夏——咸豐三年	滿洲正藍旗人	進士
明金	咸豐四年春——咸豐四年	滿洲正白旗人	舉人
佛齡阿	咸豐四年——咸豐十年①	滿洲正藍旗人	舉人
文麟	咸豐五年冬——同治六年	蒙古鑲藍旗人	
松齡	咸豐五年冬——咸豐七年	滿洲鑲黃旗人	舉人
貞格	咸豐五年冬——咸豐七年	滿洲鑲藍旗人	舉人
其昌	咸豐五年冬——光緒二年	蒙古鑲藍旗人	生員
嵩年	咸豐七年秋——咸豐十年②	滿洲正藍旗人	舉人
文光	咸豐七年秋——同治十年夏	蒙古鑲黃旗人	
訥親	咸豐七年秋——咸豐九年	滿洲鑲紅旗人	舉人
慶麟	咸豐七年秋——咸豐十年；光緒五年冬——光緒十三年；光緒十四年夏——光緒十四年	滿洲正藍旗人	
常愷	咸豐七年秋——咸豐十年③	滿洲鑲白旗人	繙譯舉人
恒俊	咸豐七年秋——咸豐八年	滿洲鑲藍旗人	繙譯舉人
長祿	咸豐七年秋——咸豐十年④	滿洲正紅旗人	繙譯舉人
文秀	咸豐七年秋——同治六年秋	蒙古正藍旗人	繙譯生員
榮俊	咸豐七年冬——咸豐八年	蒙古正黃旗人	
瑞珊	咸豐七年冬——咸豐十年⑤	蒙古口口口人	
（覺羅）福矗	咸豐八年冬——咸豐九年	滿洲正藍旗人	舉人
瑚畢泰	咸豐九年夏——咸豐九年	蒙古鑲白旗人	生員
瑞齡	咸豐十年——同治十一年	滿洲鑲黃旗人	舉人

---

① 缺咸豐十一年至同治三年材料，故以咸豐十年止。
② 缺咸豐十一年至同治三年材料，故以咸豐十年止。
③ 缺咸豐十一年至同治三年材料，故以咸豐十年止。
④ 缺咸豐十一年至同治三年材料，故以咸豐十年止。
⑤ 缺咸豐十一年至同治三年材料，故以咸豐十年止。

续表

人名	年限	籍貫	備註
默德理	咸豐十年——同治四年	滿洲鑲紅旗人	舉人
阿呢楊阿	同治四年夏——同治五年	蒙古正藍旗人	舉人
魁保	同治四年夏——光緒五年	滿洲鑲黃旗人	舉人
維口	同治四年夏——同治四年	滿洲正白旗人	舉人
托莫爾琿（暉）	同治四年夏——光緒元年	滿洲鑲黃旗人	
廣音布	同治四年夏——同治六年；同治八年春——光緒九年	蒙古正藍旗人	
慶毓	同治四年夏——同治四年；同治六年春——同治十三年	滿洲正黃旗人	舉人
福勒洪阿	同治四年夏——同治十三年	蒙古正紅旗人	
成霖	同治四年夏——同治十三年	滿洲正紅旗人	舉人
文郁	同治四年夏——光緒二年	滿洲正藍旗人	
隆源	同治四年夏——光緒五年	滿洲正白旗人	舉人
愛興阿	同治四年夏——光緒二年	滿洲鑲藍旗人	舉人
興奎	同治四年夏——光緒十九年	滿洲正紅旗人	生員
銓林	同治五年春——同治六年秋①	滿洲鑲藍旗人	舉人
音德賀	同治六年春——光緒三十一年冬	蒙古正白旗人	舉人
扎拉芬	同治五年春——同治六年秋②；同治十一年秋——光緒五年	滿洲鑲藍旗人	舉人
興廉	同治五年春	滿洲鑲紅旗人	舉人
嵩海	同治五年春——光緒五年	滿洲鑲白旗人	
善慶	同治五年春——光緒三年	滿洲正白旗人	舉人
景全	同治五年春——光緒八年	蒙古鑲白旗人	
文聯	同治五年春——光緒三十一年冬	滿洲正藍旗人	舉人
文溥	同治六年秋——?③	滿洲鑲白旗人	
貴成	同治六年秋——光緒八年	蒙古正黃旗人	
善年	同治八年春——光緒元年	滿洲正紅旗人	

① 缺同治七年材料，故以同治六年止。
② 缺同治七年材料，故以同治六年止。
③ 缺同治七年材料，同治八年已不在任。

人名	年限	籍貫	備註
寶安	同治八年春——同治十二年	滿洲鑲藍旗人	舉人
奎徽	同治八年春——光緒五年	滿洲正紅旗人	舉人
裕芬	同治九年春——同治十一年；同治十二年冬——同治十三年；光緒元年秋——光緒十四年	滿洲鑲藍旗人	
金綬	同治十一年夏——光緒五年	滿洲鑲白旗人	舉人
嵩崢	同治十一年秋——光緒九年	滿洲鑲紅旗人	舉人
文桂	同治十二年冬——光緒十八年	滿洲鑲白旗人	舉人
繼恩	同治十三年冬——光緒九年	滿洲正黃旗人	
善承	光緒元年夏——光緒九年秋	滿洲鑲黃旗人	舉人
崇穌	光緒元年夏——光緒十二年	滿洲正白旗人	舉人
忠振	光緒元年秋——光緒二年	滿洲鑲紅旗人	舉人
文年	光緒元年夏——光緒五年	蒙古鑲藍旗人	舉人
霍順武	光緒二年秋——光緒五年	滿洲鑲藍旗人	舉人
全善	光緒二年秋——光緒十一年	蒙古正黃旗人	生員
寶琳	光緒二年秋——光緒九年	滿洲正紅旗人	舉人
晋祥	光緒二年冬——光緒二十六年	滿洲正白旗人	舉人
成慶	光緒三年夏——光緒十六年；光緒十九年春——光緒十九年	滿洲鑲藍旗人	舉人
文惠	光緒四年冬——光緒十二年	蒙古鑲藍旗人	
善成	光緒四年冬——光緒十六年	滿洲鑲黃旗人	舉人
作謙	光緒五年秋——光緒八年；光緒十三年春——光緒十五年	蒙古正白旗人	
崇謙	光緒五年秋——光緒八年	滿洲鑲紅旗人	貢生
麟趾	光緒五年秋——光緒三十一年冬	滿洲正黃旗人	貢生
容照	光緒五年秋——光緒十九年	滿洲鑲紅旗人	舉人
恩光	光緒五年秋——光緒三十一年冬	滿洲正黃旗人	監生
松廷	光緒五年冬——光緒三十一年冬	滿洲鑲紅旗人	舉人
嵩崍	光緒八年冬——光緒九年夏	滿洲鑲紅旗人	舉人
玉成	光緒八年冬——光緒十五年；光緒十六年春——光緒十七年	蒙古正藍旗人	

人名	年限	籍貫	備註
花連布	光緒八年冬——光緒二十九年	蒙古正藍旗人	
琦成額	光緒八年冬——光緒十八年；光緒十九年春——光緒十九年	蒙古正紅旗人	
成秀	光緒八年冬——光緒十六年	蒙古鑲黃旗人	監生
全英	光緒十年夏——光緒三十年	滿洲鑲白旗人	
恩貴	光緒十年夏——光緒二十四年	滿洲正白旗人	舉人
恩芳	光緒十年夏——光緒十四年		
色普徵額	光緒十年秋——光緒十九年	滿洲正黃旗人	
富興阿	光緒十四年冬——？	蒙古鑲紅旗人	
國仁	光緒十四年夏——光緒十八年	蒙古正紅旗人	
保和	光緒十四年冬——光緒二十二年	滿洲鑲藍旗人	舉人
文斾	光緒十五年秋——光緒三十一年冬	滿洲鑲白旗人	舉人
增祉	光緒十六年春——光緒三十一年冬	蒙古鑲紅旗人	
寶綸	光緒十六年冬——光緒三十一年冬	滿洲正黃旗人	舉人
成樸	光緒十六年冬——光緒三十一年冬	滿洲鑲紅旗人	舉人
瑞隆	光緒十七年春——光緒二十六年	滿洲正黃旗人	拔貢
文順	光緒十七年春——光緒十八年；光緒十九年夏——光緒二十年	滿洲鑲紅旗人	繙譯舉人
雙福	道光二十五年秋——咸豐四年；光緒十八年春——光緒二十二年	蒙古正白旗人	
崇芳	光緒十八年秋——光緒三十年	滿洲正黃旗人	舉人
恒謙	光緒十九年春——光緒三十一年冬	蒙古鑲藍旗人	
毓祥	光緒十九年秋——光緒三十一年冬	滿洲鑲白旗人	繙譯生員
文鐸	光緒十九年秋——光緒二十七年	滿洲鑲藍旗人	副榜
廷琛	光緒十九年冬——光緒二十九年	滿洲鑲紅旗人	舉人
桂馨	光緒二十年夏——光緒二十三年	蒙古鑲藍旗人	
柏山	光緒二十一年春——光緒二十七年	滿洲正黃旗人	監生
托龍武	光緒二十三年夏——光緒三十年	滿洲正藍旗人	舉人
松廙	光緒二十三年夏——光緒三十一年冬	蒙古鑲白旗人	繙譯生員

续表

人名	年限	籍貫	備註
成齡	光緒二十三年夏——光緒三十一年冬	蒙古鑲藍旗人	繙譯生員
治泰	光緒二十三年——光緒二十九年	滿洲正黃旗人	副榜
榮祥	光緒二十六年秋——光緒三十一年冬	滿洲鑲白旗人	舉人
續常	光緒二十六年——光緒三十年	滿洲鑲白旗人	副貢
桂林（霖）	光緒二十七年冬——光緒三十一年冬	滿洲鑲紅旗人	繙譯舉人
福厚	光緒二十九年夏——光緒三十一年冬	蒙古鑲白旗人	繙譯生員
哈卜齊顯	光緒二十九年夏——光緒三十一年冬	滿洲鑲黃旗人	舉人
祺廣	光緒二十九年夏——光緒三十一年冬	滿洲鑲黃旗人	生員
錫麟	光緒三十年夏——光緒三十一年冬	滿洲正白旗人	舉人
瑞鈞	光緒三十年夏——光緒三十一年冬	滿洲鑲黃旗人	監生
岳岡	光緒三十年夏——光緒三十一年冬	滿洲正藍旗人	生員
榮林	光緒三十年冬——光緒三十一年冬	滿洲正白旗人	舉人
景格	光緒三十年夏——光緒三十一年冬	滿洲正白旗人	舉人

算學助教

人名	年限	籍貫	備註
杜熙傑	道光十一年——道光十七年；道光二十八年夏——道光二十八年；道光二十九年夏——咸豐五年；咸豐八年冬——咸豐九年	順天大興人	官學生
陳傑	道光十七年秋——道光十九年	浙江烏程人	增生
方彭齡	道光十九年夏——道光二十八年；道光二十八年冬——道光二十九年	順天大興人	附生
劉慶齡	咸豐六年春——咸豐八年	順天大興人	世業生
景衛垣	咸豐十年——同治九年	順天宛平人	世業生
李德俊	同治十年春——光緒二年；光緒十年夏——光緒十一年	順天大興人	監生
杜春霖	光緒二年秋——光緒十年	順天大興人	

续表

人名	年限	籍貫	備註
杜增	光緒十一年秋——光緒十三年；光緒二十一年春——光緒二十二年冬	順天大興縣人	
杜塘	光緒十三年冬——光緒二十年	順天大興縣人	
閻文煥	光緒二十三年冬——光緒二十九年	順天大興縣人	
晏孝儒	光緒二十四年——光緒二十八年	湖南新化縣人	舉人
呂宗濂	光緒二十八年冬——光緒二十八年	直隸宿甯縣人	
李晉年	光緒二十九年夏——光緒三十一年	直隸灤州人	舉人
吳承照	光緒三十年夏——光緒三十一年	直隸正定縣人	

學正

人名	年限	籍貫	備註
崔炳文	道光七年——道光十四年	山西永甯州人	舉人
王學植	道光八年——道光十四年	浙江歸安人	舉人
王慶書	道光八年——道光十四年	江西武甯人	進士
許兆奎	道光十三年——道光十六年	浙江德清人	進士
毛瀚	道光十六年夏——道光十六年	江蘇甘泉人	進士
陳椿年	道光十六年夏——道光十六年；道光二十年秋——道光二十年冬①	直隸南宮人	舉人
朱善旂	道光十六年夏——道光十六年；道光十七年秋——道光二十年；道光二十二年冬——道光二十三年春②	浙江平湖人	進士
沈玉琪	道光十四年夏——道光十六年	浙江錢塘人	舉人
餘士琛	道光十三年——道光十四年夏③	安徽鳳台人	進士
李大封	道光十四年——道光十四年夏④	浙江鎮海人	舉人
盧澤	道光十六年夏——道光十六年；道光十七年秋——道光十八年	江蘇山陽人	進士

---

① 缺道光二十一年材料，故以道光二十年冬止。
② 缺道光二十四年材料，故以道光二十三年春止。
③ 缺道光十五年材料，故以道光十四年夏止。
④ 缺道光十五年材料，故以道光十四年夏止。

续表

人名	年限	籍貫	備註
曾廣淵	道光十六年夏——道光二十年	湖南湘鄉人	舉人
趙晉涵	道光十六年秋——道光十七年	江西南豐人	舉人
張家彪	道光十三年——道光十九年	湖南臨湘人	進士
梅輕榆	道光十六年秋——道光十九年	湖南寧鄉人	舉人
許曾望	道光十九年夏——道光二十年冬①	江蘇華亭人	舉人
黃文琛	道光十九年夏——道光二十年	湖北漢陽人	舉人
潘曾瑩	道光二十年秋——道光二十年冬②	江蘇吳縣人	進士
鳳覲宸	道光二十年秋——道光二十七年	江蘇吳縣人	進士
李湘華	道光二十年秋——道光二十年冬③	山東安邱人	
吳文錫	道光二十二年春——道光二十二年	江蘇儀徵人	舉人
陳世紱	道光二十二年春——道光二十三年春④	直隸青縣人	舉人
胡清江	道光二十二年冬——道光二十五年	浙江余姚人	進士
曹份	道光二十二年冬——道光二十二年	安徽涇縣人	舉人
陳毓麒	道光二十五年——道光二十八年	浙江錢塘人	舉人
劉傳瑩	道光二十五年——道光二十八年	湖北漢陽人	舉人
周學源	道光二十六年——道光二十九年	浙江烏程人	舉人
鄭如海	道光二十七年夏——咸豐二年	浙江仁和人	舉人
鄭本勤	道光二十八年夏——道光二十九年	湖北江陵人	進士
裘象坤	道光二十八年冬——咸豐二年	浙江會稽人	舉人
蔡篤培	道光二十八年冬——道光二十九年	浙江德清人	進士
江方銜	咸豐元年夏——咸豐二年	山東即墨人	舉人
楊泗孫	咸豐元年夏——咸豐二年	江蘇常熟人	舉人
彭慰高	咸豐二年冬——咸豐三年	江蘇長洲人	舉人
鄭本玉	咸豐二年冬——咸豐三年	湖北江發人	舉人
吳增儒	咸豐二年冬——咸豐四年	江蘇吳縣人	舉人
吳觀禮	咸豐二年冬——咸豐四年	浙江仁和人	舉人

---

① 缺道光二十一年材料，故以道光二十年冬止。
② 缺道光二十一年材料，故以道光二十年冬止。
③ 缺道光二十一年材料，故以道光二十年冬止。
④ 缺道光二十四年材料，故以道光二十三年春止。

人名	年限	籍貫	備註
王敷重	咸豐三年夏——咸豐四年	河南光山人	進士
王廉昌	咸豐三年夏——咸豐五年	直隸正定人	舉人
宋邦僡	咸豐四年——咸豐五年	江蘇溧陽人	舉人
楊鴻吉	咸豐四年——咸豐五年	江蘇丹徒人	舉人
楊濟	咸豐四年——咸豐六年	順天宛平人	舉人
許葆身	咸豐五年冬——咸豐六年	浙江錢塘人	舉人
馬金鏜	咸豐五年冬——咸豐七年	直隸定州人	舉人
胡寶晉	咸豐五年冬——咸豐六年	江蘇吳縣人	舉人
陳□錫	咸豐七年秋——咸豐八年	浙江會稽人	舉人
劉琦	咸豐七年冬——咸豐九年	江蘇崇明人	恩貢
孫景瀛	咸豐七年冬——咸豐八年	安徽□□人	舉人
杜傑魁	咸豐八年冬——咸豐十年	湖北竹山人	舉人
鮑應鳴	咸豐八年冬——咸豐九年	安徽歙縣人	舉人
張陸尌	咸豐八年冬——咸豐十年	湖北漢陽人	舉人
紀煐遨	咸豐十年——?①	直隸獻縣人	舉人
湯煊	咸豐十年——?②	浙江蕭山人	舉人
徐承煊	同治四年夏——同治四年；同治六年春——同治八年	漢軍正藍旗人	舉人
程澤	同治四年夏——同治四年	直隸延慶人	舉人
陳壽昌	同治四年夏——同治六年秋③	順天宛平人	舉人
黃錫燾	同治四年夏——同治四年	湖南□□人	舉人
楊鴻濂	同治五年春——同治十一年	湖北沔陽州人	舉人
陳章錫	同治六年春——同治六年	浙江會稽人	舉人
朱杏沅	同治六年秋——同治十一年	廣西臨桂人	舉人
李棠	同治八年春——同治八年；同治十二年冬——同治十二年；同治十三年秋——同治十三年	直隸深州人	舉人
盧希植	同治九年春——同治十一年	安徽無為州人	舉人

---

① 缺咸豐十一年至同治三年材料，咸豐四年已不在任。

② 缺咸豐十一年至同治三年材料，咸豐四年已不在任。

③ 缺同治七年材料，故以同治六年秋止。

人名	年限	籍貫	備註
趙時俊	同治九年春——同治十一年	雲南浪穹人	舉人
邵景龍	同治十一年夏——光緒三年冬	山東文登人	舉人
李夢松	同治十一年夏——同治十三年	順天寶坻人	舉人
王鳴珂	同治十一年夏——同治十二年	順天寶坻人	舉人
李湛	同治十一年秋——光緒三年秋	雲南昆明人	舉人
史國華	同治十三年春——同治十三年；同治十三年冬——光緒三年秋；光緒八年冬——光緒十年	直隸正定人	拔貢
劉華禧	同治十三年秋——光緒三年秋	湖北沔陽人	舉人
戴維翰	光緒四年秋——光緒五年	順天宛平人	舉人
韓鹿鏖	光緒四年秋——光緒六年	順天大興人	舉人
孫汝漳	光緒四年冬——光緒四年；光緒五年春——光緒五年；光緒六年春——光緒六年	直隸灤州人	舉人
陸保霖	光緒四年冬——光緒五年	浙江會稽人	舉人
馮丞熙	光緒四年秋——光緒五年	江蘇陽湖人	舉人
吳廷珍	光緒五年冬——光緒十二年	順天昌平人	拔貢
李家芳	光緒五年冬——光緒六年	順天寶坻人	副貢
口口霖	光緒五年冬——光緒六年	江蘇陽口人	舉人
陳永昌	光緒六年夏——光緒八年	直隸延慶人	拔貢
龐瑞霖	光緒六年冬——光緒八年	直隸天津人	舉人
崔宜簡	光緒六年冬——光緒十一年	順天霸州人	拔貢
孫體仁	光緒八年冬——光緒九年	直隸玉田人	副貢
吳大猷	光緒九年夏——光緒十年	廣東四會人	舉人
蔡錫康	光緒十年夏——光緒十年	浙江烏程縣人	舉人
楊天霖	光緒十年夏——光緒十二年	山西萬泉縣人	舉人
馮聲萬	光緒十年秋——光緒二十三年	順天涿州人	舉人
陸葆霖	光緒十一年夏——光緒十二年	浙江會稽縣人	舉人
孫口（肇/縈）升	光緒十二年夏——光緒十二年	順天寶坻縣人	附貢
夏桐華	光緒十二年秋——光緒十四年	湖北黃陂縣人	舉人
楊毓嵩	光緒十三年春——光緒十八年	河南涉縣人	舉人

续表

人名	年限	籍貫	備註
孫繩武	光緒十三年春——光緒十三年；光緒十五年秋——光緒二十年	福建閩縣人	舉人
陸鍾岱	光緒十三年夏——光緒十五年	順天宛平縣人	舉人
劉昭晉	光緒十四年夏——光緒十五年	四川眉州人	舉人
彭原源	光緒十五年夏——光緒十八年；光緒十九年——光緒十九年	四川宜賓縣人	舉人
婁翠愷	光緒十八年冬——光緒十八年；光緒十九年夏——光緒二十二年	直隸天津縣人	歲貢
高凌雲	光緒十九年春——光緒二十二年	縣人	舉人
吳傳綺	光緒二十年秋——光緒二十二年	安徽懷甯縣人	副貢
王祖慶	光緒二十二年春——光緒二十四年	順天大興縣人	舉人
華學淇	光緒二十二年冬——光緒二十三年；光緒二十六年春——光緒二十七年	直隸天津縣人	舉人
延蕙	光緒二十二年冬——光緒二十四年	漢軍正白旗人	舉人
李春澤	光緒二十三年夏——光緒二十七年	直隸天津縣人	舉人
彭頤壽	光緒二十三年秋——光緒二十三年	山西絳州人	進士
戚朝勳	光緒二十三年冬——光緒二十五年	貴州貴陽府人	舉人
路由義	光緒二十四年冬——光緒三十一年	直隸朝陽縣人	舉人
李永鎮	光緒二十四年冬——光緒二十五年	四川華陽縣人	進士
黃贊樞	光緒二十五年冬——光緒二十七年	湖北人	舉人
韓杜	光緒二十七年冬——光緒二十九年	直隸衡水縣人	舉人
劉嘉琦	光緒二十七年冬——光緒三十一年	直隸天津縣人	舉人
陳啟秀	光緒二十八年春——光緒三十一年	山西平定州人	舉人
李式典	光緒二十九年夏——光緒三十一年	河南溫縣人	拔貢

學錄

人名	年限	籍貫	備註
毛瀚	道光十三年——道光十七年	江蘇甘泉人	舉人
李大封	道光九年任（十二年復任）——道光十四年	浙江鎮海人	舉人
陳椿年	道光十六年秋——道光二十年	直隸南宮人	舉人

续表

人名	年限	籍貫	備註
鮑錫年	道光十七年秋——道光二十年	浙江平湖人	舉人
俞長贊	道光二十年秋——道光二十二年	順天大興人	舉人
劉涵	道光二十年秋——道光二十五年	江西南豐人	舉人
沈祖望	道光二十二年春——道光二十二年	浙江錢塘人	進士
邊鍾鄂	道光二十二年冬——道光二十三年；道光二十五年夏——道光二十七年	直隸任邱人	舉人
郝觀光	道光二十三年春——道光二十五年	順天寶坻縣人	舉人
徐振鑠	道光二十五年夏——道光二十八年	順天大興人	舉人
潘祥庚	道光二十七年秋——道光二十九年	浙江余姚人	舉人
孫廷璋	咸豐元年夏——咸豐三年	浙江會稽人	舉人
蕭培杰	咸豐元年夏——咸豐二年	雲南昆明人	舉人
何汝口	咸豐二年冬——咸豐四年	浙江仁和人	舉人
楊鴻吉	咸豐三年夏——咸豐四年	江蘇丹徒人	舉人
李毓英	咸豐四年——咸豐五年	廣東嘉應州人	舉人
潘祖同	咸豐四年——咸豐五年	江蘇吳縣人	舉人
張茂昭	咸豐五年冬——咸豐十年	江蘇儀徵人	舉人
劉昭文	咸豐五年冬——咸豐七年	廣西臨桂人	進士
姚翔之	咸豐七年秋——咸豐八年	安徽桐城縣人	舉人
張元勳	咸豐八年冬——？①	山東樂安人	進士
吳福田	咸豐十年——？②；同治十三年秋——光緒三年	江蘇鎮洋人	進士
張恩澍	同治四年夏——同治五年	江蘇清河人	舉人
趙常任	同治四年夏——同治六年秋③	直隸玉田人	舉人
顧允昌	同治五年春——同治十一年	江蘇元和人	舉人
孫體仁	同治八年春——同治九年	直隸玉田人	副榜
陳章程	同治九年春——同治十年	浙江會稽人	舉人
劉長庚	同治十年春——光緒元年	漢軍鑲紅旗人	拔貢
鍾家彥	同治十一年夏——同治十三年	湖北咸甯人	舉人

---

① 缺咸豐十一年至同治三年材料，咸豐四年已不在任。

② 缺咸豐十一年至同治三年材料，咸豐四年已不在任。

③ 缺同治七年材料，故以同治六年秋止。

续表

人名	年限	籍貫	備註
朱榮清	光緒二年秋——光緒六年	順天大興人	舉人
吳天翔	光緒三年冬——光緒八年	江蘇鎮洋人	
朱沅寯	光緒六年冬——光緒十五年	順天大興人	舉人
蔡廣年①	光緒八年冬——光緒十七年	浙江德清人	舉人
郝觀光	光緒十五年夏——光緒二十一年	順天寶坻縣人	舉人
夏桐華	光緒十八年春——光緒二十一年	湖北黃陂縣人	舉人
任元斌	光緒二十一年夏——光緒二十五年	河南商邱縣人	舉人
周濂徽	光緒二十一年秋——光緒二十三年	順天昌平縣人	舉人
韓杜	光緒二十三年夏——光緒二十四年	直隸衡水縣人	舉人
任金如	光緒二十四年冬——光緒二十五年	山東聊城縣人	舉人
李廷瑛	光緒二十五年夏——光緒二十九年	順天宛平縣人	舉人
王儀鄭	光緒二十五年冬——光緒二十九年	安徽盱眙縣人	舉人
璩珩	光緒二十九年夏——光緒三十一年	安徽桐城縣人	舉人
吳昌燕	光緒二十九年夏——光緒三十一年	順天大興縣人	歲貢

典簿廳典簿

人名	年限	籍貫	備註
德敏	道光七年——道光二十年	滿洲正黃旗人	舉人
孫彝昭	道光八年——道光十六年	山東膠州人	附貢
高若旭	道光十六年夏——道光十九年	雲南沾益人	進士
裕貴	道光二十年秋——道光二十九年	滿洲鑲紅旗人	舉人
施善	道光二十年秋——道光二十二年	江蘇金□人	監生
徐之淮	道光二十二年春——道光二十五年	江西樂平人	舉人
沈嗣勳	道光二十九年夏——道光二十九年	順天大興人	監生
蘇勒布	道光二十九年夏——道光二十九年	漢軍正紅旗人	舉人
塔蜇圖	咸豐元年夏——咸豐三年	滿洲正藍旗人	舉人

---

① 又名"蔡右年"。

续表

人名	年限	籍貫	備註
陳采綸	咸豐元年夏——咸豐四年	陝西咸寧人	進士
伊克璣善	咸豐三年夏——咸豐四年	滿洲正藍旗人	舉人
吳祺樹	咸豐四年——咸豐五年	安徽阜陽人	廪貢
陳文棟	咸豐五年冬——咸豐八年	貴州畢節人	進士
詹瀛	咸豐八年冬——?①	安徽婺源人	監生
尚儉	同治四年夏——同治五年；同治六年秋——同治十一年	滿洲正藍旗人	舉人
韓鎮岳	同治四年夏——同治六年春	山西汾陽人	舉人
晏春霖	同治六年秋——同治八年	四川大邑人	舉人
孫錫齡	同治八年冬——同治十三年	直隸玉田人	監生
烏拉布	同治十一年夏——同治十三年	滿洲鑲黃旗人	舉人
奎襲	同治十三年秋——光緒二年	滿洲正白旗人	舉人
徐志源	光緒元年夏——光緒三年	江蘇武進人	監生
忠琇	光緒二年秋——光緒二年	滿洲鑲紅旗人	舉人
文郁	光緒二年冬——光緒七年	蒙古鑲白旗人	舉人
吳景鴻	光緒四年秋——光緒四年	浙江山陰人	監生
高秀峯	光緒四年冬——光緒十八年	浙江山陰人	監生
麟瑞	光緒七年春——光緒二十七年	滿洲鑲紅旗人	舉人
李紹先	光緒九年春——光緒十年	直隸深州人	監生
吳協廣	光緒十八年秋——光緒二十七年	江蘇太倉州人	監生
榮輝	光緒二十七年冬——?	蒙古鑲黃旗人	舉人
包榮富	光緒二十七年冬——光緒二十九年	順天大興縣人	附貢
宋樹楷	光緒二十九年夏——?	直隸任邱縣人	稟貢

典籍廳典籍

人名	年限	籍貫	備註
李隆□	道光十三年——道光十六年	湖南寧鄉人	拔貢
招元傅	道光十六年秋——道光十八年	廣東茂名人	舉人

---

① 缺咸豐十一年至同治三年材料，同治四年已不在任。

续表

人名	年限	籍貫	備註
雷應龍	道光十八年夏——道光二十五年	陝西咸寧人	監生
李作謀	道光二十五年秋——道光二十六年	山東東昌人	舉人
包清安	道光二十六年——道光二十七年	雲南臨安人	舉人
沈祖望	道光二十七年夏——道光二十七年	浙江錢塘人	舉人
虞世莊	道光二十七年秋——咸豐三年	廣東連山人	拔貢
施鈞	咸豐四年——咸豐六年	浙江山陰人	監生
鈕裕生	咸豐八年冬——咸豐九年	江蘇崇明人	監生
王敬思	咸豐十年——?①	安徽廣德人	舉人
曹慶雲	同治四年夏——同治五年	浙江山陰人	監生
李光璧	同治六年春——同治六年	順天人	舉人
李載庚	同治六年秋——同治七年	直隸口化人	舉人
周國城	同治八年春——同治八年；同治九年春——同治九年	湖北漢陽人	舉人
徐際春	同治八年冬——同治九年	甘肅平涼人	拔貢
李迎春	同治九年夏——同治十一年	直隸威縣人	增貢
張德拭	同治十年夏——同治十一年；光緒十一年秋——光緒十四年	直隸欒城人	貢生
何浚泉	同治十一年夏——光緒二年	順天寶坻人	增貢
張德栻	光緒三年夏——光緒五年	直隸灤州人	附貢
田振庚	光緒六年春——光緒十一年	順天通州人	廩貢
何瑞萱	光緒十四年夏	廣東廣州府人	舉人
謝崧岱	光緒十六年春——光緒二十四年	湖南湘鄉縣人	監生
胡以霖	光緒二十四年冬——光緒二十五年冬	浙江山陰縣人	貢生
高文彬	光緒二十五年冬——光緒三十一年	浙江山陰縣人	監生

---

① 缺咸豐十一年至同治三年材料，同治四年已不在任。

筆帖式

人名	年限	籍貫	備註
瑞琦	嘉慶二十二年——道光十六年	滿洲正白旗人	
連保	道光十一年——道光十七年	滿洲正黃旗人	
存保	道光十四年——道光十六年	滿洲正黃旗人	
德瑛	道光五年——道光十七年	滿洲正白旗人	
長命保	道光十六年夏——道光十九年	滿洲正白旗人	
花沙布	道光九年——道光十九年	蒙古鑲黃旗人	
承順	嘉慶十八年——道光十九年	蒙古鑲藍旗人	
富春	嘉慶十二年年——道光十九年	漢軍鑲白旗人	
恒貴	道光七年——道光十九年	滿洲鑲紅旗人	
春慶	道光十年——道光二十八年	漢軍正紅旗人	
存桂	道光十七年秋——道光十九年	滿洲正黃旗人	
奎斌	道光十六年夏——道光二十二年冬	蒙古鑲黃旗人	
積客	道光二十年冬——道光二十二年冬	漢軍鑲白旗人	
成壽	道光二十年秋—道光二十二年	漢軍鑲白旗人	
英文	道光二十三年春	漢軍鑲白旗人	
慶齡	道光二十三年春——道光二十六年	滿洲鑲藍旗人	
承錦	道光十九年夏——道光二十六年	蒙古鑲藍旗人	
閏連	道光二十八年冬——道光二十九年	漢軍正紅旗人	
長明	道光十九年夏——道光二十二年；道光二十五年秋——咸豐二年	滿洲正白旗人	
蘇色訥	道光十九年夏——咸二年	蒙古正白旗人	
崇齡	咸豐元年夏——咸豐二年	漢軍正紅旗人	
秀鍾	咸豐元年夏——咸豐二年	滿洲正黃旗人	
阿普薩蘭	道光二十六年——道光二十九年夏	滿洲正藍旗人	
福增	道光二十年秋——咸豐四年	滿洲正白旗人	
玉銓	道光二十二年春——咸豐四年	滿洲正黃旗人	
（覺羅）承啟	咸豐二年冬——咸豐五年	滿洲正黃旗人	
郭齊康阿	咸豐五年冬——咸豐七年	蒙古正藍旗人	
祥懋	道光二十年秋——道光二十六年；光緒二十七年夏——光緒二十七年；咸豐五年冬——咸豐七年	滿洲正黃旗人	

续表

人名	年限	籍貫	備註
明貴	咸豐七年冬——咸豐八年	滿洲鑲黃旗人	
德本	咸豐二年冬——咸豐七年；咸豐八年冬——咸豐九年	滿洲鑲紅旗人	
（覺羅）玉祿	咸豐八年冬——光緒九年	滿洲正白旗人	
廉忠	道光二十六年——咸豐十年①	蒙古正黃旗人	
興海	咸豐二年冬——咸豐十年②	漢軍正紅旗人	
呢醇	咸豐七年秋——咸豐八年；咸豐十年——?③	滿洲鑲紅旗人	
富明	咸豐四年——咸豐十年④	滿洲正黃旗人	
桂和	咸豐十年——同治五年	滿洲正白旗人	
福隆阿	咸豐四年——咸豐七年；咸豐八年冬——同治五年	漢軍正紅旗人	
托津泰	同治四年夏——同治八年	蒙古正黃旗人	
福隆阿	咸豐四年——咸豐七年；咸豐八年冬——同治五年；同治八年冬——同治九年	漢軍正紅旗人	
桂興	咸豐七年冬——同治九年	滿洲正白旗人	
桂森	同治四年夏——同治九年	漢軍正紅旗人	
興麟	同治五年春——同治八年；同治九年春——同治九年	滿洲鑲紅旗人	
恒繼	咸豐二年冬——同治十一年	蒙古鑲白旗人	
桂和（程和）	咸豐十年——同治五年；同治六年春——同治九年；同治九年夏——同治十一年	滿洲正白旗人	
長裕（常裕）	道光二十五年夏——同治十二年	漢軍鑲白旗人	
福隆阿	咸豐四年——咸豐七年；咸豐八年冬——同治五年；同治八年冬——同治九年；同治九年夏——同治九年；同治九年冬——同治九年；同治十一年秋——同治十三年	漢軍正紅旗人	

---

① 缺咸豐十一年至同治三年材料，故以咸豐十年止。
② 缺咸豐十一年至同治三年材料，故以咸豐十年止。
③ 缺咸豐十一年至同治三年材料，同治四年已不在任。
④ 缺咸豐十一年至同治三年材料，故以咸豐十年止。

续表

人名	年限	籍貫	備註
福杰	同治四年夏——同治十三年	滿洲正黃旗人	
忠明	同治八年春——同治十三年；光緒元年七——光緒元年	蒙古正紅旗人	生員
桂安	同治四年夏——同治十三年；光緒元年七——光緒元年	滿洲鑲紅旗人	
長口	光緒二年秋——光緒二年	滿洲正白旗人	
萬福	同治十一年夏——光緒三年	蒙古正藍旗人	
德全	同治十二年冬——光緒四年；光緒四年秋——光緒四年；光緒五年春——光緒六年；光緒九年春——光緒十年	漢軍鑲藍旗人	
長曜	光緒二年冬——光緒六年；光緒九年春——光緒十年	滿洲正白旗人	監生
蘇勒東阿	光緒元年夏——光緒十年	滿洲正黃旗人	廩生
慶炘	同治十一年夏——光緒八年；光緒九年春——光緒十年	滿洲正白旗人	
興麟	同治五年春——同治八年；同治九年春——同治九年；同治十一年夏——光緒十一年	滿洲鑲紅旗人	
聯慶	同治九年春——光緒十四年	漢軍正紅旗人	
耆昌	光緒十年夏——光緒十七年	滿洲正黃旗人	監生
富廉	光緒十一年秋——光緒二十年	滿洲鑲紅旗人	繙譯生員
金昆	光緒七年春——光緒九年；光緒十年夏——光緒二十一年	滿洲正白旗人	監生
春和	光緒元年秋——光緒二十二年	蒙古正黃旗人	監生
文瑞	光緒三年夏——光緒二十九年	蒙古鑲黃旗人	附貢
志銓	光緒二十年夏——光緒二十九年	滿洲鑲紅旗人	監生
崇恩	光緒十六年冬——光緒二十九年	滿洲正藍旗人	監生
啟勳	光緒二十一年秋——光緒三十一年	蒙古正白旗人	廩生
崇貴	光緒四年冬——光緒四年；光緒六年冬——光緒九年；光緒十年夏——光緒三十一年	漢軍鑲白旗人	生員

续表

人名	年限	籍貫	備註
啟紳	光緒八年冬——光緒九年；光緒十年夏——光緒三十一年	滿洲正白旗人	監生
玉芳	光緒二十九年春——光緒三十一年	滿洲鑲紅旗人	繙譯生員
全佑	光緒十四年冬——光緒三十一年	漢軍正紅旗人	
玉崑	光緒二十二年春——光緒三十一年	蒙古正紅旗人	生員
春元	光緒二十九年夏——光緒三十一年	滿洲正白旗人	監生
榮汶	光緒二十九年夏——光緒三十一年	滿洲正黃旗人	貢生

二　歸併學部後

官職	人名	年限	籍貫	備註
學部尚書	榮慶	光緒三十二年冬——宣統二年	蒙古正黃旗人	進士
	唐景崇	宣統二年夏——宣統三年秋	廣西灌陽縣人	進士
管理學部事務大臣	張之洞	光緒三十三年冬——光緒三十四年	直隸南皮縣人	進士
參預學部政務大臣	榮慶	光緒三十三年冬——光緒三十四年	蒙古正黃旗人	進士
學務大臣	唐景崇	宣統三年冬——宣統四年①	廣西灌陽縣人	進士
學務副大臣	劉廷琛	宣統三年冬——宣統四年	江西德化縣人	進士
學部左侍郎	嚴修	光緒三十二年冬——宣統二年	直隸天津縣人	進士
	（宗室）寶熙	宣統二年夏——宣統三年	滿洲正藍旗人	進士

----

　　①　本志時代下限為宣統三年，但《清代縉紳錄集成》記載至宣統四年，即此官職完結於宣統四年。故一並錄於此。下同。

续表

官職		人名	年限	籍貫	備註
學部右侍郎		達壽	光緒三十二年冬——光緒三十四年年	滿洲正紅旗人	進士
		（宗室）寶熙	光緒三十四年秋（爵）——宣統二年	滿洲正藍旗人	進士
		李家駒	宣統二年夏——宣統三年	漢軍正黃旗人	進士
		於式枚	宣統三年秋——宣統三年	廣西賀縣人	進士
左丞		喬樹枏	光緒三十二年冬——宣統四年	四川華陽縣人	舉人
右丞		李家駒	光緒三十二年冬——光緒三十三年	漢軍正黃旗人	進士
		孟慶榮	光緒三十三年秋——宣統四年	直隸永年縣人	進士
左參議		孟慶榮	光緒三十二年冬——光緒三十三年	直隸永年縣人	進士
		林灝深	光緒三十三年秋——宣統四年	福建侯官縣人	進士
右參議		林灝深	光緒三十二年冬——光緒三十三年	福建侯官縣人	進士
		劉廷琛	光緒三十三年秋——光緒三十四年	江西德化縣人	進士
		戴展誠	光緒三十四年春——宣統四年	湖南武陵縣人	進士
國子丞		徐坊	光緒三十二年冬——宣統四年	山東臨清州人	監生
典簿		恩光	光緒三十二年冬——光緒三十四年	滿洲正黃旗人	監生
		松廷	光緒三十二年冬——宣統元年	滿洲鑲紅旗人	進士
		文寀	光緒三十二年冬——宣統二年	滿洲鑲白旗人	舉人

官職		人名	年限	籍貫	備註
		景格	光緒三十二年冬——宣統四年	滿洲正白旗人	舉人
		富興阿	宣統二年秋（爵）——宣統三年	蒙古鑲紅旗人	
		哈卜齊顯	宣統二年冬——宣統四年	滿洲鑲黃旗人	舉人
		高文彬	宣統二年冬——宣統四年	浙江山陰縣人	監生
		恒謙	宣統三年冬——宣統四年	蒙古鑲藍旗人	
典籍		哈卜齊顯	光緒三十二年冬——宣統二年	滿洲鑲黃旗人	舉人
		劉嘉琦	光緒三十二年冬——光緒三十四年	直隸天津縣人	舉人
		璩珩	光緒三十二年冬——光緒三十四年	安徽桐城縣人	舉人
		高文彬	光緒三十二年冬——宣統二年	浙江山陰縣人	監生
		王仁沛	宣統元年春——宣統四年	直隸天津人	舉人
		李秉元	宣統元年春——宣統四年	直隸人	舉人
		李燕春	宣統二年冬——宣統四年	順天人	舉人
		桂林	宣統三年夏——宣統四年	滿洲鑲紅旗人	舉人
奉祀官	七品奉祀官	崔俞	光緒三十二年冬——宣統二年	順天霸州人	七品、進士
		周濂徵	光緒三十二年冬——光緒三十四年	順天昌平州人	七品、舉人
		寶綸	宣統元年春——宣統二年；宣統二年冬——宣統三年	滿洲正黃旗人	七品、舉人
		文聯	宣統二年冬——宣統三年	滿洲正藍旗人	七品、生員
	八品奉祀官	音德賀	光緒三十二年冬——光緒三十二年	蒙古正白旗人	八品

官職		人名	年限	籍貫	備註
		文聯	光緒三十二年冬——宣統二年	滿洲正藍旗人	八品、生員
		恒謙	光緒三十四年夏——宣統四年	蒙古鑲藍旗人	八品
		李汝椿	宣統二年冬——宣統四年	江蘇江都人	八品、舉人
	九品奉祀官	成齡	光緒三十二年冬——光緒三十三年	蒙古鑲藍旗人	九品、生員
		瑞鈞	光緒三十二年冬——宣統元年	滿洲鑲白旗人	九品、監生
		李汝椿	光緒三十四年夏——光緒二年	江蘇江都人	九品、舉人
		張柏年	宣統二年冬——宣統四年	直隸人	九品、監生
		陸壽恒	宣統三年夏——宣統三年	直隸人	九品、附貢
通贊官	正通贊官	富興阿	光緒三十二年冬——宣統二年	蒙古鑲紅旗人	正
		韓杜	光緒三十二年冬——宣統元年	直隸衡水縣人	正、舉人
		松齡	宣統元年冬——宣統四年	蒙古鑲白旗人	正
	副通贊官	祺廣	宣統二年冬——宣統四年	滿洲鑲黃旗人	副、廩生
		祺廣	光緒三十二年冬——宣統二年	滿洲鑲黃旗人	副、廩生
		岳岡	光緒三十二年冬——宣統四年	滿洲正藍旗人	副、生員
		全佑	宣統三年夏——宣統四年	漢軍正紅旗人	副
書記官	二等書記官	寶綸	光緒三十二年冬——光緒三十四年	滿洲正黃旗人	二等、舉人

续表

官職	人名	年限	籍貫	備註
	常熙敬	光緒三十二年冬——光緒三十四年	直隸饒陽縣人	二等、拔貢
	松麂	光緒三十二年冬——宣統二年	蒙古鑲白旗人	二等
	桂林	宣統元年春——宣統三年	滿洲鑲紅旗人	二等、舉人
	吳培霖	宣統二年冬——宣統四年	順天人	二等、增貢
	蔣志達	宣統二年冬——宣統四年	直隸人	二等、舉人
	蘭廳溥	宣統三年冬——宣統四年	直隸滄州人	二等、拔貢
三等書記官	福厚	光緒三十二年冬——宣統四年	蒙古鑲白旗人	三等、生員
	麟趾	光緒三十二年冬——宣統元年	滿洲正黃旗人	三等、貢生
	全佑	光緒三十二年冬——宣統三年	漢軍正紅旗人	三等、官學生
	蘭廳溥	宣統二年冬——宣統三年冬	直隸滄州人	三等、拔貢
	於克勤	宣統三年冬——宣統四年	直隸人	歲貢

（修撰人：白雪松）

禄廩志

　　國子監作為教育管理機關和最高學府，有自己的經費收支和師生待遇管理制度。有關國子監的經濟情況包括：皇帝對國子監的獎賞、國子監衙門的經費收支、國子監官師的俸祿和在監肄業生的津貼等方面。

　　宋代國子監的辦學經費來源於國家財政撥款、固定產業收入、刻書收入和生員交納等幾個方面。支出主要有官員俸祿和生員費用等。北宋時期，皇帝賜給國子監的獎賞包括現錢、息錢、莊田以及石炭等，這些成為對國子監有力的物質支持。尤其學田是宋代的創新。國子監將國家撥給的莊田出租經營，收取的租金用作辦學經費，成為辦學經費的穩定來源。皇帝對國子監師生的賞賜有服飾、布帛、品級等。南宋時期國力逐漸貧弱，賞賜很少。整個宋代，國子監官員教師待遇豐厚，依職位高低定品級發給俸祿，除工資外，還有職事官職錢。生員入監學習免役，由朝廷負責食宿并發給伙食費。

　　元代不重文治，對國子監的賞賜稀少。朝廷雖然負責國子監學生的飲食住宿，也發給生活費用，但任意克扣廩給的情況也發生過。在元代統治者看來，支付國子監學生的學習費用成了例外關照，將朝廷的費用用於國子監師生并不是心甘情願的，所以有收繳江南學田的收入以支付國子監師生生活費用的情況出現。

　　明清時期的國子監，因統治者的重視總體來講有著優厚的生活待遇和良好的辦學條件。凡在監讀書的監生不僅享受朝廷提供的膳食和膏火銀，還能分到必要的學習用品和生活用品。明代國子監的經費主要由國家撥款。雖然學規森嚴，卻也無微不至地體恤學生。凡在監諸生，均供給廩膳衣服，並免除其家兩丁徭役。從洪武時期開始，皇帝時常賜給國子監監生衣物和錢鈔，逢年過節也均有賞賜。對有疾病的監生，派醫生診治。膳食服務在明代前期主要採取會饌制，即全體師生在食堂分桌進餐，直到宣德年間改為自行解決飲食。清承明制，國子監的費用由朝廷支付。肆業生的衣、食、住及學習用品等都由朝廷負責，還能領到膏火銀，待遇相當優厚。除因戰事緊張時期對國子監經費有所影響外，有清一代基本靠朝廷撥款，為監生潛心學業提供了重要的經濟保障。

本部禄廩志主要記載道光十三年至光緒三十二年（1833—1906 年）期間有關國子監的經濟情況，依照道光版《欽定國子監志》分為恩賚、歲支、俸秩、廩給四個部分，分別記載皇帝對國子監的賜賞和朝廷撥款、國子監的錢物支出、國子監的官師俸祿和在監肆業生的津貼情況。

禄廩志一　恩賚

恩賚即恩賞之意，主要包括皇帝視學、臨雍禮成後的賞賜；新科進士到國子監釋褐、賜宴，刻立進士題名碑等賞賜。但在君主制下，國子監的經費也被納入恩賚之列。

皇帝臨雍禮成，賜進講官及王公以下各官茶。第二天於禮部賜宴。衍聖公、大學士、內閣學士、禮部、太常寺、翰林院、詹事府官員及國子監祭酒、司業都參加宴會。皇帝對參加臨雍典禮的官員師生皆有頒賞，其中賞兼管監事大臣和祭酒緞三疋，司業緞二疋，監丞、助教及以下官緞一疋，聽講進士、舉人、各學教習、貢監生、官學生等，各銀一兩。緞由禮部行文，內務府廣儲司支給，銀由國子監行文，戶部福建司①支給。

每科新進士至國子監釋褐，賜花紅筵宴銀十五兩。先期由國子監行文

---

① 清代戶部機構按地區劃分為江南、浙江、江西、福建、湖南、山東、山西、河南、陝西、四川、廣東、廣西、雲南、貴州 14 個清吏司，並設有八旗俸餉處、現審處、飯銀處、捐納處、內倉等機構。福建司，即福建清吏司簡稱，機構名。清代戶部所設十四個清吏司之一。職官有：郎中，滿缺二人，漢缺一人；員外郎，滿缺五人，漢缺一人；主事三人。掌核直隸、福建兩省之錢糧，天津之海稅，直隸之雜項開支，並管賑濟事務及官房之事。下設有金科、保民科、河民科、直倉科、福倉科、支科、田科及火房等。

到戶部福建司領取備好。

每科進士題名碑，賜銀一百兩，立在大成門外。由禮部奏請，國子監行文，工部營繕司支領，典簿廳經理事務。

貢生、監生由國子監錄送順天鄉試，中式者每名賜旗匾銀二十兩。由國子監行文到戶部福建司支領。

國子監每年有恩賞銀六千兩，由國子監行文到戶部陝西司①支領，用作師生講課伙食及內外班肄業生、武英殿校錄的膏火、衣服和獎賞等項花費。支出結餘用作周卹有事故的諸生。經費的經理由本監錢糧處遴選滿、漢人員辦理。凡動用恩賞銀，均寫就公文呈堂核發。

清代承襲明制，皇帝親臨國子監視學、臨雍，對參與禮儀的師生均有賞賜，如賜茶、賜宴、賜緞、賜綢、賜銀兩等，並形成定制。雖然各朝歷次略有差別，但基本按定制頒賜。道光以後，只有咸豐皇帝曾親臨辟雍講學一次。雍正八年（1730年），經祭酒孫嘉淦奏請，每年賜國子監銀六千兩，成為定制。所謂賜銀，實際就是國子監的全年經費，這一定制一直沿用至清末。咸豐年間因太平天國和第二次鴉片戰爭等戰事緊張，朝廷缺錢，曾大幅削減給國子監的恩賞銀。同治年間逐漸恢復。光緒庚子年（1900年）有缺失，后予增補。光緒時期國子監恩賞銀基本能夠予以保障，有時還略有增加。

咸豐二年十二月，又諭明年二月舉行臨雍典禮，朕親詣文廟釋奠。著太常寺，即查照道光三年二月上丁釋奠禮節呈進。②

咸豐三年二月上丁，咸豐皇帝詣文廟行釋奠禮，禮成，御彝倫堂更袞衣，親臨辟雍講學。禮成，恩賚進講大學士、祭酒并衍聖公、聖裔後裔、國子監官、觀禮進士、舉人、陰生、貢監生等有差，廣太學乙卯科鄉試中額十五名。③

---

① 陝西司，即陝西清吏司簡稱，機構名。清代戶部所設十四個清吏司之一。職官有：郎中，滿、漢各一人；員外郎，滿缺二人、漢缺一人；主事二人。掌覈陝西、甘肅、新疆三布政使司及糧儲道之錢糧奏銷，並管各省茶課及京中各項動支款事。

② （清）賈楨：《清文宗顯皇帝實錄》卷八十。

③ （清）賈楨：《清文宗顯皇帝實錄》卷八十四。咸豐三年臨雍典禮與道光三年同。《欽定國子監志》卷二十四《辟雍志六·臨雍》載道光三年恩賞："賜群臣宴於禮部。賜衍聖公冠服、大緞四、墨四、貂四。聖賢後裔、五經博士八絲緞二、墨二、貂二，進講大學士八絲緞四，兼管監事暨祭酒三，司業二。監丞、助教等官五絲緞各一。觀禮諸生三千三百二十八人，白金如例。"

又奉旨，是日如遇雨，著照乾隆五十年加賞例加賞。①

同治初，元以國學專課文藝無裨實學，令兼課論策，用經史性理諸書命題，獎勵留心時務者，增發歲費三千兩，選文行優者四十人住南學，厚給廪餼。②

同治九年奏准，向例每年恩賞肄業生銀六千兩，咸豐四年折發實銀一千二百兩，同治二年增發實銀三千兩，現在多士遠來，兼之琉球官生入監讀書，用款不敷，仍復舊額，自九年為始，每年發給實銀六千兩。③

光緒三十一年寶熙奏，設立學部，用款不貲，各員俸廉，雖不必如外商兩部之過優，亦未便照舊日定制之太薄。當此部款支絀之時，不能不兼資外省財力，略為補助。伏思各省科歲兩試，三年中所耗考棚費用多則四五萬，少亦二三萬。今擬請按省分大小，將三年所籌之棚費，每年提數成作為學部常年經費。外省籌款，備極艱難，亦宜酌留一半，以備擴充各屬中小學之用，所提無幾，第以十九行省計之，亦覺積少成多，若再兼以禮部、國子監兩署經費與部中添籌之款，當足資展布矣。④

禄廪志二　歲支

歲支是國子監每年經費的支出情況，基本可以分為祭孔錢糧、公用物品、監生生活學習用品及獎勵等，還包括房屋修繕、購書添物等各項費用。

國子監用於春、秋丁祭的物品，有些由太常寺支付費用隨時購買，有些由太常寺行文到各衙門借用。凡需借用，都要先期一個月行文至各衙門，各衙門於祭祀前兩日送到太常寺。每月的朔、望兩日行禮所用的香燭等物品，由國子監提前幾日行文到太常寺領取。

---

① 乾隆五十年因臨雍日遇雨，對參與禮儀的群臣師生有所加賞。《欽定國子監志》卷二十四《辟雍志六·臨雍》："復以臨雍日遇雨，廑念群臣多士衣履沾漬，特命賜各官紀錄一次，賜聖賢後裔五絲緞一百二十二卷，觀禮諸生綢三千八十八疋。"

② 陳蔭翹：《（民國）海城縣志》卷二《歷代學制考　清學校制》，民國二十六年鉛印本。

③ 《欽定大清會典事例》卷一〇九八，國子監/六堂課士規制。

④ 《清朝續文獻通考》卷一四二《職官》二十八。

　　國子監支領的錢糧，每月十一日支領的有各官公費和教習、算學生月銀；每月分三次支領的有教習月米；一年兩季支領的有漢官俸祿；一年分四季支領的有皂役口糧。這些均由典簿廳寫就公文呈堂，並行文戶部陝西司支取。應領的銀兩取自銀庫，米取自各個糧倉。

　　國子監支領的官物，教習衣服由繩愆廳寫就公文呈堂，行文給工部製造庫發放；紙張由典簿廳寫就公文呈堂，行文給戶部顏料庫發放；夏季用冰，行文給工部都水司發放；冬季用炭，行文給工部屯田司按價給以銀兩。

　　支用的恩賞銀，按月支領的費用有諸生膏火衣服銀，堂期公膳，考課供給，諸生獎賞；按季度支領的費用有講課膳食，校錄膏火銀。隨時支領的費用有諸生事故稠卹，歲修南學，購買書籍、器物。鄉試之年支領的費用有增修考試桌凳。這些都由錢糧處寫就公文呈堂核發。

　　同治七年十一月，諭軍機大臣等截留楚餉，請飭部照數扣抵。著該署河督等，將此次湖北解到江漢關洋稅等項銀兩，除內務府、戶部國子監兩款仍令解京外，下餘八萬兩及前次楚餉十三萬兩，准其一併截留，以資應用。①

　　光緒九年奏准，八旗官學，每學添設司事三人，館役、廚役十二名，所有津貼月費，及館、廚役工銀，暨銀米雜項，前經奏准，常年經費，以三萬二千兩為率，永由戶部分作四季發放，由管學大臣備具文領，徑行關支，交管學各官覈實動用。

　　又奏准，籌辦八旗官學，前經戶部指撥銀十五萬兩，除工程用銀七萬八千兩有奇外，餘銀七萬一千，業經奏明，留為學中製備一切之用，所餘銀兩，由管學大臣發商生息，所有四季考課學生獎賞，及將來各學房屋應行黏修糊飾一切雜款，即於此項內撙節動用，以期經久。②

　　光緒十年奏准，遇有閏月之年，除常年經費三萬二千兩外，添撥銀二千六百六十六兩。

　　又奏准，八旗管學官每年每員，給公費銀二百兩，按季支領。③

　　①　寶鋆：《清穆宗毅皇帝實錄》卷二四六。

　　②　《欽定大清會典事例》卷三九四，禮部/學校/八旗官學。

　　③　《欽定大清會典事例》卷一一二〇，國子監/官學規制/八旗官學二。

　　光緒二十七年三月，協辦大學士吏部尚書管理國子監事務徐郙等奏為
恩賞銀兩奏銷事。查臣監肄業諸生膏火銀兩，歷經遵照奏定章程，每年由
戶部支領庫平實銀六千兩，其有餘賸銀兩，歸於次年銷算。並將上三年實
用數目開列清單，於開印後奏銷一次等因在案。又光緒十二年十二月，臣
監因南學肄業諸生膏火用款不敷，奏蒙恩准，每月賞加庫平銀二百兩。經
戶部定，自十三年起，歸併原領膏火內一併關支，遇閏加增銀二百兩，旋
准戶部知照，自二十三年起均改為京平發放。臣監自是年七月起，按京平
支領。臣等歷經督飭經理之員撙節開放，每年僅可支持。二十六年六月
後，驟值變亂，部款停發，遂致異常竭蹶。① 計是年存二十五年分用賸
銀，一千四百十五兩五錢。光緒二十六年分領到，第一次正二月，第二次
三四月分，膏火京平銀二千八百兩，連前共存銀四千二百十五兩五錢，發
過肄業諸生講課桌飯膏火等項銀三千一百四十二兩五錢，又季考獎賞八旗
官學生以及月課獎賞等項銀一千八百九十一兩一錢五分，共用過銀五千三
十三兩六錢五分。內不敷銀八百十八兩一錢五分，暫由領到海關經費項下
墊發。除由臣監咨催戶部、設法清解以便歸款外，合將上三年用過數目照
例繕具清單，恭呈御覽，為此奏聞，謹奏。御批：知道了。光緒二十七年
三月十七日。協辦大學士吏部尚書管理國子監事務臣徐郙，祭酒臣宗室希
廉，祭酒臣王垿行在現在，司業臣周克寬行在現在。附片：光緒二十三年
分，共用過銀七千三百二十二兩。光緒二十四年分，共用過銀八千八百三
兩九錢。光緒二十五年分，共用過銀八千八百七兩二錢。御批：覽。徐
郙，光緒廿七年三月十七日。②

　　光緒二十七年三月，協辦大學士吏部尚書管理國子監事務徐郙等奏為
奏聞事。查臣監於光緒五年五月，經總理各國事務衙門大臣管理監務沈桂
芬奏，准江海各關捐助國子監經費銀兩，每年捐庫平銀或二百兩或三百
兩，均由總理各國事務衙門隨到隨領等因在案。國子監自光緒二十五年分
存賸銀一千八百三兩五錢，二十六年分陸續由總理各國事務衙門領到二十
五年分浙海關補解庫平銀一百兩，江漢關補解庫平銀二百兩，二十六年分
粵海關庫平銀三百兩，共領到庫平銀六百兩，合京平銀六百三十六兩。嗣
因變出非常，各款停解，以致南學肄業諸生膏火及臣監辦公款項無出，異

---

① 指庚子事變以致當年恩賞銀缺失。

② 中國第一歷史檔案館，全宗號 4－1－35 卷號 1056 件號 40。

常拮据，僅於十二月由總理各國事務衙門籌解到京平銀三百兩，暫濟眉急，連前共存銀二千七百三十九兩五錢，計自二十六年正月起，十二月止，連閏計十三個月，共發過丁祭及每月辦公用銀一千九百十五兩二錢五分。餘銀計提墊膏火等項銀八百十八兩一錢五分外，下存銀六兩一錢，應入於光緒二十七年分給發項下銷算。再光緒二十五年江海關欠解庫平銀三百兩，二十六年分閩海、津海、江海關各應解庫平銀三百兩，山海、東海、浙海、九江、鎮江、江漢關各應解庫平銀二百兩，連前共應解庫平銀二千四百兩，均未領到，合併聲明，為此奏聞，謹奏。御批：著該衙門分別催解。光緒二十七年三月十七日。協辦大學士吏部尚書管理國子監事務臣徐郙，祭酒臣宗室希廉，祭酒臣王垿行在現在，司業臣周克寬行在現在。①

禄廩志三　俸秩

　　國子監各個職官每年的俸銀為：祭酒一百零五兩，司業六十兩，監丞、博士、助教四十五兩，學正、學錄、典簿四十兩，典籍三十一兩五錢二分。筆帖式的俸銀為：七品的三十三兩，八品的二十八兩，九品的二十一兩一錢一分四厘。恩俸和禄米視正俸基數分別等第，正俸有若干兩，則禄米有若干斛。滿官俸禄由各旗行文，漢官俸禄由國子監行文，先期將應領之數詳細書寫成冊。春季於前一年十二月十五日以前，秋季於六月十五日以前咨送吏部稽俸廳。稽俸廳查核有無升遷降罰等事故，將增減除消等項改動書寫冊內，然後移送戶部。滿官以正月、七月三十日為限，漢官以二月、八月初七日為限，在這之前凡有除授升遷，准許補領各官禄米。

　　國子監職官公費支出銀為：祭酒每月三兩，司業每月二兩二錢，監丞、博士、助教、典簿每月一兩五錢，學正、學錄、典籍、筆帖式每月一兩，均由國子監行文到戶部領取。有出差不在監者，按日扣除。

　　光緒九年奏准，八旗教習一項，月給津貼銀六兩，月費銀二兩，令其常年住學，每日兩餐肴饌，即由學中備辦，其舊例銀米衣裝，一概停止，

額外教習，應支津貼月費，照實缺教習減半支領，滿蒙教習，如本身食有錢糧者，除照舊關支外，本學酌給津貼月費，亦減半支領，以資養贍。①

　　光緒十一年又奏准，額外教習傳補到學之日，即作為實缺，所有報滿日期，及津貼月費，均照實缺教習辦理，以歸畫一，其津貼月費銀兩，即在常年經費內撥出支給，毋庸另籌。②

禄廩志四　廩給

　　廩給指國子監肄業生的生活待遇和津貼情況，包括國子監肄業生、八旗教習和官學生、算學教習、算學生、琉球教習和官學生、俄羅斯學官學生、樂舞生、雜役、廟戶等。清代國子監肄業生的待遇相當優厚，衣食住行各項生活都有保障之外，還發放膏火銀。肄業生膏火銀自乾隆三年（1738 年）定后便一直沿用。咸豐年間戰事緊張，國家缺錢，從咸豐四年（1854 年）開始實際撥給國子監的恩賞銀大幅減少，分給肄業生的膏火銀也必然大幅削減。肄業生的經濟狀況定然困頓拮据。同治二年（1863 年）開始小有恢復，直至同治九年（1870 年）國子監的經費恢復到削減前的水平，才對肄業生的膏火銀調高標準，超過了削減前的金額。至光緒十二年（1886 年），又有增加，更為優厚。

　　國子監肄業生的廩給為：住監肄業生每名每月給膏火銀二兩五錢，十一月、十二月加煤炭銀五錢。不住監肄業生每名每月給衣服銀五錢。六堂堂官於每月十五日點名發放，無故不到者扣除。每逢上大課則供給膳食。

　　八旗官學中，漢教習每人每月給銀二兩，米一石，稷米五斗，小米二斗六升五合，均由戶部辦理領取。每人每年給夏、秋衣各一襲，涼帽一頂；每人每三年給冬裘二襲，暖帽二頂，都由工部辦理領取。滿教習、蒙古教習、騎射教習均按原品秩給予錢米。

　　滿洲、蒙古八旗官學生每名每月給銀一兩五錢，漢軍八旗官學生每名每月給銀一兩，均由本旗辦理領取。

　　算學教習衣服錢米等同八旗官學教習。漢算學生每名每月給銀一兩五錢，由國子監行文戶部辦理領取。滿洲、蒙古、漢軍算學生的月銀等同八

---

①　《欽定大清會典事例》卷三九四，禮部／學校／八旗官學。
②　《欽定大清會典事例》卷三九四，禮部／學校／八旗官學。

旗官學生，由本旗辦理領取。

　　琉球學教習的衣服銀米等同八旗官學教習。琉球官學生的每日供給等同進貢都通事，隨從的每日供給等同進貢陪臣的隨從，均由禮部給予發放。琉球官學生的紙、筆、墨銀和所用器皿、煤炭，均由工部給予發放。俄羅斯學官學生每人每日給銀一錢，隨從每日給銀五分，由理藩院給予發放。

　　先師廟的樂舞生，每名每月給銀六錢，廚役每名給米五斗，均由太常寺咨文到戶部給予發放。

　　皂役、廟戶每名按季給米九斗，逢閏月加增，共四十七名，由戶部辦理領取。殿戶每名每月給銀六錢，共八名，由大興、宛平二縣支領。每月掃除監署及南學的雜役，定量給予賞錢，於恩賞銀內支銷。

　　國子監肄業生：

　　同治二年奏准，肄業生膏火獎賞等項，由戶部每年發給銀三千兩，現酌定內班膏火每月給銀一兩，外班給銀二錢，大課從優酌獎，一等一名四兩，二三名三兩，四五名二兩，六名至十名一兩，十一名至二等一名八錢，其內班十一十二兩月，各給煤炭銀二錢五分。

　　同治九年又奏准，雍正八年，設立南學一所，諸生肄業其中，人才稱盛。道光二十九年復加整頓，住學者百餘人，嗣後經費屢裁，章程數改。今奉旨全復賞銀舊額，經費既充，擬就肄業生中考選文行稍優者，定四十名額缺，令其居住南學，嚴立課程，優加廩餼，每月添給膏火銀四兩，如不守學規，隨時汰除。並派助教一員住學稽查，每月給薪水銀十兩。如曠誤及約束不嚴，查出從嚴參處，仍責成當月官幫同查察。此外修理房屋，製備器具，添設夫役，每年約需銀數百兩。又津貼琉球官學銀五百兩，俟琉球官生歸國，仍提歸南學，酌添學額。

　　同治十二年奏准，琉球官生業經歸國，其津貼琉球官學銀五百兩，將肄業生考取前列者，按名加給優獎，並於八旗官學中遴選經書較熟，才堪造就者數名，另給獎賞。

　　光緒二年奏准，南學肄業諸生，常川住學，額定四十名，嗣後酌添二十名，共計六十名，其每年恩賞銀六千兩，仍按庫平發給。

　　光緒九年奏准，八旗官學月課季課，均經定有獎賞，其本監津貼官學生加獎銀兩，應裁撤，歸入南學肄業生，加課獎賞。

光緒十二年奏准，南學諸生膏火，每名增至八兩，定額六十名，每月需銀四百八十兩，此外尚有校錄，内班外班獎賞周卹等款，每月需銀三百餘兩，入款不敷，懇恩每月加賞膏火銀二百兩。①

八旗官学生：

光緒八年奏准，學生月課季課現均定有獎賞，應將原定津貼銀兩裁撤。②

（修撰人：白雪松）

---

① 《欽定大清會典事例》卷一〇九八，國子監/六堂課士規制。
② 《欽定大清會典事例》卷一一二〇，國子監/官學規制/八旗官學二。

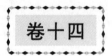

卷十四

金石志

金石志一　清代石刻

　　孔廟國子監歷史上有很多石刻，"周秦石鼓""乾隆石鼓""乾隆御定石經""元明清進士題名碑"等都是著名石刻。道光十三年（1833年）至清朝滅亡，孔廟國子監石刻變化不大，主要是增添了每科的進士題名碑和少量石刻。

一　乾隆御定石經

清末國子監六堂中的"乾隆御定石經"

　　清乾隆五十六年（1791 年），為勘正經典，統一教材，乾隆皇帝諭旨以蔣衡手書"十三經"為底本刻石，立於北京國子監，稱之為乾隆御定石經，簡稱"乾隆石經"或"清石經"。石經共 189 通，加上末一碑"聖諭及進石刻告成表文"共 190 通，約 63 萬字。石碑均為圓首方座，高 305 釐米，寬 106 釐米，厚 31.5 釐米，碑額篆書"乾隆御定石經之碑"，鈐乾隆御璽"表章經學之寶"和"八徵耄念之寶"。碑文為楷書，兩面刻字，每面分 6 部分刻寫。因乾隆石經一直存放於國子監東西六堂室內，故保存完好，少有損壞。

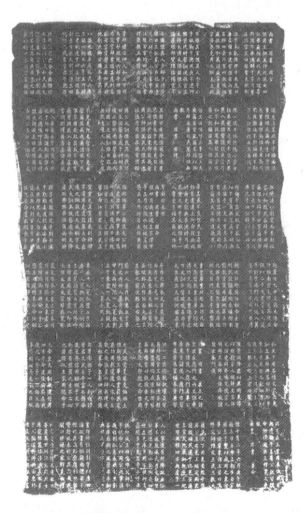

"乾隆御定石經"《尚書》拓片

"乾隆御定石經"碑額拓片

維修中六堂裏的"乾隆御定石經"

道光版《欽定國子監志》記載了"乾隆石經"在六堂中排列情

況："《周易》六碑。第一碑，在修道堂左側，南向；第二至第六碑，在修道堂，東向。《尚書》八碑，在修道堂，東向。《詩經》十三碑。在修道堂，東向。《周禮》十五碑。第一至第四碑，在修道堂，東向；第五至第十五碑，在正義堂，東向。《儀禮》十七碑。在正義堂，東向。《禮記》二十八碑。第一至第五碑，在正義堂，東向；第六至第二十八碑，在廣業堂，東向。《春秋左傳》六十碑。第一至第七碑，在廣業堂，東向；第八碑，在廣業堂右側，北向；第九碑，在崇志堂左側，北向；第十至第三十九碑，在崇志堂，西向；第四十至第六十碑，在誠心堂，西向。《春秋公羊傳》十二碑。在誠心堂，西向。《春秋穀梁傳》十一碑。在率性堂，西向。《論語》五碑。在率性堂，西向。《孝經》一碑。在率性堂，西向。《爾雅》三碑。在率性堂，西向。《孟子》十碑。在率性堂，西向。"① 從六堂維修的老照片能夠看出，石經是呈"品"字形排列：兩碑在前，一碑在後位於兩柱之間。根據記載及舊照，我們繪出"乾隆御定石經"在六堂內的擺放示意圖。（見折頁圖）

石經刊刻完成，即拓印石碑，製成拓本。"乾隆御定石經"拓本全套共 46 函 206 冊，裝幀精美，木板封面，撒金紙護頁，墨黑如漆，細膩均勻。拓本為一碑一冊，除 190 通石碑外，乾隆御製說經文石刻等 16 通石碑也拓印成冊，故全套拓本為 206 冊。在《欽定石經目錄》中對此有明確記載："周易六冊，尚書八冊，詩經十三冊，周禮十五冊，儀禮十七冊，禮記二十八冊，左傳六十冊，公羊傳十二冊，穀梁傳十一冊，論語五冊，孟子十一冊，孝經一冊，爾雅三冊，高宗考訂石經御製文十六冊。以上拓本全部裝訂成函，共二百六冊。"②

嘉慶八年（1803 年）時任石經副總裁彭元瑞奏請重修石經。嘉慶八年的諭旨載：

前因彭元瑞奏：太學石經現在所刊碑文、與御纂欽定本間有異同，請詳加察覆。……現在太學石經早已刊布通行，毋庸改易。其石

① （清）文慶、李宗昉等纂修，郭亞南等點校：《欽定國子監志》，北京古籍出版社 2000 年版，第 1042 頁。

② 《欽定石經目錄》，載賈貴榮輯《歷代石經研究資料輯刊》第 8 冊，北京圖書館出版社 2005 年版，第 539—540 頁。

北京市文物局資料中心藏"乾隆御定石經"拓本

經內有遺漏筆畫，及鐫刻草率各條，著交御書處查照修整，以臻完善。①

在馮登府《石經補考·卷十一國朝石經》中也有類似的記載：

---

① （清）文慶、李宗昉等纂修，郭亞南等點校：《欽定國子監志》，北京古籍出版社 2000 年版，第 1042 頁。

彭尚书元瑞曾譔《考文提要》十三卷，以證校正所自，當時因急於告竣，未及盡改。迨我仁宗皇帝嘉慶八年，尚書奏請重修，於是復命廷臣磨改，以期盡善，故前後搨本不同。①

因嘉慶八年的重修，“乾隆石經”的拓本也出現乾隆和嘉慶兩種拓本，且兩種拓本不同。在張國淦的《歷代石經考·清石經考》對此有記載：

嘉慶八年曾磨改，今石完好無殘闕。其拓本有乾隆嘉慶搨本，前後不同。偶見於京師故家中，近亦無新拓本。②

從乾隆五十九年（1794年）石經刊刻完成，到嘉慶八年（1803年）不到十年，因此以重修之前的拓本更為珍貴。

光緒十一年至十三年（1885—1888年）因“乾隆石經”“字跡歲久受損”③，國子監學錄蔡賡年根據《欽定考文提要》，對石經進行修刻，並據此撰書《奏修石經字像冊》。該書卷首載：

奏修《石經》文字樣本

堂諭《乾隆石經》，字跡歲久受損。本堂於七月間奏准請遵《欽定考文提要》及時修刻在案，着派蔡賡年敬案石刻編冊呈堂，覆定發修。此諭。光緒十一年十二月十五日，學錄蔡賡年遵奉謹編。④

距乾隆五十九年（1794年）石經刊刻完成，嘉慶八年（1803年）石

①　（清）馮登府：《石經補考》，載賈貴荣輯《歷代石經研究資料輯刊》第2冊，北京圖書館出版社2005年版，第579頁。

②　張國淦：《歷代石經考》，載賈貴荣輯《歷代石經研究資料輯刊》第4冊，北京圖書館出版社2005年版，第526頁。

③　（清）蔡賡年：《奏修石經字像冊》，載賈貴荣輯《歷代石經研究資料輯刊》第8冊，北京圖書館出版社2005年版，第547頁。

④　（清）蔡賡年：《奏修石經字像冊》，載賈貴荣輯《歷代石經研究資料輯刊》第8冊，北京圖書館出版社2005年版，第547頁。

經重修已近百年，此時石經字跡受損，國子監官師核校石經，共計修刻863 處，具體情況如下：《周易》文字儗修 13 科、《尚書》文字儗修 64 科、《毛詩》文字儗修 95 科、《周禮》文字儗修 132 科、《儀禮》文字儗修 61 科、《禮記》文字儗修 126 科、《左傳》文字儗修 126 科、《公羊》文字儗修 54 科、《穀梁》文字儗修 43 科、《論語》文字儗修 47 科、《孝經》文字儗修 4 科、《爾雅》文字儗修 39 科、《孟子》文字儗修 59 科，都計《十三經》文字儗修 863 科。①

此次修刻后，再次拓印，製成拓本，拓本全套共 46 函 203 冊，與乾隆時期的"乾隆御定石經"拓本冊數略有不同："御製文三套十五冊，周易一套六冊，尚書二套八冊，詩經三套十三冊，周禮四套十五冊，儀禮四套十七冊，禮記七套廿八冊，左傳十二套六十冊，公羊傳三套十二冊，穀梁傳三套十冊，孝經 爾雅一套四冊，論語一套五冊，孟子二套十冊。共計四拾陸套貳佰零三本。"②這次拓本并不是按照一碑一冊的原則來裝訂，與乾隆年間的拓本比較：御製文由十六冊壓縮為十五冊，穀梁傳十一冊壓縮為十冊，孟子也是十一冊壓縮為十冊。因此光緒年的"乾隆御定石經"拓本冊數比乾隆年少了 3 冊，但仍裝訂成 46 函。

有清一朝，"乾隆石經"歷經乾隆五十六——五十九年（1791—1794年）的刊刻，嘉慶八年（1803 年）的重修，光緒十一年——十三年（1885—1888 年）的奏修，相應，"乾隆石經"的拓本也有乾隆版（乾隆五十九年——嘉慶八年）、嘉慶版（嘉慶八年——光緒十三年）和光緒版（光緒十三年至今）三個版本。其中以乾隆版拓本裝幀考究，墨色均勻而最為珍貴。

二　進士題名碑

進士題名始於唐代雁塔題名，是科舉制度的產物。將每科考中進士的姓名籍貫題刻在堅硬的石碑上，用以表彰進士，激勵後人，招攬人才，傳之永久。起初的題名只是文人考中後偶爾為之的樂事，並未形成慣例。北

---

①　（清）蔡彥年：《奏修石經字像冊》，載賈貴榮輯《歷代石經研究資料輯刊》第 8 冊，北京圖書館出版社 2005 年版，第 547—695 頁。

②　（清）蔡彥年：《奏修石經字像冊》，載賈貴榮輯《歷代石經研究資料輯刊》第 8 冊，北京圖書館出版社 2005 年版，第 545—546 頁。

宋開始刻立進士題名碑。這種制度在宋元時期尚不完備，明代才成為定制，並形成每次殿試之後在國子監刻石題名的慣例。明清兩代進士題名碑的刻立雖都有過中斷而后補的情況，但該制度仍得以延續至科舉制度廢除。刻立進士題名碑作為國家行為，清代由禮部申領，撥予國子監一百兩白銀，由國子監負責刊刻。清末國力衰弱，無錢刻碑，最後兩科考試光緒二十九年（1903年）癸卯科和光緒三十年（1904年）甲辰科的題名碑由兩科進士捐資刊刻。清政府於清光緒三十一年（1905年）廢除科舉制度，結束了1300多年的科舉取士。光緒三十年甲辰科便是中國歷史上最後一次科舉考試，這一科進士題名碑成為中國歷史上最後一通進士題名碑，題名碑上的劉春霖也就成為我國歷史上最後一位狀元。

清末進士題名碑舊照

道光十三年後進士題名碑簡況：

道光十五年乙未科：賜劉繹等二百七十二名及第出身題名碑。①

---

① 參照道光十三年《欽定國子監志》進士題名碑記載模式。

大成門西北，北數第四排，東起第八通，南向。

道光十六年丙申恩科①：賜林鴻年等一百七十二名及第出身題名碑。

大成門西北，北數第四排，東起第九通，南向。

道光十八年戊戌科：賜鈕福保等一百九十四名及第出身題名碑。

大成門西北，北數第四排，東起第十通，南向。

道光二十年庚子科②：賜李承霖等一百八十名及第出身題名碑。

大成門西北，北數第四排，東起第十一通，南向。

道光二十一年辛丑恩科③：賜龍啟瑞等二百二名及第出身題名碑。

大成門西北，北數第四排，東起第十二通，南向。

道光二十四年甲辰科：賜孫毓桂等二百九名及第出身題名碑。

大成門西北，北數第四排，東起第十三通，南向。

道光二十五年乙巳恩科④：賜蕭錦忠等二百一十七名及第出身題名碑。

大成門西北，北數第五排，東起第一通，南向。

道光二十七年丁未科：賜張之萬等二百三十一名及第出身題名碑。

大成門西北，北數第五排，東起第二通，南向。

---

① 本科因太后六旬萬壽，改正科為恩科。
② 道光二十一年辛丑科值清宣宗六旬萬壽，改為恩科，正科提前在本年舉行。
③ 本科因清宣宗六旬萬壽，改正科為恩科。
④ 本科為太后七旬萬壽恩科。

道光三十年庚戌科：賜陸增祥等二百一十二名及第出身題名碑。
大成門西北，北數第五排，東起第三通，南向。

咸豐二年壬子恩科①：賜章鋆等二百三十九名及第出身題名碑。
大成門西北，北數第五排，東起第四通，南向。

咸豐三年癸丑科：賜孫如僅等二百二十二名及第出身題名碑。
大成門西北，北數第五排，東起第五通，南向。

咸豐六年丙辰科：賜翁同龢等二百一十六名及第出身題名碑。
大成門西北，北數第五排，東起第六通，南向。

咸豐九年己未科：賜孫家鼐等一百八十名及第出身題名碑。
大成門西南，南數第三排，東起第一通，北向。

咸豐十年庚申恩科②：賜鐘駿聲等一百八十九名及第出身題
名碑。
大成門西南，南數第三排，東起第二通，北向。

同治元年壬戌科：賜徐郙等一百九十三名及第出身題名碑。
大成門西南，南數第三排，東起第三通，北向。

同治二年癸亥恩科③：賜翁曾源等二百名及第出身題名碑。
大成門西南，南數第三排，東起第四通，北向。

同治四年乙丑科：賜崇綺等二百六十五名及第出身題名碑。
大成門西南，南數第三排，東起第五通，北向。

---

① 本科為清文宗登極恩科。
② 本科為清文宗三旬萬壽恩科。
③ 本科為清穆宗登極恩科。

同治七年戊辰科：賜洪鈞等二百七十名及第出身題名碑。
大成門西南，南數第三排，東起第六通，北向。

同治十年辛未科：賜梁耀樞等三百二十三名及第出身題名碑。
大成門西南，南數第三排，東起第七通，北向。

同治十三年甲戌科：賜陸潤庠等三百三十七名及第出身題名碑。
大成門西南，南數第三排，東起第八通，北向。

光緒二年丙子恩科①：賜曹鴻勛等三百二十四名及第出身題名碑。
大成門西南，南數第三排，東起第九通，北向。

光緒三年丁丑科：賜王仁堪等三百二十八名及第出身題名碑。
大成門西南，南數第三排，東起第十通，北向。

光緒六年庚辰科：賜黃思永等三百二十九名及第出身題名碑。
大成門西南，南數第三排，東起第十一通，北向。

光緒九年癸未科：賜陳冕等三百八名及第出身題名碑。
大成門西南，南數第三排，東起第十二通，北向。

光緒十二年丙戌科：賜趙以炯等三百一十九名及第出身題名碑。
大成門西南，南數第三排，東起第十三通，北向。

光緒十五年己丑科：賜張建勳等二百九十六名及第出身題名碑。
大成門西南，南數第二排，東起第一通，北向。

光緒十六年庚寅恩科②：賜吳魯等三百二十六名及第出身題

① 本科為清德宗登極恩科。
② 本科為清德宗親政恩科。

名碑。

　　大成門西南，南數第二排，東起第二通，北向。

　　光緒十八年壬辰科：賜劉福姚等三百一十七名及第出身題名碑。
　　大成門西南，南數第四排，東起第六通，北向。

　　光緒二十年甲午恩科①：賜張謇等三百一十四名及第出身題名碑。
　　大成門西南，南數第四排，東起第四通，北向。

　　光緒二十一年乙未科：賜駱成驤等二百九十二名及第出身題名碑。
　　大成門西南，南數第四排，東起第五通，北向。

　　光緒二十四年戊戌科：賜夏同龢等三百四十六名及第出身題名碑。
　　大成門西南，南數第四排，東起第三通，北向。

　　光緒二十九年癸卯科②：賜王壽彭等三百一十五名及第出身題名碑。
　　大成門西南，南數第四排，東起第二通，北向。

　　光緒三十年甲辰恩科③：賜劉春霖等二百七十三名及第出身題名碑。
　　大成門西南，南數第四排，東起第一通，北向。

---

　　①　本科為清太后六旬萬壽恩科。
　　②　光緒二十七年辛丑科值清德宗三旬萬壽，原定改為恩科，正科則推遲一年，於次年（壬寅）舉行，但因北京貢院於庚子被毀，二科均暫停，至本年始合併補行。
　　③　本科因太后七旬萬壽，改正科為恩科。

三　石鼓

唐貞觀年間，在陝西寶雞陳倉出土十枚大石塊，因其形狀似鼓故稱"石鼓"。鼓上文字內容為游獵古詩，故稱為"獵碣石鼓"，它是迄今為止我國保存最古老的石刻，康有為在《廣藝舟雙楫》中稱其為"中國第一古物"。關於石鼓年代自出土以來就多有爭議，前人多認為石鼓是周宣王時遺物，故又稱之為"周石鼓"。現代學界普遍認為石鼓刻於先秦時期，故又稱之為"周秦石鼓"。

清乾隆皇帝也認定"石鼓"為周宣王時所作，因其漫漶嚴重，"立重欄以護之"①。"蓋石鼓之為宣王時作，與夫宜置國學，為萬世讀書者之津逮。""惜其歲久漫漶，所存不及半。""舊鼓舊文為千古重器，不可輕動，但置木柵，蔽其風雨，以永萬世。"②

周秦石鼓舊照

乾隆五十五年（1790年）集當時石鼓所存文字（310字），仿照獵碣石鼓刻立兩套石鼓，稱之為"乾隆石鼓"，一套立於北京孔廟大成門外，

---

①　《北京第一大古董──孔廟石鼓》，《北京畫報》1927年第2卷。

②　（清）文慶、李宗昉等纂修，郭亞南等點校：《欽定國子監志》，《御製集石鼓所有文·成十章·製鼓重刻序碑》，北京古籍出版社2000年版，第1047頁。

一套收藏於承德避暑山莊。"茲用幸翰苑之例，親定首章，截其長以補後數章之短，即用文中字並成末章。自第二至第九，命彭元瑞按餘字各補成章，非因難以見巧，實述古以傳今。於是石鼓之文仍在，十鼓井井有條而不紊矣。"① 乾隆皇帝亲自参与了第一章和第九章的編撰，中间八章文字則是由大臣彭元瑞補充、撰寫完成。

乾隆石鼓舊照

光緒十二年（1886 年）國子監祭酒、宗室盛昱依石鼓宋拓本刻石立於國子監土地祠內壁間（韓文公祠）。石鼓上的文字由崇志堂學錄蔡右年②校對，監生黃士陵和拔貢生尹彭壽刻。在石鼓后有小楷跋："光緒十二年八月，國子監祭酒、宗室盛昱重摹阮氏覆宋本石鼓文刻石龕置韓文公壁。崇志堂學錄蔡右年校文，監生黟縣黃士陵刻，拔貢生諸城尹彭壽續刻。"1918 年這十方刻石被國立歷史博物館作為館藏文物帶走。（詳見《新編國子監志》）

---

① （清）文慶、李宗昉等纂修，郭亞南等點校：《欽定國子監志》，《御製集石鼓所有文·成十章·製鼓重刻序碑》，北京古籍出版社 2000 年版，第 1047 頁。

② 蔡右年即为光绪十二年修补石经的蔡赓年，一人二名。

黃士陵、尹彭壽摹刻石鼓拓片

1933 年為避戰火，石鼓南遷，具體遷徙情況詳見《新編國子監志》。

四　新增石刻

道光十三年（1833 年）至清朝滅亡，除了為新科進士題名立碑外，孔廟國子監只增加了少量石刻。我們將民國時期孔廟國子監碑石記載情況與道光十三年《欽定國子監志》中碑石情況相對比，推斷出這時期增添的石刻。

1912 年 7 月，教育部在國子監籌建國立歷史博物館，1918 年遷往故宮午門，國子監珍貴石刻作為館藏文物一併帶走。"國學舊存各項石刻中移歸歷史博物館保管的有《老彭觀井圖》（宋陳靖銘明刻）、《蘭亭序》（趙孟頫臨定武本）、《樂毅論》（趙孟頫臨本刻在蘭亭古背）、《爭坐位帖》（趙孟頫臨本）、《古文孝經》（明蔡毅中集註）、《丁香花詩並序》（康熙五十七年謝履忠集《聖教序》興福寺二碑字刻石）、清仁宗御製《喜雨山房記》（鐵保書）、《樂毅論》（金特赫臨），石鼓文（光緒十二年長白盛氏據阮氏舊藏宋本重刻石）等十種，共計刻石二十一方。"[1] 與道光十三年《欽定國子監志》中"金石"相對照[2]，新增石刻為：石鼓文

---

① 傅斯年：《國立中央研究院歷史博物館籌備處十八年度報告》，歐陽哲生主編《傅斯年全集》第六卷，湖南教育出版社 2003 年版，第 94 頁。

② 後附道光十三年《欽定國子監志》碑石表格。（進士題名碑除外）

（光緒十二年長白盛氏據阮氏舊藏宋本重刻石），樂毅論刻石（金特赫臨）。

　　道光十三年《欽定國子監志》中"金石"與《國立北平研究院務彙報》1932年第3卷2期北平寺廟調查碑刻（續五·國子監）① 相對照，清末孔廟和國子監還增刻了咸豐年所立清國子監蒙古司業漢司業題名碑，光緒末年所立清管理國子監事務國子監祭酒國子監司業題名碑和宣統三年十二月清國子丞衙門題名橫石。

《欽定國子監志》碑石情況②

碑石名稱	書刻情況	時間	原存放地	備註
御製曉示生員臥碑	清漢文各一石	順治元年二月立	太學門外之左	應為順治九年
御製至聖先師孔子贊碑		康熙二十五年七月立	大成殿甬路東，有亭	
御製四子贊碑	張玉書奉敕敬書	康熙二十八年閏三月立	大成殿甬路西，有亭	
御製訓斥士子文碑	御筆	康熙四十一年正月立	敬一亭正中	鈐寶一：康熙御筆之寶
御製平定朔漠，告成太學碑	清漢文，左右刻朱圭篆額並鑴	康熙四十三年三月立	大成殿甬路西北，有亭	鈐寶三：廣運之寶
御製聖經石碑（大學碑）	御筆	康熙三十三年仲夏立	彝倫堂正中，南向	鈐寶三：廣運之寶、體元主人、萬機餘暇

② 參見（清）文慶、李宗昉等纂修，郭亞南點校：《欽定國子監志·金石志》，北京古籍出版社2000年版。據《金石志》整理出此表。

续表

碑石名稱	書刻情況	時間	原地點/現地點	備註
御書嵩高峻極等四榜	御筆	無立石日月康熙	敬一亭左右楹間，均南向	榜正中各題"康熙御筆"，各鈐寶一：廣運之寶
御製平定青海，告成太學碑		雍正三年五月立	大成殿甬路東南，有亭	
諭禮部會試舉人合辭陳謝碑		雍正五年三月諭旨，乾隆四十四年奉敕立石	東講堂正中，南向	禮部奏會試舉人叩荷
御製仲丁詣祭文廟詩刻	御筆	雍正六年二月立	大成殿甬路西南，有亭	鈐寶一：雍正御筆之寶
御製文廟易蓋黃瓦，臨雍紀事碑	清、漢文，左右刻梁詩正奉敕敬書	乾隆三年三月詣學釋奠先師，四年十二月立石		
碑陰刻《御製乾隆庚申仲秋釋奠詩》	御筆	乾隆五年秋八月末，親詣先師廟釋奠	大成殿甬路東北，有亭	鈐寶二：上曰乾，下曰隆
又刻《甲子仲春釋奠詩》	御筆	乾隆九年春二月丁亥，親詣先師廟釋奠		鈐寶二：乾隆御筆，所寶惟賢
御製訓斥士子文碑	御筆	乾隆五年十一月立	南學率性堂正中	鈐寶二：乾隆御筆，所寶惟賢

碑石名稱	書刻情況	時間	原地點/現地點	備註
御製平定金川，告成太學碑	清漢文，左右刻梁詩正奉敕敬書	乾隆十四年四月立	大成殿甬路西北，有亭	
碑陰刻《御製乾隆癸酉仲秋釋奠詩》	御筆	乾隆十八年秋八月丁亥親詣先師廟釋奠		鈐寶二：上曰乾，下曰隆
又刻《丙子仲秋釋奠詩》	御筆	乾隆二十一年春丁未親詣先師廟釋奠		鈐寶二：乾隆御筆，所寶惟賢
御製平定准噶爾，告成太學碑	清漢文，左右刻御筆	乾隆二十年五月立	大成殿甬路東，有亭	鈐寶二：惟精惟一，乾隆宸翰
碑陰刻《伊犁勒銘》	清漢文乾隆二十三年七月御筆			
御題國學古槐圖詩刻	蔣溥繪圖御筆五言六韻詩一章　觀寶敬書	乾隆二十四年立	西講堂正中，南向	鈐寶二：惟精惟一，所寶惟賢
御製平定回部，告成太學碑	清漢文，左右刻御筆	乾隆二十四年十二月立	大成殿甬路西，有亭	鈐寶二：信天主人、乾隆宸翰
碑陰刻《御製己丑仲春釋奠詩》	御筆	乾隆三十四年春二月丁亥親詣釋奠		鈐寶二：上曰乾，下曰隆

碑石名稱	書刻情況	時間	原地點/現地點	備註
敕（重）修國子監碑		乾隆二十四年二月諭旨，次年八月立石	太學門右，東向	
敕修御書樓碑		乾隆二十四年四月諭旨，次年八月立石	御書樓下，東向	後尋得此碑
敕修文廟碑	清漢文，左右刻	乾隆三十二年三月立	大成門外西南，有亭	
御製重修文廟碑記	清漢文，左右刻御筆	乾隆三十四年二月立		鈐寶二：乾隆御筆，惟精惟一
碑陰刻《御製癸卯仲春丁祭詩》	御筆	乾隆四十八年春二月丁卯親詣先師廟釋奠	大成殿甬路東北，有亭	鈐寶二：古稀天子之寶，猶日孜孜
又刻《乙巳仲春釋奠詩》		乾隆五十年二月丁亥臨雍講學，親詣先師廟釋奠		鈐寶二：古稀天子之寶，猶日孜孜
御製平定兩金川告成太學碑	清漢文，兩面刻御筆	乾隆四十一年三月立	大成殿甬路東南，有亭	鈐寶二：上曰乾，下曰隆
御製國學新建圜水工成碑記	清漢文，各一碑，御筆	乾隆四十九年十月立	兩碑在太學門內，甬路東西分列，有亭	鈐寶二：古稀天子之寶，猶日孜孜
兩碑陰分刻《御製三老五更說》	清漢文御筆	乾隆四十三年十一月御筆		鈐寶二：古稀天子之寶，猶日孜孜

续表

碑石名稱	書刻情況	時間	原地點/現地點	備註
清文碑左側刻《御題張廷玉三老五更議》	御筆	乾隆五十年七月御筆（東側碑左右兩側刻字）	兩碑在太學門內，甬路東西分列，有亭	鈐寶二：古稀天子之寶，猶日孜孜
右側刻張廷玉《三老五更議》	董誥奉敕敬書			
御製石鼓所有文成十章，製鼓重刻序碑	御筆前刻序，後刻釋文	乾隆五十五年正月立	大成門外之東，南向	鈐寶二：八徵耄念，自強不息
碑陰刻《重排石鼓文音訓》				
御製重排石鼓文	共十鼓，以十天干為次：甲、癸兩鼓，文並御製。乙至壬八鼓，彭元瑞成章		大成門外東西分列	
御製再題石鼓詩跋刻	御筆，刻於周石鼓第十鼓面	乾隆五十五年春	大成門內西側，東向	鈐寶二：乾隆，八徵耄念
御製觀張照草書韓愈石鼓歌長卷作歌石刻	額左御題“環辭神筆”額右恭刊御製詩石四面刻張照草書韓愈《石鼓歌》	乾隆五十五年二月立	大成門外之右，南向	鈐寶一：典學勤政 鈐寶二：八徵耄念之寶，自強不息
御製說經文石刻	額曰：乾隆御製說經之文（篆書）御製並書		彝倫堂	十三石 鈐寶二：表章經學之寶，八徵耄念之寶

碑石名稱	書刻情況	時間	原地點/現地點	備註
御製石刻蔣衡書十三經於辟雍序石刻	清漢文，各一石御製並書	乾隆五十七年二月立	彝倫堂，東西分列	鈐寶二：八徵耄念，自強不息
御製丁祭釋奠詩石刻	一石，左右分刻《御製丁祭釋奠詩》二，並書（御筆）	乾隆六十年二月立	彝倫堂西壁，東向	鈐寶二：五福五代堂，古稀天子寶；八徵耄念之寶
御定石經碑	190塊額曰：乾隆御定石經之碑，八字，篆書，末一石，告成表文	乾隆六十年二月立	辟雍之左右六堂	鈐寶二：表章經學之寶，八徵耄念之寶
仁宗睿皇帝御製八旗箴石刻		嘉慶十三年十月	御書樓下	
御製喜雨山房記石刻	鐵保奉敕敬書	嘉慶癸酉六月	御書樓下	
皇上御製平定回疆，剿擒逆裔，告成太學碑	御筆	道光九年六月立	大成門外西北，有亭	鈐寶二：道光宸翰，保民無疆
加封先師文宣王，遣祀闕里碑	上刻：上天眷命，皇帝聖旨　潘迪書	至元二年十月立	大成門外東階下，南向	大德十一年七月加封
加封先聖父母，及聖配夫人、顏曾思孟四子碑		至正十六年六月，茅紹之門人、蒲水郝恭刻	大成門外西階下，南向	至順元年二月加封
洪武學制碑		洪武二年立	太學門左，西向	字多磨泐

碑石名稱	書刻情況	時間	原地點/現地點	備註
五朝上諭碑		成化三年三月立石	太學門左,南向	洪武十五年二月、三十年七月、宣德三年四月、正統五年六月、九年三月、景泰二年二月、成化元年三月 凡上諭七通,合為一碑
英宗御製新建太學碑		正統九年三月立	舊在大成殿東廡,乾隆三十三年移置大成門外東南,有亭	
世宗御製敬一箴石刻		嘉靖五年六月立	敬一亭正中,南向	
世宗御註宋儒範氏心箴石刻		嘉靖六年立	敬一亭右,南向	
御註程子四箴石刻	四石	嘉靖六年立	敬一亭左右,南向	刻御註程子視、聽、言、動四箴
頒發五箴聖諭石刻		嘉靖六年十一月立	敬一亭左,南向	字多磨泐
萬曆敕諭碑	二石	萬曆四年立	東廂正堂之左右,南向（祭酒司業題名碑）	四月在續題名碑上截,八月在監丞以下題名碑上截
蘭亭敘帖		無刻石年月	御書樓下	無題跋
謝履忠集王羲之書詩刻	司業謝履忠《丁香花詩》	康熙五十七年刻石	御書樓下	
崇實、振雅二軒記石刻	祭酒李周望撰,並書　二石	康熙五十七年十月刻	東廂左軒,西向嵌置壁間	金陵焦介霖鐫

碑石名稱	書刻情況	時間	原地點/現地點	備註
樂毅論帖	刻在蘭亭帖背，末署"孟頫"	無歲月題識	御書樓下	"趙氏子昂"印
爭坐位帖	二石，文刻兩面趙孟頫臨		御書樓下	
文廟國子監圖碑	首行題"文廟國子監創建志"	正統十二年十一月立石	太學門右，南向	上為圖，下為記
丁香花詩刻	司業王同祖書	嘉靖壬寅四月刻石	御書樓下	
老彭觀井圖銘石刻	隸書 宋陳靖四言銘一章	萬曆丁丑刻石	東厢後堂壁間，南向	
古文孝經石刻	二石，虞世南書	天啟三年	西厢正堂，嵌置壁間	
祭酒司業題名碑	右碑額題"祭酒司業題名碑"篆書，無記，無立碑年月	無立碑年月起順治元年，訖康熙四十九年	旧在東講堂，乾隆二十四年重修學宮，移東厢正堂之左，南向	當是四十九年五十年間立石
四廳官員題名碑	右碑額題"四廳官員題名碑記"八字，篆書，無記文	乾隆三十一年重鐫	東厢正堂之左，南向	
四廳官員題名碑	右碑額題"四廳官員題名碑記"八字，篆書，無記文	乾隆五十八年立，嗣增嘉慶、道光年新任者	東厢正堂之右，南向	

碑石名稱	書刻情況	時間	原地點/現地點	備註
重刻國子監題名碑	右碑二石，一刻兼管大臣、滿祭酒、漢祭酒、滿司業，一刻蒙古司業、漢司業	乾隆嘉慶年間	東廂正堂之左，南向	上刻：乾隆六十年二月，祭酒法式善立石。文淵閣直閣事、內閣學士兼禮部侍郎翁方綱書丹。中刻乾隆五十九年七月法式善序。嘉慶元年十月，司業秦承業書。下刻嘉慶三年正月，祭酒法式善記。助教塗以輆書
國子監題名碑記	右碑額題"國子監題名記"，科鬥篆書，司業張業撰記	成化三年五月立 起永樂，迄嘉靖	東廂正堂之右，南向	
國子監續題名碑	右碑額題"國子監續題名記"，篆書，司業萬浩撰記	隆慶元年十月立 起嘉靖，迄萬歷	東廂正堂之右，北向	是碑本南向，因碑陰刻萬曆四年敕諭，列為正面遂改此北向
國子監續題名碑	右碑額題"國子監續題名記"，又"皇帝敕諭"四字，並篆書		東廂正堂之右，南向	上刻"萬曆四年四月敕諭"，下刻"祭酒以下諸題名"，無記。碑陰萬浩記

续表

碑石名稱	書刻情況	時間	原地點/現地點	備註
監丞以下題名碑	右碑額題"皇帝敕諭"四字，篆書	起萬曆元年，迄三十七年	東厢正堂之左，南向	上刻"萬曆四年八月敕諭"，下刻"監丞以下諸題名"，無記。碑陰萬浩記。下半殘缺
祭酒司業題名碑	右碑額題"國子監題名記"六字，篆書	萬歷四年九月立	東厢正堂之右，南向	首行云："國子監祭酒、司業題名記"，末云："嘉議大夫、禮部右侍郎、掌國子監祭酒事、經筵講官淮海孫應鼇書"

金石志二　清代彝器

在道光十三年《欽定國子監志》"金石志"中有關"金"部分記載了乾隆三十四年（1769年）乾隆皇帝欽頒內府所藏周代十器情況："乾隆三十四年，高宗純皇帝欽頒內府所藏周器十。曰周康侯鼎、曰犧尊、曰內言卣、曰犧首罍、曰雷紋壺、曰召仲簠、曰盟簋、曰雷紋觚、曰子爵、曰素洗。命陳設大成殿，並鐫名座底以示征信。乾隆四十四年復頒十種彝器圖冊，藏御書樓。"[1]

---

① （清）文慶、李宗昉等纂修，郭亞南等點校：《欽定國子監志》，北京古籍出版社2000年版，第923頁。

康侯鼎線描圖

犧尊線描圖

內言卣線描圖

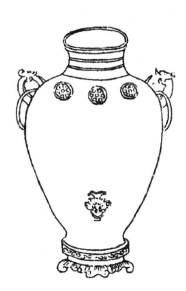

犧首罍線描圖

雷紋壺線描圖

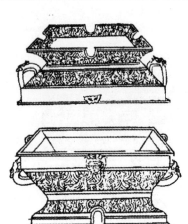

召仲簠線描圖

盟簋線描圖

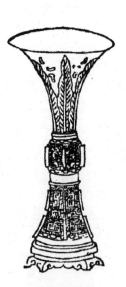

雷紋觚線描圖

子爵線描圖

素洗線描圖

　　光緒二十八年（1902 年），國子監司業管廷鶚曾仿照乾隆四十四年頒發的十種彝器圖冊，將彝器摹刻於木①。光緒庚子年（1900 年）八國聯軍進北京，珍寶典籍慘遭洗劫，國子監僥倖躲過此難，感於彝器有神靈庇護，國子監司業管廷鶚按照圖冊款識摹刻於木版上。一件禮器刻在一塊木版上，並刻出器物名稱及其器物的尺寸、銘文。在周素洗上還將摹刻十件彝器的前後原委刻寫出來。我們在哈佛大學燕京圖書館網站上找到這些木版的拓片，除了周子爵的拓片不全，其他九件彝器的拓片都很清晰，在此將周素洗上的文字錄入并標點如下：

　　臣謹按，監志乾隆三十四年，高宗純皇帝欽頒內府所藏周器十。曰康侯鼎，曰犧尊，曰內言卣，曰犧首罍，曰雷紋壺，曰召仲簠，曰師望簋，曰雷紋觚，曰子爵，曰素洗。有銘者五，無者半之。命陳設大成殿，並鑴名座底，以示征信。乾隆四十四年，復頒十種彝器圖冊，臣監收藏御書樓。蒼姬典寶，焜燿彝序，迄今百有餘年矣。光緒庚子秋，京師不靖，猝啟外兵，震驚闕廷，兩宮西巡，四裔麕集。凡郊壇典物，冊府圖書，橫罹兵燹，致有缺遺。惟臣監，宮牆如故，鐘虡不移，洵非聖德感被，皇靈默佑，不及此。越歲辛丑，事平。鑾駕還宮，薄海內外，咸歡咸忭。臣廷鶚復奉恩命，貳成均。敬後，祭酒臣希廉，臣王垿；司業臣世榮，臣承祐，釋菜廟堂，仰瞻欽頒彝器，五光十色，彪炳幾筵，允為古今鴻寶。祭酒臣等議，敬仿圖冊款識，摹刻懸之堂壁，用便觀光，是匪惟彰我高宗重道尊師之盛典，亦見法物有靈，明神呵護，斯永永垂萬禩焉！時光緒二十八年，歲在壬寅，二月，國子監司業臣管廷鶚謹識。

---

① 《館藏周代彝器記》，《國立立石博物館館刊》第 1 冊，1926 年。

周康侯鼎拓片

周犧尊拓片

周内言卣拓片

周犧首罍拓片

周雷紋壺拓片

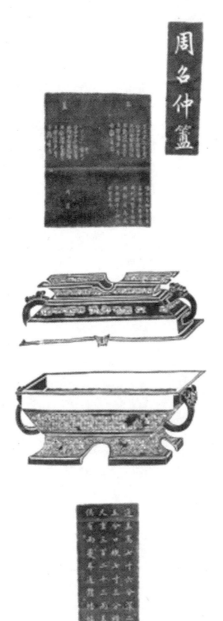

周召仲簠拓片

周師望簠拓片

周雷紋觚拓片

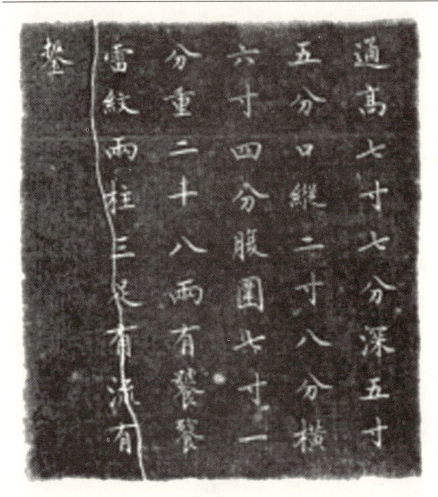

周子爵拓片

周素洗

周素洗拓片

（修撰人：王琳琳）

匾額志

一 清代皇帝大成殿題寫匾額

北京孔廟大成殿是孔廟的主體建築，是祭祀孔子的正殿。從清康熙皇帝起，每位皇帝即位祭孔後都要題寫匾額，懸掛於大成殿內，此慣例一直延續到末代宣統皇帝。

道光十三年（1833年）修訂的《欽定國子監志》記載：

　　殿中恭懸聖祖仁皇帝御書額一，曰"萬世師表"。（康熙二十四年頒揭）世宗憲皇帝御書額一，曰"生民未有"。（雍正三年頒揭）高宗純皇帝御書額一，曰"與天地參"。（乾隆三年頒揭）御製聯一，曰"氣備四時，與天、地、鬼、神、日、月合其德；教垂萬世，繼堯、舜、禹、湯、文、武作之師。"（乾隆三年頒揭）又御製聯一，曰："齊家、治國、平天下，信斯言也，布在方策；率性、修道、致中和，得其門者，譬之宮牆。"（乾隆三年頒揭①）仁宗睿皇帝御書額一，曰"聖集大成"。（嘉慶三年頒揭）皇上御書額一，曰"聖協時中"。（道光三年頒揭）②

---

　　① （清）于敏中等編纂《日下舊聞考·卷六十六》載："三十四年御書聯曰：齊家、治國、平天下，信斯言也，布在方策；率性、修道、致中和，得其門者，譬之宮牆。"北京古籍出版社2000年版，第1097頁。

　　② （清）文慶、李宗昉等纂修，郭亞南等點校：《欽定國子監志》，北京古籍出版社2000年版，第38—39頁。

道光版《欽定國子監志》缺少咸豐“德齊幬載”、同治“聖神天縱”、光緒“斯文在茲”、宣統“中和位育”四方匾的記載，在此加以補充。[①]

　　大成殿內正中梁架上原懸掛著康熙御書的“萬世師表”匾額（現懸掛於大成殿外），按照“昭穆之制”[②] 和“左為上尊”的慣例，“萬世師表”匾額居中，康熙之後清代皇帝御書匾額分居“萬世師表”匾額左右，兩側各四方匾。分別為：雍正的“生民未有”，乾隆的“與天地參”，嘉慶的“聖集大成”，道光的“聖協時中”，咸豐的“德齊幬載”，同治的“聖神天縱”，光緒的“斯文在茲”，宣統的“中和位育”。

| 聖協時中 | 與天地參 | 萬世師表 | 生民未有 | 聖集大成 |

| 聖神天縱 | | | | 德齊幬載 |

| 中和位育 | | | | 斯文在茲 |

大成殿內匾額示意圖

---

　　① 劉錦藻撰：《清朝續文獻統考·卷九十八·學校五》中載：“（咸豐元年）御書德齊幬載匾額，懸大成殿並頒直省學宮。”“同治元年，御書聖神天縱匾額，懸大成殿並頒直省學宮。”“（光緒元年）御書斯文在茲匾額，懸大成殿並頒直省學宮。”“（宣統元年）學部奏恭懸文廟御書中和位育匾額。”此記載與《清實錄》中匾額頒揭時間不一，本書以《清實錄》所載時間為準。

　　② 古代宗法制度，宗廟或宗廟中神主的排列次序，始祖居中，以下父子（祖、父）遞為昭穆，左為昭，右為穆。

大成殿內懸掛匾額舊照

1.“德齊幬載”匾

　　“德齊幬載”匾為咸豐皇帝於道光三十年（1850 年）頒揭。匾橫長約 425 釐米，縱寬約 228 釐米。木質，磁青底，正中為“德齊幬載”四個大金字，四個字上方正中鈐篆書章“咸豐御筆之寶”。

“德齊幬載”匾

《清實錄·文宗顯皇帝實錄·卷之三》記載"德齊幬載"匾頒揭時間："（道光三十年，二月，乙亥）頒給京師太學、山東闕里、暨各直省府州縣學宮，御書扁額，曰：德齊幬載。"

2. "聖神天縱"匾

"聖神天縱"匾為同治皇帝於咸豐十一年（1861年）頒揭。匾橫長約 439 釐米，縱寬約 227 釐米。木質，磁青底，正中為"聖神天縱"四個大金字，四個字上方正中鈐篆書章"同治御筆之寶"。

"聖神天縱"匾

《清實錄·穆宗毅皇帝實錄·卷之八》記載："（咸豐十一年，十月，辛巳）又諭：列聖御極之初，均恭書扁額，懸掛文廟。茲朕寅紹丕基，敬循舊典，命南書房翰林恭書'聖神天縱'扁額，交造辦處成造一份，敬懸京師太學文廟。其墨筆著俟衍聖公孔繁灝到京時，由軍機處交領，敬謹齎回，製造扁額，於闕里文廟恭懸。墨筆無庸繳回，即於闕里收藏。所有各直省府州縣學，著武英殿摹勒頒發，一體懸掛。"

關於闕里文廟製作匾額一事《清實錄·穆宗毅皇帝實錄·卷之四十四》也還有記載："（同治元年，九月，丁丑）諭內閣：朕御極之初，命南書房翰林恭書'聖神天縱'扁額。前經降旨俟衍聖公孔繁灝到京時，敬謹齎回，製造扁額，於闕里文廟恭懸。現在孔繁灝到京，遽爾溘逝，伊長子廩生孔祥珂隨侍來京，所有前頒墨筆扁額，即著由軍機處交孔祥珂祇領齎回，恭製懸掛。其墨筆即於闕里收藏，無庸繳回。"同治元年（1862

年）九月，衍聖公孔繁灝來京"遽爾溘逝"，其子孔祥珂隨行，墨筆書寫
的"聖神天縱"交給孔祥珂，製作匾額，懸掛闕里文廟，墨筆由闕里
保藏。

3. "斯文在茲"匾

"斯文在茲"匾為光緒皇帝於光緒元年（1875 年）頒揭。匾橫長約
428 釐米，縱寬約 232 釐米。木質，磁青底，正中為"斯文在茲"四個大
金字，四個字上方正中鈐篆書章"光緒御筆之寶"。

"斯文在茲"匾

《清實錄·德宗景皇帝實錄·卷之三》載："（光緒元年，春正月，辛
酉）以御極之初，敬循舊典，恭書'斯文在茲'扁額，敬懸京師太學文
廟，闕里文廟，及各直省府州縣學。"

4. "中和位育"匾

"中和位育"匾額為宣統皇帝於光緒三十四年（1908 年）頒揭。匾
橫長約 423 釐米，縱寬約 261 釐米。木質，磁青底，正中為"中和位育"
四個大金字，四個字上方正中鈐篆書章"宣統御筆之寶"。

《大清宣統政紀·卷之三》記載：

（光緒三十四年，十一月，己亥）己亥。諭內閣、列聖御極之
初，均恭書扁額，懸掛文廟。茲朕寅紹丕基，敬循舊典，命南書房翰
林恭書"中和位育"扁額，交造辦處成造一分，敬懸京師太學文廟。

"中和位育"匾

其墨筆著俟衍聖公孔令貽到京時，由軍機處交領，敬謹齎回，製造扁額，於闕里文廟恭懸。墨筆無庸繳回，即於闕里收藏。所有各直省府州縣學，著武英殿摹勒頒發，一體懸掛。

《大清宣統政紀·卷之十五》還記載：

先是上御極初，敬循舊典，命南書房翰林恭書"中和位育"扁額，懸於闕里文廟。其墨筆俟衍聖公孔令貽到京時，由軍機處交領，敬謹齎回製造。至是孔令貽諮由山東巡撫袁樹勳據情代奏，因令貽上年丁親母憂，在籍守制，未敢赴京與賀。若俟服闋後再行入都承領，為時太久。可否先行差官代領，以免稽遲。抑或俟服闋後，再行親身承領。得旨。著仍遵前旨。俟衍聖公孔令貽服闋後，來京承領，用昭朕尊重之意。

在《學部奏恭選文廟匾額禮成日期折》中為懸匾擇以吉時："復准欽天監擇吉本年三月二十四日寅刻為懸掛匾額吉期……民政部先期預備云托挺鈎等項，即於是日寅刻敬謹懸掛，禮成從此。"①

---

① 《政治官報》，宣統元年第564期。

二　清代皇帝辟雍題寫匾額

乾隆皇帝修建辟雍，落成後，第二年（1785 年）早春，親臨辟雍，舉行了盛大的"臨雍講學"大典。乾隆皇帝為辟雍殿內題寫匾聯："殿中恭懸高宗純皇帝御書額一，曰'雅涵於樂'。御製聯一，曰'金元明宅於茲，天邑萬年今大備；虞夏殷闕有間，周京四學古堪循。'乾隆五十年。南向。"① 乾隆之後的嘉慶皇帝於嘉慶三年（1798 年）臨雍講學②，當時乾隆為太上皇，尚健在，兒子嘉慶只是代太上皇臨雍講學，因此沒有留下匾聯。道光三年（1823 年）二月癸丑，"臨雍講學，圜橋觀聽"③，照例御題匾聯："皇上御書額一，曰'涵泳聖涯'。御製聯一，曰：'繩武肆隆儀，仰禮樂詩書，制猶豐鎬；觀文敷雅化，勖子臣弟友，責在師儒。'道光三年。北向。"④ 現在只剩下匾額"涵泳聖涯"，與"雅涵於樂"相對，面北懸掛，楹聯無存。咸豐三年（1853 年）二月癸未，"上臨雍講學"。⑤《清史稿》《清實錄》等史書都記載咸豐三年臨雍講學，但沒有記載題寫過匾聯，現在懸掛在辟雍大殿東側檁柱上的"萬流仰鏡"匾，根據匾上方正中的鈐章"咸豐御筆之寶"可以斷定確為咸豐御書，時間應該是在咸豐三年臨雍講學時題寫的。辟雍大殿內南、北、東三面都懸掛御書匾，西側空留出來，按照中國古代左為上尊的規制，西側應是為同治皇帝臨雍題匾所留出的位置，只因清末國力衰退，同治年幼登基，過早病亡，根本無力也無暇於講學，"臨雍講學"典禮至此終斷。咸豐皇帝便成為清代最後一位來國子監"臨雍講學"的皇帝。

---

① （清）文庆、李宗昉等纂修，郭亞南等點校：《欽定國子監志》，北京古籍出版社 2000 年版，第 301 頁。

② 参見（清）文庆、李宗昉等纂修，郭亞南等點校《欽定國子監志》，北京古籍出版社 2000 年版，第 29 頁。

③ 参見（清）文庆、李宗昉等纂修，郭亞南等點校《欽定國子監志》，北京古籍出版社 2000 年版，第 33 頁。

④ （清）文庆、李宗昉等纂修，郭亞南等點校：《欽定國子監志》，北京古籍出版社 2000 年版，第 301 頁。

⑤ 《清史稿·卷二十文宗本紀》。

辟雍內景舊照

咸豐御書匾

　　"萬流仰鏡"匾，橫長492釐米，縱寬186釐米，厚14釐米。木質，磁青底，正中為"萬流仰鏡"四個大金字，四個字上方正中鈐篆書章"咸豐御筆之寶"。

"萬流仰鏡"匾

　　《清實錄·文宗顯皇帝實錄·卷之八十四》載："（咸豐三年二月）癸未詣文廟行釋奠禮，禮成，御彝倫堂，更袞衣，親臨辟雍講學。"《清史稿·本紀二十文宗本紀》也記載："（咸豐三年二月）癸未，上臨雍講學，

加衍聖公孔繁灝太子太保。"咸豐三年（1853年）二月癸未日，咸豐皇帝
駕臨孔廟釋奠先師，禮成後，來到國子監彝倫堂，更換袞服，臨雍講學。
根據先例，乾隆皇帝和道光皇帝都是在臨雍講學時為辟雍大殿題寫匾聯，
照此推斷，"萬流仰鏡"這方匾應該是在咸豐三年來國子監臨雍講學時題
寫的。近期查閱民國年間國子監老檔案資料，其中記載辟雍大殿有楹聯三
副。這樣看來，除了乾隆、道光題寫的兩副匾聯外，咸豐也題寫了一副匾
聯，現在殿內只剩下這方匾，楹聯應收藏於國家博物館。但關於咸豐這副
聯的文字內容，目前還沒查找到。

三　清代皇帝彝倫堂題寫匾額

在辟雍建成之前，彝倫堂是國子監的主要建築，皇帝在此設座講學，
彝倫堂前的露臺是國子監監生上大課的地方，狀元率領新科進士來此拜謝
祭酒、司業，舉行釋褐簪花禮。辟雍建成後，彝倫堂內的暖閣是皇帝來國
子監臨雍講學時休息和更換衣服的場所。

關於清代彝倫堂，道光版《欽定國子監志》這樣記載：

> 後為彝倫堂，堂七間，南向。中懸聖祖仁皇帝御書"彝倫堂"
> 額。康熙四十五年頒揭。列聖暨我皇上敕諭共六道。世宗憲皇帝禦書
> "文行忠信"額，額首題曰："學者文行並重，尤以忠信為本。故孔
> 子垂為四教。成均造士之法，無逾於此。賜國子監。"雍正四年頒
> 揭。高宗純皇帝御書"福疇攸敘"額，乾隆五十年頒揭。均南向。
> 皇上御書"振德育才"額，道光三年頒揭。北向。堂前中壁恭勒聖
> 祖仁皇帝御書聖經石刻。……堂中左右恭立乾隆六十年高宗純皇帝
> 《御製說經文》石刻十三座。……其東西隅恭立乾隆六十年《御製石
> 刻蔣衡書十三經於辟雍序》清、漢文石刻各一座。……西南石刻一
> 座，恭刊《御製丁祭釋奠詩》。①

除了道光版《欽定國子監志》所載，雍正的"文行忠信"，乾隆的"福疇
攸敘"，道光的"振德育才"外，還有咸豐的"敬敷五教"和光緒的

---

① （清）文慶、李宗昉等纂修，郭亞南等點校：《欽定國子監志》，北京古籍出
版社2000年版，第111—112頁。

"敬教勸學"這兩方匾也應該懸掛在彝倫堂內。《欽定國子監志》記載彝倫堂內從順治到道光6方敕諭匾，咸豐也為彝倫堂頒過敕諭匾一方。從順治到咸豐這7方敕諭匾懸掛在彝倫堂北面樑柱上。

彝倫堂內景舊照

1. 咸豐諭旨匾

咸豐三年（1853年）諭旨，橫長265釐米，縱寬128釐米，厚8釐米。該匾開裂，油漆剝落，字跡尚可辨識。諭旨匾文內容如下：

咸豐三年二月初八日。皇帝敕諭國子監祭酒、司業等官：朕惟古者建國，教學為先。矧成均為首先之地，四方於是觀型，尊賢育才，誕敷文德，致治之原，實基於此。我朝重道崇儒，超越前代。列聖涵濡樂育，化洽寰區。皇考臨御天下三十年，無日不以闡明聖教，培養人才為首務。朕續承大統，茂典紹修，爰於咸豐三年二月上丁，親詣先師孔子廟行禮。越六日癸未，臨雍釋奠講學，圜橋觀聽，濟濟裁裁，朕甚嘉焉。夫教術隆則士習端，士習端則風俗懋，正誼明道，坊表群倫。爾監臣所以奉職也。進德修業，砥礪廉隅。爾多士所以植品也。陶淑漸摩，交修勿替。先之以入孝出弟，敦之以言物行恒。毋騖浮華，毋矜聲譽，鼓舞而振興之。是誠董勸者之責矣。欽哉特諭。咸豐三年二月初八日。

咸豐三年諭旨匾

在《清實錄》等史書中有咸豐皇帝祭孔、臨雍的記載："（咸豐三年，二月）己巳。諭內閣，朕於本年仲春上丁，親詣先師孔子廟行禮。其臨雍釋奠之典，著於二月初八日舉行。所有應行事宜，著各該衙門敬謹豫備。"（《清實錄·文宗顯皇帝實錄·卷之八十三》）"（咸豐三年，二月）丁丑，祭先師孔子，上親詣行釋奠禮。"（《清實錄·文宗顯皇帝實錄·卷之八十四》）"（咸豐三年二月）丁丑，釋奠先師孔子。……癸未，上臨雍講學，加衍聖公孔繁灝太子太保。"（《清史稿·本紀二十文宗本紀》）咸豐皇帝於咸豐三年二月丁丑日來孔廟祭孔，六天後二月初八癸未日，再次來國子監臨雍講學，發佈此聖諭。

2. 咸豐御書"敬敷五教"匾

"敬敷五教"匾現存於孔廟和國子監博物館庫房內，木質橫匾，橫長310釐米，縱寬127釐米，厚15釐米。匾芯磁青底金字，正中楷書"敬敷五教"四個大字，上方鈐章"咸豐御筆之寶"。

史書中沒有關於此匾的記載，道光版《欽定國子監志》記載了雍正、乾隆、道光皇帝臨雍講學之後為彝倫堂頒揭匾額，根據先例，這方匾應是咸豐皇帝臨雍講學時候頒賜給國子監彝倫堂的。《清實錄·文宗顯皇帝實錄卷之八十四》載："（咸豐三年二月）癸未詣文廟行釋奠禮，禮成，御彝倫堂，更袞衣，親臨辟雍講學。"《清史稿·卷二十文宗本紀》也記載："（咸豐三年二月）癸未，上臨雍講學，加衍聖公孔繁灝太子太保。"咸豐

"敬敷五教"匾

三年（1853 年）二月癸未日，咸豐皇帝駕臨孔廟釋奠先師，禮成後，來到國子監彝倫堂，更換袞服，臨雍講學。由此推測此匾為咸豐三年二月御書頒揭。

3. 光緒御書"敬教勸學"匾

"敬教勸學"匾現存於孔廟和國子監博物館庫房內，木質橫匾，橫長331 釐米，縱寬133 釐米，厚 11 釐米。匾芯磁青底金字，正中楷書"敬教勸學"四個大字，上方鈐章"光緒御筆之寶"。

"敬教勸學"匾

《清實錄·景皇帝實錄卷之五百五十八》載：

（光緒三十二年，夏四月，甲子）頒學部扁額曰"敬教勸學"。

光緒三十二年（1906 年）四月向學部頒匾 "敬教勸學"。光緒皇帝御筆親書頒給學部的匾額怎麼會在國子監呢？國子監是國家最高學府，也是國家教育行政管理機構。清朝末年，舊有的教育體制弊端早已顯現，科舉選拔人才的方法也已成為禁錮人才發展的鐐銬。在教育改革的呼聲中，光緒三十一年（1905 年）9 月廢除科舉制度，隨之，11 月設立學部，興辦學堂，撤銷國子監，國子監所有事務歸併學部。國子監管理全國教育的職能由學部代替，從此，國子監退出歷史舞臺，成為供人游覽的遺跡。《清實錄·景皇帝實錄卷之五百五十一》載：

（光緒三十一年，十一月，己卯）諭內閣、本日政務處學務大臣會奏、議覆寶熙等條陳一摺：前經降旨停止科舉，亟應振興學務，廣育人才。現在各省學堂，已次第興辦，必須總匯之區，以資董率而專責成。著即設立學部，榮慶著調補學部尚書，學部左侍郎著熙瑛補授，翰林院編修嚴修、著以三品京堂候補，署理學部右侍郎。國子監即古之成均，本系大學，所有該監事務，著即歸併學部。其餘未盡事宜，著該尚書等即行妥議具奏。該部創設伊始，興學育才，責任甚重。務當悉心考核，加意培養，其於敦崇正學，造就通才，用副朝廷建學明倫化民成俗之至意。

……

（光緒三十一年，十一月，庚辰）諭軍機大臣等：學部次序，著在禮部之前。奉恩鎮國公全榮府第，著作為學部衙署。全榮著賞銀一萬三千兩，由學部給發。

光緒三十一年建立學部後，規定了學部的位次在禮部之前，將鎮國公全榮的府第作為學部的衙署。學部的衙署雖然設在鎮國公全榮的府第，但並未一下子全部搬至全榮府第，此時國子監仍發揮一部分管理國家教育的職能。

光緒三十二年，也就是學部成立第二年，頒發給學部的匾，沿襲舊例，仍然懸掛在國子監彝倫堂內。囿於資料所限，還無法斷定 "敬教勸學" 匾懸掛在彝倫堂內的具體地點。這方匾是中國近代舊式教育被廢，新式教育興起這一特殊歷史時期的見證。

四　文人題匾

國子監官師題寫、刻立，懸掛在國子監學習、辦公場所的匾額稱之為"文人題匾"。這些匾通常上款題寫立匾的時間，下款為匾的書寫者、立匾者及鈐章。書寫者和立匾者的姓名前一般冠上他們的字、號或籍貫，例如"芝齡李宗昉"，李宗昉字芝齡；"南皮張之洞"，張之洞是河北南皮人。這些匾都是道光十三年（1833年）之後題寫刻立的，道光版《欽定國子監志》中沒有收錄，因此，不清楚具體懸掛的位置。

1. "經正民興"匾

"經正民興"匾橫長222釐米，縱寬95釐米，厚5釐米。木質橫匾，黑底金字，匾正中楷書"經正民興"四個大字。左側上款題寫"同治元年孟秋壽陽祁寯藻書"，鈐章二枚"祁寯藻印""實甫"。右側下款題寫"東河畢道遠，東之衍秀，靡方阜保，博川文祥，玉符麒慶，樹南延煦，伯寅潘祖廕，質齋蕭培元，秋皋紹祺，禮南楊秉璋，蘭孫李鴻藻，璞齋瑚圖禮，介樵馬壽金"。此匾保存不甚完好，黑色漆皮大部分脫落，有多處裂痕。

"經正民興"匾

"孟秋"為舊曆秋季第一個月，即七月。此匾為祁寯藻在同治元年（1862年）七月題寫。

2. "政教稽古"匾

"政教稽古"匾橫長206釐米，縱寬86釐米，厚7釐米。木質橫匾，黑底金字，匾正中行楷"政教稽古"四個大字。左側上款題寫"光緒五年己卯四月吳縣潘祖廕書"。右側下款題寫"綏芬景喜，侯官林天齡，番

禹許應騤，鄞縣章鋆，吳江沈桂芬，綏芬繼格，常熟翁同穌，吳江楊慶
麟，宗室松森，震澤吳人傑，南皮張之洞，宗室寶延，錢唐汪鳴鑾，嘉定
徐郙，鄞縣張家驤，錢唐孫詒經，費莫文治，翁牛特榮惠，宗室良貴，烏
哲特文興”。此匾保存相對較好，只有右側下款一些小字不甚清晰，匾額
四周邊緣有脫漆情況。

“政教稽古”匾

此匾為光緒五年己卯（1879 年）四月咸豐壬子科（1852 年）探花潘
祖廕題寫。

3. “為時養器”匾

“為時養器”匾橫長 214 釐米，縱寬 77 釐米，厚 9 釐米。黑底金字，
匾正中楷書“為時養器”四個大字。左側上款題寫“咸豐四年季冬月
立”。右側下款題寫“南池吳保泰，小汀全慶，文溪彥昌，賡卿何彤雲，
介川崇福，寶生龐鐘璐，藹雲志和，硯農沈祖懋”。此匾保存相對較好，
字跡清晰，只是匾額中間有一條通裂紋。

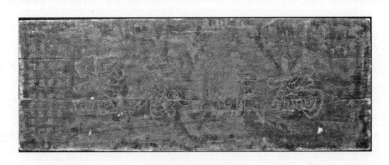

“為時養器”匾

　　根據匾額的上款和下款只知道立匾時間和立匾人，而不知題寫者。古代稱農曆十二月為“季冬”，即冬季最末一個月，此匾是咸豐四年（1854年）十二月立。

　　4.“登崇畯良”匾

　　“登崇畯良”匾橫長 207 釐米，縱寬 78 釐米，厚 7 釐米。木質橫匾，此匾保存不甚完好，匾面油漆已全部脫落，匾正中楷書“登崇畯良”四個大字。左側上款題寫“道光乙未九月吉日立”尚可辨識，右側下款模糊辨識為：“遂盒翁心存，壽山嵩安，孔修文慶，靜濤□，溥泉宗室善壽，葉唐侯祠□庵慶。”但保存情況很不好，匾額左下角缺失，“立”字已不全。

　　此匾立於道光乙未（道光十五年 1835 年）九月。

“登崇畯良”匾

　　5.“大學之道”匾

　　“大學之道”匾橫長 189 釐米，縱寬 81 釐米，厚 5 釐米。木質橫匾，黑底金字，匾正中楷書“大學之道”四個大字。左側上款題寫“道光己酉仲冬勝保書於敬思堂”。右下刻有篆書陽文印章兩枚，其一為“齋□”，其二為“大司成之章”；右側下款題寫“車克慎，特登額，勝保，翁心存，蔣元溥，雙福，保極，蔡宗茂，馬鑄仝立”。此匾保存不甚完好，漆皮開裂，印章模糊不清。

"大學之道" 匾

　　仲冬為冬季第二個月，即十一月。此匾為勝保於道光己酉年（道光二十九年，1849 年）十一月題寫。"敬思堂" 位於國子監後院東廂後軒，"於敬思堂"，勝保作為祭酒在東廂辦公，在東廂的敬思堂題寫此匾。

　　6. "五教敬敷" 匾

　　"五教敬敷" 匾橫長 186 釐米，縱寬 82 釐米，厚 5 釐米。木質橫匾，黑底金字，匾正中楷書 "五教敬敷" 四個大字。左側上款題寫 "道光甲辰湯金釗書"，右下刻有篆書陽文印章兩枚，其一為 "湯金釗印"，其二為 "敦甫"，右側下款字跡脫落。此匾保存不甚完好，黑色漆皮脫落，右側下款小字幾乎全部脫落，已無法辨識。

"五教敬敷" 匾

　　根據上款可知，此匾於道光甲辰年（道光二十四年，1844 年）由湯金釗題寫。

7. "教學是先" 匾

"教學是先" 匾橫長 153 釐米，縱寬 75 釐米，厚 6 釐米。木質橫匾，黑底金字，匾正中楷書 "教學是先" 四個大字。左側上款題寫 "光緒戊寅穀旦立"。右側下款題寫 "仙舟金綬，勉堂魁保，香岩文桂，竹風興奎，珠浦文聊，伯航嵩海，瀾圃善成，雲溪隆源，祥徵珠爾蘇布，溥泉通武，溪雲吳景鴻，子實崇穌，祝三嵩崀，海安寶琳，澍民繼恩，信民奎徵，雲舫成慶，子嘉晉祥，硯田霍順武，小山劉釗申，仲玉王鳴珂，監南張德栻，詩舲音德賀，友闌裕芬，壽峰縶拉芬，子延文年，繼庵賡音布，子良貴成，雲浦景全，寶田全善，賡廷馮承熙，煥廷文鬱，竹坡高秀峰白山嵩崀書"。鈐章二枚：第一枚模糊不清，第二枚為 "嵩崀之印"。

"教學是先" 匾

光緒戊寅（光緒四年，1878 年）立匾。穀旦指晴朗美好的日子，舊時常用為吉日的代稱。

8. "希古振纓" 匾

"希古振纓" 匾橫長 135 釐米，縱寬 64 釐米，厚 4 釐米。木質橫匾，匾正中楷書 "希古振纓" 四個大字。右側下款題寫 "江都李汝椿秋丞，修文戚朝勳彥丞，寶坻郝觀光幼霖，大興朱寓瀛芷青，饒陽常熙敬冠卿，昌平周濂徽琴侶，衡水韓杜紹甫，宛平祝椿年廡庭，溫縣李式典儀僕，朝陽路由義砥如，武昌范超元月孫，天津劉嘉琦芋田，宛平李廷瑛潤田，天津李春澤潤生，平定陳啟秀振堂，盱眙王儀鄭伯弓，天津楊鳳藻蘭坡，天津劉學濂欣蓮，黟縣汪馨伯吾，大興郎榮申筱坡，宛平牛桂榮香山，玉田蔣志達養庭，太倉吳昌燕詒孫，天津王仁沛華農，天津沈耀奎星垣，天津李秉元幼安　光緒壬寅中秋穀旦"。此匾保存情況一般，字跡清晰，但漆已全部脫落，匾額右上角脫落，"光緒"的"光"字殘缺不全。

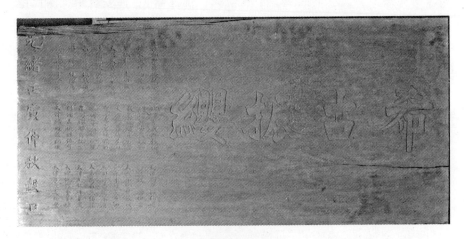

"希古振纓"匾

光緒壬寅中秋（光緒二十八年中秋，1902 年）立匾。

9."同寅協恭"匾

"同寅協恭"匾橫長 122 釐米，縱寬 64 釐米，厚 6 釐米。木質橫匾，無邊框，黑底金字，匾正中楷書"同寅協恭"四個大字。左側上款題寫"同治元年孟冬穀旦"。右側下款題寫"祝三嵩年，吉齋鐘祥，醴泉覺羅福泉，子揚德賡，薌圃覺羅恒芳，雲樵慶麟，式周文鬱，松亭佛齡阿，鏌鄰胡燾，仰雲依克機善，鏡堂文光，芝山瑞齡，雨樓維葑，秀岩慶毓，心農默得理，春圃文麟，雨三成霖，松濤其昌，吟香文秀，錦波詹瀛，旭初阿呢揚阿，耀堂榮俊，小農托莫爾琿，子珍瑞珊，鬥垣文光，春帆長祿，穆堂訥蘇肯，溥堂愛興阿，琴訪紀瑛邀，信之呢堪"。此匾字跡清晰，但有漆皮脫落現象，且有一道通裂紋。

"同寅協恭"匾

　　"孟冬"是舊歷冬季的第一月，即十月。同治元年（1862 年）十月立匾。

五　滿文號牌

　　孔廟和國子監博物館文物庫房内還保存著三方純滿文的匾額（號牌）。在清代很多匾都是用滿漢兩種文字來書寫的，袁世凱復辟帝制後為消除民怨，將故宮前朝等處匾去掉滿文，只保留漢文。根據道光版《欽定國子監志》記載，在清代孔廟國子監院内很多匾也是滿漢兩種文字，現在只剩下漢文，推測是在袁世凱祭孔時期或是後來維修時去掉的。滿漢雙文匾較常見，現在，在故宮和頤和園還能見到，而純粹滿文匾（牌）並不多見。經請教滿文專家，我們知道這三方滿文匾（牌）是國子監的"東西六堂"的堂號和"繩愆廳"的廳號，稱其為"滿文號牌"。

　　編號 11.26 滿文號牌，為東三堂堂號"率性堂、誠心堂、崇志堂"，橫長 170 釐米，縱寬 129 釐米，厚 6 釐米。木質號牌，素邊框將三堂號牌拼接為一方，每方正中滿文金字書寫堂號。此牌保存較差，漆皮脫落，有裂紋，且有蛀洞，個別筆畫脫落。

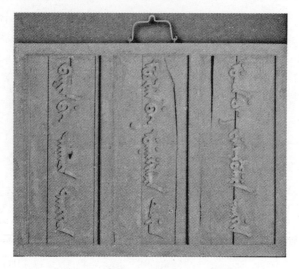

"率性堂、誠心堂、崇志堂"滿文號牌

　　編號 11.25 滿文號牌，為西三堂堂號"修道堂、正義堂、廣業堂"，橫長 170 釐米，縱寬 129 釐米，厚 6 釐米。木質號牌，素邊框將三堂號牌拼接為一方，每方正中滿文金字書寫堂號。此牌保存較差，漆皮脫落，有裂紋，個別筆畫脫落。

"修道堂、正義堂、廣業堂"滿文號牌

編號 11.27 滿文號牌，為"繩愆廳"，橫寬77釐米，縱長129釐米，厚6釐米。木質豎牌，素邊框，號牌正中滿文金字書寫"繩愆廳"。此牌保存較差，漆皮脫落，有裂紋，個別筆畫脫落。

這三塊滿文號牌都是在2006年清理大成殿庫房時發現的，因無文獻記載，目前並不知曉其懸掛地點、歷史功用等，有待深入研究。

"繩愆廳"滿文號牌

（修撰人：王琳琳）

經籍志

　　國子監作為元、明、清三代最高學府，為教學和收藏使用，存貯有大量的古籍和雕版印刷用的書籍刻板（木質）。本卷依照清代道光版《欽定國子監志‧經籍志》分為書籍和書版兩大類分別記述。

經籍志一　書籍

　　《欽定國子監志‧經籍志》中書籍分為賜書（清代歷朝皇帝頒賜的書籍）、御書樓存貯書籍、六堂存貯書籍、八旗官學存貯書籍和算學存貯書籍五部分。這些書籍雖然在理論上均屬國子監藏書，但真正收貯於監內的書籍，應該只包括賜書、御書樓存書和六堂存書三部分。因為八旗官學分散於京城八處學堂內，而算學是與欽天監合署管理，獨處一隅，且存書量極少。

　　據《欽定國子監志‧經籍志》記載，截至道光二年，皇帝賜書有 80 種，並且只記書名、卷數，未記冊數。御書樓為國子監主要藏書庫，藏書分經、史、子、集四部，計 117 種，加上乾隆御筆祭孔述事、詩文，臨雍講學如《國學新建辟雍環水工程碑記》及《欽刊墨搨〈十三經〉全部》等 10 種，共計 127 種。除乾隆御筆詩文標註冊數（幅）之外，其他均只記書名，連卷數都沒有標註，而且種類不多。六堂存書僅有 31 種。三部分書籍共計 238 種。另外還有部分明代國子監遺存書籍，具體情況已無從考證。

　　六堂存書主要是為授課使用的常備書籍，如《聖諭廣訓》《性理精義》《欽定四書文》等。國子監師生借閱御書樓書籍是要經過複雜手續提調的。但是有一個問題在《欽定國子監志‧經籍志》中並沒有說明，即"六堂存貯書籍"是指的國子監中院的東西六堂，還是指的南學六堂？筆者認為應該指的是南學六堂。因自雍正年間欽賜南學學舍一百多間給國子監補充教學校舍之後，南學與監內一樣設六堂作為授課教室，六堂名稱亦相同。及至乾隆年間，師生上課授業及住宿已幾乎全部在南學進行。監內只作為上大課或祭酒、司業升座行禮，講評和集會的場所。乾隆五十九年，又將刻成的御定十三經碑石 190 通（含告成表文）立於監內六堂之中，佔據了監內六堂的全部空間，所以南學六堂成為了國子監師生學習的主要場所。據此，道光年間所做六堂存書統計，自然應該是指南學六堂的存書情況，在此加以說明。

清代道光以後，我們所見到的文獻資料中很少提及國子監的藏書情況，直到光緒年間才找到部分相關記載。從道光十三年起所見記載如下：

道光十三年三月諭內閣，現在國子監纂辦志書，所有金石一門，必得通曉金石文字者，方足以資辦理。著准其照例指傳一二人，協同修理，不得過二人之數。①

咸豐元年十二月，諭內閣，前據禮部奏江蘇舉人安徽黟縣訓導朱駿聲呈遞《說文通訓定聲》一書，當交南書房翰林詳加閱看進呈。朕幾餘披覽，引證尚為賅洽，頗於小學有裨。朱駿聲著賞加國子監博士銜，以為留心經訓者勸。②

咸豐三年，林蔛溪將所著《三禮通釋》繕寫進呈，賞加國子監博士銜。③

光緒七年八月頒發《列聖御製詩文集》《列聖聖訓》，暨《欽定剿平粵匪、捻匪方略》於國子監。④

光緒十二年奏准，國子監舊藏書籍，漸行散失，今蒙欽頒列聖聖訓方略，並咨取各省書局新刻各書，現在南學有書五萬一千四百餘卷，而所缺尚夥，除由監臣捐貲購寫外，應咨行各省學政，曉諭舉貢生監，如家有藏

---

①　（清）文慶：《清宣宗成皇帝實錄》卷二三三。

②　（清）賈楨：《清文宗顯皇帝實錄》卷五十。

③　（清）桂文燦：《經學博采錄》卷七，《續修四庫全書》經部‧群經總義類。

④　（清）世續：《清德宗景皇帝實錄》卷一三五。

書，情願捐送，卷數較多者，奏請賞給監屬虛銜，如卷數較少，量給扁額，以資鼓勵。①

光緒十二年（1887年）十月二十五日張之洞奏《開設書局刊布經籍摺》，為廣東官員士紳人等捐資"為粵省開設書局刊布經籍以裨士林，奏明立案"，"檄飭兩廣監運司綜理局事，博訪文學之士，詳審校勘，將來各書刊成，當隨時刷印，咨送國子監，以備在監肄業者考覽之助"。②

光緒十四年（1888年），朝廷鼓勵捐書，"各省舉貢生監，如家有藏書，情願捐送國子監者，由學臣代收轉解，其卷數較多足稱善本者，由學臣奏請賞給監屬虛銜，卷數較少者，由學臣量給匾額"。"前廣東高廉道陸心源，因國子監廣求書籍，選擇家藏舊書一百五十種，計二千四百餘卷，附以所刊叢書等三百餘卷，願行捐送到監。據稱陸心源自解官後，刊校古書，潛心著述，茲復慨捐群籍，洵屬稽古尚義。伊子廩生陸樹藩，附生陸樹屏，均著賞給國子監學正銜，以示嘉獎。"③

光緒二十四年七月，諭國子監奏，進呈助教崔朝慶所著《一得齋算書》《浙江嘉興府水道圖》一摺。著將原書原圖交總理各國事務王大臣閱看具奏。④

光緒三十四年八月，諭內閣，前據湖南巡撫岑春蓂奏進前國子監祭酒王先謙所著書籍四種，當交南書房閱看。茲據奏稱，該員所著《尚書孔傳參正》《漢書補註》《荀子集解》《日本源流考》各書洵屬學有家法，精博淵通，淹貫古今，周知中外等語。王先謙著加恩賞給內閣學士銜，用示嘉獎宿儒之至意。⑤

光緒十二年（1886年）國子監南學有書五萬一千四百餘卷⑥，光緒十年和十五年國子監分別編過《國子監南學存書目》和《國子監南學第

① 《欽定大清會典事例》卷一〇九九，國子監/六堂課士規制。

② 張之洞撰：《張文襄公奏議》卷十六《開設書局刊布經籍摺》，民國九年刻張文襄公全集本。奏文見《藝文志·奏議》中《開設書局刊布經籍摺》。

③ 《續修四庫全書》史部·編年類《東華續錄》光緒八九。奏文見《藝文志·奏議》中《光緒十四年五月丙寅瞿鴻禨奏臣前接國子監咨具奏應辦事宜一摺》。

④ （清）世續：《清德宗景皇帝實錄》卷四二五。

⑤ （清）世續：《清德宗景皇帝實錄》卷五九三。

⑥ 《欽定大清會典事例》卷一〇九九，國子監/六堂課士規制。

二次存書目》各一卷。① 兩次書目較為詳盡地記錄了當時南學的藏書情況。

　　茲依據資料所載兩次編製的書目開列如下：

《國子監南學存書目錄》②

賜書

《列聖聖訓》《列聖御製詩文集》《欽定剿平粵匪捻匪方略》。

典籍廳撥書

《周易折中》《周易通論》《周易觀象》《詩經傳說匯纂》《詩所》《春秋解義》《儀禮義疏》《周官義疏》《禮記義疏》《通志堂經解》《子史精華》《古文淵鑒》《古文雅正》《榕村藏稿》《榕村講授》。

前總理監務大學士沈文定公發書

《十三經註疏》《周易折中》《書經傳說匯纂》《詩經傳說匯纂》《春秋傳說匯纂》《周官義疏》《儀禮義疏》《禮記義疏》《三通》《廿四史》《佩文韻府》。

　　前司業汪（印）鳴鑾發書

《爾雅正義》《經傳釋詞》《文廟祀典考》《十三經讀本》《仿宋撫州本禮記》《仿宋嚴州本儀禮》《說文解字義證》《國語校註本》《綱目三編》《水經註圖》《明鑑》《東華續錄》《李註文選》《述學》《經畲堂制藝》。

　　主事錢（印）振常捐送書

《子書百家全部》。

　　編修費（印）延釐捐送書

《正誼堂集》。

　　宮庶陳（印）寶琛捐送書

《黃忠端集》。

　　主事張（印）華奎捐送書

《廬陽三賢集》。

---

① 《清朝續文獻通考》卷二六七《經籍》十一。

② 劉乃英主編：《新編太學文獻大成》第 32 冊，學苑出版社 2014 年版，第 325—384 頁。

侍御洪（印）良品捐送書

《周易引經通釋》。

東路廳同知郝（印）聯薇捐送書

《春秋說略比例》《爾雅義疏》《山海經箋註》。

前兩江總督劉（印）坤一咨送金陵書

《四書十一經》《大本四書五經》《相臺五經》《易說醒》《呂氏四禮翼》《四書或問》《論孟精義》《松陽講義》《小學類編》（附《爾雅古註》）《經傳釋詞》《廣韻會編》《詩韻釋要》《史記》《兩漢書》《史記札記》《三國志》《晉書》《南北史》《宋書》《魏書》《齊書》《梁書》《陳書》《北齊書》《周書》《楚漢疆域志》《泉志》《比例滙通》《圖民錄》《朱子年譜》《老子章義》《二程書》《大學衍義》《朱子世家》《朱子大全》《小學集註》《家範》《理學宗傳》《韓柳年譜》《容齋隨筆》《幾何三種》《楚辭》《文選》《曹集銓評》《唐人萬首絕句》《讀書雜志》《平齋集》《拙修集》《梅氏叢書》《五石瓠齋遺稿》《惜抱軒古今詩選》《經正錄》《佐治藥言》《學治臆說》。

前兩江總督劉（印）坤一咨送書

前江西巡撫李（印）文敏咨送書

《四書五經》《中庸衍義》《朱子全書》《小學集解》《圖民錄》《佐治藥言》《學治臆說》。

前兩江總督劉（印）坤一咨送淮南局書

《十三經註疏》《書古徵》《孝經》《毛詩註疏》《春秋集古傳註》《春秋或問》《大戴禮記補註》《四書說苑》《經籍纂詁》《廣雅疏證》《廿四史》《南北史補志》《廣陵通典》《揚州水道記》《仿宋本漢官儀》《仿宋本孫吳司馬法》《岑刻舊唐書》（附《校勘記》《逸文》）《白虎通疏證》《困學紀聞》《算學啟蒙》《割圜密率》《初唐四傑文集》《古徵堂內外集》《述學》《汪梅村集》《一鐙精舍甲部稿》。

前江西巡撫李（印）文敏咨送書

《御纂七經》《十三經註疏》（附《校勘記》）《左傳紀事本末》《通鑑紀事本末》《宋元紀事本末》《明史紀事本末》《資治通鑑綱目三編》《江西通志》《授時通考》。

武英殿聚珍版叢書

《醫宗金鑑》《五種遺規》《歐陽文忠公集》《甯都三魏集》《黃山谷

詩集》《蠶桑合編》《勸誡淺語》。

　　前浙江巡撫譚（印）鐘麟咨送書

　　《聖諭》《六經》《十三經古註》《周易折中》《書經傳說彙纂》《詩經傳說彙纂》《春秋傳說彙纂》《禮記義疏》《儀禮義疏》《周官義疏》《春秋繁露》《四書反身錄》《通鑑輯覽》《周季編略》《綱鑑正史約》《舊唐書》《新唐書》《宋史》《山海經》《西湖志》《竹書紀年》《水利備考》《平浙紀略》《繹志》《岳廟志略》《伍公山志》《康濟錄》《圖民錄》《實政錄》《洗冤錄》《孔子集語》《黃帝內經》《管子》《晏子春秋》《荀子》《淮南子》《呂子》《老子》《楊子》《墨子》《商子》《尸子》《文子》《列子》《孫子》《韓非子》《莊子》《文中子》《賈誼新書》《大學衍義》《陸子全書》《小學纂註》《理學宗傳》《古文淵鑑》《唐宋文純》《養新錄》《小學韻語》。

　　前浙江巡撫陳（印）士杰咨送書

　　《尚書古文疏證》《國語》《繹史》《咸淳臨安志》《漢書地理志校本》《列女傳校本》《全上古三代秦漢晉南北朝文編目》《樊南文集》《當歸草堂八種》《玉溪生詩集》《蘇文忠公詩合註》《醫學叢書十種》。

　　前湖南巡撫李（印）明墀咨送書

　　《十三經註疏》《十三經校勘記》《四書章句集註》《周易本義》《書經集傳》《詩經集傳》《杜註春秋左傳》《禮記集說》《鄭註周禮》《鄭註儀禮》《郭註爾雅》《通鑑輯覽》《先正事略》《湖南褒忠錄》《湖南文徵》《經世文編》《王船山先生遺書》。

　　四川總督丁（印）寶楨咨送書

　　《周易折中》《周易述義》《來註易經》《書經傳說彙纂》《尚書古今文註》《書傳音釋》《詩經傳說彙纂》《詩義折中》《韓詩外傳》《毛詩證讀》《春秋傳說彙纂》《周官義疏》《禮記義疏》《儀禮義疏》《儀禮韻言》《岳氏五經》《經典釋文》《四書正本》《四書考異》《爾雅釋文》《爾雅直音》《六書分類》《許氏說文》（附檢字）《段註說文》《說文管見》《說文通檢》《增輯隸字彙纂》《經字異同》《史記》《兩漢書》《三國志》《南北史》《五代史》《國語》《戰國策》《唐鑑》《讀史方輿紀要》《歷代帝王年表廟謚譜》《歷代職官表》《十七史商榷》《讀史快編》《水經註釋》《水道提綱》《天下郡國利病全書》《三省邊防備覽》《洋防輯要》《康濟譜》《四川通志》《華陽國志》《蜀鑑》《蜀碧》《蜀典》《蜀

故》《蜀水考》《歸方評點史記》《授時通考》《太元經》《朱子全書》
《困學紀聞集證》《日知錄》（附《菰中隨筆》）《來瞿塘日錄》《六藝綱
目》《藝文類聚》《天中記》《函海》《古棠書屋叢書》《式訓堂叢書》
《拜經樓藏書題記》《讀法圖存》《天聞閣琴譜》《五知齋琴譜》《畫徵錄》
《漢魏百三家集》《陶靖節集》《王子安集》《陳伯玉集》《李太白集》
《杜詩鏡銓》《李長吉歌詩註》《蘇子美集》《嘉佑集》《東坡集》（附
《斜川集》）《欒城集》《黃山谷集》《陸劍南詩集》《張南軒集》《魏了翁
集》《虞道園集》《楊升菴全集》《趙甌北集》《李西漚全集》《昭明文
選》《玉台新詠》《十七家賦鈔》《五家宮詞》《駢體文鈔》）。

　　閩浙總督何（印）璟咨送書
　　前福建巡撫岑（印）毓英咨送書
《黃石齋經義九種》《左海全集》《武英殿聚珍版全集兩部》《正誼堂
全書》《延平答問》《朱子全書》《真西山全集》《楊文靖集》《黃忠端集》
《羅豫章集》《止齋遺書》《榕村全集》《竹柏山房全集》《梁溪全集》。

　　前湖廣總督李（印）瀚章咨送書
　　湖北巡撫彭（印）祖賢咨送書
《庭訓格言》《聖諭廣訓》《御製大雲輪請雨經》《欽定四書文》《御
纂七經》《十一經音訓》《九經三傳沿革例》《周易本義》《周易姚氏學》
《尚書大傳》《書經集傳》《逸周書校釋》《詩經集傳》《韓詩外傳》《春
秋左傳杜林合註》《公羊傳》《穀梁傳》《左傳舊疏》《春秋繁露》《儀禮
圖》《黃校本儀禮》《撫州本禮記》《禮記集說》《鄭註儀禮》《鄭註周
禮》《儀禮古今文義疏》《四書集註》《爾雅》《孝經》《經典釋文》《說
文提要》《說文辨疑》《說文義證》《說文引經考》《說文新附字考》《段
氏說文註訂》《段氏說文解字》（附《音韻表說文訂》）《說文通檢》《刊
謬正俗》《康熙字典》《字典考證》《韻字略》《佩文詩韻釋要》《資治通
鑑》《通鑑輯覽》《史通削繁》《史鑑節要》《國語》《國策》《王本史記》
《讀史方輿紀要》《讀史兵略》《舊五代史》《新五代史》《明鑑》《明史》
《水經註》《今水經表》《高士傳》《古列女傳》《大清一統分省地輿全圖》
《大清一統地輿全圖》《新疆圖》《長江全圖》《皇朝祭器樂舞錄》《文廟
祀位》《大清會典》《大清律例彙輯便覽》《人臣儆心錄》《天下郡國利病
全書》《康濟錄》《鑑戒錄》《實政錄》《稽古錄》《隋經籍志考證》《荊
楚疏修指要》《武功縣志》《牧今輯要》《荒政輯要》《救荒補遺》《名法

指掌》《捕蝗要訣》《除螟八要》《庸吏庸言》《讀律心得》《涑水紀聞》《闕史》《意林》《宅葬經》《世說新語》《子書百家》《小學輯註》《五子近思錄》《日知錄》《讀書分年日程》《老學菴筆記》《酉陽雜俎》《續酉陽雜俎》《趙子言行錄》《人譜三篇》《人譜類記》《淮南子天文訓補註》《楚辭集註》《楚辭辨證》《離騷集傳》《離騷草木疏》《離騷箋》《胡刻昭明文選》《文心雕龍》《樂府詩集》《人壽金鑑》《養蒙金鑑》《雙節堂庸訓》《五種遺規》《佐治藥言》《學治臆說》《學治一得編》《培遠堂手札撮要》。

前兩廣總督張（印）樹聲咨送書

廣東巡撫裕（印）寬咨送書

《世宗憲皇帝上諭內閣》《十三經註疏》《相臺五經》《皇清經解》《通志堂九經解》《古經解彙函》《小學彙函》《詩輯》《詩經釋參》《三禮通釋》《禮書樂書》《漢儒通義》《東塾讀書記》《經典釋文》《說文》（附《通檢》）《說文解字繫傳》《說文聲繫》《說文校議》《古音諧》《集韻》（附《釋文互註禮部韻略》）、《切韻考》《聲律通考》《繆篆分韻》《類編》《漢隸字原》《通典》《續通典》《皇朝通典》《通鑑綱目》《歷代帝王年表》《廿四史》《兩漢紀》《兩漢會要》《十七史商榷》《紀批史通削繁》《漢書地理志水道圖說》《漢書西域圖考》《三朝北盟會編》《歷朝輿地韻編今釋》《輿地紀勝》《重刻董方立地圖》《海國圖志》《廣陵事略》《吾學錄》《朱子語類》《近思錄》《日知錄集釋》《佩文韻府》《四庫書目提要》（附《簡明目錄》）、《淵鑑類函》《孫吳司馬法》《內經素問》《數學精詳》《圜天圖說》《下學庵算書》《皇極經世易知》《讀書紀數略》《紀批文心雕龍》《李註文選》（十二本硃批）《廣東新語》《瀛奎律髓》《國朝詩人徵略》《蔣評四六法海》《李註文選》（二十四本）《漢魏百三家集》《初唐四傑集》《唐駢體文鈔》《鄒徵君遺書》《庾開府集》《徐僕射集》《挈經室集》《杜工部集》《韓昌黎集》《五百四峰草堂集》《紀文達公遺集》《楚庭耆舊詩》《粵十三家集》《嶺南三家詩》《學海堂集》《黃仲則集》《粵雅堂叢書》《嶺南遺書》《紀批蘇詩》《駱文忠公奏議》《傅鶉觚集》《俞刻仿蘇本陶詩》《陶文集》《五家評本杜工部集》《李義山詩集輯評》《南園前五先生詩》《李二曲先生集》《樊榭山房集》《國朝駢體正宗》《有正味齋駢文箋註》《知足齋集》《帶經堂詩話》《榕園叢書》《述古叢鈔》《廬陽三賢集》《笠澤叢書》《遂雅堂文集》《遂雅堂學古錄》《咫進齋叢書》《澹靜齋全集》。

前護理江蘇巡撫布政使譚（印）鐘麟咨送書

《聖諭廣訓直解》《聖諭十六條》（附《律》一本）、《詩經》《五禮通考》《學庸講義》《四書》《論語古註》《左傳讀本》《春秋楚辭辨例編》《資治通鑑》《續資治通鑑》《資治通鑑目錄》《通鑑外集並目錄》《史鑑節要》《金史》《遼史》《遼史拾遺拾遺補》《遼金元國語》《元史》《元史藝文志氏族表》《明紀》《文廟丁祭譜》《文昌廟樂章舞譜》《稽古錄》（附《校勘記》）《吳地記》《吳郡圖經續記》《五省溝洫圖說》《築圩圖說》《蘇省例正續編》《五軍道里表》《三流道里表》《實政錄》《備豫錄》《籌濟編》《圖民錄》《律例便覽》《秋審比較》《牧令全書》《學仕遺規》《察吏六條》《直省釋奠禮樂記》《百將圖傳》《近思錄》《程氏性理字訓》《小學集解》《小學纂註》《小版小學》《儒門法語》《司馬溫公書儀》《吾學錄初編》《思辨錄輯要》《讀書分年日程》《昌黎集》《楊園先生集》《張忠敏公集》《陸忠宣公集》《湯文正公遺書》《周文忠公尺牘》《陸清獻公治嘉遺跡》《古文辭類纂》《文選集評》《點勘記》《理瀹駢文摘要》《廿四孝圖說》《治家格言》《小學韻語》《童蒙須知韻語》《弟子規》《禮節單》。

前山東巡撫周（印）恆祺咨送書

《十三經》《春秋大事表》《通鑑綱目正編》《通鑑綱目續編》《通鑑綱目三編》《農政全書》《荒政輯要》《籌濟編》《忠武志》《人譜》《張楊園集》《讀書分年日程》《教諭語》。

安徽婺源縣紫陽書院捐送書

《書經詮義》，汪紱，一部，十三本；《詩經詮義》，汪紱，一部，十五本；《樂經律呂通解》，汪紱，一部，五本；《詩韻析》，汪紱，一部，四本；《汪雙池先生年譜》，余龍光編，一部，二本。

祭酒盛（印）昱捐送書

《論語雅言》，董增齡，一部，六本。

浙江歸安十萬卷樓陸氏心源送存書

《周官故書考》，四卷，附《論語魯讀考》，一卷，兩冊，德清徐養原；《儀禮古今文異同》，五卷，一冊，德清徐養原；《娛親雅言》，六卷，兩冊，歸安嚴元照；《悔庵學文集》，八卷，兩冊，歸安嚴元照；《秋室先生集》，十卷，兩冊，歸安楊鳳苞。

《國子監南學經籍備志光緒十五年第二次存目》①

前廣東高廉道陸（印）心源所捐書由浙江學政奏咨到監

（唐）史徵《周易口訣》，六卷，聚珍板本，一冊。

（宋）邵伯溫《易學辨惑》，一卷，鈔本，一冊。

（宋）陳瓘《了翁易說》，一卷，鈔本，一冊。

（宋）李光《讀易詳說》，十卷，鈔本，四冊。

（宋）郭雍《傳家易說》，十一卷，聚珍板本，九冊。

（宋）鄭伯熊《敷交書說》，一卷，鈔本，一冊。

（宋）趙善湘《洪範統一》，一卷，鈔本，一冊。

（宋）夏僎《尚書詳解》，二十六卷，十六冊。

（宋）王質《詩總聞》，二十卷，聚珍板本，四冊。

（宋）呂祖謙《呂氏家塾讀詩記》，三十二卷，明，統刊本，八冊。

（宋）戴溪《續呂氏家塾讀詩記》，三卷，聚珍板本，三冊。

（宋）葉時《禮經會元》，四卷，元刊本，四冊。

（元）趙汸《左氏傳補註》，十卷，元刊本，二冊。

（明）何楷《周易訂話》，十六卷，明刊本，八冊。

（梁）顧野王《玉篇》，三十卷，元刊本，四冊。

（元）熊忠《古今韻會》，三十卷，元刊本，十冊。

（漢）揚雄《方言》，十三卷，聚珍板本，二冊。

（晉）陳壽《三國志》，六十五卷，宋板明印本，十六冊。

（宋）吳仁傑《兩漢刊誤補遺》，十卷，聚珍板本，二冊。

（宋）劉時舉《續宋編年資治通鑒》，十五卷，影元鈔本黃丕烈校，二冊。

（宋）蘇轍《古文》，六十卷，明刻本，六冊。

（宋）王禹偁《五代史闕文》，一卷，明刻本；（宋）陶岳《五代史補》，五卷，明刻本；以上二種合一冊。

（宋）路振《九國志》，十二卷，精鈔本，四冊。

（宋）龍袞《江南野史》，十卷，精鈔本，一冊。

---

① 劉乃英主編：《新編太學文獻大成》第 32 冊，學苑出版社 2014 年版，第 387—438 頁。

（元）王士點《商企翁元秘書志》，十一卷，影元鈔本，四冊。

（宋）孔傳《東家雜記》，二卷，舊鈔本，一冊。

（金）孔元措《祖庭廣記》，十二卷，影元鈔本，二冊。

（唐）蔣偕《李深之論事集》，六卷，影宋鈔本，一冊。

（宋）王質《紹陶錄》，二卷，舊鈔本，一冊。

（元）蘇天爵《元朝名臣事略》，十五卷，校元本，四冊，比聚珍多七千餘字。

（宋）吳潛《許國公奏議》，四卷，鈔本，二冊。

（宋）陳元靚《歲時廣記》，四十一卷，舊鈔本，八冊。

（唐）李吉甫《元和郡縣誌》，四十卷，舊鈔本，八冊。

（宋）羅願《新安志》，十卷，舊刻本，四冊。

（宋）董弅《嚴州圖經》，三卷，影宋鈔本，二冊。

（宋）程大昌《雍錄》，十卷，舊鈔本，二冊。

（明）潘季馴《河防一覽》，十四卷，明刻本，十冊。

（宋）趙明誠《金石錄》，三十卷，明刻本，三冊。

（漢）揚雄《法言》，十三卷，覆宋治平刊本，一冊。

（漢）仲長統《昌言》，二卷，鈔本，一冊。魏文帝《典論》，一卷，鈔本，一冊；（魏）杜恕《體論》，二卷，鈔本，一冊；（魏）袁准《正書》，一卷；《正論》，一卷，鈔本，一冊。以上四種嚴可均輯本。

（宋）范祖禹《帝學》，八卷，影宋鈔本，一冊。

（宋）真德秀《心經》，一卷，校宋鈔本；（宋）真德秀《政經》，一卷，校宋鈔本。以上兩種合一冊。

（宋）許叔微《類證普濟本事方》，十卷，校宋本，四冊。

（元）人太乙《統宗寶鑒》，十八卷，精鈔本，八冊。

（元）趙友欽《革象新書》，五卷，舊鈔本，二冊。

（明）顧應祥《弧矢算術》，一卷，鈔校足本，比閣多四頁，二冊。

（宋）張淏雲《谷雜記》，五卷，聚珍板本，一冊。

（宋）趙與旹《賓退錄》，十卷，舊鈔本，盧文弨手校，二冊。

（宋）洪邁《容齋隨筆》，十六卷；《續筆》，十六卷；《三筆》，十六卷；《四筆》，十六卷；《五筆》，十卷；明宏治刊本；十八冊。

（宋）費袞《梁溪漫志》，十卷，舊鈔本，二冊。

（宋）韓淲《澗泉日記》，三卷，聚珍板本，一冊。

（宋）俞德隣《佩韋齋輯聞》，四卷，舊鈔本，一冊。

（宋）楊伯嵒《六帖補》，二十卷，舊鈔本，二冊。

（宋）王應麟《玉海》，二百卷，附《詞學指南》四卷，明板修補本。

（宋）王應麟《漢藝文志證》，十卷；（宋）王應麟《詩考》，一卷；（宋）王應麟《詩地理考》，四卷；（宋）王應麟《通鑒地理通釋》，十四卷；（宋）王應麟《周書王會》，一卷；（宋）王應麟《漢制考》，四卷；（宋）王應麟《踐祚篇集解》，一卷；（宋）王應麟《急就篇》，四卷；（宋）王應麟《小學紺珠》，十卷；（宋）王應麟《姓氏急就篇》，二卷；（宋）王應麟《六經天文編》，二卷；（宋）王應麟《通鑒答問》，五卷；（宋）王應麟《周易鄭註》，二卷；以上十三種附刊《玉海》後，合百冊。

（宋人）《翰苑新書》；《前集》，十二卷；《後集》，七卷；《續集》，八卷；《別集》，二卷；明刻本，十八冊。（金）王壽朋《類林雜說》，十五卷，影元鈔本，二冊。

（元）劉祁《歸潛志》，十四卷，聚珍板本，二冊。

（唐）顏真卿《文忠集》，十六卷，聚珍板本，二冊。

（唐）獨孤及《毗陵集》，二十卷，舊鈔本，四冊。

【重編】《韓文考異》，四十卷；《外集》，十卷；《遺文》，一卷；明刻本，八冊。

（唐）劉禹錫《賓客文集》，三十卷；《外集》，五卷；影宋鈔本，顧千里手校，五冊。

（唐）呂溫《衡州集》，十卷，校鈔本，二冊。

（唐）沈亞之《下賢集》，十二卷，舊鈔本，一冊。

（唐）李德裕《會昌一品集》，二十卷；《別集》，十卷；《外集》，四卷；校宋鈔本，三冊。

（唐）徐寅《鈎磯文集》，十卷，精鈔足本較《全唐文》多文二十一首，二冊。

（唐）崔致遠《桂苑筆耕集》，二十卷，影寫高麗刊本，二冊。

（宋）柳開《河東集》，十五卷，舊鈔本，二冊。

（宋）王禹偁《小畜集》，三十卷，影宋鈔本，四冊。

（宋）王禹偁《小畜外集》，七卷，影宋鈔本，二冊。

　　（宋）韓琦《安陽集》，五十卷，明刊本，十冊。

　　（宋）釋契嵩《鐔津集》，二十二卷，明宏治刊本，六冊。

　　（宋）蘇頌《魏公集》，七十二卷，影宋鈔本，何元錫手校，二十四冊。

　　（宋）韋驤《錢塘集》，十六卷，精鈔足本，較閣本多二卷，八冊。

　　（宋）梅堯臣《宛陵集》，六十卷；《附錄》一卷，舊刊本，六冊。

　　（宋）王令《廣陵集》，二十卷；《拾遺》，一卷；校宋鈔本，八冊。

　　（宋）秦觀《淮海集》，四十卷；《後集》，六卷；《長短句》，三卷；明刊本，六冊。

　　（宋）陸佃《陶山集》，十六卷，聚珍板本，四冊。

　　（宋）饒節《倚松老人集》，二卷，影宋鈔本，一冊。

　　（宋）賀鑄《慶湖遺老集》，九卷；《拾遺》，一卷；《後集補遺》卷，舊鈔本，四冊。

　　（宋）劉安《上給事集》，七卷，舊鈔本，二冊。

　　（宋）毛滂《東堂集》，十卷，精鈔本，三冊。

　　（宋）張綱《華陽集》，四十卷，影宋鈔本，二冊。

　　（宋）劉一止《苕溪集》，五十五卷，影宋鈔本，十二冊。

　　（宋）韓駒《陵陽集》，四卷，舊鈔本，二冊。

　　（宋）王庭珪《盧溪集》，五十卷，舊鈔校本，四冊。

　　（宋）尹焞《和靖集》，十卷，鈔本，二冊。

　　（宋）王蘋《著作集》，八卷，精鈔本，一冊。

　　（宋）陳東《少陽集》，十卷，舊鈔本，一冊。

　　（宋）曾幾《茶山集》，八卷，聚珍板本，一冊。

　　（宋）呂本中《紫薇集》，二十卷，舊鈔本，四冊。

　　（宋）胡宏《五峯集》，五卷，舊鈔本，三冊。

　　（宋）葛立方《歸愚集》，十卷，精鈔本，二冊。

　　（宋）林光朝《艾軒集》，十卷，校宋鈔本，四冊。

　　（宋）林亦之《綱山集》，八卷，舊鈔本，四冊。

　　（宋）陳傅良《止齋集》，五十二卷，明正德刊本，六冊。

　　（宋）姜特立《梅山續稿》，十七卷，精鈔本，二冊。

　　（宋）劉學箕《方是閑居稿》，二卷，影元鈔本，二冊。

　　（宋）史彌甯《友林乙稿》，一卷，影宋鈔本，一冊。

（宋）方大琮《鐵庵集》，三十七卷，舊鈔本，六冊。

（宋）釋居簡《北磵集》，十卷，舊鈔本，四冊。

（宋）熊禾《勿軒集》，八卷，舊鈔本，四冊。

（宋）俞德鄰《佩韋齋集》，十六卷，舊鈔本，三冊。

（宋）王炎午《吾汶稿》，十卷，舊鈔本，二冊。

（宋）陳普《石堂遺集》，二十二卷，明刊本，十六冊。

（金）王寂《拙軒集》，六卷，聚珍板本，二冊。

（元）耶律楚材《湛然居士集》，十四卷，影元鈔本，三冊。

（元）劉秉忠《藏春集》，四卷，舊鈔本，二冊。

（元）鄧文原《巴西集》，一卷，舊鈔本，翁方綱手校，四冊。

（元）安熙《默庵集》，五卷，精鈔本，一冊。

（元）姚燧《牧庵集》，三十六卷，聚珍板本，八冊。

（元）程鉅夫《雪樓集》，三十卷，影元鈔本，六冊。

（元）劉岳申《申齋集》，十五卷，校元鈔本，四冊。

（元）貢奎《雲林集》，六卷，舊鈔本，一冊。

（元）虞集《道園遺稿》，六卷，影元鈔本，三冊。

（元）虞集《翰林珠玉》，六卷，影元鈔本，二冊。

（元）丁復《檜亭集》，九卷，舊鈔本，一冊。

（元）蒲道源《順齋閒居叢稿》，二十六卷，舊鈔本，四冊。

（元）陳泰所《安遺集》，一卷，鈔校足本較杭州丁氏刻本多三之一，
一冊。

（元）吳師道《禮部集》，二十卷，影元鈔本，四冊。

（元）岑安卿《栲栳山人集》，三卷，舊鈔本，一冊。

（元）貢師泰《玩齋集》，十卷；《拾遺》，一卷；影元鈔本，六冊。

（元）王翰友《石山人稿》，一卷，舊鈔本，一冊。

（元）甘復《山窗餘稿》，一卷，精鈔本，一冊。

（元）陳基《夷白齋稿》，三十五卷；《外集》，一卷；影元鈔本，
五冊。

（明）危素《說學齋稿》，不分卷，舊鈔本，四冊。

（明）凌雲翰《柘軒集》，五卷，舊鈔本，二冊。

（宋）《文選》，三十二卷，影宋鈔本，不著撰人名氏，十冊。

（宋）《百家詩》，存二十卷，刻本，乾隆間曹廷棟編，十冊。

（宋）朱子、張栻《南嶽唱酬集》，一卷；《附錄》，一卷；鈔本，一冊。

（明）艾儒略《職方外紀》，五卷，鈔本，一冊。

附捐家刻書

《十萬卷樓叢書初集》《十萬卷樓叢書二集》《湖州叢書》《仿宋葉石林奏議》《靖康要錄》《續考古圖》《仿宋爾雅單疏》《雲煙過眼錄》《聖濟經》《潛園總集》。

滿正堂　（宗室）　盛　　捐書

《論語雅言》《周秦名字解故補》。

漢少堂潘　　捐書

《何宮贊遺書》。

黃侍御　　（印）　　自元捐書

《陶文毅公集》《唐確慎公集》《學案小識》。

候選同知周（名）躋睿捐書

《洪範明義》。

肄業監生謝崧岱捐書

《考信錄》《論語拾遺》《孟子解》《華英字典》《英字入門》《魏書校勘記》《月令廣義》《書目答問》《克虜伯駿法》《水師操練》《行軍測繪》《御風要術》《防海新論》。

副貢生文濟寅捐書

《歷代職官表》《四裔編年表》《畿輔水利議》《林文忠政書蒐遺》《滇軺荷戈紀程》。

前廣東高廉道陸（印）心源捐書

《秋室先生集》《梅庵學文集》《周官故書考》《儀禮古今文異同》《論語魯讀考》。

署漢正堂龍　　捐書

《宋元學案》《潛研堂全集》。

閩浙總督解到　　福建書

《楊大洪集》《海剛峰集》《二希堂文集》《黃文肅公文集》《館閣絲綸》《小學韻語》《藍山集》《藍澗集》《釣磯詩集》《島居隨錄》《唐五先生集》。

江西舉人傅華清捐書

《讀書錄》。

前河南學政俞（印）樾捐存書

《第一樓叢書》。

工部尚書潘（印）祖廕捐存書

《功順堂叢書》《滂喜齋叢書》、沈欽韓《范石湖詩註》莊述祖《說文古籀疏證》戴熙《古泉叢話》、（朝鮮）金正喜《東古文存》。

游歷日本美利加秘魯巴西等國兵部郎中德清傳（印）雲龍捐存書

《日本圖經》，三十卷；附《古巴圖經》二卷。《纂喜廬叢書》《古巴詩董秘魯詩鑒詩志》。

出使日本大臣黎（印）庶昌捐存書

《黎氏家集》。

江蘇候補道李（印）宗棡代碧陽書院捐存書

《學海堂經解續編》《古逸叢書》《田間詩學》《田間易學》《莊屈合詁》。

山西學政高　解到

《翰苑集》。

兩江總督曾　解到

《太平寰宇記》《元和郡縣誌》《元豐九域志》《輿地廣記》《元和姓纂》《數理精蘊》《吳學士詩文集》《蠶桑輯要》《讀史境古編》《隸釋續并刊誤》《江甯府志》《洪文惠盤洲集》《四書緯》《有恆心齋駢體文》《夏小正集說》《唐人三家集》《史學驪珠》洪平齋《春秋說》《四書益智錄》《春秋比事參議》成氏《禹貢班義述》《宋七家詞》《漢書引經錄》《周濂溪集》《宋本家禮》《三禮從今》。

浙江巡撫　解到

聖論《易解》、御纂《周易折中》《尚書彙纂》《毛詩彙纂》《周官義疏》《儀禮義疏》《禮記義疏》《春秋彙纂》、御纂《詩義折中》《十三經古註》《四書五經》《四書反身錄》《大學衍義》《論語古訓》《小學纂註》《通鑒輯覽》《通鑒長編》《長編拾補》《舊唐書》《新唐書》《宋史》《論語後案》《通典》《通志》《通考》《綱鑒正史約》《文廟通考》《周季編略》《西湖志》《湖山便覽》《岳廟志略》《伍公山志》《金陀粹續編》《南湖圖考》《圖民錄》《康濟錄》《實政錄》《水利備考》《平浙紀略》《賈誼新書》《春秋繁露》《竹書紀年》《黃帝內經》《山海經》《莊子》

《列子》《文中子》《淮南子》《韓非子》《墨子》《荀子》《管子》《孫子》《呂氏春秋》《晏子春秋》《孔子集語》《文子纘義》《商子》《老子》《楊子法言》《尸子》《小學韻語》《古文淵鑒》《理學宗傳》《王文成全書》《韋氏遺書》《沈氏遺書》《唐宋文醇》《唐宋詩醇》《洗冤錄》《養新錄》《繹志》《玉海》《藩部要略》《肆獻裸饋食禮》《三魚堂日記》《尚書古文疏證》《咸淳臨安志》《漢書地理志校本》《列女傳校本》《國語》（三種）《全上古三代秦漢晉南北朝文編目》《樊南文集》《當歸草堂八種》《繹史》《玉溪生詩集》《蘇詩合註》《醫學叢書》）。

山東巡撫　解到

《資治通鑒綱目前編》《洗冤錄詳義》《汪龍莊先生遺書》《佩文詩韻釋要》《呂新吾實政錄明職篇》《牧令書節要》《儒門法語輯要》《山東考古錄》）。

兩江總督　解到

《音韻闡微》《韻詁並補遺》《說文解字》《說文斠銓》《古今韻會》《小學絃歌》《春秋繁露》《復古編》《東都事略》《四書集註》《寶應圖經》《陸宣公集》《秣陵集》）。

閩浙總督　解到

《遷硯齋全集》《寒支集》《沈文肅公政書》《林文忠公政書》）。

江蘇巡撫　解到

《易經》《書經》《詩經》《禮記》《左傳讀本》《周易孔義集說》《易經要義》《尚書要義》《毛詩要義》《儀禮要義》《春秋賈服註》《五禮通考》《春秋屬辭辨例編》《論語古註集箋》《大中講義》《小學集解》《小學義疏》《小學纂註》《鈕說文解字校錄》《祁說文繫傳通釋》《資治通鑒》（原短壹本）《通鑒目錄》《續通鑒》《通鑒外紀》《三國志證聞》《西漢會要》《東漢會要》《五代會要》《唐會要》《遼史》《金史》《元史》《補元史藝文志氏族表》《明紀》《西夏紀事》《稽古錄》《古文辭類纂》《史鑒節要》《儲選十大家全集》《古文苑》《續古文苑》《唐文粹》《唐文粹補遺》《宋文鑒》《古逸叢書》《文選集評》《唐宋詩醇》《大清通禮》《通鑒地理今釋》《三史國語解》《遼史拾遺》《楚辭集註》《吾學錄》《思辨錄》《直齋書錄解題》《國民錄》《陸宣公集》《楊園先生集》《近思錄》《眉山詩案》《周文忠公尺牘》《學士遺規》《讀書分年日程》《籌濟編》《朱子治家格言》《性理字訓》《實政錄》《溫公書儀》《儒門

法語》《點勘記》《湯文正公遺書》（即《志學會約困學錄》）《陶集》
《韓集并點勘》《丁祭譜》《弟子規》《治嘉格言》《治嘉遺跡》《童蒙韻
語》《寰宇訪碑錄》《墨妙亭碑目》《滄浪小志》《文昌樂舞譜》《大婚禮
節單》《牧令全書》《百將圖傳》《律例便覽》《江蘇省例》《省例續編》
《省例三編》《三六五軍道里表》《直省釋奠禮樂記》《張忠敏公集》《小
學韻語》《二十四孝圖說》《察吏六條》《筑圩圖說》《吳地記》《吳郡圖
經續記》《理瀹駢文摘要》《洴澼百金方》（即《備預錄》）《秋審條欵》
《五省溝洫圖說》。

直隸總督 解到

《畿輔通志》。

閩浙總督 解到

《蘇魏公全集》《雷翠庭經笥堂集》《蔡忠烈公遺集》《論語旁證》
《蔡忠惠公集》《伊墨卿留春草堂集》《朱梅崖文集》黎媿曾《託素堂集》
張淨峰《小山類稿》《鄭少谷全集》。

江南解到製造局譯刊各種圖書

《運規約指》《製火藥法》《汽機發軔》《汽機新制》《開煤要法》
《地學淺釋》《水師操練》《金石識別》《化學鑒原》《化學分原》《御風
要術》《航海簡法》《防海新編》《器象顯真》《克虜伯砲說操法》《克虜
伯砲彈造法》《代數術》《輪船布陣》《行軍測繪》《聲學》《冶金錄》
《海塘輯要》《四裔編年表》《海道圖說》《海道總圖》《海道分圖》《化
學鑒原續編》《攻守砲法》《繪地法原》《微積溯源》《砲准心法》《測地
繪圖》《算式集要》《儒門醫學》《兵船砲法》《光學》《西藝知新初續
刻》《營城揭要》《營壘圖說》《測候業談》《平圜地球圖》《西國近事彙
編》《列國歲計政要》《三角數里》《井礦工程》《格致啟蒙》《數學理》
《談天》《水師章程》《爆藥記要》《電學》《東方交涉記》《代數難題》
《化學補編》《電學綱目》《臨陣管見》《電學鍍金》《寶藏興焉》《化學
考質》《藝器記珠》《水雷秘要》《化學表》《化學求數》《格致小引》
《電氣鍍鎳》《三才記要》《航海通書》《算法統宗》《董方立遺書》《九
數外錄》《勾股六術》《附開方表》《對數表》《弦切對數表》《垣星圖
表》《八線簡表》《八線對數簡表》《算學啟蒙》《類證活人書》。

安徽黟縣碧陽書院捐存書

《十三經校勘記識語》《淮南子校勘記》《標孟》《評檀弓》《癸巳類

稿》《癸巳存稿》《七家後漢書》《紫石泉山房詩文集》。

　　江蘇候補道李（印）宗楣捐存書

　　《圖書集成》《東華錄》《方望溪先生集》《說文通訓定聲》《新安志》《庸庵文編》《東華續錄》《金忠節公集》。

　　祭酒　宗室（印）盛昱捐存書

　　南雍本《穀梁註疏》。

　　署祭酒龍（印）湛霖捐存書

　　《聖諭像解》。

　　湖南巡撫解到書

　　《湖南通志》。

　　本學奉　堂諭購存書

　　《皇清經解》兩部，一舊印補缺葉本，一庚申補版本。《說文經註》，六部，白紙二部，竹連紙四部。《說文義議證》一部。《說文句讀》一部。《說文釋例》一部。《說文繫傳校錄》。《毛詩註疏》二部。《慧琳一切經音義》一部，倭本。

　　前順天府府尹解送書

　　《順天府志》。

　　國子監南學第一次存書目所列約 700 種，第二次存書目所列約 600 種，共計約 1300 種。有些書目登錄較詳，列出書名、作者、卷數、冊數，大部分書目登錄較略，僅記書名。這部分書目僅為南學存書，並不包括國子監御書樓藏書。御書樓所藏書籍，由於材料所限，不敢妄下結論。民國時期，國子監南學書歸入京師圖書館后，孔廟僅有《國子監則例》《國子監滿文則例》《釋奠禮樂記》《文獻通考》（一函）、《國學禮樂錄》《祭器樂錄》《文廟丁祭譜》《國學司成題名碑錄》等幾部遺存書籍。[①] 1917 年 1 月 26 日，京師圖書館在安定門內方家胡同原國子監南學舊址開館，並於 1928 年 7 月更名為國立北平圖書館，館舍遷至中南海居仁堂，1931 年在北海公園西岸的文津街館舍落成（現為國家圖書館古籍館），1950 年 3 月 6 日國立北平圖書館更名為國立北京圖書館，1951 年 6 月 12 日更名為

---

　　① 見《新編國子監志》（待版）第三章《民國期間孔廟國子監文物狀況》第二節第四部分《孔廟崇聖祠國子監等處殿宇樹株碑區器物清冊》列表。

北京圖書館，即現在的中國國家圖書館。京師圖書館遷走時，也將國子監南學藏書一同遷走，現藏中國國家圖書館。[①]

經籍志二　書版（片）

國子監從五代時開始印製正史，開創了國子監印製書籍的先河，監本經史書籍也自此成為官方印書的正途。但據清代乾隆、道光兩朝先後修撰的兩部《欽定國子監志》記載，清代國子監並未設立專門的雕版和印刷機構。國子監印製書籍，或申報朝廷由武英殿刊刻，或由監臣請旨重刻。監本書版及大量的武英殿刊刻的書版，以及明代遺存的書版，收藏於國子監御書樓內（御書樓地處孔廟東北隅，為獨立院落，有專人看管。正樓、東西廂樓各兩層五間，共 30 間庫房）。據清代道光版《欽定國子監志》所記，順治至乾隆年間御製、御纂、欽定的書籍 19 種，版片共 45780 面；經史類書籍版片（含經過修復的明代經史版片）39 種，79813 面；存貯的其他書版如《通典》《文獻通考》等 26548 面。以上三類書版總計約 15 萬面之多，佔據了當時御書樓書庫的大部分空間。

應當說明的是，如此大量的書版並不是完全藏而不用的。據道光版《欽定國子監志》記載，武英殿就曾幾度調用印製所需書籍。另外，乾隆三年就曾諭內閣："至武英殿、翰林院、國子監皆有存貯書版，亦應聽人刷印。……其如何辦理之處，著禮部會同各處定議請旨，曉諭遵行。"[②]可見國子監所存書版也可由地方政府或坊間重印或翻刻印刷，是具有一定流動性的，此其一。其二，從道光十三年（1833 年）至宣統三年（1911年）的 70 多年間，書版的自然損壞和散失亦應該不在少數。所以清末民初，已所剩不多。據《國家博物館館刊》2012 年第 3 期《民國時期國立歷史博物館藏品概述》一文所記："國立歷史博物館成立之初，館藏文物主要是國學舊存的禮器、書版、石刻等約 57127 件。……這批文物中，書版數量佔絕大多數。"該文列舉了其中欽頒周範禮器 10 件，珍貴刻石 21

---

①　民國時期歷史博物館展覽目錄中列有《北齊書》《南齊書》，雖未註明為國子監藏書，但可能性極大，並有書版。

②　《欽定國子監志》卷六十六《經籍志》二《書版》，北京古籍出版社 2000 年版，第 1154 頁。

件，皇帝臨雍御製物器及祭孔禮器等 171 件，共計 202 件。加之其他器物，不過幾百件。用排除法計算，書籍版片應存留 5 萬多塊，僅存道光年間存貯書版的三分之一左右。

　　光緒十六年（1890 年）六月二十六日，時任翰林院編修的王懿榮曾奏《臚陳本朝儒臣所撰十三經疏義請列學宮疏》①，指出清朝儒臣所撰有關十三經的經學著作眾多，成就斐然，為"敦崇經術"，"闡揚文治"，"請旨飭下各直省督撫，於各該員原籍所在，即家徵取定本，分咨各直省有書局之處，詳細校勘，刊刻成函，將板片彙送國子監衙門存儲，以便陸續刷印，頒行直省各學。嘉與士林，俾資講習"。上諭翰林院之後再行奏明請旨，不知是否施行。②

　　1912 年 7 月 9 日，民國政府教育部決定設立國立歷史博物館籌備處，以國子監為館址。1918 年 7 月，遷址到故宮的端門與午門。1920 年 11 月，國立歷史博物館正式成立，即現在的中國國家博物館前身。1918 年國立歷史博物館籌備處遷走時，將這些國子監原藏書版納為藏品一同遷走，存放於午門和端門之間的朝房內（當時大部分作為庫房使用）。直到 1950 年 7 月 27 日，經中華人民共和國文化部文物局同意，歷史博物館正式將這批書版隨同大藏經等書版約 19 萬塊共同移交給故宮博物院收貯。

　　　　　　　　　　　　　　　　　　（修撰人：白雪松　高彥）

---

　　① 奏文見《藝文志·奏議》中《臚陳本朝儒臣所撰十三經疏義，請列學宮疏光緒十六年六月十六日》。

　　② 《續修四庫全書》史部·編年類《東華續錄》光緒九五。

藝文志

　　今依照道光版《欽定國子監志》將《藝文志》分為奏議、詩賦、雜著三類，但道光十三年后所見三個方面的材料多寡懸殊。其中奏議部分，凡事關教育政策、學校行政、祭祀典禮、先儒從祀、褒揚人才及學制改革等方面者，均予收錄。詩賦和雜著則為與孔廟和國子監相關之詩文。

藝文志一　奏議

　　道光二十八年十一月初七日，工部尚書管理國子監特登額《捐輸貢監請給執照由》

　　工部尚書管理國子監事務臣特登額等謹奏，為捐輸貢監請照例補給執照，以便錄科時覈實查驗，前期請旨遵辦事。臣查監例載，捐納貢監生，全憑執照，每屆鄉試錄科之期，俱由監查驗文結單照與臣監底冊，年貌履歷相符者，方准收錄。如部監二照不全者，不准收考。又由貢監生捐納職員，情願鄉試者，仍照貢監之例查驗執照收考。臣監歷經遵辦在案，近查捐輸議敘，案內有捐納職員作為貢監一項，此項捐生，僅領官執照，並無貢監執照。遇鄉試之年，其或有志觀光徑赴臣監投考者，該生年貌履歷，臣監並無底冊，可稽無憑查驗，倘一律收考，易滋弊混，若照例概不收錄，又恐阻其登進之路，未免向隅。相應先期請旨可否行令，該捐生等按照定例補領部監執照，俾錄科時得以覈實，一體查驗，如蒙俞允，臣監遵即行文戶部照例辦理。臣等為慎重錄科嚴密考覈起見，是否有當，伏乞皇上聖鑒訓示。謹奏。①

道光三十年五月二十三日，工部尚書管理國子監事務臣特登額《請修南學等事由》

工部尚書管理國子監事務臣特登額等謹奏，為南學學舍亟應修葺請旨，飭部勘估辦理，以資多士樓止事。竊查臣監南學為肄業各生讀書之所，舊有講堂及肄業生住房共計一百九十間。前於道光十三年三月，經臣監奏請修理。奉旨李宗昉等奏修葺國子監南學學舍，著工部奏請派員查勘估修，欽此。當經行文工部欽派大臣，擇其情形較重者修理在案，迄今又逾十餘年之久，前次緩修者既形敧坍，前次已修者亦多滲漏，難以樓止。現經臣監咨行工部，派員估修。旋准，覆稱國子監咨修南學六堂房座等工，本部當即派員前往，勘得南學房座等處情形較重，均應修理。惟約計錢糧在千兩以上，未便據咨查辦，例由該衙門自行奏明，再行咨部辦理等因，咨覆到監。臣等詳查六堂學舍並公所房座，除大木材料尚屬堅實可用，均毋庸更換外，其各房間牆垣傾頹，瓦片脫落，門窗損壞，以及料物不齊應行添補之處，現在情形較重，若不及時修葺，日久敧坍愈多，所費愈鉅。合無仰懇皇上天恩，俯念臣監南學為士子讀書之所，敕交工部照例奏請欽派大臣查勘估修，如蒙俞允，臣監將應修處所造冊，咨部覆辦。庶養士作人之地，覆幬益宏，而樂羣敬業之徒奮興愈切矣。臣等未敢擅便，謹奏請旨，伏祈皇上訓示遵行。為此謹奏。②

咸豐四年二月十五日，曾國藩《請派大員辦捐濟餉摺》

奏為請旨特派大員，辦理捐輸，以濟軍餉事。竊臣於二月初二日，在衡山舟次，具報起行日期，恭摺奏明在案。其時臣但知督臣吳文鎔黃州接仗，官兵失利。近日連接北撫臣崇綸、南撫臣駱秉章來函，知賊船已由漢陽上竄金口及新隄等處。陸路官兵潰散極多，水路之師竟至全數潰散。唐樹義業已殉難，船隻、礮械盡為賊有，東南大局，真堪痛哭。從此湖廣江皖四省，止有臣處一枝兵勇較多。若臣再有挫失，則後此更不堪設想。臣所以招練萬餘人，蓋欲以收渙散之人心，而作積弱之士氣。惟人數衆多，

---

① 中國第一歷史檔案館 3 全宗 50 目錄 3271 卷 59 號。
② 中國第一歷史檔案館 3 全宗 61 目錄 3646 卷 58 號。

每月需餉銀近八萬兩，本省難盡供支，鄰省亦難協濟，專恃勸捐一途，以濟口食之需。但勸捐非有大員專辦，則畏難避怨，無人肯獨任其責者。現在湖南、江西、四川較為完善之區，臣於此三省中各擇官紳數人，湖南則擇署鹽道新授四川鹽茶道夏廷樾、翰林院編修郭嵩燾，江西則擇前任刑部侍郎黃贊湯升用知府郴州直隸州朱孫詒，四川則擇按察使胡興仁前翰林院編修李惺。此數人者，在官則素洽民心，居家則素孚鄉望。相應請旨飭諭各該員辦理捐輸，專濟臣軍之用。伏查上年戶部議准頒發職銜、封典各執照，交各藩司填給。又議每省派捐監生，預將空名部、監二照，發各藩司轉發各州縣。此二事人所樂從，實為勸捐良策。應請飭下戶部、國子監印發空白執照四千張，內職銜照一半，監照一半，分派三省。其大小職銜均勻搭配，及核減銀數，俱照原案辦理。以一千張封發臣軍營中，以一千張封發湖南交夏廷樾經收，以一千張封發江西交黃贊湯經收，以一千張封發四川交胡興仁經收。其部監各照未到之先，恭請特旨，諄諭各該員先行籌辦，隨時解赴臣軍，不作別用。現在師過長沙，搜括省城庫項，僅供一月之需。撫臣駱秉章以此事晝夜焦灼，是以奏請川廣二省協濟臣軍。伏念臣此次成軍以出，已屬竭力經營，若因餉項不繼，飢疲潰散，則後此更無望矣。世小亂則督兵難於籌餉，世大亂則籌餉更難於督兵。臣於萬難設措之中，為此接濟目前之計。伏乞聖慈垂鑒，特降諭旨，專飭諸臣認真督辦，不勝迫切待命之至。謹奏，請旨。①

咸豐十年四月丙寅，先是禮部奏遵議河南巡撫瑛棨奏明儒曹端從祀文廟，得旨：大學士、軍機大臣另行妥議具奏，並酌定以後從祀章程不可漫無限制，若定例原有專條，即不必酌定章程，遵例行，不准援案至是。奏稱，曹端篤信好學，守道不移，崇正闢邪，以力行為主，論者推為明初理學之冠，應如該部所議，准以明儒曹端從祀文廟東廡，其位在先儒胡居仁之上。至從祀章程，例無明條，應以闡明聖學傳授道統為斷，嗣後除著書立說羽翼經傳真能實踐躬行者，准奏請從祀文廟外，其餘忠義激烈者入祀昭忠祠，言行端方者入祀鄉賢祠，以道事君澤及庶民入祀名宦祠，概不得濫請從祀文廟，其名儒賢輔已經配饗歷代帝王廟者，亦應飭無庸再請從

① （清）曾國藩撰：《曾文正公奏稿》卷二《請派大員辦捐濟餉摺》，清光緒二年傳忠書局刻本。

祀。從之。①

同治元年正月，吏部議覆大學士祁寯藻、御史鐘佩賢奏疏通正途，侍講學士景其浚奏嚴定保舉章程。

——京外各官報捐不積班者，一律改為實積正班，五缺選用一人。

——勞績遇缺，前先盡先等名目，統為一班，與各項正班人員輪流間用。

——知縣進士本班無人，准以教職，舉人教習及舉人截取等班抵選。

——知縣改教，終養缺出，先盡科甲出身人員酌量補用。升調、遺病、故休之缺將進士即用，與各項候補相間輪用。

——內閣中書以科甲二人、貢班一人相間選用。國子監學正學錄仿此一歲，優貢生不准報捐直隸州州判。

——軍營尋常勞績止准就現在官階保奏，補缺後以何項升補，續有勞績止准加級、加銜、加班，不准層遞。豫保如所請行。②

同治五年，郭嵩燾《保舉實學人員疏》

奏為方今要務，莫急於崇尚實學，振興人文，敬舉所知，以隆聖化，恭摺仰祈聖鑒事。竊惟六經遺訓，垂二千年，升降隆汙，以成治亂。每覽漢臣董仲舒之言："諸不在六藝之科，孔氏之術者，皆絕其道，弗使並進。"惟其行之本，而後推而崇之，乃羣知有所歸。我聖祖仁皇帝沖齡踐祚，值三藩之亂，征調頻仍，而急延訪儒臣，詔書徵聘，不絕於道。耆儒宿學，聚集京師，用以成一代人文之盛，而開億萬年治平有道之基。竊見近年以來，捐例廣開，人尚虛浮，士鮮實學。武臣之效力者，功業稍著於一時；儒臣之在列者，學行遠遜於前代。

臣在粵兩年，所見績學之士，踐履篤實，堅持一節者二人。一曰番禺舉人陳澧，行誼淵茂，經術湛深。近年廣東人才，由該員陶成造就者為多。臣愚以為宜置之國子監，使承學之士稍知學行本末，光益聖化。一曰南海生員鄒伯奇，木訥簡古，專精數學。臣愚以為宜置之同文館，使與西洋教師會同課習算學，開示源流。又臣里居習知者四人。一曰保舉同知湘鄉朱

① 《東華續錄》，咸豐十年庚申四月丙寅。
② （清）寶鋆：《清穆宗毅皇帝實錄》卷十七。

宗程，究心理學，精練世務，與羅澤南、李續宜、劉蓉至交，出入軍幕十餘年，以親老堅辭仕進，劉蓉等亦不忍強也。一曰長沙貢生丁叙忠，質行精粹，深明易理，年老而學益篤。一曰巴陵舉人吳敏樹，文修行潔，學識崇深。一曰湘潭拔貢生羅汝懷，篤於古學，廣博易良。在江蘇所訪知者二人。一曰嘉興生員顧廣譽，研精經學，力敦實行。一曰揚州生員劉毓崧，覃思博覽，崇尚樸學。又臣咸豐九年奉命查辦山東海口稅務，至膠州館書院旁，詢知掌教為布衣方潛。詣談竟夜，知其學識堅強，卓然有以自立。

臣愚以為朱宗程宜由皇上特召簡用；丁叙忠、吳敏樹、羅汝懷、顧廣譽、劉毓崧、方潛等並宜置之八旗官學，特選肄業諸生，責以講課。又浙江諸生李善蘭，淹通算數，尤精西法。宜與鄒伯奇並置之同文館，以資討論。以上各員，學誼各有不同，而立心純實，德性鑒定，皆足以矜式浮靡，以化器陵奔競之習，而開敦厖博厚之風。朝廷擇尤獎擢，使學者有所觀感奮興，不獨人才日盛，即遇國家討論建置，猶可資其諳習掌故，斟酌道要，以知得失利病之原。臣愚昧之見，謹據所知上陳，伏乞聖明採擇。謹奏。①

同治九年十一月二十二日，《劉因請從祀文廟摺》

奏為先儒潛德未彰，懇請從祀文廟，以昭曠典而興世教，恭摺仰祈聖鑒事。竊據直隸紳士候選員外郎前翰林院庶吉士賀錫福、廣西龍州同知鹿傳霖等關名稟稱，伏查咸豐十年大學士軍機大臣遵議從祀章程應以闡明聖學、傳授道統為斷，若著書立說、羽翼經傳真能躬行實踐者，准各該省督撫奏請從祀等因。竊考元集賢學士諡文靖劉因，祖籍容城縣人，當宋南渡之後，南北道梗，載籍不通，元史稱因三歲識書，長而深究性理之學，思得如古人者。友之作希聖解，初為經學，究訓詁疏釋之說，輒歎曰，聖人精義殆不止此。及得趙復所傳，周邵程朱諸書即曉然曰，我固謂當有是也。嘗評其學之所長曰，邵至大也，周至精也，程至正也，朱子極其大、盡其精而貫之以正也。所著易繫辭說見於元史，今已散佚。四書集義精要二十八卷，靜修集三十卷，俱收入四庫全書。伏讀欽定四庫全書目錄，稱盧孝孫采朱子語類文集編四書集義一百卷，讀者病其複雜，因乃摘取精要以成是書，又稱因文在許衡吳澄之上，而醇正不減於二人。北宋以來講學而兼擅文章者，因一人而已，是其著述羽翼經傳洵足，闡明聖學，史稱丞

① （清）郭嵩燾撰：《郭侍郎奏疏》卷十《保舉實學人員疏》，清光緒十八年刻本。

相不忽木薦因於朝徵拜右贊善大夫後，復詔為集賢學士，皆以疾辭元帝，歎為古之不召之臣。生平孝友廉介細行大節無一虧缺，明儒薛瑄稱其有鳳翔千仞氣象，又稱其足以廉頑立懦。孫奇逢采其言行冠理學宗傳元儒之首，是共躬行實踐，洵足傳授道統。元臣李世安、明禮部尚書王沂、翰林院學士宋褧等，累請從祀，均格於時，議不行。論者謂因渡江賦幸宋之亡，不知因祖父以來，世為金元人，於宋實無故主故土之誼。渡江賦深心隱痛，蓋王景略不欲滅晉之意。孫奇逢嘗著文辯之，公論已明，無可疑議。我高宗純皇帝欽定書目稱其為北宋後一人，迥在許衡吳澄之上，醇正亦不減二人。今二儒既已從祀，而因尚缺然未列明禋，其闡明聖學，傳授道統，實與議定章程相符。應懇奏請從祀文廟等情，旋飭藩臬兩司覆核會詳，請奏前來。臣查元儒劉因理明學邃、品正言純，少存希聖之心、晚裕靜修之詣，紹斯文於南宋，得程朱一脈之傳，開正學於北方，駕吳許諸賢之上。若使昭祀宮牆，允足馨香，俎豆合無，仰懇天恩，准以元儒劉因從祀文廟，以資觀感。理合會同順天學臣鮑源深恭摺具奏，伏乞皇太后、皇上聖鑒，敕部議覆施行。謹奏。①

　　光緒元年八月二十日，《國子監司業汪鳴鑾摺　請將漢儒許慎從祀文廟由》

　　國子監司業臣汪鳴鑾跪奏為漢儒有功聖經，擬請從祀文廟，以光鉅典而崇實學，恭摺仰祈聖鑒事。竊維聖人之道，垂諸六經，而經之義理，非訓詁不明，訓詁非文字不著，故周公作《爾雅》。雅者，正也，所以正文字也。古者曰名，今世曰字。孔子論政，必先正名，且極之禮樂刑罰，然則文字繫顧不重乎。漢太尉南閣祭酒許慎，生東京中葉，去古稍遠，俗儒或詭更正文，以耀於世，慎於是著說文解字十四篇，五百四十部九千三百五十三文，敘篆文合以古籀。古聖人創造書契之意得不盡泯者，賴有此書之存。《後漢書·儒林傳》稱慎性篤學博，又曰五經無雙，許叔重其為當時推敬，亦可概見。伏讀高宗純皇帝《欽定四庫全書總目》於說文一書稱其推究六書之義，分部類從，至為精密。然則士生今日，而欲因文見道，舍是奚由？夫說文之學，至我朝而始大顯，惠棟、朱筠、錢大昕、王

　　① （清）李鴻章撰：《李文忠公奏稿》卷十七《劉因請從祀文廟摺》，《續修四庫全書》第506冊。

念孫、段玉裁、戴震、孫星衍、嚴可均、阮元、桂馥等諸家撰述，各有發明，稱極盛矣。而春秋有事文廟，未有議及配享者。臣愚以為兩漢傳經之功莫大於鄭康成，而康成註禮當徵引許書。鄭之於許年代未遠，而其書已為刺取，服膺可知。《欽定四庫全書總目》謂兩漢經學極盛，若許若鄭，尤皆一代通儒，非後來一知半解所可望其津涯，聖訓煌煌，允為千秋定論。許鄭並稱，無所軒輊。雍正二年已復康成從祀，士林僉稱盛舉。而許慎大儒，事同一例，則慎之應從祀者一也。訓詁之學，首推毛氏，而善承毛學者惟許慎，故說文之義，往往與毛傳相合。《欽定四庫全書總目》定試傳為毛亨所撰，同治二年允御史劉慶之請，列祀毛亨於東廡，而慎獨未與，則慎之應從祀者二也。漢人說經，喜用讖緯，雖大儒猶或不免，惟說文一書不雜讖緯家言。其稱易孟氏書孔氏以及論語孝經皆古文也。凡古文舊說散失無傳者，猶存什一，於千百七十子之微言大義賴以不墜。魏晉以來註書者，奉為科律，往往單辭片義引用者多至十餘家，他傳註所未有。其有功於經訓誠非淺鮮，則慎之應從祀者三也。朱子崛起，南宋躬行實踐，上承孔孟之傳，而四書集註引用說文者不可枚舉。朱子語類云，讀經不理會字書音韻，欲枉費無限詞說牽補，而卒不得其大義，甚害事也。是宋儒之講求義理，非本訓詁文字，而亦無由以明。說文解性情二字，獨主性善之說，與孟子、董仲舒之言相表裏，則慎之應從祀者四也。綜其網羅古訓，博採通人，天地山川，王制禮儀，靡不畢貫，實足為聖經之羽翼、示後學之津梁。核與咸豐十年奏定從祀章程，均屬符合。應否將漢儒許慎從祀文廟之處，合無請旨飭下部臣集議。臣職隸成均，心儀往哲，愚昧之間，是否有當，伏乞皇太后、皇上聖鑒施行，謹奏。光緒元年八月二十日。①

光緒三年八月甲子，《禮部奏二年內閣抄出費延釐奏請將漢儒劉德從祀文廟》

甲子，禮部奏，光緒二年六月二十七日內閣抄出，河南學政費延釐奏請將漢儒劉德從祀文廟一摺。軍機大臣奉旨禮部議奏，欽此。欽遵到部，臣等查同治二年六月，禮部奏准附饗廟廷祀典至鉅咸豐十年閏三月，大學士軍機大臣遵旨議定，嗣後從祀文廟應以闡明聖學、傳授道統為斷。特恐各省官紳未能深悉歷次所奉諭旨，紛紛陳請從祀，殊非慎重之道，應請飭

---

① 中國第一歷史檔案館 3 全宗 104 目錄 5523 卷 99 號。

下各直省督撫學政恪遵十年定制，不得濫請從祀文廟，並不准援案。如為文廟中必應從祀之先賢先儒，方准該督撫會同學政詳加考覈，奏明請旨，並將其人生平著述事蹟送部，核其欽定書籍中引用若干條、論贊若干條，先儒書籍中引用若干條、論贊若干條，一併詳細造冊送部。不得僅據空言率行陳請，均請飭下大學士、九卿、國子監會同禮部議奏等因在案。查原奏內稱，聖人之道在乎經，經自秦火而後六籍散亡，惟易為完備，漢興除挾書之律，開獻書之路，群經稍稍出焉。觀董仲舒之對漢武帝曰：非六藝之科孔子之術皆絕之，弗使復進。西漢治術彬乎近古者，儒生為之也。顧儒貴明體達用，尤賴稽古傳經，則河間獻王劉德其人矣。臣考《隋書·經籍志》云：漢初高堂生傳《禮》十七篇，又有古經出於淹中，河間獻王好古愛學收集，餘燼得而獻之合五十六篇。及明堂陰陽之記無敢傳之者，惟古經十七篇與高堂生所傳不殊，而字多異。自高堂生至宣帝時后蒼，最明其業，授戴德戴聖慶普。漢末鄭康成傳小戴之學，復以古經校之，取其義長者作註。惟鄭氏學知古禮經出魯淹中，河間獻王得而獻之，康成作註，參用二本。從今文者，則今文在經古文出註；從古文者，則古文在經今文出註。此其大較也。是儀禮古文之傳，獻王傳之也，古人言治《春秋》可無公羊、穀梁，不可無左氏儒林傳，云漢興北平侯張蒼及梁太傅賈誼、京兆尹張敞、大中大夫劉公子皆修《春秋左氏傳》，誼左氏傳訓，故授趙人貝公為河間獻王博士。及光武中興，韓歆上疏請立左氏博士，范升等駁之，帝卒立左氏學，是左氏之傳，獻王傳之也。文帝之時，《詩》始萌芽，獨有魯詩。景帝時有齊詩而大毛公亨為故訓傳三十卷，鄭康成六藝論，云獻王號之曰毛詩傳。趙人小毛公萇為獻王博士是毛詩之傳，獻王傳之也。其他所得，如《周官》《尚書》《禮記》《孟子》《老子》之屬，皆古文先秦舊書，見《漢書》景十三王傳。兩漢經生先獻王而起者，有伏勝已得從祀矣，踵獻王而起者，有毛萇，而萇亦得從祀矣。獨獻王僻在河間，僅得一鄉之祀，不獲登聖人之堂。伏乞將漢儒劉德，循伏勝毛萇之例，從祀文廟以表傳經之功等語。臣等查《漢書》河間獻王劉德，本傳稱其修學好古，實事求是，所得書皆古文先秦舊書，《周官》《尚書》《禮記》《孟子》《老子》之屬，皆經傳說，記七十子之徒所論。其學舉六藝、立毛氏詩、左氏春秋博士、修禮樂被服儒術、造次必於儒者。山東諸儒多從而游，來朝獻雅樂、奏對三雍宮，得事之中，文約指明，身端行治，温仁恭儉，篤敬愛下，明知深察惠於鰥寡，謚法聰明睿知，曰獻宜，諡曰獻王等語。又按《隋書·經籍志》云：時有李氏得《周官》，上於河間獻王獨闕《冬官》一篇，獻王購以千金不得，遂取《考工記》合成六篇奏之，今之《周禮》是也。又云古經出於淹中，而河間獻王好古愛學，收集餘燼得而獻之，合五十六篇，並威儀之事，今之《儀禮》是也。又云河間獻王得仲尼子弟及後學者所記一百三十一篇獻之，今之《禮記》是也。伏讀高宗純皇帝《欽定三禮義疏》，均將《經籍志》此數條採入綱領中。臣等綜覈獻王生平，誠如史臣所贊，大雅不群而有功經傳，信而有徵。且《大學》《中庸》兩篇實出《禮記》，程子謂《大學》孔氏遺書，初學入德之門，《中庸》乃孔門傳授心法，蓋聖學道統莫備於此二篇。獻王於經籍散亡之後，保殘補缺，實於聖學道統大有所裨。臣等公同商酌，擬如該學政所請，准以漢儒河間獻王劉德從祀文廟，其位次應在西廡先儒董仲舒之次。得旨：如所議行。[1]

　　光緒五年，戈靖《請量為變通調濟宗支疏》

　　竊維恩由近以及遠，法因時而制宜。我朝篤念懿親，敦敍之典，遠過往代，列聖相承，有加無已。咸豐年間，復開道符之例。近奉恩諭，軫念閑散宗室覺羅人等生計維艱，加賞兩月錢糧。凡所以為宗室謀者，周且備矣，惟是椒衍瓞緜，日益繁盛，固係功德垂廕之靈長，而枝分派遠，不免飢寒，實深祖宗在天之隱痛。誠以閑散宗室，錢糧則限以歲時，仕進亦定為專缺，既不如覺羅滿蒙漢道路甚寬，並不如士農工商得以自謀生理，是豈聖朝親睦之本志哉。格於成例，未有以變通之計，為國家策久遠者。臣目睹情形，難安緘默，請於常例之外，量為調濟。俾天潢支派，均得仰霑實惠。謹擬七條，為我皇太后、皇上敬陳之。

　　——宗室二兩錢糧，宜請復舊章也。向例宗室十歲，即給二兩錢糧。所以養贍之，並欲其及幼學之時，使得就傅讀書耳。自改為十五歲始補二兩，宗室子弟，有力讀書者甚少。此五年中經費所省有限。蒙養伊始，竟使不學將落，良可惜已。今請仍自十歲即補二兩錢糧，以資教養。

　　——宗室官學生，宜請增入咸安宮、國子監也。查覺羅滿蒙漢子弟，各有官學。然復挑補咸安宮、國子監官學，所以教育而造就之者，意至美，法至良。宗室子弟，止有兩翼宗學，同係宗族，未足以相觀摩，不出

---

[1] 《東華續錄》，光緒三年丁丑八月甲子。

家塾，未足以廣聞見。竊謂有教無類，請於兩翼宗學外，照八旗章程，增補咸安宮、國子監宗室官學生，以廣陶成。

——宗室筆帖式，宜請分補各部院學習也。查宗室筆帖式，惟有宗人府一途，外衙門並無缺額。但宗人府缺少人多，補缺實形壅滯，而各部院筆帖式之缺尚寬。即撥各處滿缺二三名，作為宗室專缺，照宗室郎中員外郎主事之例，似於滿缺不致有礙，則宗室筆帖式補缺可疏通矣。

——宗室舉人，宜請酌補中書小京官也。查旂民文舉人會試三科後，有揀發知縣及大挑之例。宗室舉人，非會試中式，每多廢棄。雖有選宗人府筆帖式一途，而得選匪易。同係舉人，宗室則報效無由，實為可惜。請將宗室舉人三科後酌選中書小京官，以遂其向上之志。

——宗室讀祝官贊禮郎，宜請增補陵缺也。查例載，宗室有京讀祝官贊禮郎各缺，並無陵缺，今止有贊禮郎一缺。近來文武兩途，皆形阻滯。致令有材能者，於邑不伸，轉生枝節。何若將各陵讀祝官贊禮郎旂缺，改增宗室專缺，似於旂缺不甚相妨。並請仍添京缺讀祝官，則宗室登進之途稍寬矣。

——宗室武場鄉會試，宜量為取中也。查宗室文闈鄉試，每取中六七名，會試每取一二名。獨至武科，即有精於騎射技藝者，不得與試，未免向隅。應請仿照文闈鄉會試例，酌量取中數名，以備干城腹心之選。

——閑散宗室，請准游幕屯居也。前山西巡撫今大學士沈桂芬，條陳八旗准出外貿易及在外寄籍等因，會經議准在案。今宗室生齒日眾，食三兩者按現章支領，每月不及二兩，自養多不能足。現在經費支絀，兵餉難復舊章，宗室何能議加。與其使之坐困京師，何如使之自求生計。如有願游幕屯居者，准其由旗報府，給以執照註明何方。儻在外滋事，即准該地方官詳解宗人府嚴加管束。如此則宗室不致困苦矣。[①]

光緒八年壬午四月，錫珍奏圖治首在用人，而作人必由學校。我朝滿漢並用，內外文武需人孔多，合十八省，漢人所服之官，八旗與之同其員而共其事。我祖宗深知其難，於是廣設官學，加意訓迪二百餘年，人材輩出，指不勝屈。良由上之教澤深，下之學業廣也。降至今日，統觀中外幹濟之才，未必盡無而以視。從前百不逮一，夫八旗生齒之繁興，朝廷振拔

---

① （清）葛士濬撰：《清經世文續編》卷三十四《請量為變通調濟宗支疏》，清光緒石印本。

之亟，皆非有減於昔也，何以今不逮昔，遂相倍蓰靜言，思之其故有二。一曰學校不修。查八旗官學建自國初，選學生、設教習、給膏火、予升階、訓課精嚴，法良意美，今則奉行故事，百弊叢生，各旗學舍傾圮殆盡，多年不修，教習僅備員額，不開實授，生徒學生挑選強半假冒官學之虛名僅存，轉不若私設義學之得收實效。國家造士之美意幾等於告朔之餼羊，此今不逮昔者一也。一曰仕途太廣。查八旗仕進，除科目廩生世職外，其由清漢文武入仕之途寬於漢員數倍，寬則易，易則坐歷階資，執肯攻苦，即如捐納筆帖式入資無多，易於措辦，往往年未及冠即出當差，從此束書不讀而異日之保送御史，薦列京察，內則京堂，外則道府，率由此出，此今不逮昔者二也。夫前言往行非書何以傳，不學則立身何所式；文物典章非學無以識，不學則掌故何由知；即簿書稿案為服官所必需，不學則何以解於心而應於手。一旦治繁理劇，京官則恃有書吏，外官則恃有幕友，方自謂其得計而不知官聲之壞，弊端之多，盡由於此，總之人材之乏，至今已極，若不亟為培養，竊恐學日廢、教日壞，異時更有求如今日不可得者。恭讀上年十月二十日，諭旨有今日之道府即異日之藩臬，亦即將來之督撫，道府半屬平庸，則封疆兩司將有乏材之患。又本年三月二十四日奉上諭，御史俊又奏請整頓官學一摺等因，欽此。是人材之宜講，學校之應修，皆在聖明洞鑒之中，然非盡除積弊，力破虛文，不能獲真材而收實效。今欲實事求是，莫先於修復學舍，慎選教習，甄別學生，然後取舊時之規模，斟酌損益，實力奉行，使教者真教學，為清源正本之始基。再於旗員入仕之初，明定章程，嚴加考核，除本由考試得官者不計外，其餘但就文職皆令考於官學。或滿或漢，務須文理通順，方許服官。如此庶得弊漸除，才漸出，吏治可期蒸蒸日上。查八旗官學向歸國子監管理，從前之廢弛未必不因耳目難周，不能兼顧。今議重修事同創始，舉凡興工作、籌欵項、用人員、議章程，諸大端責重煩，斷非監臣所能獨任。請飭下吏部將在京之進士出身滿漢大員開具銜名全單，請旨簡派，按八旗每旗一人作為管學專員，一切學務悉歸經理。即於派定之後，先令該大臣等將一切規模會同吏部、國子監堂官悉心妥議，奏明舉辦。上諭侍郎錫珍奏請簡派大員整頓八旗學校一摺，著吏部會同國子監妥議具奏。①

---

① 《東華續錄》，光緒八年壬午四月乙亥，《續修四庫全書》，史部·編年類，四九六。

　　光緒八年六月，寶鑒等奏，四月二十日奉上諭，侍郎錫珍奏請派大員
整頓八旗學校一摺，著吏部會同國子監妥議具奏，欽此。臣等查八旗官學
隸於國子監衙門，選八旗子弟在學考課讀書，有助教、教習督課之，有祭
酒、司業稽查之，立法既周，成材亦眾，如果奉行勿替，本毋庸改弦更
張。乃日久弊生，有名無實，學舍傾圮，教習備員生徒假冒，誠有如該侍
郎所云者。當茲時局需材，官學近隸膠庠，八旗半屬勵裔，允宜加意培
植，以宏聖教而育英才。惟臣等深究官學廢弛之由，學舍傾圮由於庫款支
絀，修理無資，而教習應得銀幣，學生應得膏火，已俱減成折廢，以至因
貧廢業，日即荒嬉。歷任監臣，非不欲設法整頓，而軍務甫平，司農仰星
率視為不急之務，而置之。今工程愈煩，經營不易，欲事事取給於庫帑，
財力仍屬難支，是原奏所云，興工作、籌欸項、用人員、議章程四條尤以
籌款為第一要義。欸項不集則學舍不能議修，俸餼不能議益；學舍不修、
俸餼不益，則教習不能應官，學生不能應課；教習不應官、學生不應課，
即遽行加派大員專管學務，亦難行不養之教。而為無米之炊，是非因時制
宜，乃屬空言，無補也。夫作事在謀其始，而立法貴得其通。該侍郎原奏
謂官學虛名僅存，轉不如私設義學之得收實效。然則欲除官學之積弊，亦
惟有俯採義學之成規，務令事事從實而已。誠使厚集欸項，酌增餼廩，修
學舍則平估其價，管學務則慎舉其人，以急公無私之心，收舍舊謀新之
效，積弊雖久，整理非難。臣等公同詳酌該侍郎所云，一切學務專員經理
者，乃規模既定以後之事所云，一切規模悉心集議者乃學務未定以前之
事，將籌良法以謀其成，宜簡重臣以經其始。擬請先行特派滿蒙大臣數
員，經管整頓八旗官學事宜，將集欸、人、工、定章四條飭令會同監臣詳
細定議，請旨施行。必令費足濟工人，足應務，有合於原奏，盡除積弊，
力破浮文之意。將來規模大備，所有官學事宜或派員專理，或派員會同監
臣協理，應即由此次欽派之大臣秉公保薦。疏請簡派其文職旗員概歸考試
一節，亦應由該大臣等斟酌情形，歸入章程，具奏再候，命下臣等覆覈定
議。上諭吏部國子監奏會議，整頓八旗官學，請簡派大員詳議規模一摺，
八旗官學廢弛已久，此次籌議整頓，事同倡始所有一切事宜，應如何設法
變通妥籌辦理之處，著派寶鑒、李鴻章、徐桐麟書同國子監堂官體察情

形，悉心酌核，妥議具奏。①

光緒十一年六月，國子監祭酒王先謙《請國學增設舉監疏》

竊維臣監六堂，向以各直省貢監生彙送考試，入監肄業，而舉人例不與焉。推求立法之意，蓋以國初仕路疏通，儒生一中乙科，即登官籍，不應更廁身太學，致妨貢監生甄用之途。康雍以還，科目日盛，銓選因而擁擠。伏讀乾隆七年聖訓，已有舉人日積日眾，需次多年不得一官之旨，至今日而勞績捐納，充滿天下。銓法愈滯，士子名登甲榜，始為筮仕之期。舉人非由大挑教習得官，謄錄議敘，及兼藉他途出身者，鮮不皓首一經，困窮終老，此亟宜加意者一也。舉人既列賢書已出貢監生之上，進掇巍科，則內廁朝班，外膺民社，莫非為國任事之人。正當及尚未釋褐之時，使之肆力簡編，養成器識，乃以限於成格，轉不得與貢監等同沐聖主之教，思既無當於育才，亦非所以勸學，此亟宜加意者二也。明代學校之制，入國學者，通謂之監生。有貢監，有廕監，有例監，有舉監，即舉人也。洪武初，擇年少舉人趙惟一等入學。永樂中，舉人會試下第，輒錄其優者，俾入學以俟後科，嗣後遂為定例。《欽定明史選舉志》，可考按也。今舉子春闈報罷，其欲留京者不少，資生乏術，覓館維艱，無不願歷事上庠，一沾廩餼，以為奮志潛修之地。若不加以收錄，實不足作士氣而順輿情，此亟宜加意者三也。如一體入監肄業，厥有三便。自捐例減成，粟監且盈天下，於是太學重地，恒貢少而監多。其潛心問學者，固不乏人，而射利者流，惟圖竄名入籍，得以沾潤。直隸山東兩省監生，重名代替，寔繁有徒，每值考錄住學，幾於防不勝防，詰不勝詰。舉人則皆係本身。凡入監者，取同鄉官認識印結為憑，可無蒙冒之弊。考選既得其真，稽察尤易為力，便一。監生多在本省應試，無事來京，雖有通材，何從廣為羅致。舉人則三歲計偕，畢萃薈轂，拔尤宏獎，易收英才樂育之效，便二。明初歷科進士，多出太學。洪武朝戊辰辛未，廷對第一者，皆太學生。撰題名記，立石監門，進士題名碑，由此相繼不絕。國朝進士立碑，尚沿故事，而其由來，無復深考矣。誠令舉人入監，則明經飭行，孰不爭自濯磨。貢舉之年，必多成就，人才鼓舞之機，端在於此，便三。臣等伏惟成

---

① 《東華續錄》，光緒八年壬午六月丁巳，《續修四庫全書》，史部·編年類，五〇四。

法貴於遵循，而時宜必當參酌。刱立教培才之道，不厭精詳，果於學校有裨。敢不權衡變通，上副聖主作人之化，為此合詞具奏。懇恩將臣監肄業生，增設舉監名目，准以各直省舉人入監肄業，即於貢監生員額內通融錄補，以廣甄陶而資鼓勵，出自逾格鴻施。[①]

光緒十一年，王先謙《請恩准職官入監片》

再向來臣衙門無職官入監肄業之例。惟近日捐例減成，樂輸頗多，士子戎行，著績剗章，半列儒生，幸邀頂戴之榮，弗與膠庠之選，求仕不得，願學未能，揆厥情形，允宜矜恤。擬嗣後無論舉人貢監生，除由捐納勞績得有正印職官投供候選者，即係已入仕途無庸收錄外，其非正印職官未經投供仍情殷向學者，懇請恩准入監肄業至舉貢考取。教習傳到需時者，請一併入監肄業，以廣栽成。[②]

光緒十三年十月二十五日，張之洞《開設書局刊佈經籍摺》

奏為粵省開設書局刊佈經籍以裨士林，奏明立案，仰祈聖鑒事。竊惟經學昌明，至我朝為極盛。道光年間前督臣阮元校刊《皇清經解》一千四百餘卷，藏板學海堂，既已表章先正，亦以鼓舞來學。於是海內通經致用之士接種奮興，迨今六十餘年。通人著述，日出不窮，或有藁草遺編，家藏槧本，當時未見，近始流傳，亟應續輯刊行，以昭聖代文治之盛。況學海堂為當日創刊經解之所，是粵省尤當力任此舉，勉紹前規。臣等海邦承乏，深惟治源亟宜殫敬教勸之方，以收經正民興之效。此外史部、子部、集部諸書，可以考鑑古今，裨益經濟，維持人心風俗者，一併搜羅刊播。上年即經臣之洞捐貲設局舉辦，然必須籌有常款，擇有定地，方能經久。現經臣等公同籌度，即將省城內舊機器局量加修葺，以為書局，名曰"廣雅書局"。臣之洞捐銀一萬兩，臣大澂捐銀三千兩，順德縣青雲文社捐銀一萬兩，仁錫堂西商捐銀一萬兩，省城惠濟倉紳士捐銀五千兩，潮州府朱丙壽捐銀五千兩，共銀四萬三千兩，發商生息每年得息銀二千三百六

---

① （清）葛士濬撰：《清經世文續編》卷五十四《請國學增設舉監疏》，清光緒石印本。

② （清）葛士濬撰：《清經世文續編》卷五十四《請恩准職官入監片》，清光緒石印本。

十五兩，又誠信堂、敬忠堂商人每年捐銀五千兩，共七千三百六十五兩，以充書局常年經費。計款項尚不甚充，如以後別有籌捐之款，再當湊撥應用，視經費之贏絀為刊書之多寡。檄飭兩廣監運司綜理局事，博訪文學之士，詳審校勘，將來各書刊成，當隨時刷印，咨送國子監，以備在監肄業者考覽之助。所有開設書局並籌捐經費各緣由，據善後局司道同監運使英啟具詳，前來謹會同廣東學政，臣汪鳴鑾恭摺奏明立案，伏祈。①

光緒十四年五月，瞿鴻磯奏《臣前接國子監咨具奏應辦事宜一摺》

瞿鴻磯奏，臣前接國子監咨具奏應辦事宜一摺。原奏內稱，各省舉貢生監，如家有藏書，情願捐送國子監者，由學臣代收轉解；其卷數較多足稱善本者，由學臣奏請賞給監屬虛銜；卷數較少者，由學臣量給匾額等語。奉旨：依議，欽此。恭錄咨行到臣，即經飭學曉諭。茲據歸安學詳據廩生陸樹藩、附生陸樹屏呈稱，伊父從一品封典開復原銜前廣東高廉道陸心源因監中廣求書籍，選擇家藏舊刻舊鈔為近時版本所無者一百五十種，共計二千四百三十三卷，願行捐送到監，附以所刊叢書等又三百餘卷，並稱伊父並監生等均不敢仰邀獎敘等因。前來臣查陸心源同治初年解官歸里，時值東南兵燹之後，書籍散亡。該員竭力講求，收藏富博，且多宋元精槧。得書之盛，冠絕一時。其家居養親，潛心著述，校刊古書，皆罕見之本。光緒八年，曾於縣屬之仁壽鋪地方，建閣五楹，儲書一萬餘卷。歸公仿范氏天一閣例，許好古者就閣借鈔，已由該府縣通詳在案，茲復將所藏舊鈔善本捐入國子監，至二千數百餘卷之多。此蓋伏遇聖朝文治昌隆，昭倬雲漢，大收篇籍，廣開獻書之路，視前古尤有過之，傳播藝林，洵為盛事。而如該員之搜採功勤，嗜學不倦，慨捐羣籍，進獻成均，較之尋常善舉，似更難能可貴。雖據聲稱不邀獎敘，未便沒其悃忱，可否仰懇天恩，將在籍從一品封典開復原銜。前廣東高廉道陸心源，傳旨嘉獎，以為稽古尚義者勸。上諭：瞿鴻磯奏，在籍道員捐送書籍，開單呈覽，請旨嘉獎等語。前廣東高廉道陸心源，因國子監廣求書籍，選擇家藏舊書一百五十種，計二千四百餘卷，附以所刊叢書等三百餘卷，願行捐送到監。據稱陸心源自解官後，刊校古書，潛心著述，茲復慨捐羣籍，洵屬稽古尚義。

---

① （清）張之洞撰：《張文襄公奏議》卷十六，開設書局刊佈經籍摺，民國九年刻張文襄公全集本。

伊子廩生陸樹藩，附生陸樹屏，均著賞給國子監學正銜，以示嘉獎。①

光緒十六年六月十六日，王懿榮奏《臚陳本朝儒臣所撰十三經疏義請列學宮疏》

奏為臚陳本朝儒臣所撰十三經疏義，請賜取列學宮，以光文治事。竊維經者，徑也。《易》《書》《詩》《禮》《春秋》，昌明博大，如日月之周乎天，註猶瀉也；毛、鄭、何、趙、杜、范，廣達疏通，如江河之行乎地。皆所以綱紀人倫，維持風俗。異教入而即湮，邪說來而逐化，遭時制宜，其用無窮。是以漢崇師法，十四博士並置學官；隋錄名家，五千餘卷同收甲部。唐孔穎達奉敕首編正義，宋刑昺受詔兼疏眾經。斯誠前代之隆規，先儒之盛業，甄陶六合，整齊百家。我聖朝之有天下也，聲教覃敷，敦崇經術，列聖建極，御纂尤繁。稽古同天，啟兩大精微之蘊；觀文成化，定四方億兆之心。昭雲漢而為章，牖黔黎以至道。上行下效，經正民興。臣伏見自乾隆以來，至於今日，海內經學，各有當家，剖析條流，發起隱漏，十三經說，粲然將備，折衷求是，遠邁漢唐。時則有若湖北安陸儒臣李道平所撰《周易集解纂疏》，江蘇陽湖儒臣孫星衍所撰《尚書今古文註疏》，長洲儒臣陳奐所撰《毛詩傳疏》，安徽績谿儒臣胡培翬所撰《儀禮正義》，江蘇句容儒臣陳立所撰《春秋公羊傳正義》，浙江嘉善儒臣鍾文烝所撰《穀梁經傳補註》，江蘇寶應儒臣劉寶楠所撰《論語正義》，甘泉儒臣焦循所撰《孟子正義》，儀徵儒臣阮福所撰《孝經義疏補》，山東棲霞儒臣郝懿行所撰《爾雅義疏》。其他經說，以博通見表，不屬疏義者，不在此例。所有各書，或經進御覽，或流布學校。可否請旨飭下各直省督撫，於各該員原籍所在，即家徵取定本，分咨各直省有書局之處，詳細校勘，刊刻成函。將板片彙送國子監衙門存儲，以便陸續刷印，頒行直省各學，嘉與士林，俾資講習。元建康道徧牒九路，鐫全史而命校官；宋撫州庫廢冊千箱，墨壘書以給多士。從此膠庠引重，祛金貨漆字之私。將來華裔流傳，識虎觀鴻都之大。國之麻美，士之英華，何以逾此。惟大小戴雜四大之文，因革殊制。左邱明綜五方之史，聞見異辭，以較他經，本為繁重。寶應儒臣劉文淇撰《左氏傳正義》，業專一家，事歷三世，行將

---

　① 《續修四庫全書》，史部·編年類《東華續錄》光緒八十九，光緒十四年戊子，五月丙寅。

寫定。至周禮、禮記二書疏義，風聞江浙兩省承學之士，方事潛研，尚屬草稿。一俟異日三書嗣出，並令各該省學臣隨時疏報，由國子監官公同審詳，與前各書義出一律，查照現案，請旨施行。臣竊以疏家之義，志在輔註，所從之註，旨在善經。往往眾說紛斥，一師墨守，侈主奴之迭見，任得失之並生。然家法嚴而後古義堅，門徑清而後學派正。其能久遠，亦在於斯。惟斯諸臣學識兼長，野言既刪，偽傳復黜，見以博而理愈通，知以真而用彌切。雖集思廣益，掎摭有待於後人，而抱闕守殘，援據已賅夫先哲。至如戴德纂記，爰及漢昭，比於羣經，自為屬雜。然劉向目錄，業入經篇，宋代儒家，已稱顯立。則有山東曲阜儒臣孔廣森所撰《大戴禮記補註》，援據精深，訂盧辨之佚文，續康成之緒說，所當翼附尾隨，如驂之靳。又如漢許慎《說文》一書，存六書之規矱，為羣經之階梯。有江蘇金壇儒臣段玉裁所撰《說文解字段氏註》，山東安邱儒臣王筠所撰《說文句讀釋例》，最為該洽，譬之杜林訓纂之作，入藝略以兼存，元度字樣之書，儷石經而並立。相應請旨一併飭各該省由書局刊送國子監，附此次各經註後，依類印行，使我朝諸儒所纂經學小學之書，頖水辟雍，粹然並陳，一臻盛美。竊伏念魏晉而後，《易》無完註，《書》無完經，真贗相參，奪偽踵起。中更荒廢，如罹秦燔。千百儳言，無關閎恉。不遇我朝君臣同德，千載一時，握璣鏡以式九圍，運斗樞而敷五教。何以索隱鉤深，精窮奧業。存真截偽，澡雪前修。大義乖而復昌，微言絕而重續。符三代同風之盛，成儒者逢辰之期。迺知神聖化光，等百王而立教。風雅道著，合四海以來同。作述之美既彰，太平之望允塞。臣為闡揚文治起見，謹請代奏。伏乞皇上聖鑒。謹奏。①

光緒二十五年，王懿榮《請將已故祭酒宣付史館立傳疏》

奏為已故祭酒教思在人謹據呈代奏，懇請宣付史館，列入儒林傳，恭摺仰祈聖鑒事。竊臣等據前在國子監南學肄業生翰林院編修喻長霖、余堃、魏時鉅，檢討洪汝源、陳曾佑、劉樹屏，庶吉士何聯恩，內閣候補中書劉蓉第、許文勣，四品銜禮部候補主事萬雲路，兵部候補主事郭育才，保升分省知府、刑部候補主事蕭文昭，刑部候補主事郭書堂，候選知縣汪

①　（清）王懿榮撰：《王文敏公遺集》卷二《臚陳本朝儒臣所撰十三經疏義請列學官疏》，民國劉氏刻求恕齋叢書本。

奎等呈稱，前任國子監祭酒宗室盛昱，於光緒十年到任，至光緒十五年因病奏請開缺，計在祭酒任內歷六年之久。其教士以通經致用為本，根柢程朱，而益之以許鄭賈孔之學，俾學者精研義理，以為躬行實踐之資。又仿宋儒安定胡氏分經義治事之法，俾學者各治一經一史，及天文、輿地、兵事、農政等門，日有課程，編為札記。前祭酒詳加批閱，辨其得失，孜孜訓迪，終日無倦，一時肄業生皆爭自磨勵，勉為有體有用之學。其有不守學規，及疏曠功課門徑歧出者，則隨時懲戒斥逐，立法嚴整，為從前所未有。本學筆帖式向無官課，前祭酒以筆帖式各員，官閒事少，暇日輒與講明清文譯理，為他日當官涖事之資。又創立文字課，區分等第給獎，以資鼓勵，因材施教，士論僉然。本學書籍，不敷講授，前祭酒捐辦募置，收藏大備，並籌欵生息，酌增廩獎，以資肄業生之誦習，至今賴之。又復派員，分門編輯本學則例，條分縷析，考覈詳明，一時屬僚賴其指授，皆熟於公事，明於掌故。本學廟學全圖舊本，率多疏舛，前祭酒以廟學全圖，應纂入會典，非詳加釐訂不可，乃選派通於算理兼工繪事者，校補精詳，足稱善本。本學石經，刻逾百年，當時蔣衡所書，多據坊本，錯譌不免，是以前大學士彭元瑞於乾隆間曾經派纂《石經考文提要》一書，進呈御覽。前祭酒於到官之日，即行奏請，謹依《石經考文提要》，重為修補，旋奉旨依議，遂率學官蔡右年等敬謹考校，一歸是正，昭垂千古，安設柵欄，兼資保護。昔後魏崔光領國子監祭酒，修補三字石經，前史侈為盛舉。前祭酒修補石經，實與崔光媲美。至於釐剔弊端，體恤寒畯，貢監應鄉試者，考到錄取後復謁見禮以防假冒之習，而不取其贄。貢監錄科奏准，憑同鄉官印結入場，不必由本籍起文，以省往返川資之費，皆足以宏栽培之誼，廣造就之途。今距前祭酒涖任已十有餘年，六館諸生猶復恪奉前規，遵循弗替。逆犯康有為倡為邪說之時，本學肄業生皆篤守師傳，無一人為其煽誘，亦可見以道得民之效矣。今聞前祭酒已於光緒二十五年十二月間病故，職等夙承教澤，感念不忘，為此公同呈請代奏，仰懇天恩，將已故國子監祭酒宗室盛昱生平事跡，宣付史館，列入儒林傳，以彰師範等因。臣等竊維前祭酒臣宗室盛昱品端學邃，識力過人，生平著述撰有《國朝滿漢大臣沿革表》，卷帙繁重，尚未脫稿。選有八旗文鈔，體例謹嚴，搜羅甚富。其在祭酒任內興學育才，尤為肄業者所推仰。伏查《新唐書儒學傳》內之尹知章、施士丐，《元史儒學傳》內之吳師道、周名榮、陳旅，皆以職膺胄教，訓迪有方，遂預儒林之選。今盛昱事與前符，既足見國學師道之隆，尤足昭天潢儒修之美。可否將盛昱宣付史館，列入儒林傳之處，出自逾格鴻慈，所有據呈代奏，緣由理合，恭摺具請。伏乞皇太后皇上聖鑒訓示。謹奏。①

　　光緒二十六年三月二十三日，吏部尚書管理國子監事務徐郙等奏《為已故祭酒教思在人謹據代奏懇請宣付史館列入儒林傳恭摺》

　　仰祈聖鑒事，竊臣等據前在國子監南學肄業生，翰林院編修喻長霖、余棨、魏時鉅檢討，洪汝源、陳曾佑、劉樹屏庶吉士，何聯恩內閣候補，中書劉蓉第、許文勳四品銜禮部候補主事，萬雲路兵部候補主事，郭育才保升分省知府刑部候補主事，蕭文昭刑部候補主事，郭書堂候選知縣，汪奎等呈稱前任國子監祭酒宗室盛昱於光緒十年到任，至光緒十五年因病奏請開缺，計在祭酒任內六年之久。其教士以通經致用為本，根柢程朱而益之，以許鄭賈孔之學，俾學者精研義理，以為躬行實踐之資，又仿宋儒安定胡氏，分經義治事之法，俾學者各治一經一史，及天文、輿地、兵事、農政等門，日有課程編為札記。前祭酒詳加批閱，辨其得失，孜孜訓迪，終日無倦，一時肄業者皆爭自磨礪勉為有體有用之學。其有不守學規及疏曠功課，門徑歧出者，則隨時懲戒，斥逐立法，嚴整為從前所未有。本學筆帖式向無官課，前祭酒以筆帖式各員官，閒事少暇，日輒與講明清文譯理，為他日當官涖事之資。又創立文字課區分等第給獎，以資鼓勵，因材施教，士論翕然。本學書籍不敷，講授前祭酒捐辦募置，庋藏大備并籌款生息，酌贈廩獎以資肄業生之誦習，至今賴之。又復派員分門編輯本學則例，條分縷析，考覈詳明，一時屬僚賴其指授，皆熟於公事，明於掌故。本學廟學全圖舊本，率多疏舛，前祭酒以廟學全圖應纂入會典，非詳加釐訂，足稱善本。本學石經刻逾百年，當時蔣衡所書多據坊本，錯偽不免，是以前大學士彭元瑞於乾隆閒曾經派纂《石經考文提要》一書進呈御覽。前祭酒於到官之日即行奏請謹依《石經考文提要》重為修補。旋奉旨依議，遂率學官蔡右年等敬謹考校，一歸是正，昭垂千古，安設柵欄，兼資保護。昔後魏崔光領國子監祭酒修補三字石經，前史侈為盛舉，前祭酒修補石經，實與崔光媲美，至於釐剔弊端，體恤寒畯，貢監應鄉試者，考到

---

　　① （清）王懿榮撰：《王文敏公遺集》卷三《請將已故祭酒宣付史館立傳疏》，民國劉氏刻求恕齋叢書本。

錄取後，復謁見禮，以防假冒之習，而不取其贄。貢監錄科奏准，憑同鄉官印結入場，不必由本籍起文，以省往返川資之費，皆足以宏栽培之誼，廣造就之途。今距前祭酒涖任已十有餘年，六館諸生猶復恪奏前規，遵循弗替。逆犯康有為倡為邪說之時，本學肄業者皆篤守師傅，無一人為其煽誘，亦可見以道得民之效矣。今聞前祭酒已於光緒二十五年十二月間病故，職等夙承教澤，感念不忘為此公同呈請代奏，仰懇天恩，將已故國子監祭酒宗室盛昱生平事蹟宣付史館，列入儒林傳以彰師範等因。臣等竊維前祭酒，臣宗室盛昱品端學邃，識力過人，生平著述，撰有《國朝滿漢大臣沿革表》，卷帙繁重，尚未脫稿，選有八旗文鈔，體例謹嚴，掄羅甚富。其在祭酒任內，興學育才尤為肄業者所推仰。伏查《新唐書儒學傳》內之尹知章、施士丐，《元史儒學傳》內之吳師道，周名榮，陳旅皆以職膺胄教，訓迪有方，遂預儒林之選。今盛昱事與前符，既足見國學師道之隆，尤足昭天潢儒修之美。可否將盛昱宣付史館，列入儒林傳之處，出自逾格鴻慈，所有據呈代奏，緣由理合，恭摺具請。伏乞皇太后、皇上聖訓示。謹奏。①

光緒二十七年三月十七日，協辦大學士吏部尚書管理國子監事務徐郙等奏為恩賞銀兩奏銷事

查臣監肄業諸生膏火銀兩歷經。遵照奏定章程，每年由戶部支領庫平實銀六千兩，其有餘賸銀兩，歸於次年銷算。並將上三年實用數目開列清單，於開印後奏銷一次等因在案。又光緒十二年十二月，臣監因南學肄業諸生膏火用款不敷，奏蒙恩准，每月賞加庫平銀二百兩。經戶部定，自十三年起，歸併原領膏火內一併關支，遇閏加增銀二百兩，旋准戶部知照，自二十三年起均改為京平發放。臣監自是年七月起，按京平支領。臣等歷經督飭經理之員撙節開放，每年僅可支持。二十六年六月後，驟值變亂，部款停發，遂致異常竭蹶。計是年存二十五年分用賸銀，一千四百十五兩五錢。光緒二十六年分領到，第一次正二月，第二次三四月分，膏火京平銀二千八百兩，連前共存銀四千二百十五兩五錢，發過肄業諸生講課桌飯膏火等項銀三千一百四十二兩五錢，又季考獎賞八旗官學生以及月課獎賞等項銀一千八百九十一兩一錢五分，共用過銀五千三十三兩六錢五分。內

①　中國第一歷史檔案館 3 全宗 100 目錄 5388 卷 133 號。

不敷銀八百十八兩一錢五分，暫由領到海關經費項下墊發。除由臣監咨催戶部、設法清解以便歸款外，合將上三年用過數目照例繕具清單，恭呈御覽，為此奏聞，謹奏。光緒二十七年三月十七日。協辦大學士吏部尚書管理國子監事務臣徐郙，祭酒臣宗室希廉，祭酒臣王堉行在現在，司業臣周克寬行在現在。御批：知道了。

　　光緒二十三年分，共用過銀七千三百二十二兩。光緒二十四年分，共用過銀八千八百三兩九錢。光緒二十五年分，共用過銀八千八百七兩二錢。御批：覽。徐郙，光緒廿七年三月十七日。御批：知道了。①

　　光緒二十七年三月十七日，協辦大學士吏部尚書管理國子監事務徐郙等奏為奏聞事

　　查臣監於光緒五年五月，經總理各國事務衙門大臣管理監務沈桂芬奏，准江海各關捐助國子監經費銀兩，每年捐庫平銀或二百兩或三百兩，均由總理各國事務衙門隨到隨領等因在案。臣監自光緒二十五年分存賸銀一千八百三兩五錢，二十六年分陸續由總理各國事務衙門領到二十五年分浙海關補解庫平銀一百兩，江漢關補解庫平銀二百兩，二十六年分粵海關庫平銀三百兩，共領到庫平銀六百兩，合京平銀六百三十六兩。嗣因變出非常，各款停解，以致南學肄業諸生膏火。及臣監辦公款項無出，異常拮据，僅於十二月由總理各國事務衙門籌解到京平銀三百兩，暫濟眉急，連前共存銀二千七百三十九兩五錢。計自二十六年正月起，十二月止，連閏計十三個月，共發過丁祭及每月辦公用銀一千九百十五兩二錢五分。餘銀計提墊膏火等項銀八百十八兩一錢五分外，下存銀六兩一錢，應入於光緒二十七年分給發項下銷算。再光緒二十五年江海關欠解庫平銀三百兩，二十六年分閩海、津海、江海關各應解庫平銀三百兩，山海、東海、浙海、九江、鎮江、江漢關各應解庫平銀二百兩，連前共應解庫平銀二千四百兩，均未領到，合併聲明，為此奏聞，謹奏。光緒二十七年三月十七日。協辦大學士吏部尚書管理國子監事務臣徐郙，祭酒臣宗室希廉，祭酒臣王堉行在現在，司業臣周克寬行在現在。御批：著該衙門分別催解。②

---

①　中國第一歷史檔案館，全宗號 4-1-35 卷號 1056 件號 40。
②　中國第一歷史檔案館，全宗號 4-1-35 卷號 1056 件號 39。

光緒二十七年九月十六日，張百熙奏《請將國子監歸併大學堂摺》

工部尚書張百熙奏，現在朝廷欲圖自強，而其最要，首在培養人才。往年京師設立大學堂，因亂而廢，臣愚擬請將該學堂改隸國子監。國子監舊設南北兩學，仿胡瑗以明經治事，分課生徒。大學堂則中西並課，然輕其所重，重其所輕，用意不無一偏之弊。夫國子監向稱太學，太學者，大學也。一都之中豈容有兩大學，重視疊矩，意見參差，此無怪學術之多歧而人才之不出矣。欲救其弊，莫如善定其制。欲定其制，莫如首定其名。若將國子監衙門正名大學，舉大學堂及南北兩學一併歸入，即就監署拓而廣之，並請簡派管學大臣。視從前總理之職，應由政務處王大臣會同管學大臣悉心籌議，並招集京外通博之才，酌採中西有益政治、各種學問，嚴定章程，重在中學而以西學輔之，實事求是，十年之後，必有人才出乎其間，此今日第一要政也。

張百熙片。同文館之設，於今有年，但取譯才，而於西學精微，概未講究，是僅獵取皮毛耳。擬請將同文館該隸大學，並請簡派專員辦理提調事宜。外務部事繁，不必兼領。所有肄業各生，須講求中西有用之學，不徒取其通曉譯事。數年之後，擇其學有根柢、博通西政者，充當翻譯官。將來外務部司務及主事等官，即以此項人員遞升而上，亦培植人才之一道也。

張百熙片。再翰林院為清要之官，而近來流弊專以講究詩賦、工習小楷為能事，舉英髦碩彥敝精於小技之中，甚非國家求才之道。擬請特設專官，改滿漢掌院學士為尚書，以領其事。廢詹事府，以詹事、少詹事為侍郎，升講讀學士為三品。庶子以下並為侍講、侍讀等官，尚書侍郎缺以次遞升，不得以各部兼充調補。講究經世之學，一政學如官制、賦稅、禮儀、律例、兵政與地農商之類；一藝學如算學、重學、汽學、鑛務、聲光、化電之類。二者之學，自講讀學士以下，至於編檢庶吉士，各視其性之所近為之。多置中外有用書籍及測量考驗諸器，使之分門肄習，立考課甄別之法，由該管尚書詳加檢定，請旨頒行。所有鄉會試主考總裁，以及管學大臣，及將來之大學堂教習，均可於其中揀用，此亦培植人才之一道也。[1]

---

① （清）王彥威撰：《西巡大事記》卷十《張百熙奏請將國子監歸併大學堂摺》，《續修四庫全書》第446冊。

　　光緒二十八年正月，張百熙奏《大學堂應即切實舉辦》

　　丁卯，張百熙奏，臣於上年十二月初一日奉上諭，興學育才，實為當今急務，京師首善之區，尤宜加意作養，前所建大學堂，應即切實舉辦。著派張百熙為管學大臣，將學堂一切事宜責成經理，務期端正趨向，造就通才。應如何裁定章程，並著悉心妥議，隨時具奏等因，欽此。奉命以來，臣當即悉心考察，夙夜搆思，一面查勘現在情形，一面豫籌將來辦法，計惟有欽遵諭旨，端正趨向，造就通才，以仰副朝廷興學育才之至意。惟是從前所辦大學堂，原係草創，本未詳備，且其時各省學堂未立，大學堂雖設，不過略存體制，仍多未盡事宜。今值朝廷銳意變法，百度更新，大學堂理應法制詳盡，規模宏遠，不特為學術人心極大關係，亦即為五洲萬國所共觀瞻。天下於是審治亂，驗興衰，辨強弱，人才之出出於此，文明之係係於此。是今日而再議舉辦大學堂，非徒整頓所能見功，實賴開拓以為要務，斷非因仍舊制，敷衍外觀，所能收效者也。惟念臣本無學問，粗識事情，當國家圖冶之時，正臣子致身之日，固不敢安於簡陋，亦何至稍涉鋪張，誠深悉唐虞三代古世所以致太平極治之規，又親見歐美日本諸邦所以變通興盛之故，確有憑據，諒不虛誣。今日中國若議救敗圖存，舍此竟無辦法。如使成規坐隘，收效無從，臣一身不足惜，所恐上無以對聖朝，下無以塞群望。見輕外人，更傷國體，成敗之故，罔不隨之。臣既見及此，敢不直陳用，特粗擬推廣辦法五條，敬為我皇太后、皇上縷晰言之。

　　——辦法宜豫定也。查各國學堂之制，大抵取幼童於蒙學卒業之後，先入小學堂；三年卒業，乃升入中學堂；如是又三年，乃升入高等學堂；如是又三年，乃升入大學堂。以中國准之，小學堂即縣學堂也，中學堂即府學堂也，高等學堂即省學堂也。今雖奉明諭，令各省府州縣徧設學堂，至今奏報開辦者，尚無幾處。是目前並無應入大學肄業之學生，而各省開辦需時，又不知何年而學堂方可一律辦齊，又何年而學生方能次第卒業。通融辦法，惟有暫且不設專門，先立一高等學校，功課略倣日本之意，以此項學校造就學生，為大學之豫備科。一面由臣請旨，催辦各省學堂，三年之後，豫備科所造人才，與各省省學堂卒業學生，一併由大學堂考取，升入專門肄業。所有豫備科功課，謹遵繹本年變通科舉、普設學堂歷次上諭，分為二科：一曰政科，二曰藝科。以經史、政治、法律、通商、理財等事隸政科，以聲、光、電、化、農、工、醫、算等事隸藝科。惟取入豫備科肄業學生，亦須平日在中學堂卒業者，方能從事。查京外所設學堂，已歷數年，辦有成效者，以湖北自強學堂、上海南洋公學為最。此外則京師同文館、上海廣方言館、廣東時敏學堂、浙江求是學堂，開辦皆在數年以上。餘若天津高等學堂之已散學生，出洋游歷學生，外洋華商子弟，亦多合格之才。再由各省督撫學政，就地考取各府州縣高才生，咨送來京，由管學大臣覆試如格，方准送入大學堂肄業。其外省考試之法，由大學堂擬定格式，頒發各省，照格考取，以免歧異。學生入學之後，俟三年卒業，由管學大臣擇及格者，升入大學堂正科；有不及格者，分別留學撤退。恭查本年上諭，已有各省選派出洋學生學成回華，由督撫外務部考驗之後，候旨分別賞給舉人、進士明文。大學堂豫備科卒業學生，與各省省學堂卒業學生，功科相同。應請由管學大臣考驗如格，擇尤帶領引見，候旨賞給舉人，升入正科。又三年卒業，再由管學大臣考驗如格，帶領引見，候旨賞給進士。如此辦法，十年之後，所造就者，定多可用之材，以之綜理庶務，當無不足。富強之基，必立於此。惟是國家需才孔亟，士大夫求學甚殷，若欲收急效而少棄材，則又有速成教育一法。應請於豫備科之外，再設速成一科。速成科亦分二門：一曰仕學館，一曰師範館。凡京員五品以下八品以上，以及外官候選，暨因事留京者，道員以下教職以上，皆准應考，入仕學館；舉貢生監等皆准應考，入師範館。仕學館三年卒業學有成效者，請准由管學大臣考驗後，擇其優異，定為額數，帶領引見。如原係生員者准作貢生，原係貢生者准作舉人，原係舉人者准作進士，均候旨定奪。准作進士者，給予准為中學堂教習文憑；准作舉貢者，給予准為小學堂教習文憑。蓋豫科之學生，必取其年歲最富、學術稍精者再加練習，儲為真正合格之才；速成之學生，則取更事較多、立志猛進者，取其聽從速化之效。此目前姑請緩立大學堂專門，先辦豫備、速成二科之實在情形也。至將來奏定京師大學堂章程，擬即全照大學規模，恭擬上聞，以備異日學成升入正科之用。仍將現在所辦高等學校之豫備科，並附設之速成科章程，暨頒發各直省高等學、中學、小學各章程，一併奏進，候旨遵行。再專門正科開辦，雖尚可少稽歲時，而攻求不能不豫為地步。擬俟照現擬章程先行開辦，後再由臣慎選通達純正之員，派赴歐美日本，考察其現行章程、應用書籍。又講求化學、電學，其房屋皆有一定造法，以及光學家之暗堂，醫學家之暖房，凡欲深究專門，皆須先造特室，其圖式皆宜豫向各國考求。再中國學堂所請西人教習，向皆就近延請其本居中國者，或為傳教來華之神甫，或為海關退出之廢員，在教者本非專門，而學者亦難資深造。且西國學問數年一變，則其人才亦月異而歲不同。將來延請教習專門，亦非在彼國文部及高等學堂考問，不能分其優劣。似派員考察一層，為必不可少之舉。現在湖北聞已派人先赴日本，即用此意。屆時擬由臣選得其人，再行奏請辦理。

——講舍宜添建也。查現在大學堂，從前原係暫撥應用，原議本須另撥地面，俾可建合格之屋，又須令四面皆有空地，以便陸續增造工醫等項專門學堂。今請仍照此議，將來另須撥地新造，方足以便推廣而壯規模。惟目前一切尚待推求，一面趕為開辦，只好仍就舊基修葺，並將附近地方增拓辦理。臣親往勘視丈量，學堂四面圍牆，計南北不過六十丈，東西不過四十丈，中間所有房屋，僅敷講堂及教習官役人等之用。其西北兩邊講舍，共計不足百間，非大加開拓，萬萬不敷居住。現勘得學堂東西南三面，皆可拓開數十丈，其地面所有房屋，多係破舊民房，若公平估價，購買入官，所費當不甚鉅。此項新拓地面，即作為增建學舍之需。查大學堂開辦約有二年，學生從未足額，一切因陋就簡，外人往觀者，至輕之等於蒙養學堂，此於上國聲名，極有關係。朝廷興學育才，方以振起全局為要歸，臣誠不敢希圖省事，至使中國未收變通之效，而先貽外人以口實之譏。況一經開辦，學生足額之後，若再加以同文館學生，以及官員、司役人等，總在千人以上，斷非此方數十丈之地所能容納。查外省如廣東之廣雅書院，湖北之自强學堂、兩湖書院，上海之南洋公學，視大學堂現在基址，皆大至數倍或一倍不止，斷無京師制度反減於外省之理。若過於狹隘，不特無以示天下，亦且無以示國中。是增講舍實為學堂首先應辦之事，不能不據實上陳者也。

——譯局宜附設也。查現隸大學堂之官書局，開辦最早，當時即選譯各局書籍及外洋各種報章。上海設立南洋公學，江甯新設學堂，亦先後奏設譯書局。是譯書一事，實與學堂相輔而行。擬即就官書局之地開辦譯局一所。蓋欲求中國經史政治諸學，非藏書樓不足以供探討之資；欲知西國政治工商等情，非譯書局不足以廣見聞之用也。惟欲隨時採買西書，刷印譯本，更宜設分局於上海，則風氣既易流通，辦理亦較妥便。又繙譯東文，費省而效速，上海就近招集譯才，所費不多，而成功甚易。南中紙張工匠，比京師尤賤，擬即將東文一項，在上海隨譯隨印，可省經費之半。惟是中國譯書近三十年，如外洋地理名物之類，往往不能審為一定之音，書作一定之字。擬由京師譯局定一凡例，列為定表，頒行各省，以後無論何處譯出之書，即用表中所定名稱，以歸劃一，免淆耳目。然譯局非徒繙譯一切書籍，又須繙譯一切課本。泰西各國學校，無論蒙學、普通、專門學，皆有國家編定之本，按時卒業，皆有定章。今學堂既須攷究西政西藝，自應繙譯此類課本，以為肄習西學之需。惟其中有與中國風氣不同，及牽涉宗教之處，亦應增刪潤色，損益得中，方為盡善。至中國四書五經，為人人必讀之書，自應分別計月，垂為定課。此外百家之書，浩如煙海，亦宜編為簡要課本，按時計日，分授諸生。蓋編年紀傳諸子百家之籍，固當以兼收並蓄，使學子隨意研求。然欲令教者少有依據，學者稍傍津涯，則必須有此循序漸進由淺入深之等級。故學堂又須編輯課本以教生徒，亦不得已之舉也。臣維國家所以變法求才，端在一道德而同風俗，誠恐人自為學，家自為教，不特無以收風氣開通之效，且轉以生學術凌雜之虞。應請由臣慎選學問淹通、心術純正之才，從事編輯，假以歲月，俾得成書。書成之後，請發各省府州縣學堂應用，使學者因途徑而可登堂奧，於詳備而先得條流，事半功倍，莫切於此。

　　——書籍儀器宜廣購也。查大學堂先被士匪，後住洋兵，房屋既殘燬不堪，而堂中所儲書籍儀器，亦同歸無有。臣愚以為，大學功課不外政、藝兩途。政以博考而乃精，藝以實驗而獲益。書籍儀器兩項，在學堂正如農夫之粟，商賈之錢，多多益善。不特前所有者固當買補，即前所無者亦宜添購，方足以考實學而得眞才。查近來東南各省，如江南、蘇州、杭州、湖北、揚州、廣東、江西、湖南等處官書局，陸續刊刻應用書籍甚多，請准由臣咨行各省，將各種調取十餘部或數部不等。此外民間舊本，時務新書，並已譯未譯西書，均由臣擇定名目，隨時購取，歸入藏書樓，分別查考繙譯。至儀器一項，除算學家所用以測量，圖學家所用以繪畫外，如水、火、氣、聲、光、電、化，以及醫學、農學專門應用甚多，不特每門皆有器具全副，即隨時試驗材料藥水等項，學生愈多則購用愈繁，學問愈精則考驗愈數，此類尤不可省。譬之武備而靳予鎗礮子藥，而責以准頭命中，必不能矣。現擬先向上海、日本等處，購辦萬餘金，以為開辦普通要需，再籌定經費，向歐美各國廣購，歸入各專門應用。維採買必須得人，價目務從核實，俟臨時由臣採訪通達誠樸之員，遣往辦理，以期器歸實用，款不虛糜。

　　——經費宜寬籌也。學堂之設，其造就人材為最重，其需用款項亦最繁。從前大學堂教習，功課僅分語言文字數科，略教公法格致數事，教習既無多人，學生亦未足額，計每歲所費，已在十萬金上下。今議規模既須宏備，則款項何止倍增，加以現在情形，一切講舍書籍儀器等項，或半歸殘破，或掃地無遺，計修理舊屋，增造新齋，暨購買各項政學應用書籍輿圖、藝學備驗器具材料等件，又增添繙譯西書編輯課本等局，費亦已不貲。將來推廣博物院、考工場，以及派員考察之貲、學生游歷之費，亦動鉅款。查戶部向有存放華俄銀行庫平銀五百萬兩，每年四釐生息，應得庫平銀二十萬兩，申合京平二十一萬二千兩。光緒二十四年，經戶部奏准，以此項息銀，由該行按年提出京平銀二十萬零六百三十兩，撥作大學堂常年用款，僅除一萬一千三百七十兩未撥。今請將此項存款銀兩，全數撥歸大學堂，仍存放華俄銀行生息。款項既有專註，名目亦免涉紛歧，將來或支或存，由學堂自與銀行結算。每年年終，開單呈覽，免具造冊報銷，似此較為直截。至去歲學堂停辦，尚有未經付出存款，當時一律交回華俄銀行暨中國銀行，暫行收管，並經知照戶部在案。現在學堂事同創始，需用一切開辦經費甚多，應請將前項存款，仍發回學堂應用。惟似此辦法，常年款所增尾數，究屬無幾，仍須添撥鉅款，方足以資挹註。查近年各直省，如江南、四川、湖北、湖南等處，督撫皆資遣學生出洋，每次亦費至數萬金。今大學堂既定高等功課專門教習，則前項學生赴外肄業可送外國者，亦可送大學堂。且大學堂專門正科，本為各省高等學校卒業學生，資送肄業地步，則各省理宜合籌經費撥濟京師。應請飭下各直省督撫，大省每年籌款二萬金，中省一萬金，小省五千金，常年撥解京師。大學堂有此增添常款，庶幾得以展布一切，而諸事自日起而有功，人才亦積久而漸出矣。

　　以上五款，以豫定辦法一條為總立大綱，以購買書籍儀器、附設譯局二條為講求實用，以增建學舍一條為全拓規模，而尤以寬籌經費一條為諸事根原，均乞恩准施行，俾臣得以從容佈置。至各直省合籌經費一節，仍懇明降諭旨，飭令各省督撫，務籌的款，按季撥解大學堂應用，出自逾格鴻慈。上諭，張百熙奏籌辦學堂大概情形一摺，披閱所擬章程大致尚屬周妥，著即認真舉辦，切實奉行。朝廷於此事垂意至殷，原冀興學儲才，以備國家任使，務各殫精竭慮，爭自濯磨。總之學術純疵，為人才消長之機，亦即風俗污隆，所係一切條規，將來即以通行各省，必當斟酌盡善，損益得中，期於一道同風，有實效而無流弊。張百熙責無旁貸，仍著悉心籌畫，逐漸擴充次第興辦，以副委任所需經費，著各省督撫量力認解，其有未盡事宜，應即隨時具奏。①

光緒二十八年九月二十五日，張之洞《請獎萬斛泉等摺》

奏為湖北書院院長品節可風，懇恩獎勵，以端教化，恭摺仰祈聖鑒事。竊惟朝廷設立學校，慎選師儒，所以培養士風，修明學術。湖北地方居長江之上游，天下之中樞，形勢雄偉，人文秀蔚。其間圭璧之彥，舟楫之才，必有達德為之津梁，名師示之模楷，故能養成楨幹，炳燿膠庠。臣等先後來治此邦，問俗思賢，時加采訪，亟欲表章師範，垂示方來。茲查有興國州處士疊山書院院長萬斛泉，曾於咸豐九年經前撫臣胡林翼專疏奏稱：萬斛泉結茅山中，讀書講道，賊至時正襟端坐，賊不敢近，自相引去。仰蒙文宗顯皇帝賞給頂戴。光緒九年，前督臣涂宗瀛又專疏保奏，仰蒙皇上賞給國子監博士銜。是其學行端純，一鄉感化，曾荷先朝之寵賚，復承聖主之恩言，公論久昭，士林僉服。臣等聞萬斛泉今年已九十有三，精神強健，尚能日課諸生，議論則正而不偏，教思則老而彌篤，及其門者類皆廉隅自勵，不入公門。以胡林翼所舉之耆儒，至今猶在，可謂楚國之蘭荃，人間之星鳳矣。又查御史銜蒙泉書院院長吳兆泰居心溫厚，持論正直，主講省城經心書院有年，每論國事，癙寐不忘。江湖有魏闕之思，松柏存歲寒之節。前學臣王同愈重其為人，疏稱其課士盡心，成效卓著。仰蒙賞還原銜，吳兆泰感激涕零，益自淬厲。今年甫五十，若聽其優游講舍，不能效力國家，實為可惜，儻荷起用，必不孤恩。以吳兆泰立朝有節，居鄉有教，求之今日蓋不甚多。邇來風氣大開，學堂廣設，通知時務之士講求變法之時，果能有辨邪正明義利者維繫其間，收益更為閎遠。臣等區區之愚實在於此。合無仰懇天恩，將國子監學正學錄銜萬斛泉一員賞給五品卿銜或國子監司業銜。至御史吳兆泰一員可否飭令送部引見優加錄用，出自逾格鴻施。臣等為表章師儒，整頓士習起見，謹合詞奏請。伏祈皇太后、皇上聖鑒訓示。謹奏。②

---

① 《東華續錄》光緒一百七十一，光緒二十八年壬寅正月丁卯，《續修四庫全書》，史部・編年類。

② （清）張之洞撰：《張文襄公奏議》卷三十四，請獎萬斛泉等摺，民國九年刻張文襄公全集本。

　　光緒二十九年，學務大臣會奏《議請遞減科舉》

　　又學部詳擬師範獎勵、義務兩項章程，略稱奏定學堂章程，內訂有初級、優級各師範學堂畢業效力義務章程，立法甚善。惟優級師範獎勵章程，所獎係國子監官職見經裁併，勢不得不量為變通，義務章程亦有應行加詳之處。查奏定章程，內開優級師範學堂，程度與高等學堂同，而略勝初級師範學堂，程度與中學堂同，而略勝師範，為各種學堂之根源，故獎勵不得不稍優各等語。見在師範獎勵，既不能援用舊章，惟有各按程度，就奏定章程所定，高等學堂、中學堂及程度相當之各項學堂，畢業獎勵，比照酌擬。此外優級師範有選科一項，奏定章程僅舉其名，而課目未備。臣部曾於去年酌定課程，咨行各省，分別試辦。近來各省並有舉辦，奏定章程所定之師範簡易科者，皆為振興教育，急於求師起見。此項師範畢業生，似亦宜略予獎勵，以資鼓舞，謹一併按照程度，分別酌擬。至師範畢業應盡義務，為各國所同，蓋必如是，而後教成一人，能得一人之用，教育乃能振興。謹就原定師範畢業效力義務章程，詳加修改，明示限制。凡師範生得有獎勵，必俟義務年滿，始准服官。其有心規避或遷延過久，不盡義務者，即將應得獎勵撤銷。其效力義務著有成效者，仍比照奏定章程教員五年屆滿之條，酌給獎勵。

　　又學部議覆，中書黃運藩整頓學務，略稱都察院代奏中書黃運藩整頓學務，請復科舉一摺。到部查原呈內稱，地方貧困不能多設完全學堂，以資教育，故欲科舉與科學並行，中學與西才分造，並有取士之規，誠無以易科舉與制藝等語。臣等竊維，科舉取士相傳至數百年，流極為帖括詞章之學，習非所用。光緒二十九年閒，學務大臣會奏，議請遞減科舉，註重學堂摺。內聲稱，科舉文字每多剿竊，學堂功課務在實修。科舉止憑一日之短長，學堂必盡累年之研究。科舉但取辭章，其品誼無從考見，學堂兼重行檢，其心術尤可灼知。是科舉之與學堂，難易得失，比較昭然。今日停止科舉，海內有志之士，求為有用之學，似已有人才興起之機。茲該中書原呈，慮及地方貧困，不能多設完全學堂，以資教育，乃係初辦時為難。實在情形，惟溯興學以來，京外官立公立私立學堂，已屬不少。較之未停科舉以前，各處士民已多知設立學堂之有益，捐資建校、助費游學者，絡繹不絕，人心趨向，亦略可見。是在持之以久、貞之以恆，庶幾愈推愈廣，教育可期普及。若忽言規復科舉微特，旋廢旋復，無此政體。即揆之事勢人情，亦豈稱便。況從前專重科舉制藝時，各處書院，每一省城，每一府州縣城，設立亦不能甚多。且書院師生課程亦多有名無實，較之今日各處建設學堂之數，似尚不及。安見一復科舉，地方即不貧困，教育即可有資耶。至謂科舉與科學並行，中學與西才分造，尤非通論科舉得官，可以徼倖一試。學堂則窮年累月從事於辛苦煩難之科學，舍易就難，必非人情。且中外政治藝術，貴在得其會通，庶可措之實用。若中學與西才分造，勢必各得一偏，永無融會貫通之一日，似非造就人材之本意。要之時局阽危非人莫濟，因乏才而思興學，因興學而防流弊，是在端正學術、慎守宗旨、整頓於學堂之中，斷不能言造就於學堂之外。①

光緒三十年，《政務處議覆各督撫裁汰冗官摺》

送准軍機處抄交直隸總督袁世凱奏議裁官缺及酌裁教職各一摺，又安徽巡撫誠勳奏擬裁官缺一摺，又河南巡撫陳夔龍奏酌裁佐貳教職河工官缺各摺片，均奉硃批，政務處吏部議奏單片併發。欽此。又御史夏敦復奏直隸教職請免裁併一摺，奉旨：政務處吏部議奏。欽此。查京外各項差缺，欽奉諭旨飭令裁汰，歸併朝廷，綜覈名實，並不論官階大小，惟期各勤職事，除冗濫而勵官常。今該督撫等將直隸等省應裁各缺先後奏到。臣等詳加察覈，直隸擬裁霸昌道一缺。據稱所轄僅西南北三廳，無審轉案件，可歸併通永道管轄等語。查本年八月間，陝西巡撫升允奏請裁糧道一缺，業經奉旨允准，霸昌道事務較簡，應照所擬准其裁撤。現任道員穆特賀應俟奉旨後，由吏部照例知照軍機處請旨另簡。至直隸等省擬裁同通以下等缺，查同知通判乃京官升選之途，滿員如各部院筆帖式，漢員如內閣中書等十七項及國子監學正學錄等官，或京察奉旨記名，或俸滿截取，始得註選。該員等在京當差多年，似不能不予以出路俾資歷練，各項州同州判為舉人五貢就職本班。上年學務大臣奏定章程，各學堂畢業獎勵，並有以州同、州判盡先選用之條，亦應酌留額缺，以勵上進。近日山東巡撫周馥以河防較前喫重，請將沿河各府州縣同通佐貳等缺，移駐河干，助州縣照料所不及，即如該撫陳夔龍以許州所轄之繁，城鎮鐵路開通，請將同城之州判移駐該鎮，就近稽查彈壓，先後奏明在案。是缺分繁簡，因時轉移即間散微員用當其職，亦足以資佐理。應令該督撫等再行詳覈，分別奏明。辦

① 《清續文獻通考》卷一三〇《學校》十。

理安徽河南擬裁各缺，該管事宜如何歸併，原奏未據聲敘並由該撫詳議奏覆。至教職一項，直隸擬凡係二缺裁一，安徽河南擬裁復設各缺，其意相同，惟查現在各省府廳州縣均應設立蒙小學堂，方須廣置教員以資訓迪。若將京師大學堂及各省所取之初級師範生，由學務大臣考驗合格保送教職，歸部銓選，則一轉移間，將來各省學官即可兼充各該處學堂教員，允為名實相符，尤於學校有益。擬請毋庸裁撤，如蒙俞允，應由吏部查照學務大臣奏定章程，分別班次，奏明辦理。謹奏。光緒三十年月日。奉旨：依議。欽此。①

　　光緒三十一年八月初四日，《直督袁等奏請立停科舉推廣學校摺》

　　竊維科舉之弊，古今人言之綦詳，而科學之阻礙學堂妨誤人才，臣世凱、臣之洞等亦迭經奏陳，久在聖明昭鑒之中，無煩縷述，以瀆宸聽。是以前奉諭旨，遞減科舉中額，期以三科減盡，十年之後取士，概歸學堂，固已明示天下以作新之基而徐俟夫時機之至。所以為興學培才計者，用意至為深遠。臣等默觀大局，熟察時趨，覺現在危迫情形更甚曩日。竭力振作，實同一刻千金，而科舉一日不停，士人皆有僥倖得第之心，以分其砥礪實修之志，民間更相率觀望，私立學堂者絕少，又斷非公家財力所能普及。學堂決無大興之望。就目前而論，縱使科舉立停，學堂徧設，亦必須十數年後人才始盛。如再遲至十年甫停科舉，學堂有遷延之勢，人才非急切可成。又必須二十餘年後，始得多士之用。強鄰環伺，詎能我待。近數年來各國盼我維新，勸我變法，每疑我拘牽舊習，譏我首鼠兩端，群懷不信之心，未改輕侮之意。轉瞬日俄和議一定，中國大局益危。斯時必有殊常之舉動，方足化群疑而消積侮。科舉夙為外人詬病，學堂最為新政大端，一日毅然決然舍其舊而新是謀，則風聲所樹，觀聽一傾，群且刮目相看，推誠相與，而中國士子之留學外洋者，亦知進身之路歸重學堂一途，益將勵志潛修，不為邪說浮言所惑，顯收有用之才俊，隱戢不虞之詭謀。所關甚宏，收效甚鉅。且設立學堂者，並非專為儲才，乃開通民智為主，使人人獲有普及之教育，具有普通之智能，上知效忠於國，下得自謀其生也。其才高者固足以佐治，理次者亦不失為合格之國民，兵農工商各完其義務而分任其事業，婦人孺子亦不使逸處而興教於家庭。無地無學，無人

---

　　① 《大清光緒新法令》第二類，官制二《政務處議覆各督撫裁汰冗官摺》。

不學，以此致富奚不富？以此圖強奚不強？故不獨普之勝法，日之勝俄，識者皆歸其功於小學校，教師即其他文明之邦強盛之原，亦孰不基於學校。而我國獨相形見絀者，則以科舉不停，學校不廣，士心既莫能堅定，民智復無由大開，求其進化日新也難矣。故欲補救時艱，必自推廣學校始。而欲推廣學校，必自先停科舉始。擬請宸衷獨斷，雷厲風行，立沛綸音，停罷科舉。庶幾廣學育才，化民成俗，內定國是，外服強鄰，轉危為安，胥基於此。雖然科舉停矣，尚有切要之辦法數端，而學堂乃可相維於不敝：

——在於尊經學也。或慮科舉一停，將至荒經，不知習學業者未必甚湛深經術，但因科場題目所在，不得不記誦經文，又因辭章敷佐之需，不得不掇拾經字。故自四書五經而外，他經多束置不觀，即五經亦不皆全讀，讀者亦不盡能解是何與於傳經。今學堂奏定章程，首以經學根柢為重，小學中學均限定讀經講經溫經，晷刻不准減少，計中學畢業共需讀過十經並通大義，而大學堂通儒院更設有經學專科。餘如史學、文學、理學諸門，凡舊學所有者，皆包括無遺，且較為詳備。蓋於保存國粹，尤為兢兢。所慮辦學之人喜新厭故，不知尊經，則雖諸生備諳各種科學，亦謹造成一氾濫無本之人才，何濟於用。應請飭下各省督撫學政，責成辦理學務人員注意經學暨國文、國史，則舊學非但不虞荒廢，抑且日見昌明。

——在於崇品行也。查科場試士，但憑文字之短長，不問人品之賢否，是以暗中摸索，最足為世詬譏。今學堂定章於各科學外，另立品行一門，用積分法與各門科學一體考核，同記分數。共分言語、容止、行體、作事、交際、出游六項，隨處稽察，第其等差，至考試時亦以該生平日品行分數併計合算。亟應申明定章。請飭各省認真遵辦，則人人可期達此成德，自不至於越矩僨規。

——師範宜速造就也。各省學堂之不多，患不在無款無地，而在無師。應請旨切飭各省多派中學已通之士出洋就學，分習速成師範及完全師範兩種，尤以多派舉貢生員為善，並於各省會多設師範傳習所。師資既富，學自易興。此為辦學入手第一要義，不可稍涉遲緩。

——未畢業之學生暫勿率取也。各省設立學堂，遲早不一，程度不齊，或卒業有期，或畢課尚早。若不待畢業，驟加考試，則苟且速化，弊將日滋。若必待全行畢業，則各省之辦學較遲者，必至缺其選舉士林，又將失望。今籌一通融辦法，既不同科舉之敷衍故事，亦不向學堂而遷就濫登，要使取士仍歸學堂之中，學堂不蹈科舉之弊，擬請此數年內除學堂實係畢業者屆期奏請考試外，其餘則專取已經畢業之簡易科師範生，予以舉人進士出身，既可以勸教育之真擴興學之基，並隱以勵續學而杜倖進。外國無速成小中高等各學，而有速成師範學，具有深意。至五年以後，完全師範生畢業者已多，更足以應選舉而有餘。此等師範生類皆國文已優，學術純謹，斷無流弊，且多係舉貢生員為之，本可以得科第之人，亦非僥倖。迨十年以後，各省學堂逐漸畢業，人才濟濟，更可不窮於用。

——舊學應舉之寒儒宜籌出路也。交士失職，生計頓蹙，除年壯才敏者入師範學堂外，其不能為師範生者，賢而安分則困窮可憫，不肖而無賴或至為非生事，亦甚可憂。擬請十年三科之內，各省優貢照舊舉行，已酉科拔貢亦照舊辦理，皆仍於舊學生員中考取。其已入學堂者，照章不准應考。惟優貢之額過少，擬請按省分之大小酌量增加，分別錄取。朝考後用為京官、知縣等項三科後，即行請旨停止。其已中舉人、五貢者，此三科內擬令各省督撫學政每三年一次保送舉貢若干名，略照會試中額加兩三倍送京考試。凡算學、地理、財政、兵事、交涉、鐵路、鑛務、警察、外國、政法等事，但有一長，皆可保送。俟考試時分別去取，試以經義史論一場、專門學一場，共兩場。其取定者酌量用為主事、中書學正、知縣等官。如此則鄉試雖停而生員可以得優，拔貢會試雖停而舉貢可以考官。職正科舉之名專歸於急需之學堂，廣登進之途，藉恤夫奮學之寒士，庶乎平允易行，各得其所，少長同臻於有用，新舊遞嬗於無形矣。

以上五條皆停科舉後最為切要之端，而行之可期無弊。應請一併飭下各省督撫學政切實遵辦。至各省學堂未辦者，宜從速提倡，已辦者，宜極力擴充，以及各堂學生之良莠與夫辦理學務人員之功過，均應隨時認真考察，分別勸懲，亦皆各省督撫學政所不得稍辭其責者也。其一切學堂畢業考試暨簡放考官等事，自應悉遵奏定章程辦理。臣等為補救時艱，妥籌辦法起見，往復商確，意見相同，是否有當，謹合詞恭摺具陳。謹奏。光緒三十一年八月初四日。奉硃批：已恭錄卷首。[①]

光緒三十一年九月，寶熙奏：恭讀八月初四日上諭，袁世凱等奏請立

[①]　《大清光緒新法令》第十二類典禮考試《直督袁等奏請立停科舉推廣學校摺》。

停科舉以廣學校並妥籌辦法一摺。著即自丙午科為始，所有鄉會試一律停止，各省歲科考試，亦即停止，其餘各條均著照所請辦理。總之學堂本有學校之制，其獎勵出身又與科舉無異，是在官紳申明宗旨，聞風舉辦，多建學堂，普及教育，國家即獲樹人之益，即地方亦與有光榮。並著責成各該督撫實力通籌，認眞舉辦，共副朝廷勸學作人之至意等因。欽此。仰見聖謨深遠，因時制宜，教育人才，實事求是之盛舉，薄海士流莫不聞風鼓舞，註重學科，化愚為明，自柔而强之基實植於此。竊謂此後普及之教育日推日廣，則學堂之統系愈重愈繁。欲令全國學制畫一整齊，斷非補苴罅漏之計所能為，一手一足之烈所能濟。且當變更伊始，造端宏大，各處學務之待考核統治者，條緒極繁，必須有一總彙之區，始足以期日臻進步。擬請飭下政務處會議速行，設立學部。上師三代建學之深意，近仿日本文部之成規，遴選通才，分研教育改良之法，總持一切綱舉目張，實於全國學務大有神益。查科舉既停，禮部、國子監兩衙門公事愈形清簡，似宜統行裁撤歸併學部，以節經費，兼免紛歧。其禮部應行典禮，即責成太常寺、鴻臚寺，愼重將事，必不至稍貽隕越。所有部、監之司官、助教等員，半係文學出身，亦可擇其學識明通者，十留二三，隸於學部。其餘亟當統籌出路，設法疏通，以彰國家體恤羣臣之美。至設立學部，用款不貲，各員俸廉雖不必如外商兩部之過優，亦未便照舊日定制之太薄。且學務千端萬緒，需才孔亟，當此部款支絀之時，勢不能不兼資外省財力略為補助。伏思各省科歲兩試三年中所耗考棚費用，多則四五萬，少亦二三萬。今擬請按照省分大小，將三年所籌之棚費，每年分提數成作為學部常年經費。外省籌款，備極艱難，亦宜酌留一半，以備擴充各屬中小學之用。所提無幾，第以十九行省計之，亦頗覺積少成多。若再兼以禮部、國子監兩署經費，與部中添籌之款，當足資展布矣。然學部立矣，尚有今日關係學堂最重要者三條，雖屢申明定章，實覺不宜緩辦。敬為我皇太后皇上縷晰陳之：

——學堂教員宜列作職官也。外國教員皆係職官教員，與學生稍有齟齬，便爾思去功課中輟窒礙實多。亟宜申明定章，作為官職，別以品秩，判以正副，重以禮貌，優以俸薪。凡高等學堂以上之教員，應由督撫奏補；中學堂以下，則隨時札委，均咨明學部立案，列入官籍之中。畢業時仍須擇尤褒獎，如此則現在教員既覺榮寵有加，可免來去自如。即將來師範生卒業亦有所安置矣。

——編定課本宜變通辦法也。查奏定章程内，官編教科書未出版以前，應准各學堂自編講義，果能合法，即准作為暫時通行之本。其私家編纂之課本，由學務大臣鑒定，如確合教科程度者，亦可採用等語。誠以課本需用甚急，一時官力恐有未逮也。竊謂課本不定，學生將無業可執，以致畢業之說，迄無期限。此今日最當研究者也。查直隷學校司近編之各種科學書，及湖北官立學堂所出各門講義，頗足以資採用。下至上海文明商務等書局發行新輯中小學各教科書，亦多有宗旨不詭、繁簡合宜之本，各先薈萃。此等講義課本，由編輯處統加審定，擇其善者，分別部居，暫作為各學堂應用之書。俟學部立後，人才數用，再行詳悉編纂，隨時改良。若此時專恃官編課本，一體完備，恐非三五年所能竣事。此不得不略為變通，以免曠日持久之虞。

——學生冠服宜定制度，以歸畫一也。學生冠服雜糅，殊失整肅氣象，形式未立，何論精神。今由官定為畫一之制，有禮服，有操服，並宜有大中小學之分，官立私立之別。在堂則整齊可觀，出門則殊異於衆，自可為章身禮法，屏絕奇□。應由學務大臣考覈典章，參以新制，將各堂各種官服式樣通行各省，學務處轉飭一體遵照辦理。庶幾勳中規矩，藉壯觀瞻。

以上所舉三條，係屬查照定章，申明辦法。合無籲懇天恩，一併飭下學務處從速議定，通行各省，切實施行，學務幸甚。下政務處學務大臣議奏。①

光緒三十一年十月，山西學政寶熙奏《請設立學部》

奏為科舉停後專辦學堂，擬請設立學部，並申明定章，擇舉切要辦法三條，以一學制，而期成效，恭摺具陳仰祈聖鑒事。恭讀八月初四日上諭，袁世凱等奏請立停科舉以廣學校並妥籌辦法一摺，著即自丙午科為始，所有鄉會試一律停止，各省歲科考試亦即停止，及其餘各條均著照所請辦理。……仰見聖謨深遠，因時制宜，教育人才，實事求是之盛舉，薄海士流，莫不聞風鼓舞，註重學科，化愚為明，自柔而強之基，實植於此。竊謂此後普及之教育，日推日廣，則學堂統系，愈重愈繁。欲令全國學制劃一整齊，斷非補苴罅漏之計所能為，一手一足之烈所能濟。且當變

① 《東華續錄》光緒一百九十六，光緒三十一年乙巳九月庚辰。《續修四庫全書》，史部·編年類。

更伊始，造端宏大，各處學務之待考核統治者，條緒極紛。必須有一總彙之取，始足以期日臻進步。擬請飭下政務處會議，速行設立學部。上師三代建學之深意，近仿日本文部之成規，遴選通才，分研教育行政之法，總持一切，綱舉目張，實於全國學務大有裨益。查科舉既停，禮部、國子監兩衙門公事愈形清簡。似宜統行裁撤，歸併學部，以節經費，兼免紛歧。其禮部應辦典禮，即責成太常寺、鴻臚寺慎重將事，必不致稍貽隕越。所有部監之司官助教等員，半係文學出身，亦可擇其學識通明者，十留二三，隸於學部。其餘亟當統籌出路，設法疏通，以彰國家體恤群臣之美。至設立學部，用款不貲，各員俸廉，雖不必如外、商兩部之過優，亦未便照舊日定制之太薄。且學務千端萬緒，需才孔多，當此部款支絀之時，勢不能不兼資外省財力，略為補助。伏思各省歲科兩試，三年中所耗考棚費用，多則四五萬，少亦二三萬。今擬請按照省分大小，將三年所籌之棚費，每年分提數成，作為學部常年經費。外省籌款，備極艱難，亦宜酌留一半，以備擴充各屬中小學堂之用。雖所提無幾，第以十九行省計之，亦頗覺積少成多。若再兼以禮部、國子監兩署經費，與部中添籌之款，當足資展布矣。然學部立矣，尚有今日關係學堂最要者三條，雖屬申明定章，實覺不宜緩辦，敬為我皇太后皇上僂晰陳之：

——學堂教員宜列作職官也。外國教員皆系職官，且有任事期限，所以責成專而收效速。今各省學堂所聘之教習，與學生稍有齟齬，便爾思去，功課中輟，窒礙實多。亟宜申明定章，作為官職，別以品秩，判以正副，重以禮貌，優以俸薪。凡高等學堂以上之教員，應由督撫奏補；中學堂以下，則隨時劄委，均諮明學部立案，列入官籍之中。畢業時，仍須擇尤保獎。如此則現在教員既覺榮寵有加，可免來去自如，即將來師範生卒業，亦有所安置矣。

——編定課本宜變通辦法也。查奏定章程內稱，官編教科書未出版以前，應准各學堂自編講義，果能合法，即准作為暫時通行之本。其私家編纂之課本，呈由學務大臣鑒定，如確合教科程度者，亦可採用等語。誠以課本需用甚亟，一時官力恐未有逮也。竊謂課本不定，學生將無業可執，以致畢業之說，迄無期限。此今日最當研究者也。查直隸學校司近編之各種科學書，及湖北官立學堂所出各門講義，頗足以資採用。下至上海文明、商務等書局發行新輯中小學各教科書，亦多有宗旨不詭、繁簡合宜之本，各先薈萃。此等講義課本，由編譯處統加審定，擇其善者，分別部居，暫作為各學堂應用之書。俟學部立後，人才敷用，再行祥悉編纂，隨時改良。若此時專待官編課本一律完備，恐非三五年後所能竣事，此不得不略為變通，以免曠日持久之虞。

——學生冠服宜定制度，以歸劃一也。學生冠服龐雜，殊失整肅氣象，形式未立，何論精神。今由官定為劃一之制，有禮服，有操服，並宜有大中小學之分，官立私立之別。在堂則整齊可觀，出門則殊異於眾，自可束身禮法，屏絕奇邪。應由學務大臣考核典章，參以新制，將所定各種冠服式樣，通行各省學務處轉飭一體遵照辦理。庶幾動中規矩，藉壯觀瞻。以上所舉三條，係屬查照定章，申明辦法。合無籲懇天恩，一併飭下學務處從速議定，通行各省，切實施行，學務幸甚。①

光緒三十一年十一月，丁丑，諭慶親王奕劻，選派宗室出洋學習武備。外務部學務大臣奏，本年八月初六日，准軍機處鈔交出使比國大臣楊兆鋆奏，西洋游學辦法紛歧，亟宜訂明章程一摺。奉硃批：外務部學務大臣議奏單併發。欽此。查原奏，以慎選學生、齊一學費為綱要。章程內稱，宜擇年自十五至二十五已通西文者出洋，不通西文，則選年十四五，心地明白、文理曉暢者出洋。向習某國語文，遣游某國擇員繙譯，名為幫教習，如無監督，由使臣隨時約束考察各等語。皆閱歷有得實事求是之言，所擬辦法簡要允當，均可見諸施行，應由臣等將原章咨行各直省，體察情形，查照辦理。又稱學費務貴得中，詳列條目，以備採擇。查學費不一之故，由於財力有贏絀，資遣有先後，各自籌辦，遂致參差。此時驟欲齊整，頗不易易。擬請飭下出使各國大臣，將學堂等級、學費多寡詳細列表，酌中定數，從速咨送京師。再由臣等覆加查覈，通行遵照，期歸一律。得旨：如所議行。

……

政務處學務大臣奏，本年九月初十日，准軍機處鈔交山西學政寶熙奏，擬請設立學部摺片各一件。奉硃批：政務處學務大臣議奏片併發。欽此。原摺內稱，學制變更伊始，必須有總匯之區，請速設學部。科舉既停，禮部、國子監公事愈形清簡，似宜統行裁撤歸併學部。禮部應辦典禮，即責成太常寺、鴻臚寺慎重將事等語。現在停止科舉，專重學堂，整

① 《光緒朝東華錄》（5），總第 5409—5410 頁。

理一切學務，不可無總彙之區，自應特設學部以資管轄。查國子監現管事務較簡，擬請即將該衙門歸併學部，其詳定員缺、覈支經費及應辦事宜均俟奉旨後，由該部妥籌詳酌奏明請旨施行。國子監祭酒、司業，擬即裁撤，另以相當之缺補用。未經補缺以前，資俸一切，均照裁缺通政使司堂官之例。監丞以下人員，不乏可用之才，如何分別改用留用，及原有監內肄業各生並所設學堂，均由學部酌覈辦理。禮部太常寺、鴻臚寺典禮攸關，應請歸入議覆，載振摺內再行詳議具奏。原奏又稱，學堂教員宜列作職官，編定課本宜變通辦法，學生冠服宜定制度等三條。學務大臣查教員關係學生功課，至為重要。近日京師各學堂教員，即有視作兼差，每致曠課之弊，如不定為實官，辦法誠多窒礙。應俟設部後，會同政務處、吏部，詳定品秩，奏明請旨施行。學堂課本採用各省官局及私家所編教科書，與現在編書局辦法相同。業於議覆出使大臣孫寶琦摺內，奏明在案。學生冠服，近准湖廣督臣張之洞咨送試辦章程，及製就程式正與各學堂監督悉心考究，應由學部詳加酌定，奏請通行。再寶熙附片奏稱，如禮部未便裁撤，將翰林院歸併學部，並疏通讀講以下等官出路等語。臣等現擬以國子監歸併學部，原奏請以翰林院歸併之處，亦毋庸議。惟翰林各員學問素優，升途轉隘，誠如原奏所稱，末免向隅。應如何量予疏通之處，應由掌院學士酌核奏明，請旨辦理。正在核議間復准軍機處先後鈔交翰林院代遞編修尹銘綬等條陳，改立學部。將翰林院衙門歸併摺單各一件，順天學政陸寶患奏請立文部條陳學務一摺，江蘇學政唐景崇奏專辦學堂敬陳管見一摺，均奉旨政務處學務大臣議奏。欽此。查陸寶忠請立文部一節，已於寶熙奏內議准。唐景崇請定地方官賞罰一節，應俟學部設立，妥定章程後，再由政務處學部會同吏部，詳核辦理。其關係學務變通，整頓各條，學務大臣查原奏所陳，或為定章所未備，或已渾括於定章之中，而辦法須求詳盡。統俟學部設立，會同政務處隨時奏明，請旨辦理。至尹銘綬等所請，翰林院歸併學部，及疏通翰林院各官出路之處，均於寶熙奏內詳細覈覆，應毋庸重議。上諭，本日政務處學務大臣會奏議覆寶熙等條陳一摺，前經降旨，停止科舉，亟應振興學務廣育人才。現在各省學堂已次第興辦，必須有總彙之區，以資董率而專責成著，即設立學部，榮慶著調補學部尚書，學部左侍郎著熙瑛補授，翰林院編修嚴修著以三品京堂候補，署理學部右侍郎。國子監即古之"成均"，本係大學所有，該監事務著即歸併學部，其餘未盡事宜，著該尚書等即行妥議具奏。該部創設伊始，興學育才，責成綦重，務當悉心考核，加意培養，期於敦崇正學，造就通才，用副朝廷建學化民成俗之至意。[1]

光緒三十二年閏四月二十日，《學部奏酌擬學部官制並歸併國子監事宜改定額缺摺》

竊臣部奉旨設立，為全國學務總彙之區，國民程度之淺深、教育推行之遲速，董率督催，責任綦重，顧設官分職必豫籌，夫久遠可行之規，以徐收夫名實相副之效。臣等公同商酌，仰體朝廷設官敷教之精心，參仿外商警部分曹隸事之辦法，擬設左右丞各一員、左右參議各一員、參事官四員，分設五司十二科，郎中、員外郎、主事各缺視事之煩簡為缺之多寡，期於各專責成，無有曠誤。此外，視學官暫無定員，諮議官不設額缺，其一切繙譯圖書、調查學制以及督理京師學務與夫本部會議研究教育之事，皆分設局所，派員兼理，徐規美備。至國子監業經遵旨歸併，查該衙門舊日職掌，係專司國學及典守奉祀之事，現學務事宜已經歸併辦理，其文廟、辟雍殿兩處，典禮崇隆，觀聽所傾，自應特設專官，以昭慎重。擬設國子丞一人，總司一切禮儀事務，分守、典守、奉祀等官，各司其事，仍隸臣部辦理，俾垂久遠。所有臣等酌擬本部官制及歸併國子監事宜，改設額缺章程，謹分繕清單，恭呈御覽，伏候欽定。再臣部設立伊始，酌定職司以資分守。至各員升補章程及嗣後如有應行增減變通之處，容隨時酌量情形奏明辦理。謹奏。光緒三十二年閏四月二十日。奉旨：依議。欽此。

謹擬學部官制職守清單恭呈御覽。

——擬設左右丞各一員，秩正三品，佐尚書、侍郎整理全部事宜，並分別各司事務，稽核五品以下各職員功過。

——擬設左右參議各一員，秩正四品，佐尚書、侍郎覈訂法令章程，審議各司重要事宜，設參事官四員，秩正五品，視郎中，佐左右參議核審事務。

——擬設五司，曰總務司，曰專門司，曰普通司，曰實業司，曰會計司。每司分設數科，其各司科職掌員數分列於下：

總務司　郎中一員，總理司務。

_____

① 《東華續錄》光緒一百九十七，光緒三十一年乙巳十一月乙卯。《續修四庫全書》，史部·編年類。

　　機要科　員外郎一員，主事二員，辦理科務。掌理機密文書，撰擬緊要章奏及關涉全部事體之文件，函電、各司專件仍歸各該司辦理，稽覈京外辦理學務職官功過及其任用、升黜、更調，並檢定教員，掌理備聘外國人及高等教育、會議、學堂、衛生等事務，可暫聘精通學校衛生之醫士為顧問。

　　案牘科　員外郎一員，主事一員，辦理科務。掌收儲各種公文、函電、案卷、册籍編類編號，又編纂統計報告，兼掌管各省學務報告等事。

　　審定科　員外郎一員，主事一員，辦事科務。掌審查教科圖書，凡編譯局之已經編輯者詳加審核頒行，並收管本部應用參考圖書編錄各種學藝報章等事，除常置員司外，可酌派本部他司人員或各學堂教員之熟悉科學者助理之。

　　專門司　郎中一員，總理司務。

　　專門教務科　員外郎一員，主事一員，辦理科務。掌核辦大學堂、高等學堂及凡屬文學、政法、學術、技藝、音樂各種專門學堂一切事務，並稽核私立專門學堂教課設備是否合度，及應否允准與官立學堂享有一律權利，或頒公款補助等事。

　　專門庶務科　員外郎一員，主事一員，辦理科務。掌保護獎勵各種學術技藝，考察各種專門學會，考察耆德宿學研精專門者，應否賜予學位及學堂與地方行政、財政之關係，又凡關於圖書館、博物館、天文台、氣象台等事均歸辦理，並掌海外游學生功課程度及派遣獎勵事等。

　　普通司　郎中一員，總理司務。

　　師範教育科　員外郎一員，主事二員，辦理科務。掌優級師範、初級師範學堂、盲啞學堂、女子師範學堂、教科規程、設備、規則及關於管理員、教員、學生並學堂與地方行政、財政有關係之一切事務，又凡通俗教育、家庭教育及教育博物館等事務均隸之。

　　中等教育科　員外郎一員，主事一員，辦理科務。掌中學堂、女子中學堂教課規程，設備規則及關於管理員、教員、學生並學堂與地方行政、財政有關係之一切事務，又凡與中學堂相類之學堂一切事務均隸之。

　　小學教育科　員外郎一員，主事二員，辦理科務。掌小學堂之設立，維持教課規程、設備、規則及關於管理員、教員、學生並地方勸學所、教育會、學堂與地方行政、財政有關係之一切事務，又凡蒙養院及與小學堂相類之學堂一切事務均隸之。

實業司　郎中一員，總理司務。

實業教務科　員外郎一員，主事一員，辦理科務。掌農業學堂、工業學堂、商業學堂、實業教員講習所、實業補習普通學堂、藝徒學堂及各種實業學堂之設立維持，教課規程、設備、規則及關於管理員、教員、學生等一切事務。

實業庶務科　員外郎一員，主事一員，辦理科務。掌調查各省實業情形及實業教育與地方行政、財政之關係，並籌畫實業教育補助費等事。

會計司　郎中一員，總理司務。

度支科　員外郎一員，主事一員，辦理科務。掌本部經費之收支報銷及本部歲出歲入之豫算決算及教育恩給事，管理本部所有財產器物，覈算各省教育費用。

建築科　員外郎一員，主事一員，辦理科務。掌本部直轄各學堂、圖書館、博物館之建造營繕並考覈全國學堂圖書館等之經營建造是否合度，可暫聘精通建築之技師為顧問。

司務廳　司務二員，掌開用印信、收發文件、值日值宿、遞摺傳鈔摺件並管轄本部各項人役及不屬於各科雜項事件皆隸之，兼派本司員督理其事。

以上各司科事務均就目前情形擇要分配，以便各專責成，事分易理，嗣後如有增減改置之處，當隨時奏明辦理。

——擬每司及司務廳設一二三等書記官，秩七八九品，按司之繁簡，酌設不定缺額，學部不用書吏，酌設書記生若干員，考選士人充補。

——現在奏調各員除隨時酌量請補員缺外，其餘均作為候補額外司員，在相當品級上行走。

——擬設視學官，暫無定員，約十二人以內，秩正五品，視郎中，專任巡視京外學務。其巡視地方及詳細規則，當另定專章奏明辦理。

——擬設諮議官，無定員，不作為實缺，不限定常川在部，彷商部顧問官之例分為四等，一等視丞，二等視參，議均由學部奏派，三等視郎中員外，四等視主事，均由學部委派。凡學部有重要籌議之件，隨時諮詢。該員於教育有所建議，均得隨時分別函呈，以備採擇。

——擬設編譯圖書局，即以學務處原設之編書局改辦，其局長由學部奏派，其局員均由局長酌量聘用，無庸別設實官，並於局中附設研究所，專研究編纂各種課本。

——擬設京師督學局，置師範教育、中等教育、小學教育三科，每科設長一人。其局長由學部奏派，其科長可酌派部中司員兼任，其科員則以聘用員充之。

——擬設學制調查局，專研究各國學制，以資考鏡預備，隨時改良章程。其局長由學部奏派，其局員由視學官內派充，別設譯官數人以任繙譯。以上各局長由原官兼充，體制視左右丞、左右參議。

——擬設高等教育會議所，屬本部尚書、侍郎監督，其議員選派本部所屬職官。直轄各學堂監督、各省中等以上學堂監督，及京外官紳之學識宏通於教育事業，素有閱歷者充任，定期每年會議一次，又遇有重要事件時亦可臨時招集會議。諸議員均奏請派充，其議長則就議員中公選，其應議事項、議員資格及會議規則當另定章程。又所中設庶務員二人，掌理所務，即由本部酌派司員兼理。

——擬設教育研究所，延聘精通教育之員定期講演，以教育原理及教育行政為主。本部人員均應按時聽講，應設庶務員一人，編輯員一人，即由本部酌派司員兼理。

謹擬歸併國子監事宜改定額缺章程繕具清單，恭呈御覽。

——擬設國子丞一員，秩正四品，總司文廟、辟雍殿一切禮儀事務，其體制視參議，由臣部奏請簡任。

——擬設典簿四人，秩正七品，分掌關於祀典及臨雍視學案牘，兼經管廟戶、殿戶。

——擬設典籍四人，秩正八品，分掌廟內祭器、樂器、碑刻、殿內御用寶器及一切品物。

——擬設文廟七品奉祀官二人，八品奉祀官二人，九品奉祀官二人，掌預備祭器一切事宜。

——擬設文廟正通贊官二人，秩從七品，副通贊官二人，秩從八品，掌行禮引贊事宜。

——擬設二等書記官三人，秩正八品，三等書記官三人，秩正九品。

——典簿以下各官皆不分滿漢，一體任用。

——典簿以下各官其升轉皆比照舊設之官，如係滿蒙人員，照漢員例一律准其截取。七品視監丞，八品視學，正九品視舊典籍。擬請奏定後，由臣部就現任監丞等官酌量對品，奏請改補，俸照現定品級並酌加津貼，以職掌之繁簡為差。

——舊設實缺官，自監丞至九品筆帖式五十二缺，除酌量對品留補外，其餘裁缺各員及候補人員情願留部當差者，均作為額外行走，人員裁缺者照裁缺之例，候補者各接班次分別到署日期，以新設典簿等官候補。其情願改官及未經到署之候選人員應由臣部咨送吏部，照上年兵馬司指揮裁缺人員，例由吏部另定章程，奏明辦理。

——典簿以下各官缺出，嗣後均由臣部酌量奏補，如此次額外人員用竣之後，應就各省辦理學務人員及本部司務、書記官、書記生調補升用。①

光緒三十二年四月，學部奏，臣部奉旨設立，為全國學務總彙之區，國民程度之淺深，教育推行之遲速，董率督催，責任甚重，顧設官分職必豫籌夫久遠可行之規，以徐收夫名實相副之效。臣等公同商酌，仰體朝廷設官敷教之精心，參仿外商警部分曹隸事之辦法，擬設左右丞各一員，左右參議各一員，參事官四員。分設五司十二科郎中員外郎主事各缺，視事之繁簡，為缺之多寡，期於各專責成，無有曠誤。此外視學官暫無定員，諮議官不設額缺，其一切繙譯圖書、調查學制以及督理京師學務與夫本部會議研究教育之事，皆分設局所，派員兼理。徐規美備至國子監，業經遵旨歸併。查該衙門舊日職掌，係專司國學及典守奉祀之事，現學務事宜已經歸併辦理。其文廟、辟雍殿兩處典禮，崇隆觀聽，所傾自應特設專官以昭慎重。擬設國子丞一人，總司一切禮儀事務，分守典守奉祀等官，各司其事，仍隸臣部辦理，俾垂久遠。得旨：如所議行。②

光緒三十二年四月二十二日，《學部禮部會奏畫定學禮兩部辦事界限摺》

恭照光緒三十一年八月十三日。奉上諭，前已有旨，停止科舉及歲科考試，飭令各省學政專司考校學堂事務，嗣後各該學政事宜，著即歸學務大臣考核，毋庸再隸禮部，以昭畫一。欽此。臣等伏查從前之恩、拔、歲、優、貢及廩、增、附生，均由學政考取，冊報禮部。其貢士、舉人、副貢親供卷冊，亦隸禮部。所有各省貢士、舉貢、生監改籍更名，出繼歸

① 《大清光緒新法令》第 3 冊，商務印書館第 5 版，第 37—41 頁。
② 《東華續錄》光緒二百，光緒三十二年丙午四月丁巳。《續修四庫全書》，史部·編年類。

宗以及承廕就職、斥革開復各項事宜，向歸禮部承辦。此次欽奉上諭，學政專司考校學堂事務，毋庸再隸禮部，恭繹諭旨之意，似專指學堂而言，其從前之考試等事應隸何部，未奉明文。現在停止科舉，推廣學堂，學部新設，籌畫一切，章程頭緒紛繁。又經政務處及袁世凱等奏准，寬籌舉貢生員出路，將來保送舉貢及各省優、拔貢等項考試，事體亦極煩重。各省因章程未定，文電交馳，紛紛請示，率皆分咨學禮兩部，若不畫定界限，竊慮承辦各員無所適從，公事轉多貽誤。且冊檔文卷均在禮部，往返咨查既延時日。若全移交學部，新舊紛歧，尤多不便。臣等公同會商，擬請將從前之貢士、舉人，恩、拔、副歲優貢並廩、增、附生、例貢、監生考試引見、解卷行文以及改籍更名、就職報捐一應事宜，統由禮部仍照例章分別校辦。至由學堂出身之進士、舉人、優、拔、副、歲貢、廩、增、附生暨出洋游學畢業生，並國子監歸併學部後，在學部領照之監生，考試引見、解卷行文以及改籍更名、就職報捐一應事宜，統由學部。查照新章，分別校辦，如此畫定界限，庶承辦者有所遵循，而事情亦不致歧誤矣。恭候命下，即由臣等行知京外各衙門一體遵照。謹奏。光緒三十二年四月二十二日，奉旨。依議，欽此。①

光緒三十二年，《學部官制草案》

學部仍舊制。原定學部官制與此次各部官制通則草案最為相近，各司分科事宜亦經奏定辦理。惟案照此次通則，總務司應改為承政廳，除機要科案牘科各目職掌毋庸更改外，其會計司司務廳應即裁撤。而已會計司之度支科改稱為會計科，以司務廳改為庶務科，並歸承政廳，將原設總務司會計司郎中各一缺及司務二缺裁去，而於庶務科設員外郎主事各一缺掌其事。其總務司原設之審定科，事理繁重，擬特設圖書司領之，而以編譯圖書局所掌事務，改為編譯科，即與審定科同隸該司。增設圖書司郎中一缺、編譯科員外郎一缺、主事二缺，審定科主事原定一缺，亦擬改為二缺。除額定司員外，另設纂修員，分任本司編輯纂訂事宜，原設編譯圖書局應即裁撤。至會計司之建築科事務，另有藝師藝士辦理。此外，專門、普通、實業三司分科事宜及員缺職掌均可一仍舊制。其京師督學局事體繁

①　《大清光緒新法令》第二類，官制一《學部禮部會奏畫定學禮兩部辦事界限摺》。

重，原係兼差，擬改為京師督學廳，另設廳丞一員領之，以專責成。今另擬改正草案如下：

學部管理全國教育學藝事務。

學部尚書侍郎及丞參以下各職員之職掌許可權，均照官制通則所定者行之。

學部承政廳除通則所定職掌外，兼掌事務如下：一，高等教育會議事項；二，學堂衛生事項。

學部設四司，其目如下：一專門司，二普通司，三實業司，四圖書司。

專門司所掌事務如下：一，核辦大學堂、高等學堂事項；二，核辦凡屬文學、政法、美術、技藝、音樂各種專門學堂事項；三，稽核私立專門學堂教課設備是否合度及應否允准與官立學堂享有一律權利或須公款補助等事項；四，保護，獎勵各種學術技藝事項；五，考察各種專門學會事項；六，核議名儒名臣應否從祀文廟事項；七，考察耆德宿學、研精專門者應否賜與學位事項；八，考核各專門學堂與地方行政財政有關係之一切事項；九，辦理圖書館、博物館、天文臺、氣象臺等事項；十，考核海外游學生功課程度及派遣獎勵等事項。

普通司所掌事務如下：一，核辦優級師範初級師範學堂、盲啞學堂、女子師範學堂教課規程、設備規則及關於管理員、教員、學生並學堂與地方行政財政有關係之一切事項；二，凡通俗教育、家庭教育及教育博物館等事項；三，核辦中學堂、女子高等學堂教課規程、設備規則及關於管理員、教員、學生並學堂與地方行政財政有關係之一切事項；四，核辦凡與中學堂相類之學堂一切事項；五，核辦小學堂之設立、維持、教課規程、設備規則及關於管理員、教員、學生並地方勸學所教育會與地方行政財政有關係之一切事項；六，覈辦蒙養院及與小學堂相類之學堂一切事項。

實業司所掌事務如下：一，核辦農業學堂、工業學堂、商業學堂、實業教員講習所、實業補習普通學堂、藝徒學堂及各種實業學堂之設立維持、教課規程、設備規則及關於管理員、教員、學生等一切事項；二，調查各省實業情形及實業教育與地方行政財政之關係，並籌畫實業教育補助費等事項。

圖書司所掌事務如下：一，審查教科圖書事項；二，編譯各種課本及一切有關學藝書類、報章事項；三，收管本部應用參考圖書事項。

學部設視學官（暫無定員，約十二員以內），秩正五品。視郎中由學部尚書侍郎奏補，專任巡視京外學務，其巡視地方及詳細規則，另定專章。

學部設纂修官，無定額，掌纂輯撰訂各種課本及有關學藝書類，不拘資格，由尚書侍郎酌量延聘奏派並與以相當之待遇。

學部設藝師為奏補官，承尚書侍郎之命，掌籌畫學部直轄各學堂圖書館、博物館等之建造、營繕並考覈全國學堂圖書館等之營造是否合度，其定額由學部尚書侍郎酌定，諮交閣議決定之。

第十二條　學部設藝士為委用官，承上官之命，從事各項工程，其定額由學部尚書侍郎自定之。

第十三條　學部設諮議官，無定員，不作為實缺，不限定常川在部。仿商部顧問官之例分為四等：一等視丞，二等視參議，均由學部奏派；三等視郎中員外郎，四等視主事，均由學部委派。凡學部有重要籌議之件，隨時諮詢，該員於教育有所建議，均得隨時分別函呈，以備採擇。

第十四條　學部設學制調查局，專研究各國學制，以資考鏡，預備隨時改良章程。其局長由學部奏派，其局員由視學官各司員內派充。別設譯官數人，以任翻譯，其局長由原官兼充，體制視左右丞左右參議。

第十五條　學部設高等教育會議所，屬本部尚書侍郎監督。其議員選派本部所屬職官、直轄各學堂監督、各省中等以上學堂監督及京外官紳之學識宏通於教育事業素有閱歷者充任。定期每年會議一次，又遇有重要事件時，亦可臨時召集會議。諸議員均奏請派充，其議長則就議員中公選，其應議事項、議員資格及會議規則當另定章程。又所中設庶務員二人，掌理所務，即由本部酌派司員兼理。

第十六條　學部設教育研究所，延聘精通教育之員定期講演，以教育原理及教育行政為主。本部人員均應按時聽講。應設庶務員一人，編輯員一人，即由本部酌派司員兼理。

第十七條　學部設京師督學廳，置廳丞一員，秩正四品，視參議由學部尚書侍郎奏請簡派。

第十八條　京師督學廳，如外省提學使司，例設總務、師範、中學、小學四課，每課特設課長，副長課員等員辦理事務，無庸用本部司員兼理，其任用待遇及辦事詳細規則，另定專章。

第十九條　學部所轄國子監職員及一切事務，仍照奏定歸併國子監章程辦理。

以上各條如有應行增刪修改之處，隨時由學部尚書諮送閣議，請旨裁定。①

光緒三十二年，《政務處奏酌擬舉貢生員出路章程摺》

竊臣等恭讀上年八月初四日上諭，所有鄉會試一律停止，其以前之舉貢生員，分別量予出路等因，仰見朝廷敦崇實學，嘉惠寒畯之至意，凡在士民，同深欽感。伏維隆古之制，儒與吏通；歐美之規，政為士學。是以無空虛之學術，亦無廢棄之人材。現科舉初停，學堂未廣，各省舉貢人數合計不下數萬人，生員不下數十萬人。國家二百餘年，皆以科舉取士，士之儁異者咸出其中，其次者亦多鄉黨，自好循循規矩，不乏可用之才。中年以上不能再入學堂，原奏保送優拔兩途，定額無多，此外不免窮途之歎。方今捐例未止，保案尚多，或以微勞而累遷，或以輸資而進秩。片長薄技，皆得有以自見而不患沈淪。如該舉貢生員等非研經已久，即績學多年，似較捐保兩途造就尚易。如能量材器，使加以磨礱，使儒吏兼通政學普習，未始不可收拔十得五之效。臣等謹按例章，仰體德意，將舉貢生員出路，詳酌妥籌。有為新章所已行，有為成例所原有，稍示變通，仍予限制。期有以上副明詔，下慰士心，其原奏保送一條，各省仍應遵照辦理。至各該舉貢等應分發外省者，既有到省甄別之條，又有入法政學堂肄習之案，擬請飭下各該督撫認真辦理，以期澄汰庸瑣，成就廉能，庶於掄材馭吏之道均有裨益。謹將酌擬寬籌舉貢生員出路章程六條繕呈御覽，恭候聖明，採擇施行。

——酌加優拔貢額。查直隸總督袁世凱等奏停科舉摺，內籌出路一條，聲明十年三科之內，各省優貢照舊舉行，己酉科拔貢亦照舊辦理，皆仍於舊學生員中考取，已入學堂者不准應考。優貢額少，請按省份，酌加分別錄取等語。查優拔貢向皆於優等生員取錄，兼甄文行，所得人材較多，自應量予加取，以廣甄拔。擬請己酉科舉，行拔貢照，向額加倍考取。本年丙午，即係考取優貢之年，以後每三年舉行一次。各省均照例額加四倍考取。其廩生應出歲貢，並准照原定額數倍取，以惠寒畯。均於壬

① 《東方雜誌》第3年（臨時增刊），官制草案，第31—35頁，《中國近代教育史資料匯編·教育行政機構及教育團體·清末教育行政機構》。

子年考優後一律停止，學堂學生仍照原奏不准與考。

——考用謄錄。查定例會試及順天鄉試皆於薦卷內挑取謄錄，送各館當差。二十九年，管學大臣遞減科舉，原奏有多挑謄錄之請。上年吏部亦奏准考取謄錄。現各部書吏漸次裁汰，清繕文牘需人必多，擬仿吏部辦法酌加推廣。凡各部院衙門，均令考用謄錄幫繕公牘，舉人五貢生員分為三等，酌給津貼三年後，分別獎敍，准以實官分發。其舉人拔貢，優貢考充謄錄當差期滿，並由該堂官擇尤奏請，改用七品小京官在部行走，俾昭激勵。

——已就揀選舉人，准令報捐分發，免交補班銀兩。查定例，舉人近省三科，遠省一科以上者，皆准就揀以知縣註冊，惟揀選並無班次，徒有虛名。又現在科舉既停，近省舉人並有未能註揀者，自宜量予變通，以示體恤。擬請嗣後各省舉人不必限定三科，均准以揀選知縣註冊，並由吏部酌定班次選用。其中式已過十年，有願分發到省者，令交分發銀兩即准分省試用。各項貢生就職照此辦理。

——截取舉人請毋庸再用教職。查舉人截取向用知縣、教職兩途，現科舉停後，專重學堂教官，事務愈簡。上年吏部奏准裁去，復設一缺，擬定選班以師範生間補，截取教職，得缺無期，同於廢棄。查直隸州州同，及各項鹽庫大使，或為舉人應得之官，或為大挑知縣借補之職。擬請嗣後截取舉人，除用知縣外，兼用直隸州州同鹽庫各大使，以廣登進。其截取舉人，已奉旨以知縣用者，並請准其隨時分發，毋庸扣限，俾得及時效用，至恩拔副貢生，向例准以直隸州州判就職註選。而歲優兩貢不與，未免向隅。且直隸州州判額缺又甚少，殊覺擁擠，並請量加推廣，凡五貢均准一體，以按察司、鹽運司經歷散州州判府、經歷縣丞分別註冊選用。如捐交分發銀兩，即准分省試用。

——生員考職。二十九年管學大臣奏遞減科舉摺，內聲明生員准比照已滿吏考職用為佐貳，雜職分發省分試用等語。查定例，貢監考職皆係令來京考試，惟各省生員多係寒士，若概令來京考試，殊不足以示體恤。且人數過多，宜加限制，擬除年輕諸生應挑入學堂，及現充各學堂教員、現入師範學堂、現送出洋游學各生外，其餘生員均於考優貢之年，准令各州縣會同教官慎加遴選保送。由各督撫會同學政，認真考試，取其文理暢達、事理明晰者。大省取一百名，中省取七十名，小省取五十名。其保送人數，約計照取額十倍為斷，毋得過濫。至每州縣應送若干名，由該督撫等分別酌定，先期飭遵，取定等次，將所取各生姓名、三代、年貌造册，咨送吏部。一等以巡檢用，二等以典史用，分別註選。如願捐交分發銀兩者，並准分省試用，亦截至壬子年止，以示限制。

一每科會試中式之貢士有未經覆試者，有覆試後未應殿試或朝考者，向例於下科補考。今科舉既停，擬請准令該員等取具同鄉京官印結，赴禮部呈請。已經覆試或殿試者，即開列所考等第，甲第名次帶領引見，懇恩給予出身，分別錄用。未經覆試者亦請查照新章免其覆試，引見錄用。其已免覆試之舉人，一體准其照例就揀，以免向隅。

以上各條如蒙俞允，應由臣等咨照吏部、學部、禮部通行，各省一體遵照辦理。謹奏。光緒三十二年　月　日。奉旨：依議。欽此。①

光緒三十二年，《吏部禮部會奏遵議廩增附加捐貢監准其一體考試摺》
閏四月二十四日准軍機處片交本日御史石長信奏請准廩增附加捐貢監一體考職一片，奉旨：該部議奏。欽此。欽遵到部。查原奏內稱，禮部議擬考職辦法，凡舊生員除挑入學堂現充教員出洋游學並緣事註劣業經出學各生外，其餘均照已滿吏考職。惟所稱業經出學各生不准保送，其恩拔副歲優諸貢可以州判等官就職，自宜毋庸與考。若由廩增附所捐貢生監生，鄉試已停，並無別項出路，同屬生員，乃因出學不能考職，未免向隅，可否飭下禮部，凡由廩增附加捐諸貢、監，准其一體考職，抑或附本科優拔貢後，別籌辦法等語。該御史所奏，自係為推廣皇仁、寬籌舊學出路起見，擬加所請，准將廩增附已捐貢、監各生由各州縣慎加遴選，與在學生員一體保送，同場考試。保送人數及考取額數仍照政務處奏定章程，按大省、中省、小省分別辦理，不得另議增加。惟挑入學堂及現充教員出洋游學各貢、監，應照臣部原奏，不准與考。其由貢、監捐納實官者，係已有出路，亦不准再行保送，以示限制。該御史所請附本科優拔貢後別籌辦法一節，未免過優，應毋庸議。謹奏。光緒三十二年　月　日。奉旨：依議。欽此。②

①　《大清光緒新法令》第三類，任用，舉貢生員出路《政務處奏酌擬舉貢生員出路章程摺》。

②　《大清光緒新法令》第十二類，典禮，考試《吏部禮部會奏遵議廩增附加捐貢監准其一體考試摺》。

　　光緒三十二年十二月二十日，《禮部議覆孔子升為大祀典禮摺》

　　十一月十五日奉上諭：朕欽奉慈禧端佑康頤昭豫莊誠壽恭欽獻崇熙皇太后懿旨，孔子至聖，德配天地，萬世師表，允宜升為大祀，以昭隆重。一切應行典禮，該衙門議奏。欽此。竊維孔子德參兩大，道冠百王，為生民以來所未有，及門諸子，定論昭垂。自漢至明，歷代帝王未嘗不事推崇，而典禮終多缺略。至我朝，乃極崇隆。聖祖仁皇帝釋奠闕里，三跪九拜，復以曲柄黃蓋留供廟庭；世宗憲皇帝釋奠臨雍，稱詣學不稱幸學，案前上香，特諭躬親奠帛獻爵，跪而不立，黃瓦飾闕里之廟，追封至五代為王，聖誕虔肅致齋，聖諱特加敬避；高宗純皇帝闕里釋奠，拜跪之數、黃蓋之留均法聖祖，又仿世宗欽定闕里文廟之制，以黃瓦飾太學、文廟、大成殿、大成門，特飭太常另繕禮節，躬行三獻之儀。至列聖御書文廟碑、文聯匾，宸章煥發，尤必本配天之意，務極闡揚。是崇德報功之典，遠軼前朝，實隱然有升大祀之意，引而未發。今我皇太后以列聖之心為心，皇上以先師之道為道，心源默契，德音孔昭，曠典特頒，日星彪炳，詭誦之下，欽服難名。臣等又伏讀雍正五年諭，曰堯舜禹湯文武之道，賴孔子纂述修明。魯論一書，尤切人生日用，使萬世倫紀以明，名分以辨，人心以正，風俗以端。若無孔子，則人將忽於天秩天敍之經，勢必尊卑倒置，上下無等，干名犯分，越禮悖義，君不君，臣不臣，父不父，子不子，其害可勝言哉。惟有孔子之教，統智愚賢不肖，無能越其範圍。此所以治萬世之天下，為生民所未有也。使為君者不知尊崇孔子，何以建極於上而表正萬邦乎。祖訓煌煌，實與此次綸音後先一揆。雖邇日人心好異，學派或致紛歧，一經顯示欽崇，自足收經正民興之效。護將所議升大祀典禮另繕清單，恭呈御覽。是否有當，伏乞皇太后皇上聖鑒，訓示施行。如有未盡事宜，容再悉心詳議具奏。先師既升大祀，理應三擡書寫，合併聲明。謹奏。光緒三十二年十二月二十日。奉旨：依議。欽此。[1]

　　光緒三十三年，《吏部奏舉貢錄用部屬人員擬請統分各部摺》

　　竊查此次禮部考試，舉貢取中三百七十一人，照章應以主事、中書、

----

　　[1]　《大清光緒新法令》第十二類，典禮，祀典《禮部議覆孔子升為大祀典禮摺》。

小京官、知縣等項錄用。將來錄用後，除中書、知縣等項另行分別辦理外，其主事、小京官兩項人員，應即簽掣各部行走。惟此次錄用主事、小京官兩項人員為數較多，若僅簽分，臣部及度支部、禮部、陸軍部、法部等衙門，未免擁擠，似應量為疏通。查外務部、農工商部、民政部、學部、郵傳部、大理院所辦事宜，此次考試舉貢，凡經取中者，大都於交涉、財政、警察、鐵路、礦務、政法、算學、地理、兵事各項科學，均有一長可取，與捐納勞績人員之未經考選者迥不相同。臣等公同商酌，擬請將此次考試舉貢錄用。部屬小京官人員覈計員數之多寡、部務之繁簡，擬定某部應分幾員。擇其所長，專門與外務部、農工商部、民政部、郵傳部、大理院各衙門相當者，先行分別坐掣。如所掣部分無主事小京官名目者，即以對品相當官階，酌量改用，以期學皆適用。其餘剩之員，仍歸事禮等原掣各部及學部分掣。庶於整頓部務，培植人材，兩有裨益。謹奏。光緒三十三年　月　日。奉旨：依議。欽此。①

光緒三十三年六月十二日，《禮部奏遵議籌給繙譯出路摺》

內閣鈔出護理荊州將軍副都統隆斌奏懇籌繙譯出路一摺，奉硃批：該部議奏。欽此。欽遵到部。查原奏內稱，科舉停罷，改設學堂，所有繙譯舉人生員遂絕進身之路。目下京旗並各省之繙譯舉人生員，不無可造之材，若概擯而不用，未免可惜。查繙譯舉人生員與文舉人生員，同為朝廷科名，懇恩飭下吏禮二部一體籌給出路等語。臣等查上年政務處奏准寬籌舉貢出路第五條章程，內開除年輕諸生應挑入學堂，及現充各學堂教員，現入師範學堂，現送出洋游學各生外，其餘生員均於考優貢之年，准令各州縣會同教官慎加遴選保送，由各督撫會同學政認眞考試，取其文理暢達事理明晰者，大省取一百名，中省取七十名，小省取五十名。至保送人數，約計照額十倍為斷，毋得過濫。又本年吏部奏准，向來舉人大挑並現在五貢就職，均不分滿漢。擬請嗣後滿蒙漢軍文舉人應截取揀選者，即查照漢舉人現在截取揀選章程，一律辦理。其八旗駐防及內務府繙譯舉人，亦即附於各本科之末，統與漢舉人比較科分名次選補等因各在案。又查例開各省駐防、繙繹、童生，滿蒙進額均五六名取進一名等語。今荊州副都

<hr>

① 《大清光緒新法令》第三類，任用，舉貢生員出路《吏部奏舉貢錄用部屬人員擬請統分各部摺》。

統請為繙譯籌給出路，自係為體恤寒畯，共沐皇恩起見。除繙譯舉人出路，應照吏部奏准章程辦理無庸再議外，所有京旗文生員繙譯生員及各省駐防文生員繙譯生員，均擬比照漢生員例，准其一體考職。京旗由各都統彙送值年旗冊送直隸提學使。各省由將軍都統、副都統、城守尉冊送本省提學使，均宜擇優保送，任缺毋濫。冊送後由提學使照漢生員考職例，一律考試文藝，不得另試繙譯。其錄取額數，擬照繙譯童試例，五六名酌取一名，以廣皇仁而宏造就。謹奏。光緒三十三年六月十二日。奉旨：依議。欽此。①

　　光緒三十四年，《學部咨覆禮部考試優拔及保送舉貢並分別學生與考文》

　　准禮部片開光緒三十一年八月升任直隸總督袁世凱等奏請停科舉摺內聲明，舊學應舉之寒儒宜籌出路，擬請十年三科之內各省優貢照舊舉行，己酉科拔貢亦照舊辦理，皆仍於舊學生員中考取，其已入學堂者照章不准應考。又三十二年二月，政務處奏准章程內開，擬請己酉科舉行拔貢照向額加倍考取，本年丙午即係考取優貢之年，以後每三年舉行一次，各省均照例額加四倍考取，以惠寒畯，均於壬子年一律停止，學堂學生仍照原奏，不准與考。又三十三年十月准雲貴總督咨稱，查學部官報第四期文牘載有本部咨政務處擬如閩督所請，速成簡易各生一律考試優拔，辦理持平，是速成法政畢業生員與簡易師範畢業生員例得考試優拔。又查，滇省上年保送舉貢赴京考試，既有游學日本速成師範畢業之舉人，又有曾入法政學堂尚未畢業之舉貢等，是曾學法政之舉貢，例得與曾學速成、簡易各師範之舉貢同膺保送，擬請此後己酉、壬子兩屆保送舉貢及錄取優拔職員，遇有法政講習科畢業之舉貢生員或法政別科畢業之舉貢生員，必盡先保送、盡先取錄。

　　通省舉貢生員必有聞風興起，爭入法政講習科及別科者。為此，分咨學部、禮部立案示覆各等，因前來查，例開拔貢每十二年一舉行，由國子監題請旨下行各省學政考選等語，現在國子監歸併貴部，並由貴部會同本部奏明劃定考試界限。舊學舉貢生員應歸本部辦理，明年己酉各省應考選

―――――――――――

　　① 《大清光緒新法令》第三類，任用，畢業學生任用《禮部奏遵議籌給繙譯出路摺》。

優拔，由本部先期具奏，旨下行知各省督撫轉飭提學使考選，除由學堂出身之廩增附生，及奮學廩增附生已由學堂得有獎敘者，均照章不准考試外。查法政學堂之設立係在奏定章程以後，凡入講習科及別科者，畢業後均未定有獎勵，應否與法政速成科師範簡易科畢業生均准其考試、優拔及保送舉貢，既已分咨貴部，希即酌核賜覆。此外，入何項學堂，人員准其與考，應一併詳細查明，聲覆過部，以憑辦理等，因查法政學堂別科三年畢業，法政講習科畢業年限多至一年半而止，現在本部正擬另定別科，講習科獎勵章程應俟具奏奉旨後再行知照禮部核辦。至師範簡易科，約分二種，一為二年以上之簡易科，一為不足二年之簡易科。查二年以上之簡易科最優等、優等，定有獎勵專章，且有義務年限，亦難准其與考，惟中等以下以及不足二年者，均未定有獎勵專章，自應與速成科學生一律辦理，准其考試。至各項學堂畢業考列下等者，除中學堂下等仍給予優廩生得有獎勵外，其餘各項學堂有係舊日舉貢生員在本學堂考列下等並未得有獎勵，且實係未升入程度較高學堂肄業者，應准其一律與考，以昭公允。相應咨行貴部，查照辦理可也。①

光緒三十四年五月十三日，《吏部奏請旨簡員補授內閣學士缺並聲明現定辦法摺》

查定例，京堂缺出均照品級考所載開列，題請簡用。又滿員品級考內開內閣學士兼禮部侍郎銜，由詹事府詹事、太常寺卿、奉天府府尹、光祿寺卿、太僕寺卿、通政使司副使、大理寺少卿、詹事府少詹事、太常寺少卿、鴻臚寺卿、太僕寺少卿升任。以上各衙門無人，方以內閣滿洲、蒙古侍讀學士，翰林院侍讀學士、侍講學士、國子監祭酒、左右春坊庶子、通政使司參議、光祿寺少卿、鴻臚寺少卿、六科掌印給事中、給事中、各道監察御史，升任各等語。今查品級考所載應行開列，內閣學士之三、四、五品各官，除內閣滿蒙侍讀學士、翰林院侍講學士、給事中、各道監察御史，尚仍舊制外，其餘均經逐漸裁撤，或改升品秩而新設之。各部丞參及學部大學堂總監督，國子丞並度支部銀行幣廠等處正副監督、民政部、法部、大理院各廳廳丞、廳長、推丞等官，品級雖與京堂相同，惟原定升轉

① 《大清光緒新法令》第十二類，典禮，考試《學部咨覆禮部考試優拔及保送舉貢並分別學生與考文》。

章程或在部遞升，或請簡外任。至內閣學士缺出，應如何開列請簡之處，原奏均未議及。其改設及升品各官內，僅翰林院學士、侍讀係比照詹事庶子辦理。此外翰林院侍讀學士、都察院掌印給事中兩項即無可比照。現查各部丞參及各衙門三、四品各官，業經陸續簡放，有人若不從新釐定，殊不足以重班聯而崇體制。臣等謹就現在官制，參酌定例，應請將三品不分正從，定為應升人員。四五品不分正從，定為其次應升人員。其辦理銀行造幣、巡警、審判、檢察之三、四品各官，職守稍殊，定為另單開列人員，繕具缺目，恭呈御覽，並移咨軍機處存案。如嗣後各部院再有增設，及更定京堂員缺之處，容臣部隨時奏明，分別辦理。今內閣學士寶熙升任學部侍郎，所遺一缺，除應開各官並非滿員者，均毋庸開列外，謹按照現定應升、其次應升及另單開列三項人員，將翰林院學士毓隆等六十二員，分繕清單，恭請簡用一員。補授內閣學士兼禮部侍郎銜缺，再裁缺舊例應升、其次應升人員，照章一體開列請簡。惟新舊官制品級不同，是以亦另列一單，合併聲明。謹奏。光緒三十四年五月十三日。奉旨，毓隆著補授內閣學士兼禮部侍郎銜。欽此。[1]

光緒三十四年八月，裁缺國子監司業廕桓奏。

裁缺國子監司業廕桓奏，謹陳時事最要兩端。一練海軍，其辦法曰，出洋調查以資考證，設督練處以專責成，廣籌經費以資布置，設學堂以育人材，設船廠以工製造。一整教務，其辦法曰，立國粹學堂以固根柢，立武學堂以資臂助，學堂讀經宜使精熟，宜立劄記以敦實踐，宜購性理書以資宣講。下會議政務處議。[2]

光緒三十四年九月初二日，《禮部會奏遵議先儒從祀請旨裁定摺》

上年正月二十八日，准軍機處片交御史趙啟霖奏請將國初大儒王夫之、黃宗羲、顧炎武從祀文廟一摺，奉旨：禮部議奏，欽此。欽遵到部，臣等謹按：古無所謂從祀也。惟《禮記·文王世子》云：凡學春秋，釋奠於其先師。鄭註：若漢，禮有高堂生，樂有制氏，詩有毛公，書有伏

---

① 《大清光緒新法令》第三類，任用，《吏部奏請旨簡員補授內閣學士缺並聲明現定辦法摺》。

② （清）世續：《清德宗景皇帝實錄》卷五九五。

生，億可以為之。由漢時尚無從祀之事，故舉立在學官，置有博士者，億度為之。至唐貞觀間始定配享，而伏勝、高堂生、毛萇悉預其列，且有代用其書，垂於國冑之詔，蓋取祭義，祀先賢於西學。註：先賢有道德，王所使教國子者之義，就周制，祀於學者，以當祔享廟廷，似亦相近。而當時經典，即以德行道藝為言，後世凡議從祀，所當恪守，是以我朝定制亦遵斯道。伏讀道光九年聖訓，先儒升祔學宮，祀典至鉅，必其人學術精純，經綸卓越，方可俎豆馨香，用昭崇報。咸豐十年，臣部議奏先儒從祀，亦以闡明聖學，傳授道統為斷。諭旨允准，著於功令。今考，王夫之、黃宗羲、顧炎武等，生當明季，鑒宋以後講學家空談性命、不根故訓之弊，毅然以窮經為天下倡，而後德性問學尊道並行。臣等嘗謂我朝經學昌明，比蹤兩漢，實由東南之間炎武、宗羲最為大師，宗派流行，馴至於徧天下。夫之著書行世較晚，而咸豐同治以來，中興名臣，大半奮迹衡湘，則亦未始非其鄉先生教澤之所留貽。若援明臣宋濂孔子廟堂議學者各祭其先師，非其師弗學，非其學弗祭之義，則兩廡之間早當位置。乃道光時朝士大夫議：建炎武祠於京師，春秋致祭，而宗羲、夫之僅祀於其鄉者，非弟子之忘其先師也，抑夫之、宗羲之於炎武，其學不無軒輊於其間。臣等因是求之祖訓，而欽定《國史・儒林傳》以炎武為首，宗羲、夫之次之。嘗稱宗羲之學出於蕺山，闡誠意慎獨之說，縝密平實；又稱夫之神契張載正蒙之說，演為《思問錄》內外二篇，而於炎武，稱斂華就實，扶弊救衰，國朝學有根柢者，以炎武為最。似該故儒等學派久在列聖洞鑒之中。又求之士論，而道光間兩廣總督阮元所刊《皇清經解》首列炎武《左傳杜解補正》《易詩本音日知錄》諸書，至近年江蘇學政王先謙奏刻《經解續編》，以夫之周易詩經春秋四書稗疏，次炎武《九經誤字》之後，而管學大臣張百熙等《奏定京師大學堂章程》亦以宗羲所輯《宋元明儒學案》列入倫理科中，似該故儒等著述錄於通人達士者，亦已流傳不廢。蓋該故儒等皆有闡明聖學、傳授道統之功，而炎武尤醇乎其醇者，獨其從祀文廟二百年來，尚與夫之、宗羲同無定論，以至於今，亦議禮諸臣責無可辭者也。往者署禮部在侍郎郭嵩燾、湖北學政孔祥霖，先後奏請夫之從祀，江西學政陳寶琛又奏請宗羲、炎武從祀，均經臣部議駁在案。臣等嚮聞斯議，知前部臣之慎重明禋也。迺取該故儒等全書以考其言，而炎武所著《宅京記》《肇域志》《郡國利病書》，所言皆天下大計，卓然名論；惟夫之所著《黃書》，其《原極》諸篇，既託旨於《春秋》，宗羲所著《明夷待訪錄》，其《原君》《原臣》諸篇復取義於《孟子》，狃於所見，似近偏激。意夫瞽宗俎豆，矜式方來，恐學子昧於論世知人，將以夫之、宗羲為口實。至於流傳刊本，間留墨匡，疑涉指斥，或為該故儒病，則祖宗之世，早垂明訓。恭譯雍正十一年四月上諭：本朝人刊寫書籍，凡遇胡虜夷狄等字，每作空白，嗣後仍蹈前轍，將此等字樣空白及更換者照大不敬律治罪。仰見聖朝如天之度，向不以文字語言罪人，豈有轉設文網以繩前朝遺老。斷可知也。是以此次奉旨交議，御史趙啟霖奏請夫之、宗羲、炎武從祀文廟，升主配食，於禮為大，誠宜博訪周咨，以求至當。於是奏請仿照會議政務處章程，移會各衙門，將該故儒等應准應駁之處，開具說帖，送交臣部覈議具奏。奉旨：依議。旋經各署堂司開送說帖，都二十六件，其主夫之、宗羲、炎武並准從祀者十居其九。臣等以為，是非聽諸天下，固見公論於人心，予奪出於朝廷，尤待折衷於宸斷。昔在漢世，嘗詔諸儒講五經同異，太子太傅蕭望之等平奏其事，孝宣稱制，臨決著於前史。後世禮議雖佚，及讀《通典》所載宣帝諸制，猶想見漢家聖學之盛獨隆千古。今釋奠學官事關大典，儻仿石渠之例，重修甘露故事，以復聖天子議禮之上儀，洵千載一時之遇也。用敢不揣冒昧，擬將顧炎武從祀，請旨准行。其王夫之、黃宗羲應否與顧炎武一律從祀之處，恭候聖裁訓示。謹奏。光緒三十四年九月初二日。奉旨一道，已恭錄卷首。①

　　光緒三十四年十一月二十四日，《禮部遵議壇廟祭祀監國攝政王代詣行禮事宜摺併單》

　　本年十一月初三日軍機大臣欽奉諭旨：朕沖齡踐阼，所有壇廟祭祀未能親詣舉行，應如何由攝政王代詣行禮之處，著禮部妥議具奏。欽此。欽遵到部，仰見朝廷慎重明禋、實事求是之至意。臣等護按：《孝經》云，昔者周公郊祀后稷，以配天宗；祀文王於明堂，以配上帝。是以四海之內，各以其職來祭。《續漢祭祀志註》載，幽州張髦上疏引此文，以為居其位、攝其事，郊天地，供群神之禮。《南齊書禮志》載，祠部郎何佟之議，亦謂《孝經》是周公居攝時禮，而唐元宗註因之，蓋就居攝而言。

---

　　① 《大清光緒新法令》第十二類，典禮，祀典《禮部會奏遵議先儒從祀請旨裁定摺》。

在周公為代成王，則成王郊祀之禮即周公所行之禮。然《召誥》載，周公至洛，用牲於郊，社於新邑，而《洛誥》周公復子明辟則云，王肇稱殷禮，祀於新邑。《漢書·郊祀志》載，丞相匡衡、御史大夫張譚奏亦云，成王郊於雒邑。可見周公雖行郊祀之禮，而實成王主之也。今皇上沖齡踐阼，未能躬親祀事，而以監國攝政王代詣行禮，與周公居攝之禮正復相同，自非尋常遣官恭代者所可比擬。惟行禮時所當別於皇上親奉者有二：一為祝，按：攝主祝辭，惟曾子問，有祝曰：“孝子某使介子某執其常事”，為士攝大夫之禮，而其辟正主之意可以類推。今監國攝政王代詣行禮，其壇廟祝版昭告之辭宜恭書：嗣天子臣、孝孫嗣皇帝臣，年在沖齡，監國攝政王某攝行祀事，以明為皇上所主之祭。《春秋繁露》稱郊祀九句，《大戴禮》載其文云“維予一人某，敬拜皇天之祐”，註云：古祝辭則云，嗣王某或曰一人某王者，親告之辭也，是其義也。一為嘏，按：曾子問攝主不旅不嘏之說，乃指少牢饋食禮與天子之制不同，《周禮·量人》云：“凡宰祭與鬱人受斝，歷而皆飲之。”註：冢宰佐王祭，亦容攝祭。斝，讀如尸嘏之嘏，故鬱人受舉斝。註：以王酳尸，尸嘏王，說之，謂：“祭，受福也。”而攝王於受福告利成，必歸致福。《少儀》：為人祭曰“致福。”註云：“攝主言致福是也。”今監國攝政王代詣行禮，宜代受福胙而致之皇上。《漢書·賈誼傳》註《漢儀註》：祭天地五時，皇帝不自行，祠還致福，是其義也。至於行禮之位，皇上親行禮節，郊壇拜位在第二成，遣官則在第三成；太廟拜位在殿門內，遣官則在殿門外。按：《禮·祭統》曰：尸在廟門外，則擬於臣；在廟門中，則全於君。君入廟門，則全於臣、全於子。祭祀之禮，駿奔對越以答帝。天隆孝享，非以明君道，乃所以明臣子之道也。故君在廟中則全為臣子。臣子一例《春秋》之義，即禮之經也。監國攝政王代詣行禮，既攝祭主，在壇廟之中，明臣子之道，升降拜跪之位，為祭主之位，與殿廷寶座尊君臨之位義固不同，郊壇拜位在二成，宗廟拜位在門內，均不為嫌。《周禮·大宗伯》所謂：若王不與祭，則攝位也，臣等謹徵之經籍遺文，按諸《通禮》，將應行妥議之處分晰條列，另單繕呈，恭候命下，欽遵辦理。謹奏。光緒三十四年十一月二十四日。奉旨：依議。欽此。①

① 《大清光緒新法令》第十二類，典禮，監國攝政王禮節《禮部遵議壇廟祭祀監國攝政王代詣行禮事宜摺》。

藝文志二　詩賦

道光三年，宣宗成皇帝御製詩

仲春

文廟釋奠，禮成敬誌，海寓同文，明至德躬，親釋奠矢，微誠儒宗，百世垂名，教道統三，才集大成，風過鏄煙，香吐馥韵，流金石律，和聲升堂，叩拜欽先，聖御世心，傳戒滿盈。釋奠之文，載在禮經，所以尊師重道，典至鉅也。朕嗣位之三年，謹於仲春丁未，躬親祀事，念祖聖之微言，保泰持盈，益深寅畏。①

光緒帝韻石鼓詩：

《石鼓》（五月十九日）

宣王東狩處，石鼓置岐陽；緬想中興業，文章日月光。

《集石鼓歌字》（五月二十四日）

周宣功第一，勒石守山阿；字体蛟龜壯，雄文世岂多。

翁同龢《庚寅五月閱國子監學正學錄卷用壁閒韻呈廳軒協揆》

斗室蕭然，道氣深齋，居常若帝天臨力，扶文派回滄海，手種名材作鄧林，愧我十年頻典校，竟隨一世與浮沈，卮言日出，奇觚眩太息，膠庠養士，心伐鼓秋堂夜漏深，當年二老憶同臨。②

孫衣言《成詩二十章粗述鄙懷兼示同志》之六

人生七十古來稀，黌舍槐廡幾合圍。（琉球子弟入監讀書，在國子監西廳，庭有鉅槐一株）弟子執經黃絹帽，大夫傳贊紫蕉衣。還鄉晁監趨王會，去國黎侯歎式微。今日廟堂方偃武，秦廷痛哭幾人歸。（琉球弟子阮宣詔、向克秀、鄭學楷、東國興於道光庚子入監讀書。予時以副貢居京師，考試為教習。及期滿還國，向、鄭二生旋卒，阮、東二生後充貢使至

---

① （清）孫雄撰：《道咸同光四朝詩史》甲集卷首，宣宗成皇帝御製詩，清宣統二年刻本。

② （清）翁同龢撰：《瓶廬詩稿》卷五，民國八年刻本。

中國。予適主講杭州，復得相見。前四年，琉球為日本所併，二生亦杳無音問矣)①

藝文志三　雜著

《文廟崇祀錄序》

　　古者無廟而有學。記曰，凡始立學，必釋奠於先聖先師，謂若唐虞有夔伯夷，周有周公，魯有孔子，皆各就其國祭之無則與鄰國合焉。其教春誦夏絃讀書執禮其物干戚羽籥是其為師也，博而其為學也。近隋唐之際，始詔天下州縣皆立學，尊孔子為先聖，以門人高弟配焉。後州縣之學，又廢乃立廟以行釋奠之禮。然則自有孔子而聖師之道始專而一。自州縣之學廢而廟享之制始，尊而嚴事固有失於古而得於今者，亦順乎時而愜人心之同然而已。雖然古之學者去聖師之時未遠，其居處之地又不越乎鄰國，故凡聲音笑貌言語行事，學者皆得耳聞而目接焉。自入學後所習皆禮樂之事，夫以常行之禮祀至近之人，故得心神斂肅，容節安謐，內以固其肌膚之會，而外以遏其匪辟之萌。古者士行修而學校有裨於實用，率是道也。今之時去孔子遠矣，鄉僻學者至不能舉其世系，加以四配十哲東西兩廡先賢諸儒之位次，偶入其中，固已瞻仰惶惑，又所為籩豆簠簋笙磬柷敔之屬，率皆近今所未嘗用，目覩焉而莫名其器手操焉而莫成其聲，則雖日近夫聖師之廷猶不能知夫禮樂之教人之意也。又況終歲未嘗一至，沒身未一覯者哉。然則欲復古者，教人之方，莫若使今之廟如古之學，使人人皆能言聖師之所自出，而其禮物樂律之備習於身，而日與之為接登其堂，而如將遇之。夫如是乃能洒濯其心，而不流於不肖，惟然則應城熊子所輯文廟崇祀錄者，宜為君子所亟取者乎。始熊子之為，是書以今日廟學之尊去聖久遠，末學小生不能講明其故，故其書備列先聖及諸賢先儒之本傳，而歷代所作之贊附見焉。禮儀、祭器、詩歌、樂舞一取諸本朝金石碑記之文，並綴於後，而以六代之聖制冠於卷端。推熊子之心，固欲以褒崇之典，見聖道之日隆，實欲使天下之人得見是書者，皆如親炙聖門而與七十子之徒上下議論，而又因以日習夫禮樂之故，使其愧怍不形而姦慝不生。然則欲復古者教人之方，而使今之廟如古之學，其必由乎此。余不敏承乏是邦，

---

①　孫衣言撰：《遜學齋詩鈔》續鈔卷四，清同治刻增修本。

固以教人為責者，則見熊子此書，其能不忻然喜肅然敬，而願與多士共受
而習也乎。遂述廟學源流而為之序。①

（修撰人：白雪松）

---

① （清）龍啟瑞撰：《經德堂文集》卷二內集《文廟崇祀錄序》，清光緒四年龍
繼棟京師刻本。

人物志

　　國子監在清中後期依舊是國家重要的教育機構，許多著名的歷史人物都曾經在國子監留下了自己的印記。本卷以清史稿記載為主，輔以相關的歷史材料，整理出道光中期到光緒末期這一歷史階段的國子監名人小傳。

　　李宗昉——道光十三年管學大臣

　　李宗昉，字芝齡，江蘇山陽人。嘉慶七年一甲二名進士，授編修，任陝甘鄉試副考官。大考中獲得二等的名次，督貴州學政，累遷侍讀學士，督浙江學政。歷詹事、內閣學士。道光元年，授禮部侍郎。次年，任會試副總裁，又任江西鄉試主考官，留任學政。江西任內時，恰逢洪水饑年，他與巡撫籌賑務，使百姓多數免於餓死。後來調任戶部侍郎。當李宗昉督學貴州時，巡撫認為全省的田地數目不對，準備要重新丈量田地來增加稅收，一時間民眾議論紛紛。李宗昉翻閱資料後發現乾隆初年，貴州學政鄒一桂曾經上疏請求丈量田地，但遭到御史包承祚的反對——“黔中山多平地少，民每虛佔不毛之地，胥吏高下其手，以丈高下不可准之田，賦未必增，民受其害”。因此李宗昉對巡撫直陳利害，委婉地提醒巡撫如果上疏朝廷，必須提出一個針對前御史反駁內容的觀點，巡撫領悟到了李宗昉的苦心，丈量田地的事情就此作罷。李宗昉升任工部、吏部侍郎，道光十三年任管學大臣，主持編纂《欽定國子監志》。自七年至十年，主管順天鄉試兩次，會試一次，浙江鄉試一次，深得讀書人的擁戴。後來，李宗昉升任左都御史、禮部尚書。二十四年，李宗昉因為身體原因申請離職。二十六年，李宗昉病死，朝廷依例對他進行賞賜和撫卹。

　　翁心存——道光十三年國子監祭酒

　　翁心存，字二銘，江蘇常熟人。海州知州唐仲冕認為翁心存才干異於常人，親自教授他學問。道光二年，翁心存考取進士，選庶吉士，授編修。大考中獲得中允的評价，督廣東學政。任滿，入職上書房，任惠郡王的老師。後又督江西學政，累昇至大理寺少卿。十七年，再度入職上書房，任六阿哥奕訢的老師，道光十三年任國子監祭酒。後來，翁心存以母親老邁為由申請回家供奉。翁心存回家照顧母親十年，直至為其送終。當時，翁心存的兒子翁同書督貴州學政，在翁同書向皇帝辭行的時候，清宣宗想起了翁心存，下詔書要求翁心存盡快回到朝廷中來。二十九年，翁心存抵達北京，仍入職上書房，任八阿哥奕詥的老師師補任國子監祭酒。歷內閣學士、工部侍郎，調戶部。咸豐元年，昇任工部尚書。三年，太平天國攻陷江寧，翁心存上書提出了大量平定叛亂的策略，大多數被採納。同年，朝廷商議發行鈔幣來緩解軍費壓力，翁心存上書："軍營搭放票鈔，諸多窒礙。鈔幣之法，施行當有次第，此時甫經頒發，並未試用，勢難驟用之軍營。"咸豐認為翁心存是有意阻撓，對其大加申飭。是年，通州捕役勾結土匪搶劫，翁心存因為包庇被革職。四年，翁心存再被啟用授吏部侍郎，調戶部，后升任兵部尚書，調吏部。六年，翁心存再度上書提出新的平定叛亂的策略，出任翰林院掌院學士，以吏部尚書協辦大學士，尋調戶部。八年，擔任上書房總師傅。英法聯軍北犯，天津戒嚴。翁心存上書請文宗回到紫禁城以安定民心和激揚士氣，同時建議北京不允許設立外國使館；長江形勢不可失；綏芬邊地不可捐；兵費不可再償；傳教不可推廣；和議難成，宜速進剿。同年，翁心存擔任體仁閣大學士，管理戶部。因為與肅順不能協同合作，屢次稱病辭官，但並未得到文宗的首肯。九年，翁心存再次請求辭官依舊未得到批准。十年，戶部多次出現大案件，肅順負責追查，把很多罪名羅織到翁心存身上。咸豐察覺到其中誣告的成分，僅以失察的罪名对翁心存處以議降五級，改俟補官，革職留任。同年秋，咸豐要去热河，翁心存上書力諫不可行。十一年，文宗崩於行在，梓宮還京，翁心存偕諸臣迎接，特詔起用，以大學士銜管理工部。同治元年，翁心存入職弘德殿，偕祁寯藻等為穆宗的老師。兩宮皇太后對翁心存十分倚重。是年冬，翁心存病重，其子安徽巡撫翁同書因為觸犯法律而入獄，同治特意下詔暫時釋放翁同書，讓他回家侍奉翁心存。翁心存病逝後，同治下詔稱其"品端學粹，守正不阿"，贈太保，入祀賢良祠，謚文端。賜其孫曾源進士，曾榮舉人，曾純、曾桂並以原官即用，曾翰賜內閣中書。二年，文宗實錄完成，因翁心存曾擔任監修總裁，又專門賞賜祭祀一壇。

李棠階——道光十四年國子監司業

李棠階，字文園，河南河內人。道光二年進士，選庶吉士，授編修，後升侍讀，十四年任國子監司業，二十二年，督廣東學政，升太常寺少卿。當時，廣東巡撫黃恩彤奏請給予參加鄉試的年老武生以職銜，却遭到了道光的嚴厲斥責，李棠階也因為違反條例送考被降三級調用，於是他就稱病不出。文宗即位，恢復了日講的慣例，曾國藩推薦李棠階為備講官，但不久後日講又再度中斷，李棠階便稱病未去京城。咸豐三年，太平天國運動爆發導致河北境內出現大批土匪，經尚書周祖培推薦，李棠階出任河北團練。他聯絡村鎮，建立起"友助社"抵抗土匪。當時有一股土匪盤踞在溫縣東河灘柳林，四出焚掠，李棠階率領團練迎擊。因村民沒有經過實戰考驗，而且沒有火器，雖然殺死土匪數十人，但最終不敵，全靠山東巡撫李僡率兵到來才逼退土匪。至此，土匪也因為河北的民團而不敢太過放肆。後來，河北境內的土匪都被剿滅，李棠階因為表現出色被加封四品卿銜，賜花翎。同治元年，皇帝下詔起用舊臣，李棠階應召入京。他上書同治帝説："用人行政，惟在治心。治心之要，莫先克己。請於師保匡弼之餘，豫杜左右近習之漸。暇時進講通鑑、大學衍義諸書，以收物格意誠之效。"又説："紀綱之飭，在於嚴明賞罰。凡朝廷通諭諸事，務飭疆臣實力奉行，庶中外情志可通，而禍亂可弭。"兩宮皇太后深以為是，授予李棠階大理寺卿一職。後來，李棠階先後被授予禮部侍郎、左都御史，署戶部尚書等職。同治向他問政，他回答道："治天下惟在安民，安民必先察吏。今日之盜賊，即昔日之良民，皆地方有司貪虐激之成變。為今日平亂計，非輕徭薄賦不能治本。然非擇大吏，則守令不得其人，亦終不能收令行禁止之效。"同治命他為軍機大臣，他上書力辭，但皇帝並未應允。二年，授工部尚書。三年，江寧被收復，李棠階因功勞被加太子少保，後又調任禮部尚書。太後命南書房、上疏房諸臣編纂歷史故事，賜名為治平寶鑑，命諸大臣進講。李棠階選擇了漢文帝不收千裏馬的故事來告誡同治不宜有所嗜好，以免對軍民臣工造成影響。四年，恭親王被彈劾而退出軍機處，李棠階認為他在平定太平天國運動中有重大貢獻，不應該因為一時的无心之失而遭到罷黜，同時惇、醇兩王也上書力保奕訢，因此恭亲王才重新囬到軍機處當值。僧格林沁在曹州戰死，李棠階认为朝廷賞多罰少，批評封疆大吏們也缺乏應有的積極態度。李棠階自進入朝廷后，殫精竭慮，終導致積勞成疾。是年十一月，李棠階病死，終年六十八歲。同治十分哀痛，派遣貝勒載治負責治喪，贈太子太保，諡文清。李棠階初入翰林便潛心理學，通曉程、朱、陸、王學說，克己復禮、身體實行。他每天都通過寫日記來自省，一生未曾松懈。李棠階出身貧寒，做官後依舊保持本色，他經常對自己說："憂患者生之門。吾終身不敢忘忍饑待米時也！"

文慶——道光十六年管學大臣

文慶，字孔修，費莫氏，滿洲鑲紅旗人。道光二年進士，選庶吉士，授編修。歷任通政使、左副都御史、內閣學士。十二年，授禮部侍郎，兼副都統。十三年，負責孝慎皇后的喪儀，在寫奏章軍民薙髮及停止宴會期限疏中，誤引"百姓如喪考妣，四海遏密八音"語，群臣認為應當從嚴議處。宣宗認為文慶是翰林出身，隨聲附和，從重處理，褫奪副都統，降三品頂戴。後來，他再度被啟用，歷吏部、戶部侍郎。十六年，他任管學大臣，後與尚書湯金釗赴陝西、四川巡查，彈劾巡撫楊名颺、布政使李義文，楊名颺被革職。金釗留任陝西巡撫，文慶調戶部侍郎。十七年，命在軍機大臣上學習行走，兼右翼總兵。皇上命他赴熱河，偕都統耆英追繳歷任總管虧短庫款。十九年，他查辦熱河虧空案不力，奏對失實，被罷免了軍機。二十年，典江南鄉試，因私攜湖南舉人熊少牧入闈閱卷被罷職。二十二年，任三等侍衛，充庫倫辦事大臣。二十三年，召授吏部侍郎、內務府大臣，後升任左都御史、兵部尚書。二十七年，重新出任軍機大臣，解內務府事務。不久調任陝甘總督，途經河南，在檢查賑務時彈劾知縣四人。二十八年，任吏部尚書，兼步軍統領、內務府大臣，兼翰林院掌院學士。三十年，任內大臣。當時京師有一個叫薛執中的甘肅河州人，以符咒治病，朝貴多與往來。此人妄議時政，行蹤詭祕，被巡城御史曹楙堅逮捕，很多朝中大臣都被其牽連。文慶曾請此人治病，文宗斥其身為步軍統領，不能立時抓捕妖人，有虧職守，被罷職。咸豐元年，予五品頂戴，辦理昌陵工程。二年，起授內閣學士，後升任戶部尚書，復為內大臣、翰林院掌院學士。五年，復為軍機大臣、協辦大學士。他書寫了孝靜皇后的牌位，加太子太保，拜文淵閣大學士，晉武英殿大學士，管理戶部，充上疏房總師傅。文慶為官謹慎識大體，宣宗、文宗對其十分瞭解，宦海幾經浮沉，始終為皇上所倚重。當時清朝內外交困，太平天國運動如火如荼，欽差大臣賽尚阿、訥爾經額先後被貶。文慶言："當重用漢臣，彼多從田間來，知民疾苦，熟諳情偽。豈若吾輩未出國門、懵然於大計者乎？”常密請破除滿、漢畛域之見，不拘資格用人。曾國藩初任軍事，屢戰失利。文慶卻認為曾國藩有才干，能殺賊，終當建不世之功。他曾與胡林翼一同負責科舉考試，深知曾國藩的才略，屢次秘密推薦，使曾國藩在一年之內由貴州道員升至湖北巡撫。他又推薦袁甲三、駱秉章之才，請求對他們不要輕易調離，期望他們能有成就。六年，文慶病逝。離世前上疏言各省督撫如慶端、福濟、崇恩、瑛棨等，皆不能勝任，如果不早點罷職，恐耽誤國家。文宗因其人品端粹，器量淵深，辦事精勤，通達治體，贈太保，賜金治喪。文宗親自祭奠，特詔加恩入祀賢良祠。謚號文端。

朱蘭——道光十六年國子監司業

朱蘭，字久香，號耐庵，浙江餘姚城關人。清道光九年己丑科探花，授翰林院編修，官至內閣學士兼禮部侍郎。朱蘭是朱文治的兒子。散館大考獲一等，例超升，以記名御史候補。道光十一年，又一次京察大考獲二等，賜文綺，命入內賦詩，所作令道光帝十分欣賞，於是他令內監取出扇面，命朱蘭在上面書寫詩篇。道光帝認為朱蘭“非獨學問好，人品亦好”。道光十四年，他出任廣東鄉試主考官，十六年授國子監司業，不久，朱蘭提督湖北學政。道光十九年，他以父親年邁奏請回鄉，終養年老父親。後來，父親去世，他丁憂服喪。道光二十八年，朱蘭補原官。授國子監司業，遷侍講，教習庶吉士。朱蘭累升為詹事府少詹事，充講官。同年，朱蘭出任順天武舉鄉試副考官。道光三十年，出任會試同考官。咸豐元年，朱蘭越級升任內閣學士，入值文淵閣，擔任朝考閱卷大臣，署工部左侍郎。後朱蘭以繼母年老多病告假歸鄉。三年，太平天國造反，朱蘭奉命在原籍籌集團防糧餉。同治元年，同治帝任命朱蘭為三品京堂官。第二年，朱蘭授太僕寺卿，提督安徽學政。同治三年，朱蘭轉詹事府詹事，留任安徽學政。再任內閣學士。同治六年，朱蘭便以竣修墓地回籍，從此，以疾病纏身，不再外出任職。同治十二年，朱蘭在家中去世，享年七十四歲。

恩桂——道光十九年管學大臣

宗室恩桂，字小山，隸鑲藍旗。道光二年進士，選庶吉士，授編修。後升任內閣學士，兼副都統。十五年，授盛京工部侍郎，不久又改任兵部侍郎，後調任吏部。後來因他曠工多次被降為內閣學士，不久後再次出任工部、吏部侍郎，管理國子監事，兼護軍統領、左右翼總兵。十九年，任管學大臣，主管順天鄉試，後與大理寺卿何汝霖去浙江調查學政李國杞被劾的事情。二十年，任內務府大臣，管理上駟院。他建議增圓明園丁四百名，並與尚書賽尚阿一起訓練他們。二十一年，授理藩院尚書，兼署左都御史。他彈劾太常寺丞豐伸及查倉御史廣祐不盡職，兩人被罷免。後任步軍統領。奏言："京城巡捕五營槍兵一千名，不足以資捍衛，增設一千。裁撤籐牌弓箭等兵，改為槍兵；不敷者，於各營兵丁內揀選足額。輪派二百名打靶，操演陣式。"二十二年，調禮部尚書，又調吏部，實授步軍統領。皇上親自閱圓明園兵丁槍操，見兵丁們步式整齊，施放有準，便嘉獎恩桂，賜花翎。当時朝廷上討論節儉用度，恩桂先已奏裁上駟院馬六百餘匹，又奏言南苑六圈，請裁其二，並裁各圈及京圈馬二百餘匹。上駟院、司鞍、司轡、蒙古醫生舊支馬乾銀，均減半。皇上因其監管的事情太多便不讓他再管理內務府，二十五年，又再度令其監管內務府。恩桂在吏部的時候，對於冒名頂替的事情格外用心。他兼管步軍統領衙門最久，先後逾十年，任期之內整頓紀律，釐定章程，訓練兵卒，皆有實效，宣宗十分倚重他。二十六年，皇上到南苑的時候看見草木牲畜蕃盛，嘉恩桂經理得宜，加一秩。後他奉命治理倉胥舞弊以及戶部捐納中行賄受賄的案件，秉公處理，剛正不阿。二十八年，他死於任上，皇上十分惋惜，稱其任勞任怨，殫竭血誠，贈太保，賜金治喪，諡文肅。

吳鐘駿——道光十九年國子監司業、道光二十二年國子監祭酒

吳鐘駿，字崧甫，一字吹聲，號晴舫。江蘇吳縣人。清道光十二年恩科狀元。吳鐘駿年少時就聰慧，博聞強記，顯示出非凡的天賦。他13歲的时候就已经遍讀十三經、楚辭、文選、史記等，而且能一字不差地背誦。道光二年中舉，他被聘為江蘇巡撫梁章鉅的幕僚。道光十一年，北上應會試。他為亡兄治喪用盡路費，全靠眾親友集資相助，才得以進京。他以恩科狀元的身份出任翰林院修撰。道光十四年，吳鐘駿出任福建鄉試主考官。道光十五年，出任湖南鄉試主考官。道光十七年，以修撰提督福建學政。以後，歷任國子監司業、祭酒、詹事等職。道光二十三年，吳鐘駿升任內閣學士。道光二十四年，出任浙江學政。次年，升禮部右侍郎。道光二十七年，吳鐘駿充殿試讀卷官。道光二十九年，轉禮部左侍郎。提督浙江學政。咸豐二年，吳鐘駿再任浙江學政、福建學政。咸豐三年，吳鐘駿卒於任上，時年55歲。吳鐘駿在浙江提督學政時，面對應試生提出為學之方六條。包括：治經、論儒說、形聲、訓詁、選詞試帖、勿間俗本、

經傳羽翼等，以此來實現"經術明，儒業淳，學術正，人才蔚。吳鐘駿在咸豐帝登基後，上疏進諫"慎擇州縣，以肅吏治"，他的見解得到咸豐帝讚賞並且被採納。吳鐘駿嗜好藏書。他常不得不靠借貸購書，對於能借到的書，他就抄錄，從未荒輟。

王廣廕——道光二十年國子監司業

王廣廕，字遜堂，江蘇通州府人。清道光三年癸未科榜眼，授翰林院編修。道光十一年，出任山西鄉試主考官。道光十五年，出任會試同考官。道光二十年，王廣廕以國子監司業出任順天鄉試同考官。道光二十三年，累遷至內閣學士，出任直隸學政。道光二十五年十二月，王廣廕遷任工部左侍郎，仍留任順天學政。道光二十八年八月，兼署錢法堂事務，九月，王廣廕偕同協辦大學士耆英同往綏遠，查辦協領將軍互相參劾、揭發指控的案子。十一月，署倉場侍郎。道光二十九年，王廣廕升官為都察院左都御史，同年出任順天鄉試主考官。道光三十年，由都察院左都御史升為工部尚書。九月，出任武舉會試正考官，十二月，王廣廕充經筵講官。咸豐元年，王廣廕送宣宗畫像至瀋陽，積勞成疾，於是年十二月卒於任上，謚文慎。

孫銘恩——道光二十二年國子監司業

孫銘恩，字蘭檢，江蘇通州人。道光十五年進士，選庶吉士，授編修。二十二年任國子監司業。咸豐二年，他主管廣東鄉試，回京路過九江的時候，太平天國的部隊已由岳州東下，攻陷漢陽。孫銘恩上疏提出十二條關於江防的建議，皇上令江南督撫施行。三年，接連被提拔為內閣學士、兵部侍郎，督安徽學政。當時安慶已被太平天國攻佔，學政的駐地是太平府，銘恩激勵紳民，舉行團練，捐廉為倡。清兵敗退到此，乘亂劫掠，銘恩諭以大義，稍定。四年，以父病請開缺省視。當時皇上下詔讓他與前南河總督潘錫恩防守徽、寧，銘恩并不知道，當他的奏摺來到御前的時候，文宗懷疑他有畏難之心，嚴厲斥責他，允其回籍，待假滿以三四品京堂降補。此後不到一個月，太平天國進攻太平府，他的隨從讓他回避鋒頭，銘恩曰："城亡與亡，以明吾心！"城陷，他端坐在堂上，大罵賊人，被囚於江寧，隨從范源跟著他。銘恩絕食明志，有人脅迫范源勸降，范源不從，被人割斷舌頭與主人一同遇害。皇上下詔嘉獎其抗節不屈，贈內閣學士，入祀京師及安徽、江蘇昭忠祠，予騎都尉世職，謚文節。

勝保——道光三十年國子監祭酒

勝保，字克齋，蘇完瓜爾佳氏，滿洲鑲白旗人。道光二十年舉人，考授順天府教授。大考二等，升任侍講，累遷國子監祭酒。屢上疏言事，甚著風采。歷光祿寺卿、內閣學士……（咸豐）三年春，偕提督陳金綬率兵援湖北、安徽，而江寧告急。至則城已陷，駐兵江浦。勝保疏陳軍事，皇上命以內閣學士會辦軍務，攻克浦口，偕陳金綬進剿至揚州。他於鎮海寺南擊敗太平天國軍，賜花翎。奉命赴安徽剿滅太平天国，而對手已入河南，渡河圍懷慶。勝保會合諸軍進擊，將軍托明阿軍在東，勝保軍在南。時督師大學士訥爾經額遙駐臨洺關，援軍數路久頓城下，只有這二軍勇猛，命勝保幫辦河北軍務。七月，分三路進攻，大破之，懷慶圍解，加都統銜，賜黃馬褂，予霍罎巴圖魯名號。太平天國軍隊進入山西，連陷數縣，諸軍遷延，只有勝保率善祿、西淩阿兵四千尾追，一破之封門山口，再破之平陽，扼韓侯嶺，收復洪洞、平陽。他彈劾逗留諸將托雲保、董占元、烏勒欣泰等；皇上下詔嘉獎勝保果勇有為，授欽差大臣，替代訥爾經額督師，節制各路，特賜康熙朝安親王所進神雀刀，凡貽誤軍情者，副將以下立斬以聞……十年，罷欽差大臣，命赴河南進攻太平天國。御史林之望上疏彈劾，降授鑲藍旗漢軍副都統。後來因剿匪不力，降授光祿寺卿，召回京。當時英法聯軍內犯，命率八旗禁軍駐定福莊，偕僧格林沁、瑞麟進戰通州八里橋，敗績，勝保受傷，退保京師。停戰議和，勝保收集各路潰軍及勤王師續至者共萬餘人。皇上命他兼管圓明園八旗、內務府包衣三旗，親督操練，這是改練京兵之始。十一年，升任兵部侍郎，捻軍擾山東，皇上命他帶領所部五千人與僧格林沁一起前往。不久，再調勝保赴直隸、山東交界治防，連克丘縣、館陶、冠縣、莘縣，破賊老巢。招降捻首宋景詩，率眾隨軍。復朝城、觀城，命督辦河南、安徽剿匪事宜。河北肅清，予優敘……同治二年王大臣一起審問勝保，他僅承認攜妾隨軍，反而參劾諸人誣告之罪。皇上下詔斥其貪汙欺罔，天下共知，宋景詩的反復背叛也與其招降有關，暗含挾制朝廷之意；念其戰功顯赫，從寬賜自盡，並逮捕其從官。

全慶——咸豐六年管學大臣

全慶，字小汀，葉赫納喇氏，滿洲正白旗人，尚書那清安之子。道光九年進士，選庶吉士，授編修，累遷侍講。大考二等，升任侍讀學士。歷少詹事、詹事、大理寺卿。二十一年，予頭等侍衛，充古城領隊大臣，調

喀喇沙爾辦事大臣。皇上下詔召他回京，尚未成行的時候，恰逢回疆興
墾，伊犁將軍布彥泰上疏留全慶偕林則徐一起前往勘察，為回疆南路墾田
六十餘萬畝做出巨大貢獻。回京，升任內閣學士，兼正紅旗漢軍副都統。
歷刑部、吏部、戶部、倉場侍郎。咸豐四年，升任工部尚書，兼正紅旗漢
軍都統。六年，任管學大臣。七年，調兵部。九年，命赴天津驗收漕糧。
時英兵進攻大沽，被僧格林沁擊退。全慶疏陳兵事：“敵軍戰敗之後，不
進不退，心實叵測。竊恐別有舉動，未必從此就撫而去。我之精銳，盡萃
大沽，旁無應援，後無擁護。雙港之旅，已調前敵；津門之備，但資土
練；北塘一帶，又頗空虛。應請速簡重臣，發勁旅，嚴近畿海口之備，為
僧格林沁之援，令廣東義勇擣香港以牽其援兵，登州水師合旅順以截其歸
路，然後國威可振，撫局可成。”皇上十分欣賞他的見解，調吏部尚書。
十年，授內大臣，兼翰林院掌院學士。十一年，充總管內務府大臣。同治
元年，他追論大學士柏葰科場之獄原讞，被降授大理寺卿。歷內閣學士、
工部侍郎、左都御史。五年，授禮部尚書，調刑部。十一年，協辦大學
士，兼翰林院掌院學士。十二年，主管順天鄉試，因中試舉人徐景春試卷
疵謬被免職。全慶歷經四朝，雖多次被罷黜，但每次罷黜後很快又被啟
用。光緒元年，授內閣學士。復歷禮部侍郎、左都御史、刑部尚書、協辦
大學士。五年，加太子少保。六年，拜體仁閣大學士。七年，致仕，食全
俸。八年，病逝，晉贈太子太保，祀賢良祠，諡文恪。

文祥——同治四年管學大臣

文祥，字博川，瓜爾佳氏，滿洲正紅旗人，世居盛京。道光二十五年
進士，授工部主事，累遷郎中。咸豐六年，京察，記名道府，因父母老
邁，乞留京職。歷太僕寺少卿、詹事、內閣學士，署刑部侍郎。八年，命
在軍機大臣上行走，授禮部侍郎，歷吏部、戶部、工部侍郎，兼副都統、
左翼總兵。十年，英法聯軍犯天津，僧格林沁秘密上疏請皇上去熱河。文
祥認為此舉搖動人心，有關大局，且塞外無險可守，力持不可，與廷臣一
起勸阻皇上，後又單獨求見皇上；退朝後與侍郎匡源、杜翰上疏請皇上不
要調動車馬，明詔宣示中外。八月，軍情變化，皇上還是選擇離京，命文
祥署步軍統領，負責留守。他跟隨恭親王奕訢議和，出入敵營，對於對方
的非分之求，侃侃直言，據理力爭。后來他以步軍統領難兼顧，上疏請
辭，改署正藍旗護軍統領。十月，和議成，上疏請皇上回鑾，以定人心。
他與恭親王等通籌全局，設立總理各國事務衙門，恭親王負責，滿、漢大

臣數人，文祥也在其中。和談才結束，太平天國與捻軍依舊活躍，兵疲餉竭，近畿空虛。文祥密疏請選練八旗兵丁，添置槍炮，於是皇上設立神機營，命文祥管理營務。十一年，文宗崩於熱河行在，穆宗即位，肅順等專政，文祥請解樞務，不許。十月，回鑾，偕王大臣上疏請兩宮皇太后垂簾聽政。同治元年，接連升任左都御史、工部尚書，兼署兵部尚書，為內務府大臣，兼都統。二年，管理藩院事務。三年，江寧收復，洪秀全被殺，文祥加太子太保銜。四年，任六年管學大臣，署戶部尚書，辭內務府大臣……八年，丁母憂，特賜諭祭。百日假滿，因病未能還朝。天津教案起，帶病回朝。十年，以吏部尚書協辦大學士。十一年，拜體仁閣大學士。文祥自同治初年偕恭親王同心輔政，總理各國事務，以一身負其責。雖然朝廷內外議論紛紜，但文祥以忠信持之，從不推諉搪塞。穆宗親政後，文祥向其講述歷年洋務情形。既而恭親王因阻礙圓明園工程被罷黜，文祥聲淚俱下與同僚一同勸阻皇上，差一點就被一同罷黜。恭親王不久後復職，而文祥屢遭挫折後，已經不能像以前那樣管理事務了。文祥做事公正嚴明，為中外所忌憚，朝局賴以維持，不致驟變。十三年，文祥病久不瘳，當時，日本窺視臺灣，文祥不顧病軀出謀劃策，要求力守臺灣。是年冬，穆宗崩，德宗即位，升文祥為武英殿大學士。他以久病請罷免，皇上下詔撫慰，解除了文祥的各個兼職，專任軍機大臣及總理各國事務。光緒二年，文祥病逝，皇上稱其"清正持躬，精詳謀國，忠純亮直，誠懇公明，為國家股肱心膂之臣"，贈太傅，予騎都尉世職，入祀賢良祠，賜銀三千兩治喪，遣貝勒載澂奠醊，諡文忠，歸葬盛京，命將軍崇實往賜祭。十五年，皇太后歸政，追念前勞，賜祭一壇。

孫詒經——同治五年國子監司業

孫詒經，字子授，浙江錢塘人。咸豐十年進士，選庶吉士。聞杭州被太平天國攻陷，請假回家，帶著父母避居定海。同治四年，升任司業。他上疏皇上："弭災在恤刑，治獄先平法。本律盜案不分首從，聖祖、世宗加以區別。自頃盜風充斥，概用重典，行十餘年，案不減少。則知弭盜之術，不在用法之嚴。請敕刑部改成例，復祖制。"五年，任國子監司業。丁父憂，返京後仍任原官。十年，升任侍講。十三年夏，彗星劃過天空，人心惶惶。詒經上疏請廣開言路及罷圓明園工程。不久後，他升任侍讀學士、詹事。光緒六年，俄國出兵挑釁。詒經認為："能戰然後能和，兵力專顧海口，北塘覆轍可鑒。"再升任刑部侍郎。七年，調戶部。十一年，入值毓慶宮。山東河工領部銀百萬，詒經獲悉內情後想要彈劾相關人員並追繳部銀，就在上疏之前，御史王廣榮等彈劾他處理過輕。皇上命他明白回奏，他再次上疏說明，結果被御史參劾，被罷免毓慶宮的職務。有人勸他就此引退，詒經說："吾被恩遇久，遑敢佚吾身邪？"當時朝廷討論設銀行，造鐵路，他擔心利權外溢，堅持反對意見。詒經持躬清正，想依靠儒術來糾正社會的弊端，不阿權要，為同僚所忌，最終不得其志。生平論學不分漢、宋，謂經學即理學。又曰："學所以屬行也，博學而薄行，學奚足尚？"一時為學者所宗。十六年，卒，優詔賜卹，諡文愨。

翁同龢——同治八年國子監祭酒

翁同龢，字叔平，江蘇常熟人，大學士翁心存之子。咸豐六年狀元，授修撰。八年，主管陝甘鄉試，不久升任陝西學政，乞病回京。同治元年，主管山西鄉試。丁父憂，期滿後在弘德殿行走，五日一進講，於簾前講治平寶鑑，兩宮皇太后对此非常滿意。累遷內閣學士。丁母憂，期滿後任原職。同龢居講席，常以憂勤惕厲来勸導皇上。圓明園工程中，商人李光昭矇報木價，為李鴻章所劾論罪。朝廷眾臣都借此勸諫皇上，恭親王等人尤其力諍，皇上不悅。同龢面陳江南輿論，中外人心惶惑，請皇上早點做出決定，等待時機再修圓明園。光緒元年，署刑部右侍郎。二年四月，皇上在毓慶宮學習，命他教授。很快，他入戶部，担任經筵講官，升任都察院左都御史。遷刑部尚書，調工部。六年，朝廷众臣討論與俄國合約，皇太后懿旨派惇親王、醇親王及同龢與潘祖蔭每日在南書房看電報，把電報內容整理後上報。八年，任國子監祭酒，軍機大臣。十年，法越戰爭中，同龢認為應該一面派兵，一面和談。他認為不能只依靠劉永福，非增重兵出關不可。不久，他與軍機王大臣一同被罷免，仍入值毓慶宮。翁同龢前後擔任過會試總裁、順天鄉試考官，兩次被賜"壽"字，加太子太保，賜雙眼花翎、紫韁。有一次他請假修墓，皇上下旨說海上有風險，命他從陸路回京。二十年，再授軍機大臣。皇太后懿旨命撤講，皇上請求留下翁同龢繼續講授。皇上親政日久，逐漸展現出政治才華，但每事必問同龢。不久甲午戰爭開始，翁同龢與李鴻藻主戰，孫毓汶、徐用儀主和。之後，清海陸軍皆敗，皇太后懿旨命他赴天津傳諭李鴻章嚴加斥責。皇上命恭親王督辦軍務，同龢、鴻藻等會商辦理。到了和談的時候，同龢與鴻藻力爭改約稿："寧增賠款，必不可割地。"皇上也說："臺灣去，則人心皆去。朕何以為天下主？"同龢認為俄、英、德三國都不想日本做大，請求皇上延期換約，以待轉機，但最終這一努力還是失敗了。二十二年，兼總理各國事務大臣。二十三年，以戶部尚書協辦大學士。二十四年，皇上開始重用康有為實行變法。四月，硃諭："協辦大學士翁同龢近來辦事多不允協，以致眾論不服，屢經有人參奏。且每於召對時諮詢事件，任意可否，喜怒見於詞色，漸露攬權狂悖情狀，斷難勝樞機之任。本應查明究辦，予以重懲；姑念其在毓慶宮行走有年，不忍遽加嚴譴。翁同龢著即開缺回籍，以示保全。"八月，變法失敗。十月，又奉硃諭："翁同龢授讀以來，輔導無方，往往巧藉事端，刺探朕意。至甲午年中東之役，信口侈陳，任意慫恿。辦理諸務，種種乖謬，以致不可收拾。今春力陳變法，濫保非人，罪無可逭。事後追維，深堪痛恨！前令其開缺回籍，實不足以蔽辜，翁同龢著革職，永不敘用，交地方官嚴加管束。"三十年，卒於家，年七十有五。宣統元年，詔復原官。後追謚文恭。同龢擔任多年的侍講，參與軍機大事，遇事專斷。晚年遭遇讒沮，幾獲不測，遂斥逐以終。著有《瓶廬詩稿》八卷、文稿二十卷。其書法自成一家，被當世所看重。

倭仁——同治十年管學大臣

倭仁，進士，選庶吉士，授編修。歷中允、侍講、侍讀、庶子、侍講學士、侍讀學士。二十二年，擢詹事。二十四年，遷大理寺卿。文宗即位，他應詔上疏："行政莫先於用人，用人莫先於君子小人之辨。夫君子小人藏於心術者難知，發於事跡者易見。大抵君子訥拙，小人佞巧；君子澹定，小人躁競；君子愛惜人才，小人排擠異類；君子圖遠大，以國家元氣為先，小人計目前，以聚斂刻薄為務。剛正不撓、無所阿徇者，君子也；依違兩可、工於趨避者，小人也。諫諍匡弼、進憂危之議，動人主之警心者，君子也；喜言氣數、不畏天變，長人君之逸志者，小人也。公私邪正，相反如此。皇上天亶聰明，孰賢孰否，必能洞知。第恐一人之心思耳目，揣摩者眾，混淆者多，幾微莫辨，情偽滋紛，愛憎稍涉偏私，取舍必至失當。知人則哲，豈有他術，在皇上好學勤求，使聖志益明，聖德日固而已。宋程顥云，'古者人君必有誦訓箴諫之臣。'請命老成之儒，講論道義，又擇天下賢俊，陪侍法從。我朝康熙間，熊賜履上疏，亦以'延訪真儒'為說。二臣所言，皆修養身心之要，用人行政之源也。天下治亂繫宰相，君德成就責講筵。惟君德成就而後輔弼得人，輔弼得人而後天下可治。"皇上認為他直言懇切，下詔讓群臣以其為表率。不久後，禮部侍郎曾國藩奏用人三策，皇上回憶起倭仁的上疏，升其為副都統，充葉爾羌幫辦大臣……咸豐二年，倭仁再次上敬陳治本一疏，皇上認為其所述多為空談。三年，倭仁彈劾葉爾羌回部郡王阿奇木伯克愛瑪特攤派路費及護衛索臟等罪，皇上下詔斥責他未經確認便草率參，降三級調用。四年，以侍講候補入值上書房，授惇郡王讀。五年，擢侍講學士。歷光祿寺卿、盛京禮部侍郎。七年，調戶部，管奉天府尹事，劾罷盛京副都統增慶、兵部侍郎富呢雅杭阿。及頒詔中外，命他擔任朝鮮正使。召回京，授都察院左都御史。同治元年，擢工部尚書。兩宮皇太后以倭仁老成端謹，學問優長，命他教授穆宗。倭仁便把古帝王事跡，及古今名臣奏議整理出來，加上他的註釋命名为《啟心金鑑》。倭仁素嚴正，穆宗非常敬憚他。尋兼翰林院掌院學士，調工部尚書、協辦大學士……是年秋，拜文淵閣大學士。六年，同文館議考選正途五品以下京外官入館肄習天文算學，聘請外國人為教習。倭仁認為學習的根本在人心不在技藝，況且更不能請外國人做教習，應該找一些精通此事的國人做教習。於是皇上下詔讓倭仁保薦國人，另設一館，倭仁上疏稱自己意中並無其人，不敢妄保。皇上命他在總理各國事務衙門行走，倭仁屢次上疏懇辭，皇上不允；後他稱病乞休，才被解除兼職，仍在弘德殿行走。八年，他上疏言大婚典禮宜崇節儉，还和徐桐、翁同龢一同上疏請勤修聖德，停罷一切工程。十年，任管學大臣，晉文華殿大學士，他再次稱病要求退休，不久後病故，贈太保，入祀賢良祠，謚文端。光緒八年，河南巡撫李鶴年奏建專祠於開封被批准。

徐郙——同治十年國子監司業

徐郙，字頌閣，嘉定人，清同治元年狀元，授翰林院修撰，掌修國史。以後屢次主持鄉試。同治六年，徐郙出任河南鄉試正考官。後任江西學政。十年，任國子監司業。同治十二年，累升為侍讀學士。出任順天鄉試同考官。光緒元年，徐郙以侍講學士典甘肅鄉試主考官。光緒七年，升調為兵部右侍郎。光緒八年，出任安徽學政，光緒九年，徐郙為禮部左侍郎。光緒十六年，調任吏部右侍郎。光緒十八年，徐郙出任吏部左侍郎，不久，升任都察院左都御史。光緒二十一年，徐郙復升任兵部尚書。光緒二十五年，調任吏部尚書。光緒二十六年，徐郙晉升協辦大學士銜，兼管國子監事務。南書房行走。光緒二十七年，出任禮部尚書。光緒三十二年，徐郙因病辭官退休。光緒三十三年，徐郙去世。徐郙能書善畫，尤其擅長畫山水。慈禧太后每每作畫，都令徐郙題志，徐郙頗受寵愛。

單懋謙——同治十一年管學大臣

單懋謙，字地山，湖北襄陽人。道光十二年進士，選庶吉士，授編修。十七年，入值南書房。十九年，授司業，遷洗馬。二十年，督廣東學政，歷侍讀、庶子。咸豐三年，太平天國軍進犯湖北，懋謙丁母憂，在原籍訓練團練。六年，回京，仍值南書房，補原官。七年，督江西學政，歷侍讀學士、少詹事、內閣學士、工部侍郎，但一直保留江西學政。十一年，巡撫毓科、布政使慶廉被言官彈劾，皇上命懋謙調查，他上疏言："毓科非應變之才，適當賊擾，省防尤重。本境兵勇不敷調遣，辦理未能悉合機宜。現雖全境肅清，善後急宜妥辦，籌備浙防，接濟皖餉，大局攸關，恐未能措理裕如。慶廉現未到任，無事跡可考，未敢妄陳。"任滿，回京，充實錄館副總裁。同治二年，調吏部，升左都御史。三年，與大學士瑞常等進講《治平寶鑑》，授工部尚書。四年，皇上命他赴盛京與侍郎志和等承修太廟、昭陵工程。六年，管戶部三庫事務。七年，調吏部。十年，管國子監事務。十一年，以吏部尚書協辦大學士，任管學大臣，尋拜文淵閣大學士，兼管兵部。十三年，因久病請解職回籍。光緒五年，病故於家中，有"學問優長，持躬端謹"之褒。贈太子太保，諡文恪。

章鋆——同治十一年國子監祭酒

章鋆，字酡芝，浙江鄞縣人。清咸豐二年狀元，授翰林院修撰。三年，侍奉上書房。五年，章鋆出任四川鄉試主考官。九年，充順天鄉試、會試同考官。同治元年，章鋆出任廣西鄉試主考官。二年，出任福建學政。視學期間，集先儒事跡為《閩儒學則》一本，遂製版、流佈開來，以教育士子。還編輯《治平寶鑑》。六年，章鋆奉召在上書房行走。十一年，任國子監祭酒。十二年，他以國子監祭酒提督廣東學政。光緒元年，章鋆在廣東提督學政，一到任就嚴行禁絕行賄受賄邪風。廣東歷來有賭猜之風，用重金賭考試入選者之姓，因此，數任學政都成為被賄賂的對象。章鋆改變造成行賄的本源，杜絕了這種弊端。他普及教學，倡建義學。最後，章鋆卒於廣東學政任上。

沈桂芬——同治十三年管學大臣

沈桂芬，字經笙，順天宛平人，本籍江蘇吳江。道光二十七年進士，選庶吉士，授編修。咸豐二年，大考一等，擢庶子。累遷內閣學士。先後主管浙江、廣東鄉試，督陝甘學政，充會試副總裁。八年，丁父憂，期滿後官復原職。晉禮部左侍郎。同治二年，出署山西巡撫，三年，桂芬因山西自禁鴉片進口之後當地人都去種植罌粟而導致糧價倍增，下令禁止種植罌粟。皇上得知後，下詔照此頒佈各省。不久后，他丁母憂。六年，以禮部右侍郎被啟用，充經筵講官，命為軍機大臣。歷戶部、吏部，擢都察院左都御史，兼總理各國事務大臣。遷兵部尚書，加太子少保。十三年，任管學大臣。光緒元年，以本官協辦大學士。京畿地區大旱，編修何金壽援引漢代天災时以罷免三公來求得上天的諒解之事，請斥责樞臣。桂芬因此被革職，特旨改為革職留任。很快，他又官復原職，充翰林院掌院學士，晉太子太保。桂芬遇事持重，日本滅琉球時，廷論多主戰，桂芬獨言勞師海上，易損國威，力持不可。後來，清與俄国議還伊犁之事，崇厚擅自簽訂條約，朝中議論紛紛，桂芬從中斡旋，另派使者前去商定，但朝中對此仍然激烈辯論。桂芬久臥病，六年，卒，贈太子太傅，謚文定。

汪鳴鑾——光緒元年國子監司業

汪鳴鑾，字柳門，浙江錢塘人。同治四年進士，選庶吉士，授編修，遷司業。他醉心經學，認為："聖道垂諸六經，經學非訓詁不明，訓詁非文字不著。"他認為研究要從許慎入手，曾上疏請以許慎從祀文廟。歷督陝甘、江西、山東、廣東學政，主管河南、江西、山東鄉試。光緒元年，任國子監司業。三年，丁父憂，期滿官復原職。歷遷內閣學士，晉工部侍郎，兼管戶部三庫。二十年，主管禮部試。適逢甲午戰爭，朝議紛紛，他被皇上任命為行走總理各國事務衙門，充五城團防大臣。調吏部右侍郎，兼刑部。二十一年，和談結束，日本堅持索要臺灣，鳴鑾力陳不可。皇上親政日久，屢次單獨召見朝臣，鳴鑾奏對懇切直率。有人在慈禧太后面前故意誇大他的言行，此舉令皇上十分不安，遂下詔曰："朕侍奉皇太后，仰蒙慈訓，大而軍國機宜，小而起居服御，體恤朕躬，無微不至。迺有不學無術之徒，妄事揣摩，輒於召對時語氣抑揚，罔知輕重。如侍郎汪鳴鑾、長麟，上年屢次召見，信口妄言，跡近離間。本欲即行治罪，因軍務方棘，隱忍未發。今特曉諭諸臣，知所儆惕。汪鳴鑾、長麟並革職，永不敘用。嗣後內外大小臣工有敢巧言嘗試者，朕必治以重罪。"既罷歸，主講杭州詁經精舍、敷文書院。三十二年，卒。

張之洞——光緒五年國子監司業

張之洞，字香濤，直隸南皮人，少有大略，博聞強記。十六岁时在鄉試中夺得第一，同治二年探花。六年，充浙江鄉試副考官，旋督湖北學政。十二年，主管四川乡試，授學政。光緒初，擢司業，再遷洗馬。俄國與清政府議歸伊犁，崇厚私自簽訂新約十八條。之洞上疏請斬崇厚，撕毀合約。疏上，皇上便把崇厚革職治罪，以侍郎曾紀澤為使俄大臣修改合約。六年，授侍講，再遷庶子。他與寶廷、陳寶琛、張佩綸等人糾彈時政，號為清流。七年，由侍講學士擢閣學。授山西巡撫，不久移督兩廣。八年，法越戰爭爆發，他建議當速遣師赴援，一方面可以顯示清政府的決心，一方面也可以居中調解。十年春，入覲。四月，兩廣總督張樹聲解任，張之洞取代了他。法攻越未成，便分兵攻臺灣並佔據基隆。朝中主和主戰兩派勢均力敵，之洞保舉主事唐景崧出關，與劉永福成犄角之勢。法國戰敗後，獲賞花翎。之洞恥於言和，創立廣東水陸師學堂，開設槍砲廠和礦務局。他上疏請求加強水師，提專款購兵艦。他恢復了廣雅書院，武備文事並舉。十二年，兼署巡撫。在粵六年，調補兩湖。海軍衙門奏請修京通鐵路，朝中認為此舉有害，請停辦。翁同龢等認為應該在邊疆處修鐵路，便於用兵；徐會灃認為應該修德州濟寧鐵路，利漕運。張之洞上疏請修鉄路，皇上認可了他的建議。張之洞便利用大冶產鐵、江西萍鄉產煤的便利请求在漢陽大別山開設煉鐵廠下，一方面方便修建鐵路，一方面方便槍炮鋼藥等廠。他還利用荊襄之地適宜種植桑棉麻等作物而開設織布、紡紗、繅絲、製麻革等局。自此，湖北成為洋務運動的中心。二十一年，代劉坤一督兩江，到任後立即巡視江防，購新出後膛砲，改築西式砲臺，設專將專兵。招募德國人做教練，名曰"江南自強軍"。他還設立武備、農工商、鐵路、方言、軍醫等學堂。不久，他調回湖北。甲午戰爭之後，有人開始提議變法，認為應該廢八股，改試策論。之洞言："廢時文，非廢五經、四書也，故文體必正，命題之意必嚴。否則國家重教之旨不顯，必致不讀經文，背道忘本，非細故也。"又言："武科宜罷騎射、刀石，專試火器。欲挽重文輕武之習，必使兵皆識字，勵行伍以科舉。"二十四年，戊戌變法開始，他先写勸學篇表明心意。二十六年，義和團運動之後，坤一督兩江，鴻章督兩廣，袁世凱撫山東，他們和張之洞一起與外國領事定保護東南之約。八國聯軍攻陷北京之後，兩宮西幸，而東南幸免於難。二十七年，辛丑條約簽訂後，兩宮回鑾，加張之洞太子少保。他與坤一一起上變法三疏，指出了中國積弱不振的原因，並提出了宜變通者十二方面，宜效仿西方的十一方面。於是開始實行停捐納，去書吏，考差役，恤刑獄，籌八旗生計，裁屯衛，汰綠營，定礦律、商律、路律、交涉律，行銀圓，取印花稅，擴郵政。此外還有設學堂，停科舉，獎游學。二十八年，充督辦商務大臣，再署兩江總督，利用兵船打擊食鹽走私。二十九年，入覲，充經濟特科閱卷大臣，釐定大學堂章程。事畢，仍命還任。臨行前他上疏請廢除滿漢之分，皇上十分动容，罷免了時任的兩江巡撫，由張之洞兼任。三十二年，晉協辦大學士，擢體仁閣大學士，授軍機大臣，兼管學部。三十四年，督辦粵漢鐵路。德宗與慈禧皇太后相繼駕崩，醇親王載灃監國攝政。之洞以顧命重臣晉太子太保。宣統元年，张之洞病逝，年七十三，朝野震悼。贈太保，謚文襄。

　　周德潤——光緒五年國子監司業

　　周德潤，字生霖，廣西臨桂人。同治元年進士，選庶吉士，授編修。遷司業，歷侍讀學士，充日講起居註官。光緒五年，任國子監司業。八年，除少詹事，再遷內閣學士。十年，大學士左宗棠稱疾請解職，德潤力言：“宗棠不宜去位，請旨責其引退之非，示以致身之義。”他針對時事上疏達十餘次，皇上多次召見，命行走總理各國事務衙門。中法戰爭後，法國戰敗退兵卻要求賠償，德潤上疏說：“苟傷國體，即一介不可與。請定志毋退縮。”針對《中法條約》的條文，德潤也有不同意見：“藩封可棄，猶謂非域中也。邊界可分，猶謂非腹地也。商可通，兵可撤，猶謂守約非背約也。五條外橫生枝節，若猶遷就，其何能國？請嚴拒之。”光緒十一年，和議將成，德潤上疏言八事：“習勤苦；責疆吏；清內宄；募銳卒；杜中飽；會辦北洋大臣宜分駐奉天海口，南北宜聯一氣；滇、粵宜籌善後；雲南宜設機器局。”十二年，與法使狄隆等論界綫，他以地方志作為依據，據理力爭，圓滿完成了任務。十三年，返京，除刑部侍郎，督順天學政。十八年，卒。

　　王先謙——光緒六年國子監祭酒

　　王先謙，字益吾，長沙人。同治四年進士，選庶吉士，授編修。光緒元年，大考二等，擢中允，充日講起居註官。六年，升國子監祭酒。八年，丁憂歸，期滿官復原職，出為江蘇學政。十四年，以太監李蓮英招搖，上疏請懲戒：“宦寺之患，自古為昭，本朝法制森嚴，從無太監攬權害事。皇太后垂簾聽政，一稟前謨，毫不寬假，此天下臣民所共知共見者。乃有總管太監李蓮英，秉性奸回，肆無忌憚。其平日穢聲劣跡，不敢形諸奏牘。惟思太監等給使宮禁，得以日近天顏；或因奔走微長，偶邀宸顧，度亦事理所有。何獨該太監誇張恩遇，大肆招搖，致太監篦小李之名，傾動中外，驚駭物聽，此即其不安本分之明證。易曰‘履霜堅冰’，漸也。皇太后、皇上於制治保邦之道，靡不勤求夙夜，遇事防維。今宵小橫行，已有端兆。若不嚴加懲辦，無以振綱紀而肅群情。"先謙担任雲南、江西、浙江鄉試主考，搜羅人才，不遺餘力。三十三年，總督陳夔龍、巡撫岑春蓂進獻王先謙所著書籍，賞內閣學士銜。宣統二年，長沙饑民圍巡撫衙門，衛兵開槍擊斃數人，饑民放火燒了衙門。省城紳士聯名電請調任新巡撫，把先謙列在首位，但先謙並不知道此事，後被牽連而降五級。辛亥革命後，他改名遯，遷居鄉間，六年後去世。著有《尚書孔傳參正》三十六卷，《三家詩集義疏》二十八卷，《漢書補註》一百卷，《荀子集解》二十卷，《日本源流考》二十二卷，《外國通鑑》三十卷，《虛受堂詩文集》三十六卷等。

　　盛昱——光緒十年國子監祭酒

　　宗室盛昱，字伯熙，滿洲鑲白旗，肅武親王豪格七世孫。祖父敬徵，協辦大學士。父亲恆恩，左副都御史。盛昱少時聰慧，十歲時據唐闕特勤碑指出新唐書突厥"純特勒"為"特勤"的錯誤。光緒二年進士，授編修，累遷右庶子，充日講起居註官。盛昱數次上疏彈劾朝廷眾官，大家都認為他正直敢言。十年，遷祭酒。中法战争中，徐延旭、唐炯因丟失疆土被連坐逮捕，盛昱言："逮問疆臣而不明降諭旨，二百年來無此政體。"並彈劾樞臣瀆職。太后怒，罷免了恭親王奕訢並詔醇親王奕譞代替他。盛昱又上疏："醇親王分地綦崇，不宜嬰以政務。"盛昱為祭酒，與司業一起研究教學方法，修理學舍，增加膏火之銀，定積分日程，懲戒懶惰，獎勵好學，國子監學风為之一變。十四年，主管山東鄉試。十五年，稱病辭官回家。盛昱家居有清譽，學界都以能得到他的接見為榮。二十五年，卒。

　　張仁黼——光緒十八年國子監司業

　　張仁黼，字劭予，河南固始人。光緒二年進士，選庶吉士，授編修，入直上書房。出督湖北學政，累遷洗馬，充日講起居註官，補侍講。十八年，入國子監司業。二十年，甲午戰爭後，與李文田等上疏請起用恭親王奕訢，遷鴻臚寺卿，担任四川鄉試主考。除奉天府府丞，不久，丁父憂。二十六年，义和团運動中，奉命在原籍訓練團練。當時國家財力匱乏，朝臣中有人請求加丁口稅，仁黼謂："今日國勢極危，而人心未去者，良由世祖除明季三餉；聖祖詔丁口以五十年為率，嗣後滋生永不加賦：深仁厚澤，民不能忘。今議加丁稅，違祖制，拂民情，必不可。"還京，擢順天府府尹。再遷兵部侍郎，典試江西，歷學部、法部。三十三年，補大理院正卿，奏請敕部院大臣一起制訂法律，他認為："法律主要在乎組織立法機關，而所以成之者有三，曰：定法律宗旨，辨法律性質，編法律成典。中國數千年來，禮陶樂淑，人人皆知尊君親上。此迺國粹所在，必宜保存，用各國之法以補其不足。尤須造就法律人才，治法治人，相因為用，然後可收實效。"又说："立法之要，規模不可不閎，推行必宜有漸。否則未當於人心而貿然以試，誠恐外國屬人主義勢力日益擴張，而吾國屬地主義處理愈形棼糾。有司奉行不善，反使外人得以藉口，為患甚大。"授吏部侍郎，充經筵講官。三十四年，丁母憂，不久后病逝。

陸潤庠——光緒十九年國子監祭酒

陸潤庠，字鳳石，江蘇元和人。同治十三年狀元，授修撰。光緒初，屢次主管考試，入值南書房，擢侍讀。出督山東學政。丁父憂，期滿後升祭酒，主管江西鄉試。不久，他以母親有病為由請求回歸鄉里侍奉。二十四年，再次出任祭酒，擢內閣學士，署工部侍郎。八國聯軍入京後，他奔赴行在，授禮部侍郎，充經筵講官。擢左都御史，管理醫局，主管順天鄉試，充會試副總裁，署工部尚書。三十二年，充釐訂官制大臣，以工部尚書兼領順天府尹。三十三年，授吏部尚書、參預政務大臣，謂："捐例開，仕途雜，膺民社者或不通曉文義，因訂道府以下考試章程，試不及格者停其分發，設仕學館教習之。"宣統元年，任協辦大學士，由體仁閣轉東閣大學士，充弼德院院長，任毓慶宮授讀為皇上講學，兼顧問大臣。他上疏稱："曲阜篤生聖人之地，今新建曲阜學堂，必須闡明經術，提倡正學。若雜聘外人，異言異服，喧賓奪主，將來聖教漸滅，亦朝廷之憂。"又说："釐訂官制，宜保存臺諫一職。說者謂既有國會，不須復有言官。豈知議員職在立法，言官職在擊邪。議院開會，不過三月，臺諫則隨時可以陳言。行政裁判，係定斷於事後，言官則舉發於事前。朝廷欲開通耳目，則諫院不可裁；諸臣欲鞏固君權，則亦不可言裁。即使他時國會成立，亦宜使該院獨立，勿為邪說所淆。"他對留學生也有獨特的見解："游學諸生，於實業等事學成而歸者，寥寥可數，而又用非所學。其最多者惟法政一科。法政各國歧異，悉就其本國人情風俗以為制。今諸生根柢未深，於前古聖賢經傳曾未誦習，道德風尚概未聞知，襲人皮毛，妄言改革；甚且包藏禍心，倡民權革命之說，判國家與君主為兩途，布其黨徒，潛為謀主。各部院大臣以為朝廷銳意變法，非重用學生不足以稱上旨，遂乃邪說誠行，徧播中外，久之必致根本動搖，民生塗炭。"武昌兵變，官軍攻克漢陽，武昌朝夕不保，而新內閣又成立，總理大臣袁世凱乘机逼隆裕太后下懿旨改建國體，宣統也無奈頒退位詔書。潤庠以年老昏瞶為由辭掉了授讀的差事，奉懿旨仍照料毓慶宮，授太保。兩年後，陸潤庠病逝，年七十五，贈太傅，諡文端。

王懿榮——光緒二十一年國子監祭酒

王懿榮，字正孺，山東福山人。光緒六年成進士，選庶吉士，授編修。十二年，丁父憂，期滿後出典河南鄉試。二十年，大考一等，遷侍讀。二十一年，入值南書房，任國子監祭酒。甲午戰爭中，日軍佔據威海，分陷榮城，懿榮請求回歸鄉里訓練鄉團。簽訂條約之後，返京，補祭酒。二十三年，丁母憂，期滿後官復原職。至此，他已經三度出任祭酒，監生沒有不嘆服的。二十六年，八國聯軍侵華，與侍郎李端遇一同擔任團練大臣。王懿榮面陳皇上："拳民不可恃，當聯商民備守禦。"七月，八國聯軍攻東便門，他率領團練抵抗，然而實力相差懸殊，兵敗後回家對家人說："吾義不可苟生！"家人百般勸阻卻被他嚴詞斥責。他服毒後並未立刻斃命，便在牆上題絕命詞："主憂臣辱，主辱臣死。於止知其所止，此為近之。"然後便赴井而死。之前，王懿榮曾命人疏通家中水井，有人問他為何如此，他笑著說："此吾之止水也！"最後，他果然與妻謝氏、寡媳張氏一同投井而死。贈侍郎，諡文敏。懿榮泛涉書史，喜好金石，他是甲骨文的發現者與重要的研究者。

張百熙——光緒二十二年國子監祭酒、光緒二十七年管學大臣

張百熙，字埜秋，長沙人。同治十三年進士，授編修。督山東學政，典試四川，入值南書房，再遷侍讀。光緒二十年，甲午戰爭中，朝中大臣多數主戰。百熙彈疏劾李鴻章明為戰備，暗地里主和，左寶貴、聶士成皆勇敢善戰之將，只是因為餉械不繼才導致敗績，過錯都在鴻章；又彈劾禮親王世鐸過於倚重鴻章，貽誤兵機。不久，恭親王奕訢重新被啟用為軍機，而百熙也出督廣東學政。累遷內閣學士。二十二年，任國子監祭酒。二十四年，因彈劾康有為被連坐，革職留任。二十六年，授禮部侍郎，擢左都御史，充頭等專使大臣。二十七年，遷工部尚書，調刑部，充管學大臣。戊戌變法中，孫家鼐為管學大臣。變法失敗後，只有京師大學堂因為萌芽早才得以保全。許景澄也曾管學大臣，因為議論義和团被誅。八國聯軍入京後，百熙隨兩宮出行，被任命為管學大臣。百熙奏请加冀州知州吳汝綸五品卿銜，總教大學。吳汝綸不答應，百熙郑重地前去拜访，請他赴

日本察視學務。汝綸回國，未到京就病死了。張百熙堅持選派學生去東西洋留學，親自到車站送學生登車。各省的官派留學生自此開始出現。後來，張之洞改定學章，皇上任命家鼐為管學大臣。張百熙曾被賞黃馬褂、紫禁城騎馬。後歷禮部、戶部、郵傳部尚書，政務、學務、編纂官制諸大臣。卒，贈太子少保，諡文達。

黃思永——光緒二十二年國子監司業

黃思永，字慎之，江蘇江寧人。清光緒六年狀元，授翰林院修撰，掌修國史。但他不圖宦途升遷，只想經商辦實業。黃思永被參奏，說他謀小販之利，因而被劾削官。至於官位，本非黃思永所求，也沒放在心上。光緒十二年，黃思永充任會試同考官，後累遷僅官至翰林院侍讀學士。黃思永兩次被御史彈劾。先是因為國喪期間衣著吉服，被參下獄。出來復原官後，又被參劾，說他專謀磨豆腐小販之利而再次丟官。晚清，朝廷設立“商部”，黃思永重新被起用，充頭等顧問官。黃思永與張謇並稱為“商部兩狀元”。黃思永在北京琉璃廠開工藝局，生產製作景泰藍。景泰藍產品工藝精湛、設計造型超凡脫俗，大件景泰藍可達有七八尺之高，而且原料考究，產品精湛。工藝局的景泰藍兩次在國際博覽會上獲獎。可是價錢太高，雖然貨好，也賣不出去，最後只能倒閉了事。二十二年，任國子監司業。八國聯軍於光緒二十六年入侵北京，他拒絕為洋人效力，但為使百姓日常需要的物品得以補給，他宣導行業組織還是正常做買賣。他不懼怕侵略軍，當德國侵略者要市民掛他們的國旗時，黃思永就帶領街民拒掛德國旗，不屈從於侵略軍。黃思永的字如其人，書法精湛。民國年間，黃思永家境貧困，病死於上海。

熙元——光緒二十三年國子監祭酒

熙元，直隸總督裕祿之子。光緒十五年進士，由編修累遷至祭酒。八國聯軍入京的時候，他正居家守制，聽聞國變，與嫂子富察氏、妻費莫氏服毒殉葬。贈太常寺卿，諡文貞。三年後，杜松等以兩祭酒[1]大節昭著，請朝廷嘉獎，最終附祀於監署唐韓愈祠。

孫家鼐——光緒二十四年管學大臣

孫家鼐，字燮臣，安徽壽州人。咸豐九年狀元，授修撰。歷侍讀，入值上書房。光緒四年，命在毓慶宮行走，與尚書翁同龢一起為帝師。累遷

---

[1] 此處所指兩位祭酒為王懿榮和熙元。

內閣學士，擢工部侍郎。江西學政陳寶琛疏請以先儒黃宗羲、顧炎武從祀文廟，朝廷中多數人並不同意，但家驤與潘祖廕、翁同龢、孫詒經等再請，始議准。十六年，授都察院左都御史、工部尚書，兼順天府尹。二十年，甲午戰爭中，家驤認為不可輕啟戰端。二十四年，以吏部尚書協辦大學士。命為管學大臣。当時，朝廷中剛開始有人討論變法，廢科舉，興學校，設報編書，他上疏说："國家廣集卿士以資議政，聽言固不厭求詳，然執兩用中，精擇審處，尤賴聖知。"他認為不可廢科舉、興學校，但未被批准，因此稱病辭官。二十六年，兩宮離京，在行在中重新啟用他為禮部尚書。還京，拜體仁閣大學士。歷轉東閣、文淵閣，晉武英殿。他做學務大臣時認真制定規章制度，折衷中外，以敦行實學為主，學風為之一變。資政院成立後，家驤与貝子溥倫為總裁。三十四年二月，賞太子太傅。多次被賜"壽"字，頒賞御書及諸珍品，賜紫韁，紫禁城內坐二人暖輪。宣統元年，再次上疏稱病，皇上溫言挽留，不久後病死，年八十有二，贈太傅，諡文正。家驤曾经督湖北學政，典山西試，再典順天試，總裁會試，屢充閱卷大臣，從不徇私。

張亨嘉——光緒二十五年國子監司業

張亨嘉，字燮鈞，福建侯官人。光緒九年進士，選庶吉士，授編修。十四年，視學湖南。二十三年，入值南書房。二十五年，任國子監司業，很快升任太常寺少卿。一年之內五次升遷。二十六年夏，親貴大臣相信義和團眾有神術可以抵禦外國人，皇上將信將疑，派亨嘉去看究竟。亨嘉知道這都是法術騙人而已，上疏詳細陳述。兩宮回京後，他被優先啟用，從大理寺卿。二十九年，出督浙江學政。尚書張百熙、榮慶為學務大臣，又設置了大學總監督，亨嘉遂被任命為校事。大學中肄業生不滿百人，於是他闢學舍，廣集高材生。他實行學科分類，請有名望的儒生和東西邦的專家分別教授。歷光祿寺卿、左副都御史、兵部侍郎。逾歲，疏辭校職，轉禮部侍郎，充經筵講官。亨嘉為人敦實，孝順母親，其母黃氏活到百歲。三十四年，丁母憂，期滿後仍入值南書房。宣統二年，卒，諡文厚。

徐世昌——光緒二十九年國子監司業

徐世昌，字卜五，祖籍浙江寧波鄞縣。其祖肇明季北遷燕京，清兵入關時南逃天津，落籍天津，是為天津壽豈堂徐氏。曾祖父、祖父在河南為官，故出生於河南衛輝。光緒四年，徐世昌與袁世凱在河南開封結義為兄弟，得袁資助北上應試。十二年，徐世昌中進士，同年五月，改翰林院庶吉士。十五年四月，散館，授翰林院編修。二十九年，任國子監司業。三十三年，東北改設行省，徐世昌被任命為欽差大臣、東三省總督兼管奉天等地將軍事務。其時東北處於日、俄爭霸之中，清帝國的根本屢被蠶食。徐世昌多所舉措，採取開商埠、借國債、連與國、修鐵路等一系列措施；並在東北推行新政，以此來抵制日俄對東北的控制。宣統元年，袁世凱被攝政王載灃罷黜，徐世昌自請病退，調任郵傳部尚書、津浦鐵路督辦。宣統三年，清廷設皇族內閣，徐成為僅有的四名漢人內閣成員之一，任協理大臣。辛亥革命爆發，徐力主起用袁世凱鎮壓革命。袁出任內閣總理大臣，徐世昌任軍咨大臣、加太保銜。袁世凱就任中華民國臨時大總統後，徐世昌方向清室請辭。1918 年 10 月，徐世昌經皖系操縱的安福國會選舉為總統。他標榜“偃武修文”，下令對南方停戰，次年 2 月於上海召開南北“議和會議”，但無結果。1919 年五四運動發生時，徐被迫免去曹汝霖、章宗祥及陸宗輿的職務，以緩和全國輿論的反對。在北洋軍閥各派系的鬥爭中，徐世昌慣以元老身分和居間調和者的角色因勢操縱。1920 年 7 月爆發直皖戰爭，皖系失敗，徐世昌依舊擔任大總統。1922 年第一次直奉戰爭後，直系獲勝，控制了北洋政府。曹錕、吳佩孚幕後操縱老國會指徐世昌總統為非法，迫其在 6 月 2 日去職。自此，徐世昌退出政界，居住天津英租界。徐世昌晚年，日本人嘗試邀徐出任華北臨時政府官職，徐世昌拒絕任職。1939 年 6 月 6 日，徐世昌病逝於天津，享壽八十五歲。

張建勳——光緒二十九年國子監司業

張建勳，字季端，廣西臨桂人。清光緒十五年狀元，是年殿試的時候，閱卷大臣翁同龢與李鴻藻各執己見，將自己賞識的列第一呈進。相持不下，協商再選，張建勳入選，以第一呈皇帝。光緒帝遂點張建勳為狀元。授翰林院修撰。二十年，張建勳出任雲南鄉試主考官。二十三年，出任雲南學政。張建勳致力於邊遠之地的教育。他實施教化，提倡文風。百姓把他當作在偏僻雲南興學的功臣。二十九年，任國子監司業。三十二年，以侍講授道員，督學黑龍江。他“草創學校，撫學生如子弟”，重教興文，深為士子稱道。張建勳贊同辛亥革命。民國二年，卒於北京。張建勳工詩文、善書法。光緒末年赴日本考察學務，與書法界有交往。著有《愉穀詩稿》。

（修撰人：孔詰）

志　餘

凡與國子監相關，又不便於按本志體例劃分事類的資料，均仿照道光版《欽定國子監志》分紀事和綴文放在志餘部分。紀事為正式施行的事跡情況，綴文為逸聞他說等雜家之言。

志餘一　紀事

道光十四年四月二十五日，內閣奉上諭，給事中薩霖等奏請更定捐納房磨對捐冊日期一摺。該給事中等稽查銀庫，例應每月初十日赴戶部捐納房，會同各衙門，將上月捐納官生名冊公同磨對一次。惟每月逢十日係銀庫允收常捐卯期，該給事中等有覈查銀數、監視平允之責。若於是日分一人前赴捐納房磨對，則僅止一人在庫稽查，照料難周。著將該給事中等每月赴捐納房磨對捐冊之初十日，日期改於十二日，會同各衙門磨對。並著戶部通行，吏部禮部兵部戶科江南道國子監等衙門，即自本年五月十二日為始，一體遵照辦理。欽此。①

道光十五年二月初八日，內閣奉上諭，鍾祥奏紳士捐修城垣工竣循例請敘一摺。山東萊州府濰縣城垣久未修葺，經前任濰縣知縣王天錫倡率，該紳士等捐貲修築，一律完整。據該撫查明，該紳士等急公趨事，自應酌予獎勵。所有捐銀三百兩之捐納刑部司獄陳夔龍，捐銀五百兩之捐職運同

---

① 《道光朝上諭檔》第 39 冊，載《嘉慶道光兩朝上諭檔》，中國第一歷史檔案館編，廣西師範大學出版社 2000 年版。

劉琅，捐銀二千兩以上之捐納國子監典簿舉人丁廷琛，均著交部分別照例議敘，以示鼓勵。此項工程係官紳捐辦，著免其造冊報銷該部知道。欽此。①

道光十七年正月，國子監蒙古司業嵩安年力就衰，著以原品休致。②

咸豐元年十二月，諭內閣，前據禮部奏江蘇舉人安徽黟縣訓導朱駿聲呈遞《說文通訓定聲》一書，當交南書房翰林詳加閱看進呈。朕幾餘披覽，引證尚為賅洽，頗於小學有裨。朱駿聲著賞加國子監博士銜，以為留心經訓者勸。③

咸豐三年二月諭內閣，原任協辦大學士、晉贈太師、大學士杜受田，於道光十六年蒙皇考簡用上書房師傅，與朕朝夕講貫，發明唐虞三代心傳。十餘年間，敦誨不倦。朕親承啟迪，獲益良多。即位後，諮訪古今政治利弊，暨民生疾苦，無不盡心匡弼。獻納嘉謀，儻能久在左右，於時事艱虞尚冀多所補救。本日臨雍講學，追思曩日討論之功，宜沛恩施以昭篤眷。杜受田之父杜堮，前已賞加禮部尚書銜，著再加恩，賞食全俸。杜受田靈柩，尚未歸里，著派惇郡王奕誴前往賜祭一次，用示朕崇儒重道之至意。④

咸豐三年，林薌溪將所著《三禮通釋》繕寫進呈，賞加國子監博士銜。⑤

咸豐五年九月，予福建陣亡在籍國子監學正王捷南、外委劉陞騰、林恩高祭葬世職，生員蕭箕裘等賞卹如例。⑥

咸豐九年科場舞弊案，著恩貢生報捐國子監學正、學錄王景麟革職，熊元培著革去副貢生。⑦

咸豐九年十二月，諭內閣，載垣等奏會審戶部覈對處案內究出職官說事受財請革職歸案嚴訊一摺。戶部覈對處官吏易換空鈔一案，經載垣等究

---

① 《道光朝上諭檔》第 40 冊，載《嘉慶道光兩朝上諭檔》，中國第一歷史檔案館編，廣西師範大學出版社 2000 年版。

② （清）文慶：《清宣宗成皇帝實錄》卷二九三。

③ （清）賈楨：《清文宗顯皇帝實錄》卷五十。

④ （清）賈楨：《清文宗顯皇帝實錄》卷八十四。

⑤ （清）桂文燦：《經學博采錄》卷七，《續修四庫全書》經部·群經總義類。

⑥ （清）賈楨：《清文宗顯皇帝實錄》卷一七七。

⑦ 《欽定大清會典事例》卷三四〇，禮部/貢舉/申嚴禁令。

出工部主事李春育聽從國子監教習錢紹昌即錢問山、北河候補縣丞沈慶松轉託向王正誼求情得受謝錢期票各情。李春育著即行革職歸案，研訊該員京寓眥財著即查封備抵。錢紹昌、沈慶松著一併暫行革職，由直隸、四川、浙江各督撫飭屬嚴拏務獲，派員解京歸案究辦。①

光緒六年十月，以游歷印度繪圖著書予江西歲貢生黃楙材以國子監學正選用，其隨同游歷文童裘祖廎以典史留於四川補用。②

光緒七年七月，諭內閣，管理街道御史阿克敦等奏職官恃符作梗請旨從嚴懲處一摺。國子監助教朱榮清，於伊戚劉姓修理房屋，堆擲甎土，阻礙水道。經邠曰濂飭役清理，輒即登門咆哮，並唆令劉姓婦女跟進辱詈，實屬恃符妄為。朱榮清著交部嚴加議處。嗣後居民人等，如有阻撓逞刁情事，即著該御史隨時懲辦。③

光緒十一年，大學士左宗棠身故，賞伊子廩貢生孝同舉人，一體會試。④

光緒十一年八月十五日，以創辦電報出力予國子監學正銜謝家福等優敘有差。⑤

光緒十四年五月，諭內閣，瞿鴻禨奏在籍道員捐送書籍開單呈覽請旨嘉獎等語。前廣東高廉道陸心源因國子監廣求書籍，選擇家藏舊書一百五十種計二千四百餘卷，附以所刊叢書等三百餘卷，願行捐送到監。據稱陸心源自解官后，刊校古書，潛心著述，茲復慨捐群籍，洵屬稽古尚義。伊子廩生陸樹藩、附生陸樹屏均著賞給國子監學正銜，以示嘉獎。⑥

光緒十九年十二月，出使日本國大臣汪鳳藻奏修建日本長崎口文廟落成，請頒匾額，得旨。著南書房翰林恭書匾額一方，交汪鳳藻祇領，敬謹懸掛。尋頒匾額曰“文教東漸”。⑦

光緒二十四年七月，諭國子監奏，進呈助教崔朝慶所著《一得齋算

① （清）賈楨：《清文宗顯皇帝實錄》卷三四〇。

② （清）世續：《清德宗景皇帝實錄》卷一二三。

③ （清）世續：《清德宗景皇帝實錄》卷一三二。

④ 《欽定大清會典事例》卷三五六，禮部/貢舉/恩賜。

⑤ 《東華續錄》光緒七十二，《續修四庫全書》，史部·編年類，第14頁。

⑥ （清）世續：《清德宗景皇帝實錄》卷二五五。

⑦ （清）世續：《清德宗景皇帝實錄》卷三三一。

書》《浙江嘉興府水道圖》一摺。著將原書原圖交總理各國事務王大臣閱看具奏。①

光緒二十六年九月諭內閣袁世凱奏，大員殉節，籲懇恩施，據呈代奏一摺二品銜，國子監祭酒王懿榮，敦品績學，持躬清正，侍從南齋，疊承恩眷，平日夙懷忠義，思濟時艱，本年七月，閒臨難捐軀，從容就義，洵屬大節凜然，加恩著追贈侍郎，銜照侍郎，例賜卹其妻謝氏及其長子婦張氏亦同時殉難，孝義萃於一門，允宜特予褒揚以張貞節王謝氏、張氏，均著准其旌表，伊長孫王福坤著俟服闋後以主事分部行走。②

光緒二十六年九月又諭崑岡等奏查明儒臣殉節，籲懇恩施一摺，國子監祭酒熙元於本年七月閒，目擊時艱，憂憤難已，仰藥殉難，洵屬見危授命，忠節凜然，著加恩予諡，並追贈侍郎銜照，侍郎例賜卹其嫂富察氏及其妻費莫氏同時殉難，允宜特予褒揚，以彰貞節富察氏、費莫氏均著准其旌表，並著崑岡等確查該祭酒有無子嗣，奏明請旨辦理其前經賜卹之國子監祭酒王懿榮。（一併加恩予諡尋予熙元諡文貞王懿榮諡文敏）③

光緒三十一年九月，以仿製科學儀器賞廩生虞輝祖國子監學正銜。④

光緒三十四年八月，諭內閣，前據湖南巡撫岑春蓂奏進前國子監祭酒王先謙所著書籍四種，當交南書房閱看。茲據奏稱，該員所著《尚書孔傳參正》《漢書補註》《荀子集解》《日本源流考》各書洵屬學有家法，精博淵通，淹貫古今，周知中外等語。王先謙著加恩賞給內閣學士銜，用示嘉獎宿儒之至意。⑤

充補書役

嘉慶二十五年奏准，本監書吏共九名，除晚閒直宿照管稿件，餘皆公務畢後散居署外，皁役等共四十七名，除派撥八旗官學外，餘皆分派文廟、崇聖祠、辟雍殿及署中辦公處差遣，該役等向多居住署旁空房，相沿已久，惟衙署理宜整肅，現飭令該管廳官，將在署居住之吏役，查明姓名

① （清）世續：《清德宗景皇帝實錄》卷四二五。
② （清）世續：《清德宗景皇帝實錄》卷四七二。
③ （清）世續：《清德宗景皇帝實錄》卷四七三。
④ （清）世續：《清德宗景皇帝實錄》卷五四五。
⑤ （清）世續：《清德宗景皇帝實錄》卷五九三。

年貌，及親丁名口，登記冊檔，按卯查點，遇有增減名口隨時更正，並飭禁該役親戚人等，不准在署住宿，至婚葬等事，令其另覓房間辦理，不得出入署門，並每月添派廳員一人，實力稽查，以昭體制。

道光十六年奏准，嗣後引充各新役時，俱責令現充之人役等，出具該役從前並無為匪不法，及冒名復充各甘結，方准引充，仍責令該管官隨時稽查，並設立年貌簿冊，按名點卯，庶昭覈實。

同治六年咨准，新充書吏，一經咨部，即須行文取結，其籍隸軍務省分，地方官無從查取甘結者，即取具同鄉京官印結，赴部呈明，以便覈准著役，並以本部文到之日，作為該吏著役日期，報部註冊，儻限內延不呈明，希圖戀役，即將該吏斥革。[1]

神機營/建置/建造兵廠

建造兵廠。咸豐十一年奏准。選入八旗官兵，各按屬地設立公所，就近操演。是年，建神機營署於煤渣衚衕，設八旗頭起馬隊兵廠於國子監西，及紅橋南。同治元年，設中營小隊廠於羊肉衚衕，內火器營馬隊廠於方家衚衕。

同治五年，奏改八旗擡槍隊為二起馬隊，分設廠於國子監西及公用庫。

移精字營於北新橋鐵錢局，局向為護軍營內火器營兵廠，至是遷二隊於國子監官房，及方家衚衕。[2]

志餘二　綴文

京師孔廟

京師孔廟，古柏蒼然，禮器悉備，數千年前之古樂器備列階下，又有周宣王時石鼓十具，風剝雨蝕，石文已十九脫落，字跡模糊，後人將全文鎬刻一碑，屹然立於階下。至光緒乙巳，孔子升為大祀，因儀制較崇，殿庭舊式，諸多未合。京都大成正殿擬改建九楹五戶，其殿前階墀亦擬改建三成五陛。顧為地基所限，展拓殊難，而殿前多年古樹，又慮或有損折，

---

① 《欽定大清會典事例》卷一一〇二，國子監/官學規制。
② 《欽定大清會典事例》卷一一六六，神機營/建置/建造兵廠。

審慎經時，訖未舉辦。迨宣統庚戌，經言官奏請，復由禮部、學部議覆，酌定變通辦理之法，廣續進行。乃甫將殿頂瓦片揭下，辛亥武漢事起，款絀停工。①

李文忠諫止征日

光緒己卯，日本收琉球為縣。當事初起時，祭酒王先謙奏請征日。事下，李文忠公鴻章議覆，疏言："征日之志不可無，征日之事不必有。"②

王先謙劾李蓮英

王益吾祭酒先謙之督學江蘇也，名與黃漱蘭侍郎齊，外間傳其實賄李蓮英而得此差。既瓜代，慮名為李污，乃疏劾之，並謂李非真閹，詞頗穢褻，孝欽后覽奏，震怒，解李衣而衆示之，遂以是罷歸，然王之直聲，動天下矣。既出京，李嘗語人曰："吾閱人多，從未見如王之狡者，昏暮而乞吾憐，明白而攻吾短，彼謂可以掩其過，吾謂適以彰其醜耳。南人多詐，王其表表者乎！"知之者則曰："李既衛王，故以是損其譽也。"③

外人捐監應鄉試

總稅務司英人赫德有二子，慕我國科名，光緒初，納監，入籍順天，且延名師教製藝。某科，應順天鄉試，為北皿號生群起而攻之，乃不入場。④

翁文端兩為祭酒

翁文端以大理寺少卿丁艱，服闋還京，補國子監祭酒。祭酒秩從四品，理少秩正四品，例不得補。時宣宗亟欲擢用，故有是命也。於是文端兩為祭酒，儒者榮之。⑤

---

① （清）徐珂編：《清稗類鈔》，中華書局 2010 年版，第 212—213 頁。

② （清）徐珂編：《清稗類鈔》，中華書局 2010 年版，第 1514 頁。

③ （清）徐珂編：《清稗類鈔》，中華書局 2010 年版，第 1521 頁。

④ （清）徐珂編：《清稗類鈔》，中華書局 2010 年版，第 654 頁。

⑤ （清）陳康祺撰，晉石點校：《郎潛紀聞》二筆卷一，中華書局 1984 年版，第 329 頁。

　　國子監石刻舊有蘭亭、樂毅、座位、四百字丁香花詩，而蘭亭最有名。國初人皆有題跋，其石已佚。余舊識門斗張姓者，以拓碑為業，嘗倩其精拓石鼓，而蘭亭、樂毅闕如也。一日，春雪初霽，觀齋中所存舊刻，忽思訪國學蘭亭，亟走國子監，欲與張共事搜訪。甫入門，丁丁之響清越異常。推戶視之，橫石一方，古光可鑑，則蘭亭也。余曰："石固無恙乎？"張曰："前數日從敬一亭土中搜得石數塊，則蘭亭、樂毅、座位三帖。座位已闕，樂毅亦漫，惟蘭亭完好。"出其拓本視之，與舊拓無大異，而石之大小亦與二帖不同。始知此殆宋刻，彼則元鐫耳。嗟乎！數石沉霾殆百餘年矣，鑒家無復問者。鄙人適發鉤沈之想，石即應念而來，未可謂非翰墨緣也。①

（修撰人：白雪松）

---

　　①　（清）震鈞撰：《天咫偶聞》卷四，《續修四庫全書》，史部·地理類第 730 冊，第 622 頁。

參考書目

经部

（清）桂文燦撰：《經學博采録》，《續修四庫全書》影印民國刻敬躋堂叢
　　書本。

史部

趙爾巽等撰：《清史稿》，民國十六年鉛印本。

戴逸、李文海主編：《清通鑑》，山西人民出版社 1999 年版。

（清）劉錦藻撰：《清續文獻通考》，浙江古籍出版社影印民國十通本，
　　2000 年。

（清）文慶修：《清宣宗成皇帝實録》，鈔本。

（清）賈楨修：《清文宗顯皇帝實録》，鈔本。

（清）寶鋆修：《清穆宗毅皇帝實録》，鈔本。

（清）世續修：《清德宗景皇帝實録》，鈔本。

歐家廉修：《清宣統政紀》，鈔本。

（清）崑岡等修：《欽定會典事例》，清光緒十一年石印本。

（清）崑岡等修：《欽定大清會典》，清光緒二十五年石印本。

（清）劉啟端撰：《欽定大清會典圖》，清光緒石印本。

（清）王先謙撰：《東華續録（道光朝）》，清光緒十年長沙王氏刻本。

（清）王先謙撰：《東華續録（咸豐朝）》，清光緒刻本。

（清）王先謙撰：《東華續録（同治朝）》，清刻本。

（清）朱壽朋撰：《東華續録（光緒朝）》，清宣統元年上海集成圖書公
　　司本。

孫學雷、劉家平主編：《國家圖書館藏清代孤本內閣六部檔案》，全國圖

書館文獻縮微復製中心，2003 年。

全國圖書館文獻縮微復製中心，《國家圖書館藏清代孤本內閣六部檔案續編》，2005 年。

李守郡主編：《道光朝上諭檔》，廣西師範大學出版社 2000 年版。

呂堅主編：《宣統帝起居註》，廣西師範大學出版社 2007 年版。

全國圖書館文獻縮微復製中心，《稀見清咸同光三朝檔冊》，2005 年。

全國圖書館文獻縮微復製中心，《清代（未刊）上諭奏疏公牘電文彙編》，2005 年。

姜亞沙、經莉、陳湛綺主編：《國朝奏疏》，全國圖書館文獻縮微復製中心，2010 年。

（清）怡良撰：《兩江總督怡良奏稿》，《四庫未收書輯刊》二輯二十五冊影印清鈔本。

（清）曾國藩撰：《曾文正公奏稿》，清光緒二年傳忠書局刻本。

（清）郭嵩燾撰：《郭侍郎奏疏》，清光緒十八年刻本。

（清）李鴻章撰：《李文忠公奏稿》，《續修四庫全書》影印民國景金陵原刊本。

（清）王懿榮撰：《王文敏公奏疏》，清宣統三年江寧印刷廠鉛印本。

（清）曾紀澤撰：《曾惠敏公奏疏》，清光緒十九年江南製造總局本。

（清）張之洞撰：《張文襄公奏議》，民國九年刻張文襄公全集本。

（清）左宗棠撰：《左文襄公奏稿》，清光緒十六年左文襄公全集本。

中國第一歷史檔案館編：《光緒朝朱批奏摺》，中華書局 1996 年版。

秦國經主編：《中國第一歷史檔案館藏清代官員履歷檔案全編》，華東師範大學出版社 1997 年版。

中國第一歷史檔案館藏，《宮中履歷摺單片》。

中國第一歷史檔案館藏，《宮中朱批奏摺》。

中國第一歷史檔案館藏，《軍機處錄副道光朝》。

中國第一歷史檔案館藏，《軍機處錄副咸豐朝》。

中國第一歷史檔案館藏，《軍機處錄副同治朝》。

中國第一歷史檔案館藏，《軍機處錄副光緒宣統朝》。

（清）刑部撰：《刑部通行條例》，清同治木活字本。

（清）端方撰：《大清光緒新法令》，清宣統上海商務印書館刊本。

（清）景清撰：《欽定武場條例》，《四庫未收書輯刊》九輯九冊影印清光緒二十一年刻本。

（清）英匯撰：《欽定科場條例》，《歷代科舉文獻集成》第五卷，北京燕山出版社 2006 版。

（清）錫珍撰：《欽定吏部銓選則例》，《續修四庫全書》影印清光緒十二年刻本。

（清）顏世清撰：《約章成案匯覽》，清光緒上海點石齋石印本。

（清）文慶、李宗昉等纂修：《欽定國子監志》，清道光十四年刻本。

金沛霖主編：《太學文獻大成》，學苑出版社 1996 年版。

馮立昇、耿相新主編：《清代縉紳錄集成》，大象出版社 2008 年版。

（清）黃本驥編：《歷代職官表》，上海古籍出版社 2005 年版。

江慶柏編著：《清朝進士題名錄》，中華書局 2007 年版。

朱保炯、謝沛霖編：《明清進士題名碑錄索引》，上海古籍出版社 1979 年版（2004 年重印）。

錢實甫編：《清代職官年表》，中華書局 1980 年版（1997 年重印）。

（清）李元度撰：《國朝先正事略》，清同治五年循陔草堂刻本。

（清）李元度撰：《國朝先正事略補編》，《續修四庫全書》影印清光緒十一年敦懷書屋刻本。

（清）學部編：《學部官制並改設國子監官缺章程》，清光緒京師官書局鉛印本。

陳元暉主編：《中國近代教育史資料彙編·鴉片戰爭時期教育》，上海教育出版社 2007 年版。

陳元暉主編：《中國近代教育史資料彙編·教育行政機構及教育團體》，上海教育出版社 2007 年版。

陳元暉主編：《中國近代教育史資料彙編·戊戌時期教育》，上海教育出版社 2007 年版。

（清）劉光蕡撰：《改設學堂私議》，民國思過齋刻烟霞草堂遺書本。

（清）徐珂編：《清稗類鈔》，中華書局 2010 年版。

（清）端方撰：《壬寅銷夏錄》，稿本。

（清）金武祥撰：《粟香隨筆》，清光緒十五年掃葉山房石印本。

（清）黎庶昌撰：《曾文正公年譜》，清光緒二年刻本。

（清）方宗誠撰：《柏堂師友言行記》，民國十五年京華印書局本。

（清）朱孔彰撰：《中興將帥別傳》，清光緒二十三年江寧刻本。

（清）諸可寶撰：《疇人傳三編》，清光緒十四年南菁書院刻本。

（清）李鈞撰：《轉漕日記》，《續修四庫全書》影印清道光十七年河南糧鹽道署刻本。

（清）華學瀾撰：《辛丑日記》，《續修四庫全書》影印民國商務印書館本。

（清）葉昌熾撰：《緣督廬日記抄》，民國上海蟬隱廬石印本。

（清）明之綱撰：《桑園圍總志》，《四庫未收書輯刊》玖集陸冊影印清同治羊城西湖街富文齋刻本。

（清）潘衍桐撰：《兩浙輶軒續錄》，清光緒刻本。

（清）尚秉和撰：《辛壬春秋》，民國十三年刻本。

（清）孫詒讓撰：《溫州經籍志》，民國十年刻本。

（清）王定安撰：《湘軍記》，清光緒刻本。

（清）王彥威撰：《西巡大事記》，《續修四庫全書》影印民國清季外交史料附刊本。

（清）謝山居士撰：《粵氛紀事》，清同治八年刻本。

（清）震鈞撰：《天咫偶聞》，《續修四庫全書》影印清光緒甘棠精舍刻本。

（清）李虹若撰：《都市叢載》，清光緒刊本。

（清）吳榮光撰：《吾學錄初編》，清道光十二年吳氏筠清館刻本。

（清）成瓘撰：《（道光）濟南府志》，清道光二十年刻本。

（清）史澄撰：《（光緒）廣州府志》，清光緒五年刻本。

（清）曾國荃撰：《（光緒）湖南通志》，清光緒十一年刻本。

（清）張之洞撰：《（光緒）順天府志》，清光緒十二年刻十五年重印本。

（清）徐宗亮撰：《（光緒）重修天津府志》，《續修四庫全書》影印清光緒二十五年刻本。

（清）宗源瀚修：《（同治）湖州府志》，清同治十一年刻本。

（清）祝嘉庸修：《（光緒）寧津縣志》，清光緒二十六年刻本。

（清）林溥修：《（同治）即墨縣志》，清同治十二年刻本。

（清）陳寶善修：《（光緒）黃巖縣志》，清光緒三年刻本。

（清）張超修：《（同治）續漢州志》，清同治八年刻本。

（清）關培鈞修：《（同治）新化縣志》，清同治十一年刻本。

（清）熊啟詠修：《（同治）建始縣志》，清同治五年刻本。

（清）王汝惺修：《（同治）瀏陽縣志》，清同治十二年刻本。

（清）應寶時修：《（同治）上海縣志》，清同治十年刻本。

（清）吳宗焯修：《（光緒）嘉應州志》，清光緒二十四年刻本。

（清）陳澧撰：《（光緒）香山縣志》，《續修四庫全書》影印清光緒刻本。

（清）金福曾修：《（光緒）吳江縣續志》，清光緒五年刻本。

（清）贊熙修：《（光緒）利津縣志》，清光緒九年刻本。

（清）李炳蓮修：《（光緒）米脂縣志》，清光緒三十三年鉛印本。

（清）金福曾修：《（光緒）南匯縣志》，清光緒五年刻本。

（清）李蔚修：《（同治）六安州志》，清同治十一年刻本。

（清）羅淩漢修：《（同治）恩施縣志》，清同治七年刻本。

（清）郭嵩壽修：《（光緒）湘陰縣圖志》，清光緒六年縣志局刻本。

（清）傅觀光：《（光緒）溧水縣志》，清光緒十五年刻本。

（清）博潤修：《（光緒）松江府續志》，清光緒十年刻本。

（清）蔣啟勛修：《（同治）續纂江寧府志》，清光緒六年刻本。

（清）沈恩華修：《（同治）南康縣志》，清同治十一年刻本。

（清）何紹基撰：《（光緒）重修安徽通志》，清光緒四年刻本。

（清）馮桂芬撰：《（同治）蘇州府志》，清光緒九年刊本。

（清）李桂林撰：（光緒）《吉林通志》，清光緒十七年刻本。

（清）董醇撰：《甘棠小志》，清咸豐甘棠董氏刻本。

高淩霨修：《（民國）臨榆縣志》，民國十八年鉛印本。

陶宗奇修：《（民國）昌黎縣志》，民國二十二年鉛印本。

毛承霖修：《（民國）續修‚歷城縣志》，民國十五年鉛印本。

陳楨修：《（民國）文安縣志》，民國十一年鉛印本。

楊豫修：《（民國）齊河縣志》，民國二十二年鉛印本。

鄭裕孚修：《（民國）歸綏縣志》，民國二十三年鉛印本。

歐陽英修：《（民國）閩侯縣志》，民國二十二年刻本。

李曉泠修：《（民國）高陽縣志》，民國二十二年鉛印本。

王德乾修：《（民國）南皮縣志》，民國二十一年鉛印本。

秦廷秀修：《（民國）雄縣新志》，民國十八年鉛印本。

崔正春修：《（民國）重修‚威縣志》，民國十八年鉛印本。

張仁蠡修：《（民國）霸縣新志》，民國二十三年鉛印本。

張玉藻修：《（民國）續丹徒縣志》，民國十九年刻本。

孫維均修：《（民國）續安邱新志》，民國九年刻本。

梁秉錕修：《（民國）萊陽縣志》，民國二十四年鉛印本。

王陵基修：《（民國）福山縣志稿》，民國二十年鉛印本。

吳馨修：《（民國）上海縣續志》，民國七年鉛印本。

周恭壽修：《（民國）續遵義府志》，民國二十五年刻本。

潘守廉修：《（民國）濟寧直隸州續志》，民國十六年鉛印本。

葉覺邁修：《（宣統）東莞縣志》，民國十六年鉛印本。

朱之英修：《（民國）懷寧縣志》，民國四年鉛印本。

安恭己修：《（民國）太谷縣志》，民國二十年鉛印本。

孟昭涵修：《（民國）長樂縣志》，民國六年鉛印本。

嚴型修：《（民國）宿遷縣志》，民國二十四年鉛印本。

曹炳麟修：《（民國）崇明縣志》，民國十五年鉛印本。

斐煥星修：《（民國）遼陽縣志》，民國十七年鉛印本。

周之貞修：《（民國）順德縣志》，民國十八年刻本。

俞慶瀾修：《（民國）宿松縣志》，民國十年刻本。

朱蘭修：《（民國）陽信縣志》，民國十五年鉛印本。

馮煦修：《（民國）寶應縣志》，民國二十一年鉛印本。

劉鍾廉修：《（民國）麻江縣志》，民國二十七年鉛印本。

陳思修：《（民國）江陰縣續志》，民國九年刻本。

梁鼎芬修：《（宣統）番禺縣續志》，民國二十年刻本。

曹允源修：《（民國）吳縣志》，民國二十二年鉛印本。

滕紹周修：《（民國）遷安縣志》，民國二十年鉛印本。

趙宇航：《（宣統）撫順縣志略》，清宣統三年鉛印本。

（清）劉光蕡撰：《味經書院志》，民國刻煙霞草堂遺書續刻本。

孔喆編著：《圖說國子監：封建王朝的最高學府》，山東友誼出版社2006
年版。

詹躍華、金沛霖編著：《北京國子監》，首都圖書館編印1998年版。

陳剛、朱嘉廣主編，林崇誠撰文：《國子監·雍和宮·白塔寺》（《歷史文
化名城北京系列叢書》），北京出版社2005年版。

（清）學部編：《學部官制並辦事章程國子監改定額缺》，清末鉛印本。

《國子監學正學錄同年齒錄》，清咸豐九年刻本。

內政部北平壇廟管理所編：《孔廟國子監紀略》，全國圖書館文獻縮微中

心，2007 年。

子部

（清）吳振棫撰：《養吉齋叢録》，清光緒刻本。

（清）許起撰：《珊瑚舌雕談初筆》，清光緒十一年木活字印本。

（清）周廣業撰：《過夏雜録》，《續修四庫全書》影印清種松書塾鈔本。

（清）孫詒讓撰：《籀廎述林》，民國五年刻本。

（清）俞正燮撰：《癸巳類稿》，遼寧教育出版社 2001 年版。

集部

朱賽虹主編：《清代御製詩文篇目通檢》，同心出版社 2007 年版。

故宫博物院編：《清文宗御製詩集》（《故宫珍本叢刊》），海南出版社
　2001 年版。

故宫博物院編：《清德宗御製詩集》（《故宫珍本叢刊》），海南出版社
　2001 年版。

（清）陳康祺撰，晉石點校：《郎潛紀聞》，中華書局 1984 年版。

（清）陳康祺撰：《郎潛紀聞二筆》，中華書局，1984 年。

（清）丁晏撰：《頤志齋感舊詩》，《續修四庫全書》影印民國四年羅氏雪
　堂叢刻本。

（清）董沛撰：《六一山房詩集》，清同治十三年刻增修本。

（清）方濬頤撰：《二知軒文存》，清光緒四年刻本。

（清）方濬頤撰：《二知軒詩續鈔》，清同治刻本。

（清）馮桂芬撰：《顯志堂稿》，清光緒二年馮氏校邠廬刻本。

（清）王先謙撰：《虛受堂詩存》，清光緒二十八年蘇氏刻增修本。

（清）王先謙撰：《虛受堂文集》，清光緒二十六年刻本。

（清）王先謙撰：《王益吾文鈔》，民國四年上海中華書局鉛印本。

（清）王先謙撰：《王益吾尺牘》，民國十七年石印本。

（清）郭嵩燾撰：《養知書屋文集》，《續修四庫全書》影印清光緒十八年
　刻本。

（清）王懿榮撰：《王文敏公遺集》，民國劉氏刻求恕齋叢書本。

（清）王拯撰：《龍壁山房文集》，《續修四庫全書》影印清光緒七年陳寶
　琛刻本。

（清）翁同龢撰：《瓶廬詩稿》，民國八年刻本。

（清）俞樾撰：《春在堂雜文》，《续修四库全书》影印清光緒二十五年刻
　　春在堂全書本。

（清）賀濤撰：《賀先生文集》，民國三年徐世昌刻本。

（清）胡鳳丹撰：《退補齋詩文存二編》，《續修四庫全書》影印清光緒七
　　年退補齋刻本。

（清）胡林翼撰：《胡文忠公遺集》，清同治六年刻本。

（清）黎汝謙撰：《夷牢溪廬文鈔》，清光緒二十七年羊城刻本。

（清）黎庶昌撰：《拙尊園叢稿》，《續修四庫全書》影印清光緒二十一年
　　金陵狀元閣刻本。

（清）李慈銘撰：《越縵堂文集》，民國十九年國立北平圖書館鉛印本。

（清）李嘉樂撰：《仿潛齋詩鈔》，《續修四庫全書》影印清光緒十五年
　　刻本。

（清）李元度撰：《天岳山館文鈔》，清光緒四年刻本。

（清）李佐賢撰：《石泉書屋全集》，清同治十年刻本。

（清）孫衣言撰：《遜學齋詩鈔》，清同治刻增修本。

（清）孫衣言撰：《遜學齋文鈔》，清同治刻增修本。

（清）林昌彝撰：《射鷹樓詩話》，《續修四庫全書》影印清咸豐元年刻本。

（清）劉毓崧撰：《通義堂文集》，民國求恕齋叢書本。

（清）龍啟瑞撰：《經德堂文集》，清光緒四年龍繼棟京師刻本。

（清）汪士鐸撰：《汪梅村先生集》，清光緒七年刻本。

（清）羅汝懷撰：《綠漪草堂集》，清光緒九年羅式常刻本。

（清）駱秉章撰：《駱文忠公奏稿》，清光緒十七年刻本。

（清）施補華撰：《澤雅堂文集》，清光緒十九年陸心源刻本。

（清）譚宗浚撰：《希古堂集》，《續修四庫全書》影印清光緒刻本。

（清）梅曾亮撰：《柏梘山房全集》，清咸豐六年刻民國補修本。

（清）繆荃孫撰：《藝風堂文續集》，清宣統二年刻民國二年印本。

（清）莫友芝撰：《邵亭遺文》，清末刻本。

（清）邵懿辰撰：《半巖廬遺集》，清光緒三十四年邵章刻本。

（清）蕭穆撰：《敬孚類稿》，《續修四庫全書》影印清光緒十二年刻本。

（清）徐繼畬撰：《松龕先生詩文集》，民國四年松龕先生全集本。

（清）徐時棟撰：《烟嶼樓文集》，清光緒松竹居刻本。

（清）袁翼撰：《邃懷堂全集》，《續修四庫全書》影印清光緒十四年袁鎮嵩刻本。

（清）曾國藩撰：《曾文正公文集》，清同治十三年传忠书局刻本。

（清）曾國荃撰：《曾忠襄公文集》，清光緒二十九年曾忠襄公全集本。

（清）張佩綸撰：《澗於集》，民國十五年澗於草堂刻本。

（清）張裕釗撰：《濂亭集》，清光緒八年查氏木漸齋蘇州刻本。

（清）朱寯瀛撰：《金粟山房詩鈔》，清光緒二十七年刻本。

（清）左宗棠撰：《左文襄公文集》，清光緒十八年石印本。

（清）樊增祥撰：《樊山集》，清光緒十九年渭南縣署刻本。

（清）陳錦撰：《勤餘文牘》，清光緒四年刻本。

（清）吳仰賢撰：《小匏庵詩話》，《續修四庫全書》清光緒刻本。

（清）陳慶鏞撰：《籀經堂類稿》，清光緒九年刻本。

（清）陳衍撰：《石遺室文集》，清刻本。

（清）陳用撰：《太乙舟文集》，清道光二十三年孝友堂刻本。

（清）陳作霖撰：《可園詩存》，《續修四庫全書》影印清宣統元年刻增修本。

（清）程恩澤撰：《程侍郎遺集》，《續修四庫全書》影印清粵雅堂叢書本。

（清）吳慶坻撰：《蕉廊脞錄》，民國十七年求恕齋叢書本。

（清）平步青撰：《霞外攟屑》，民國六年刻香雪崦叢書本。

（清）陆以湉撰：《冷廬雜識》，清咸豐六年刻本。

（清）鄧顯鶴輯：《沅湘耆舊集》，《續修四庫全書》影印清道光二十三年鄧氏南邨艸堂刻本。

（清）丁紹儀輯：《國朝詞綜補》，《續修四庫全書》影印清光緒刻前五十八卷本。

（清）黃燮清輯：《國朝詞綜續編》，《續修四庫全書》影印清同治十二年刻本。

（清）葛士濬輯：《清經世文續編》，清光緒石印本。

（清）陳忠倚輯：《清經世文三編》，清光緒石印本。

（清）王先謙纂：《續古文辭類纂》，清光緒虛受堂刻本。

（清）孫雄輯：《道咸同光四朝詩史》，清宣統二年刻本。

後　記

　　北京國子監始建於 1287 年，是元、明、清三代最高學府和國家管理教育的行政機構，作為最高學府稱"國學""太學"，作為行政機構稱"國子監"。自漢武帝采納董仲舒的建議，在都城長安建立國家最高學府——"太學"以來，各個朝代皆在都城建有國家級最高學府。西晉咸寧二年（276 年）創立國子學（"國學"是國子學的簡稱），國子學專門接受貴族子弟，而太學則教育低級官吏及平民的子弟。北齊改國子學為國子寺。隋大業三年（607 年）將國子寺改稱"國子監"，成為國家主管教育的機構。唐朝沿用隋朝舊制，國子監是國家最高學府，也是全國教育行政的最高主管機構。國子監的功能、職責一直延續到清朝末年。

　　明朝之前對國子監的記載都在官修史書的"職官志"中，專門為國子監修志始於明。明、清兩代統治者都非常重視國子監，記載國子監的志書有的甚至是在皇帝親自主持下編訂而成。明代主要有《國子監通志》《國子監續志》《皇明太學志》等；清代有乾隆四十三年敕修《欽定國子監志》，被收入《四庫全書》，簡稱"四庫本"；在此基礎上有道光十三年的《欽定國子監志》和光緒二十三年的補刊重印本。光緒本主要是對道光本補刻，內容幾乎沒有變動。因此，目前所見國子監志下限為道光十三年（1833 年）。"續修國子監志"即續寫道光十四年（1834 年）至宣統三年（1911 年）北京孔廟國子監這段歷史。

　　盛世修志是中華民族的優良文化傳統。古人云："治天下者，以史為鑒；治郡國者，以志為鑒。"近年來，黨和國家領道人對修志工作亦是高度重視，習近平總書記強調"要高度重視修史修志"，李克強總理提出"修志問道，以啓未來"，為我們人民共和國的修史、修志、修典工作指明了方向。

　　孔廟和國子監博物館自建館伊始，我們就有續寫國子監志的想法，經過幾年的積累和準備，2010 年"續修國子監志"成功申請北京市社科規劃辦的社科基金立項資助課題，此書稿經全館科研人員特別是研究部和所聘專家的共同努力，於 2013 年 12 月底順利結題。該書按照道光版《欽定國子監志》體例續寫，主要包括聖諭、廟制建修、學志、辟雍志、禮志、樂志、官師志這幾方面，是目前國內此課題研究重要而且獨特之成果。

　　續寫道光十三年之後孔廟國子監的歷史是前人所未做過的，我們沒有現成的範本可供參考。研究部課題組歷時五年，收集資料，苦心編寫，終成此書。本書以翔實的文獻，對一百多年來國子監和孔廟歷史進行分類、整理和論述，為今後研究孔廟國子監打下了堅實的學術基礎。高彥同志作為該課題的項目負責人，主持了本書的編寫工作，制定本書的體例和框架；白雪松同志負責撰寫卷一、卷二（建修部分）、卷三、卷四、卷五、卷十一、卷十二、卷十三、卷十六、卷十七、卷十九；常會營同志負責撰寫卷二（祀位圖說）、卷六、卷七、卷八、卷九、卷十；王琳琳同志負責卷十四、卷十五的撰寫；孔喆同志撰寫了卷十八。他們為此付出了辛勞與智慧。

　　北京市文物局非常關心這一成果，將其列入 2015 年北京市文物局出版項目。孔廟和國子監博物館將"續志"作為本館的一項重要"文化工程"，在資金、人力等方面全力支持。雖然該書成果填補了孔廟國子監研究的歷史空白，得到專家的肯定和好評，但我們深知，由於認知有限，資料欠缺，"續志"還有很多不盡如人意的地方，比如卷二的建修部分，自清道光十三年（1833 年）以來的一百多年中，孔廟國子監應該會有多次修繕，但因材料匱乏，我們無法將孔廟國子監建修歷史完整呈現出來。缺憾總是令人惋惜，但也為我們今後查找資料留有空間，希望後人在"續志"再版時可以得到補充和完善。

　　中國是重視自己歷史的國家，有悠久的修訂史書的傳統。早在先秦時期已非常重視史書的編纂，秦漢以後，各朝史書，綿延不斷。孔子"修禮樂，定詩書，作春秋，贊周易"的歷史功績，理應是我們今天修史編志工作學習的榜樣。北京國子監作為世界上唯一保存至今的古代大學遺址，是中國近七百年來最具文化底蘊之地，續寫志書，再現歷史，傳承文明，昭示後人，意義非凡。

　　本人 1991 年到北京市委宣傳部研究室工作，其間曾從事過北京市宣傳系統黨史的編寫工作，對編寫志書有着獨特情懷。2008 年 6 月我出任孔廟和國子監博物館首任館長至今，秉承"國學聖地，德化天下"的理念，在任內能夠團結大家共同完成"續修國子監志"這一歷史性課題，立德建言，倍感榮幸！特向參與本書編寫工作的專家學者、業內同仁表示敬意，向給予本書支持幫助的領導和朋友表示感謝。粗淺文字，言吾心志，以為後記。

吳志友

2015 年 9 月 6 日